Zwischen Departure und Arrival

Kerstin Schaefer

Zwischen Departure und Arrival

Eine Ethnografie des aeromobilen Unterwegsseins

Waxmann 2017
Münster • New York

Die vorliegende Arbeit beruht auf der Dissertation „Zwischen Departure und Arrival. Ethnografie des aeromobilen Unterwegsseins", die von der Philosophischen Fakultät der Universität Zürich im Herbstsemester 2015 auf Antrag der Promotionskommission Prof. Dr. Thomas Hengartner (hauptverantwortliche Betreuungsperson) und Prof. Dr. Bernhard Tschofen angenommen wurde.

Bibliografische Informationen der Deutschen Nationalbibliothek
Die Deutsche Nationalbibliothek verzeichnet diese Publikation in der Deutschen Nationalbibliografie; detaillierte bibliografische Daten sind im Internet über http://dnb.dnb.de abrufbar.

Print-ISBN 978-3-8309-3639-8
E-Book-ISBN 978-3-8309-8639-3

www.waxmann.com
info@waxmann.com

Umschlaggestaltung und -typografie: Stefan Marx, Todenhausen
Satz: Stoddart Satz- und Layoutservice, Münster
Druck: CPI books GmbH, Leck

Gedruckt auf alterungsbeständigem Papier, säurefrei gemäß ISO 9706

FSC www.fsc.org MIX Papier aus verantwortungsvollen Quellen FSC® C083411

Printed in Germany

Inhalt

1. GEDANKEN ZUM START

Dieses Buch beruht auf meiner Doktorarbeit, deshalb sind Kapitel 1 und 3 gespickt mit Literaturverweisen und theoretischen Hintergründen. Wer sich lieber gleich mit den Flugreisenden auf den Weg über die Wolken machen möchte, der starte entspannt mit Kapitel 4. Kapitel 2 wiederum sei all jenen ans Herz gelegt, die sich schon immer mal von einer Kulturanthropologin durch ein Flugzeug führen lassen wollten.

Guten Flug! Kerstin Schaefer

1.1 Departure

Abbildung 1: Orthodoxe Juden beten im Flugzeug

„Kurz nach dem Abheben der Boeing 747 von London-Heathrow nach New York versammeln sich drei orthodoxe Juden mit ledernen Gebetsriemen an den Armen, Gebetskapseln vor der Stirn und Gebetsdecken über dem Kopf in der kleinen Wartebucht vor den hinteren Bordtoiletten. Murmelnd beugen sie sich im Rhythmus ihrer Gebete vor und zurück. Dass die Betenden gerade in 10 km Höhe mit 900 Kilometern pro Stunde durch die Luft rasen und sich in regelmäßigen Abständen Passagiere an ihnen vorbeiwinden, um die Toiletten aufzusuchen, scheinen sie 45 lange Minuten nicht wahrzunehmen.

Zwei Stunden später hat die Flugzeug-Crew das Licht in der Kabine gedimmt, ein älterer Mann löst umgeben von den leeren Verpackungen des Bordmenüs

Kreuzworträtsel, eine junge Frau lernt im Halbdunkel mit ihrem Freund Spanisch und die restlichen Passagiere schauen den aktuellen ‚Sex and the City'-Film auf den Bildschirmen des Entertainment-Systems. Die Flugbegleiter[1] waten vorsichtig durch eine dicke Schicht aus Zeitschriften und Plastikverpackungen, die inzwischen die Gänge bedeckt.

Noch zwei Stunden später schlafen die meisten Passagiere schief zur Seite gefallen und mit offenen Mündern in temporären Schlafarchitekturen, die sie sich aus Decken und Kissen gebaut haben. Nur ein junger orthodoxer Jude ist noch wach und bürstet sorgfältig seinen Samthut mit einer der von den Flugbegleitern nach dem Start verteilten British Airways-Reisezahnbürsten." (Nach dem Feldforschungstagebuch vom 27.09.2010.)

1.2 Im Flugzeug auf den Spuren von Marc Augé

1994 veröffentlichte der französische Ethnologe Marc Augé die Monografie „Orte und Nicht-Orte. Vorüberlegungen zu einer Ethnologie der Einsamkeit." Augé beschreibt unsere Zeit darin als „Übermoderne" genannte neue Epoche, die gekennzeichnet sei durch „drei Figuren des Übermaßes" (Augé 1994: 51): ein „Übermaß an Raum" (ebd.: 40) – da Bilder von noch nie besuchten Orten in die Wohnungen der Bewohner der Übermoderne gesendet würden, was das Bezugssystem zwischen Räumen und Menschen auflöse; eine „Überfülle [und Beschleunigung] an Ereignissen" (ebd.: 45) – aufgrund derer es immer schwerer würde, der nahen Geschichte einen Sinn abzuverlangen und eine „Individualisierung der Referenzen" (ebd.: 50) – die das bisher existierende strenge Netz an sozialen Beziehungen verschwinden ließe. Aufgrund dieser Parameter sei eine neue Art von Räumen mit speziellen Qualitäten entstanden: die „Orte der Übermoderne" (in der deutschen Ausgabe wird das französische „non-lieu" mit „Nicht-Orte" übersetzt). Als Beispiele für Nicht-Orte führt Augé Schnellstraßen, Autobahnkreuze, „Einkaufszentren", Durchgangslager für Flüchtlinge oder eben Flughäfen und Flugzeuge auf (ebd.: 44) – alles ‚Transiträume' die als Verteilerräume Knotenpunkte und Anschlüsse an verschiedene Räume und Zeiten bieten.

Als Leitfigur der Übermoderne sieht Augé den Reisenden. Deshalb lässt er, um sein Denkmodell verdichtet zu veranschaulichen, zu Beginn seiner Ausführungen den französischen Geschäftsreisenden Pierre Dupont – einen fiktiven Bewohner dieser Epoche – unbehelligt von unübersichtlichen Terminalgebäuden, geänderten Gates, im Weg stehenden Koffern oder verspäteten Abflügen für einen Langstreckenflug in ein Passagierflugzeug nach Singapur steigen. Im Flugzeug angekommen, begegnen ihm dann, ganz im Gegensatz zu meinem Feldforschungsflug nach New York, vor allem Einsamkeit und Ähnlichkeit.[2]

1 Aus Gründen der besseren Lesbarkeit verzichte ich auf die gleichzeitige Verwendung männlicher und weiblicher Sprachformen. Sämtliche Personenbezeichnungen gelten gleichwohl für beiderlei Geschlecht.

2 Auf Pierre Duponts Flug werde ich in Kapitel 4.1 Marc Augés ‚Pierre Dupont' näher eingehen.

Doch sind die Orte der Übermoderne – und in diesem Fall die Räume des Fliegens – tatsächlich so identitätslos wie Augé sie beschreibt? Bringen sie nichts Soziales hervor und schaffen sie „keine besondere Relation" (Augé 1994: 121)? Sind die Individuen einander hier gleichgültig, ihre Begegnungen anonym und flüchtig und der einzelne Mensch genauso austauschbar wie der Ort an sich? Oder handelt es sich bei den Nicht-Orten zwischen ‚Departure und Arrival' nicht auch um wichtige Zwischenräume, die sogar Freiräume sein können, wie es die in Graz lehrende Kulturanthropologin Johanna Rolshoven für Treppenhäuser, Wartezimmer und das Basler Tram (Rolshoven 2003, 1998) festgestellt hat und wie es meine Feldforschungsnotizen über die Flugzeugkabine als improvisiertes Gotteshaus und die übrigen verschiedensten (Um)Nutzungen der fliegerischen Requisiten vermuten lassen?

Etwas mehr als zwanzig Jahre nach Pierre Duponts Flugreise ist es an der Zeit, sich noch einmal auf seine Spuren zu begeben, ihm einige aktuelle und empirisch gesättigte Flugbiografien zur Seite zu stellen, zu hinterfragen, was auf einer Flugreise tatsächlich mit und ohne eigenes „Zutun" (Augé 1994: 8) der Passagiere vor sich geht, den aeromobilen Relationsraum neu zu vermessen und darüber einen eigenen Zugang zur Analyse spätmodernen Unterwegsseins zu finden.

1.3 Das aeromobile Unterwegssein

Durch das jahrelange Einüben (und natürlich auch Verweigern) der zuerst einmal vollkommen neuen Fortbewegungsart ‚Passagierfliegen' haben – so meine These – Passagiere und Nicht-Nutzer, Ingenieure und Techniker, Artefakte und Technologien, Materialien und Mobilitäten im gegenseitigen Austausch miteinander nicht nur einen eigenen Aero-Mikrokosmos mit einzigartigen architektonischen und ästhetischen Formen geschaffen, sie erweiterten auch „räumliche, zeitliche und soziale" Horizonte (Bausinger 1961: 5), prägten Lebensstile und schrieben sich tief in die verschiedensten Biografien ein.

Doch bisher sind die konkreten menschlichen Praktiken, Handlungen, Vorstellungen und Strategien der einzelnen Flugreisenden (seien sie nun institutionalisiert, ritualisiert oder auch ganz persönlich), die mit den Anforderungen des aeromobilen Unterwegsseins[3] verbunden sind, hinter den soziologischen und kulturwissenschaftlichen Großtheorien der Globalisierung[4] verborgen geblieben. Nur wenige Forscher richteten den Blick darauf, was Aeromobilität für den empirisch durchdringbaren Einzelfall in all seiner Komplexität bedeuten kann. Der Begriff der Globalisierung ist zwar in al-

---

3 Unter ‚aeromobilem Unterwegssein' verstehe ich im Gegensatz zum bloßen Aufenthalt in der Flugzeugkabine den gesamten Ablauf rund um eine Flugreise – von der Buchung über das Packen bis hin zur Landung am Zielflughafen.

4 Die Besonderheiten einer globalisierten Welt beschreibt der Soziologe Ulrich Beck als „Ausdehnung, Dichte und Stabilität wechselseitiger regional-globaler Beziehungsnetzwerke und ihrer massenmedialen Selbstdefinition sowie sozialer Räume und jener Bilder-Ströme auf kultureller, politischer, wirtschaftlicher, militärischer und ökonomischer Ebene" (Beck 1997: 31).

ler Munde, doch wie Menschen sie auch mit Hilfe des Flugzeuges leben, wie sie tatsächlich fliegender Weise in der ganzen Welt unterwegs sind (egal ob privat, beruflich, freiwillig oder erzwungen), wie der Aufenthalt in der Flugzeugkabine mit ihren ganz eigenen Binnenordnungen abläuft, welchen Einfluss das Passagierfliegen auf Lebensweisen und Lebensformen hat und wie es Identitäten, Handlungsmuster und Routinen prägt – das alles ist noch wenig untersucht. Dabei ist es nicht nur für Forschungsdesign und Methodologie, sondern auch für die theoretischen Rahmungen einer solchen Forschung eine spannende Herausforderung, Formen der Lebensführung ausgehend von den konkreten Praktiken des aeromobilen Unterwegsseins zu untersuchen.

Das aeromobile Unterwegssein der Flugzeugpassagiere mit seinen besonderen technischen und gesellschaftlichen Standards, seinen speziellen Verhaltensregeln, eigenen Zuschreibungen, dem dafür geschaffenen Vokabular und sogar der eigenen Währung (in Form von Bonusmeilen), gilt es in dieser Arbeit nun im Sinne der Volkskunde / Kulturanthropologie – die den Alltag der Menschen aus ihrer eigenen Perspektive begreift – in all seiner Komplexität zu ethnografieren.

Es ist deshalb zu fragen: Wie machen sich die Menschen das Fliegen? Wie sehen die symbolischen und kulturellen (Be-)Deutungen zu dieser Art der Fortbewegung aus? Und wie können durch empirische Erkenntnisse über das Unterwegssein im Flugzeug große Themen unserer Gesellschaft wie Mobilität[5] oder Globalisierung kulturanthropologisch geerdet werden?

1.4 Globalisierungskonzepte …

Zu den ersten frühen Theorieboten des mobilen Zeitalters gehörten der Philosoph und Soziologe Georg Simmel, der 1908 „Der Raum und die räumlichen Ordnungen der Gesellschaft“ verfasste; der Philosoph und Literaturkritiker Walter Benjamin, der 1935 über den Flaneur[6] in „Das Passagen-Werk“ nachdachte; der Soziologe und Philosoph Henri Lefèbvre, der sich 1986 in „La production de l’espace“ mit der Produktion von Raum als Mittel der Macht beschäftigte und der Soziologe und Kulturphilosoph Michel de Certeau, der 1988 mit „Die Kunst des Handelns“ ein neues Verständnis von Raum und Körper schuf (vgl. zu dieser Aufzählung Urry 2012: 6).

5 Mobilität verstehe ich in Anlehnung an die Soziologen Peters, Cloppenburg, Wyatt als das Ergebnis von Planungen und Organisation, um bei anderen Menschen oder Dingen sein zu können. Um diese Verbindungen zu Menschen und Objekten herzustellen, braucht es Koordinationsarbeit. Deshalb ist Mobilität mehr als das Von-einem-Ort-zum-anderen-Reisen – es geht auch darum, am richtigen Ort anzukommen, mit den benötigten Sachen und oft zur gleichen Zeit wie relevante andere Menschen (Peters, Cloppenburg, Wyatt 2010: 349f.).

6 Zum Beispiel in Benjamin 1991: 524ff.: „Ein Rausch kommt über den, der lange Zeit ohne Ziel durch Straßen marschierte. Das Gehen gewinnt mit jedem Schritte wachsende Gewalt; immer geringer werden die Verführungen der Läden, der Bistros, der lächelnden Frauen, immer unwiderstehlicher der Magnetismus der nächsten Straßenecke, einer fernen Masse Laubes, eines Straßennamens. Dann kommt der Hunger. Er will nichts von den hundert Möglichkeiten, ihn zu stillen, wissen. Wie ein asketisches Tier streicht er durch unbekannte Viertel, bis er in tiefster Erschöpfung auf seinem Zimmer, das ihn befremdet, kalt zu sich einlässt, zusammensinkt. [M 1,3] Den Typus des Flaneurs schuf Paris.“

In den 1990er Jahren entstanden dann, um die Kultur der neuen, vermeintlich enterritorialisierten und dynamischeren globalisierten Welt theoretisch fassbar zu machen, eine ganze Reihe von ‚mobilisierten' Globalisierungskonzepten. Zu diesen zählt auch das bereits erwähnte Denkmodell der Orte der Übermoderne von Augé.

Zu den Wortführern dieser Debatte gehörten unter anderem der in Bombay aufgewachsene und in New York City lehrende Ethnologe Arjun Appadurai mit seinen aus den „global flows" (Appadurai 2000: 25) „ethnoscapes", „mediascapes", „technoscapes", „financescapes" und „ideoscapes" (ebd.: 33) bestehenden globalen Landschaften; der schwedische Sozialanthropologe Ulf Hannerz mit dem der Linguistik entstammendem Kulturkonzept der „Kreolisierung" (Hannerz 1996: 66); der amerikanische Historiker James Clifford, der mit der Metapher des Reisens auf Kultur blickte (Clifford 1992: 105) sowie der Philosoph Gilles Deleuze und der Psychoanalytiker Felix Guattari, die 1992 mit „Tausend Plateaus" eine postmoderne Nomadologie mit rhizom-artigen Mobilitätsstrategien entwarfen.

Der US-amerikanischen Soziologe, Publizist und Ökonom Jeremy Rifkin rief sogar ein neues Zeitalter namens „Age of Access" (Rifkin 2000) aus: Der rasche Zugang zu Ideen, Gütern und Dienstleistungen sei nun wichtiger als dauerhafter Besitz – und das Flugzeug bildet eine grundlegende Voraussetzung, um diese Zugänge zu ermöglichen.

Laut Appadurai und der amerikanischen Sozialhistorikerin Carol Breckenridge seien „kulturelle Artefakte – und zwar nicht nur Güter und Konsumartikel, sondern auch Medienprodukte, politische Ideen und Wissensbestände" (Appadurai / Breckenridge 1989 nach Welz 1998: 177) genauso unterwegs wie die Menschen und zwar „immer schneller und weiter" (ebd.) und sie seien „an immer mehr Orten der Erde gleichzeitig verfügbar" – zumindest für diejenigen Menschen, die die finanziellen Mittel oder die kulturellen Kompetenzen besitzen, sie zu nutzen" (ebd.).

Auch die Soziologen John Urry und Scott Lash definierten Mobilität als „zentrales Charakteristikum" (Urry, Lash 1994, nach: Göttsch-Elten 2011: 16) unserer Gesellschaft, um so Entgrenzungsphänomene und veränderte Raumerfahrungen besser erfassen und beschreiben zu können. Urry ging sogar so weit, dass er das Gesellschaftliche nicht mehr als gesellschaftlich, sondern als mobil verstand (Urry 2012).

1.5 … und ihre Grenzen

All diese Raum- und Mobilitätskonzepte versuchen, Kultur beschreibbar zu machen in einer globalisierten und vermeintlich bewegteren Welt, aber sie scheitern an unterschiedlichen Stellen: Sie schenken den Symbolisierungen und Materialisierungen von Mobilität mehr Aufmerksamkeit als den Menschen als Akteuren in diesem System, sie negieren komplexe Sachverhalte zugunsten der plakativen Konzepte, sie setzen Ursache und Wirkung in Bezug auf Globalisierung oft gleich (vgl. hierzu Urry 2006) und es schleichen sich immer wieder implizite immobile Vorannahmen oder scheinbar unauflösbare Dichotomien wie ‚lokal-global', nicht aus dem Kopf zu verbannende Vorstellungen von Ethnien oder sonstigen ‚kulturellen Inseln' in sie ein.

Außerdem stehen mobile Gesellschaften immer wieder automatisch und unhinterfragt für ein modernes und demokratisches Zusammenleben. Mobilität wird grundsätzlich eher positiv bewertet, obwohl sie neben der Eröffnung von Möglichkeitsräumen und Chancen genauso auch soziale Ungleichheiten fundiert oder eine Zumutung darstellen kann (vgl. Göttsch-Elten 2011: 16 und Rolshoven 2011: 52). Für manche Menschen ist die gesteigerte Mobilität unserer Zeit „Routine“ (Rolshoven 2009: 95), für andere ist sie eine „Herausforderung“ (ebd.). In jedem Fall erfordert sie aber „Handlungsstrategien und Handlungstaktiken“ (ebd.), die es zu erforschen gilt.

Die schwedischen Ethnologen und Kulturanthropologen Billy Ehn und Orvar Löfgren waren es schließlich müde, „wieder und wieder über eine Welt im permanenten Fluss und Wandel zu lesen, eine Welt, in der alles Stehende verdampft und nichts bleibt, wie es ist“ (Ehn, Löfgren 2012: 261).

Denn diese Auffassung des modernen Lebens konzentriere sich nur auf „wenige Schauplätze und Prozesse [...] vor allem auf solche, die sich durch Dramatik, Ereignisreichtum und eine hohe Sichtbarkeit auszeichnen“ (ebd.), was eine unausgewogene Sichtweise sei.

Genauso gut könne kleinräumige wie großräumige Mobilität auch als eine „Praxis der Verbindung“ (Rolshoven 2011: 60) beschrieben werden, durch die neue soziale Räume entstehen, die weder fluide noch lokal fixiert sind; Mobilität also als „Wegfindung“ und nicht als „Entbindung aus der Kultur“ (ebd.).

Wie zutreffend die oben aufgeführten Globalisierungs- und Mobilitäts-Konzepte sind, ist sowieso nur schwer zu überprüfen, da die empirische Grundlage in den meisten dieser Fälle fehlt. So kritisierte Gisela Welz bereits 1998, dass sich die theoretischen Beschäftigungen mit Globalisierung und Mobilität vor allem „auf der Ebene der Theorien, der Begriffsarbeit und der wissenschaftshistorischen Klärung“ (Welz 1998: 180) bewegen würden, ohne sie empirisch zu erden. Appadurai und seine Mitstreiter würden keine Ergebnisse ihrer ethnografischen Untersuchungen präsentieren, und selbst durchgeführte Beobachtungen fänden „zumeist nur in Form von subjektiv gefassten Anekdoten zur durchaus suggestiven Illustration der eigenen Themen“ (ebd.) statt.

Die ethnografische Dichte in Form von „konkreten Prozessen, Erfahrungen und Verbindungen“ (Lauser 2005: 3) fehle gänzlich, konstatierte auch die Ethnologin Andrea Lauser.

Die Literatur- und Kulturwissenschaftlerin Doris Bachmann-Medick plädiert deshalb ebenfalls (in Anlehnung an den Historiker Karl Schlögel) für eine Rückkehr zur Empirie mit „Ortskundigkeit“, „Augenzeugenschaft“ und „Exkursionen“ (Bachmann-Medick 2006: 302). Nur durch die empirische Arbeit käme

> *„die Vielstimmigkeit von Räumen verstärkt in den Blick: die Verknüpfung von lokalen Aktivitäten und Sozialbeziehungen mit Einschreibungen durch Emotionen, Gedächtnis, Geschichten, körperlichen und mentalen Aneignungen, Mental Maps und Bedeutungskämpfen – weit über das bloße Handlungssetting hinaus“ (ebd. 2006: 308).*

Auch Johanna Rolshoven stellte fest, dass es sich die Mobilitätsforschung mit der Globalisierung zu einfach mache, denn konkret bedeute ‚Mobilitäten' als Thema zu begreifen, „Bewegungen von Menschen, ihren Körpern, Gedanken, Handlungen und Dingen zu erforschen" (Rolshoven 2011: 54). Auch deshalb sei Empirie gefragt.

Wolle die Europäische Ethnologie den kulturellen Konsequenzen von Globalisierungsprozessen tatsächlich ethnografisch beikommen – so forderte es wiederum Gisela Welz – müsse sie „Gegenstandsbereiche identifizieren, an denen solche Konsequenzen sichtbar werden" (Welz 2009: 195). Denn:

> *„Wer keine empirische Forschung plant und durchführt, muss sich der Herausforderung von Forschungsdesign und Methodologie nicht stellen. Aber die neuen Konzeptualisierungen von mobilen Kulturen, die sich gleichzeitig in permanenten Umbauprozessen befinden, müssen in konkreten empirischen Forschungen überprüft werden" (Welz 1998: 180).*

Die Kulturanthropologin Ramona Lenz sieht in den bisherigen Forschungen zur Mobilität „Körperlichkeit und Materialität" (Lenz 2011: 24) vernachlässigt und Orvar Löfgren kritisiert ebenfalls, dass Mobilität nach wie vor vor allem als „reibungsloser Vorgang beschrieben [würde], der sich eher mental denn physisch abspielt" (Solnit 2001 nach Löfgren 2009: 25).

Der Schweizer Volkskundler Ueli Gyr beklagt, dass in der Kulturanthropologie „ethnographisch solide und thematisch originelle Feldforschungen, die die Innensichten von reisenden Touristen verstehend vermitteln [...] bislang noch nicht sehr zahlreich vertreten" (Gyr 2010: 19) seien. Und auch der deutsche Volkskundler Peter T. Lenhard wünscht sich „einen frischen Blick [...] für die Prozesse des Unterwegsseins selber, und für die Modi des In-der-Welt-Seins, die diese mit sich bringen" (Lenhard 2005: 161). Diese Forschungslücke möchte ich mit meiner Arbeit beginnen zu schließen.

Es liegt zwar in der Natur einer Großtheorie, die Komplexität eines Themas zu reduzieren, denn Systematisierungen sind immer nur in Form einer „radikalen, vereinfachenden Typisierung möglich" (Reckwitz 2003: 286).[7] Es ist dann aber auch genauso legitim zu fragen, ob empirisch tatsächlich aufgeht, was die theoretischen Beschäftigungen mit Globalisierung und Mobilität übergeordnet konstruiert haben und mit einer Arbeitsweise zu antworten, die exemplarische Einblicke in diese Komplexität gibt – also ethnografische Schneisen in ein ansonsten schwer fassbares Thema zu schlagen.

Die Ergebnisse solch einer konkreten empirischen Forschungserfahrung vermögen andersherum wieder das theoretische Verständnis von sozialen und kulturellen Phänomenen zu inspirieren, denn kulturwissenschaftliche Feldstudien können „gewissermaßen den Mikrozensus der Komplexität liefern, der mit der quantitativen Momentauf-

7 Geschieht dies über die Verwendung von Metaphern besteht immer die Gefahr, dass – auch wenn diese anschaulich sind – sie kulturelle Prozesse zu stark vereinfachen. So merkte Ulf Hannerz in „Flows, Boundaries and Hybrids: Keywords in transnational Anthropology" ganz richtig an, dass man Kultur natürlich nicht in Flaschen abfüllen könne, auch wenn Appadurai sie als Strom bezeichnet (Hannerz 1997: 6).

nahme in Verbindung gebracht werden muss“ (Rolshoven, Winkler 2009: 104). Darin sehen Johanna Rolshoven und der Humangeograph Justin Winkler dann auch

> *„eine zukunftsweisende Aufgabe für eine neue Generation von transdisziplinär denkenden und arbeitenden Wissenschaftlern, die nicht nur eine Anpassung der Methodologie und der Erhebungstechniken, sondern recht eigentlich der Epistemologie, der Verstehensweisen liefern“ (ebd.).*

1.6 Aufbau

Nach einer visuellen, empirischen und historischen Annäherung an die fliegenden Menschen dient mir als Einstieg in die Forschung eine an die Akteur-Netzwerk-Theorie von Bruno Latour angelehnte Auseinandersetzung mit dem aus Menschen, Dingen, sonstigen Entitäten und ihren Verflechtungen bestehenden Netzwerk, das mit jedem Passagierflugzeug in die Luft geht (vgl. Latour 2006: 490).

Im Hauptteil stelle ich Pierre Duponts Langstreckenflug vor und führe anhand dessen Augés Denkmodell der Übermoderne ein. Danach schließe ich mich zehn Passagieren – die ich aus dem nicht enden wollenden millionenfachen Strom der alltäglichen Flugpassagiere ausgefädelt habe – auf ihren Flugreisen an. Mit ihnen zusammen nutze ich das Flugzeug als Medium des Unterwegsseins und setze mich mit dem „Sitz“ des Fliegens in den jeweiligen „Leben“ (Hengartner 2004: 40) auseinander. Aus den gemeinsam vollzogenen Flugreisen entwickle ich „ethnografische Vignetten“ (Lauser 2004)[8], die den Einfluss des Flugzeuges auf die einzelnen Lebenswelten aufzeigen und sich damit beschäftigen, wie unterschiedliche Generationen von Flugzeugnutzern und verschiedene Formen des aeromobilen Unterwegsseins mit Hilfe des technisch induzierten bewegten Raumes ‚Flugzeug‘ Aeromobilität leben und verhandeln. Die Kontextualisierung in Raum und Zeit sowie das Eingebunden-Sein der Einzelfälle in übergeordnete kulturelle Gegebenheiten sind mir dabei besonders wichtig.

---

8 In der Welt des Filmes beschreibt der Begriff ‚Vignette‘ Filmszenen, die eigenständig komponiert sind, aber in Kombination mit anderen Vignetten einen ganzen Film ergeben. Der Ausdruck „ethnografische Vignette“ (Lauser 2005: 7) stammt aus Andrea Lausers ethnografischer Studie zu philippinischen Heiratsmigrantinnen mit dem Titel ‚Ein guter Mann ist harte Arbeit‘. Mit Hilfe des Vignettenbegriffs wirft Lauser Schlaglichter auf die kulturellen Dynamiken und Verflechtungen von globalen, lokalen und persönlichen Angelegenheiten in Deutschland lebender philippinischer Frauen, die sich zwischen einem kleinen thailändischen Supermarkt in Berlin, den thailändischen Heimatdörfern und -städten sowie den imaginären Welten dazwischen aufspannen. Der Begriff passt vor allem deshalb so gut zu dieser Arbeit, weil er die Verschränkung von kleinen und großen Erzählungen, ethnologischen Interpretationen und Analysen beinhaltet, was für das Thema ‚Fliegen‘ und seine vielfältigen Erdungen, wie sie hier angestrebt werden, ebenfalls relevant ist. Außerdem sollen die einzelnen Fallstudien, wie es typisch für Vignetten ist, für sich verständlich sein und gleichzeitig zusammen eine größere Geschichte erzählen – die der aeromobilen Mobilität.

Abbildung 2: Dornier Museum Friedrichshafen

Konkret beschäftige ich mich in dem Kapitel ‚Die Flugreisenden' mit dem fiktiven Langstreckenflug von Pierre Dupont, mit der ‚Urlaubscommunity' eines klassischen ‚Billigfluges' nach Mallorca, mit dem optimierten Fliegen des Vielfliegers Tim[9], dem Nicht-Fliegen der Rentnerin und Flugangstpatientin Rita, dem Fliegen als Inspirationsquelle des Künstlers Stefan und den Themen ‚Körper' und ‚Macht' am Beispiel des Rollstuhlfahrers Kay.

Alle Fallstudien haben gemeinsam, dass sie sich mit der meist unhinterfragten Alltagspraxis des Fliegens mit dem mobilen Zwischenraum Flugzeug im Zentrum und den damit verbundenen Akteuren, Materialitäten, Interaktionen, Aushandlungsprozessen, Projektionen, Werten und Restriktionen beschäftigen. Zusammen zeigen sie, zwischen welchen Verhaltenspolen des Gewohnt-Seins sich das aeromobile Unterwegssein aufspannt. Über die Vignetten werden Interviewausschnitte, Beobachtungen und Interpretationen so miteinander in Beziehung gesetzt, dass erste „Sinn- und Deutungsstrukturen" (Eisch-Angus 2009: 80f.) des aeromobilen Unterwegsseins hervortreten und eine „feldübergreifende Zeichenstruktur" (ebd.: 79) sichtbar wird.

Es geht mir also nicht um eine Aneinanderreihung von Einzelbeschreibungen, sondern um dahinterstehende übergeordnete Themen, über die in ethnografischer Tiefe kulturanthropologische Erkenntnisse generiert werden können.

9 Alle Namen sind, wenn es nicht anders gekennzeichnet ist, anonymisiert.

Abbildung 3: Zeppelin Museum Friedrichshafen

1.7 Forschungsstand[10]

Luftfahrtmuseen und -archive

Luftfahrtmuseen und -archive gibt es unzählige in Deutschland. In den meisten Museen sind jedoch, genauso wie in vielen vergleichbaren Institutionen, vor allem die Fakten zur Historie der technischen und ökonomischen Entwicklung der Passagierluftfahrt dokumentiert. Ähnlich sind die Sammlungsschwerpunkte bei den für die Dokumentation der Unternehmensgeschichte zuständigen Abteilungen der verschiedenen Luftfahrtgesellschaften und Flugzeugbauer gelagert.

Eine kulturanthropologisch fundierte Auseinandersetzung mit dem Thema Passagierluftfahrt war lange Zeit eine unerforschte thematische Leerstelle, die sich erst 2004 mit der Ausstellung „Airworld"[11] im Vitra Design Museum in Weil am Rhein zu schließen begann. Die Ausstellung setzte sich unter anderem mit den Airline-Grafiken und der Werbung, dem Kabinendesign im Wandel der Zeit, den Uniformen des Flugpersonals, der Genese des Flugzeugsitzes, dem Essen an Bord sowie der Architektur der Flughäfen auseinander und die durchweg gelungenen schriftlichen Abhandlungen

10 Ich beschränke mich in dieser Aufzählung auf die fachnahen Disziplinen und lasse Erkenntnisse der Ingenieurswissenschaften, der Mathematik, der Architektur, der Literaturwissenschaften und der Geschichte, aber auch Beschäftigungen mit dem Fliegen in Film, Kunst und Musik außen vor.

11 Der amerikanische Autor Walter Kirn nannte den Mikrokosmos des Fliegens in seinem 2001 erschienen Roman „Up in the Air" über den begeisterten Vielflieger und leidenschaftlichen Meilensammler Ryan Bingham „Airworld" (Kirn 2004: 21f.). Besser bekannt ist die unter dem englischen Originaltitel „Up in the Air" verfilmte Version des Stoffes mit George Clooney in der Hauptrolle. Erscheinungsjahr: 2009, Dauer: 110 Minuten. Der Film wurde in sechs Kategorien für den Oscar 2010 nominiert (Internet Movie Database IMDb).

im gleichnamigen Ausstellungskatalog machen eindrucksvoll deutlich, dass das Design das „Erlebnis der Flugreise“ (von Vegesack, Eisenbrand 2004: 6) stark prägte und den Mikrokosmos ‚Airworld‘ miterschaffen hat.

Soziologie und Mobile Culture Studies

In der Wissenschaft setzte man andere Forschungsschwerpunkte: In der Soziologie sind vor allem die Flughäfen als Geografien sozialer und kultureller Mobilität sowie die hypermobilen Leben von Flugzeugpersonal und Vielfliegern gut untersucht (vgl. Cresswell 2006, Allert 2008, Zinn-Thomas 2011, Matuschek / Voß 2008). Die mindestens ebenso massenhaft in den Räumen des Fliegens anwesenden Menschen hingegen, die nur ab und zu im Flugzeug unterwegs sind, sind aus soziologischer Perspektive kaum erforscht und eine differenziertere Betrachtungsweise, die Flugzeuge und Flughäfen nicht ausschließlich als Nicht-Orte darstellt (vgl. hierzu den Anfang von Richard Sennetts „Der flexible Mensch“, 1998[12]) und ihnen Potential für *mehr* zugesteht, fehlt bis auf wenige Ausnahmen ebenso. Auch Fragen, die an alltäglichen aeromobilen Nutzungen und Praktiken, dem subjektiven Erfahren und den symbolischen Bedeutungen des Fliegens ausgerichtet sind, wurden eher selten gestellt – so vermisst es die Volkskundlerin Uta Rosenfeld auch für das Auto (Rosenfeld 1998: 155).

Ein besonders interessanter Verbund von Wissenschaftlern mit Schwerpunkt in den Sozialwissenschaften existiert in Form des auf einem DFG-Projekt basierenden ‚Cosmobilities Network‘ rund um John Urry, den Münchner Soziologen Sven Kesselring und die US-amerikanische Soziologin Mimi Sheller. Das Cosmobilities Network zählt sich selbst zum Bereich der ‚Mobile Culture Studies‘ – Forschungsschwerpunkt ist die soziale, physische, kulturelle und virtuelle Mobilität. Unter anderem wurde die multidisziplinäre Essaysammlung „Aeromobilities“ (Cwerner, Kesselring, Urry 2009) herausgegeben. Die Aufsätze setzen sich auf verschiedenen Ebenen mit der gestiegenen Bedeutung der Passagierluftfahrt als Massentransportmedium auseinander. Doch auch in „Aeromobilities“ steht der statische Flughafen, der anstelle des mobilen Flugzeuges zur Metapher für die Vielfalt „postmoderner, nomadischer Lebensweisen“ (Lenz 2011: 15) geworden ist, im Vordergrund.

Volkskunde / Kulturanthropologie

In der Volkskunde / Kulturanthropologie setzt man sich ebenfalls schon lange ausführlich mit mobilen Themen wie Pendelmigration, Zweitwohnsitzen, Multilokalität und Wohndynamik auseinander (vgl. hierzu auch Bendix / Löfgren 2007, Rolshoven 2007, Vonderau 2003, Lenz 2010). Die adäquaten Methoden und Theorien, die diesen Auseinandersetzungen zu Grunde liegen, werden jedoch bis heute kontrovers diskutiert:

---

12 Auf einem Flug von New York nach Wien trifft Richard Sennett den Sohn eines italienischstämmigen Hausmeisters wieder, den er für eine Forschung interviewt hatte. Dieses Intro dient Sennet dazu, beispielhaft einen Lebenslauf in der flexibilisierten und beschleunigten Arbeitswelt vorzustellen, um anschließend ihre Belastungen und negativen Auswirkungen aufzuzeigen (Sennett 1998: 19).

Schon 2009 auf dem Kongress der Deutschen Gesellschaft für Volkskunde „Mobilitäten. Europa in Bewegung als Herausforderung kulturanalytischer Forschung“ in Freiburg versuchte Silke Göttsch-Elten über das In-Dialog-Bringen von empirischen Befunden mit gesellschaftlichen und wissenschaftlichen Diskursen eine Vision zu entwickeln, wie „dieses für eine kulturanalytische Disziplin in der Tat herausfordernde Thema [Mobilität] anzugehen sein wird“ (Göttsch-Elten 2011: 29).

Vor einem ähnlichen Hintergrund beschäftigte sich die ‚Kommission Tourismusforschung‘ der Deutschen Gesellschaft für Volkskunde bei ihrer 10. Tagung 2012 in Graz mit dem Thema „Mobilitäten. Für einen Paradigmenwechsel in der Tourismusforschung“ damit, ob „die kulturwissenschaftliche Tourismusforschung noch die theoretische Kompetenz und die methodischen Mittel besitze, um die komplexen Transformationen der globalisierten Spätmoderne zu analysieren“ (Deutsche Gesellschaft für Volkskunde 2012), da die „transnationalen Lebensräume und multilokalen Lebensweisen“ (ebd.) mit den bisherigen tourismuswissenschaftlichen Konzepten kaum noch zu greifen seien. Letztendlich plädierte die Kommission für eine interdisziplinäre Betrachtung von Tourismus und eine Öffnung in Richtung Mobilitätsforschung, um „ein Denken in komplementären Räumen“ (Rolshoven 2014: 20), das „Kontext und Komplexität“ (ebd.) in die Forschung miteinbezieht und auch „Machtverhältnisse“ (ebd.: 21) nicht außen vorlässt, zu stärken.

Auch die Arbeit zu Verkehrsmitteln hat, inspiriert durch Marc Augés „Ein Ethnologe in der Metro“, in den Kulturwissenschaften eine gewisse Tradition. In dem 1986 in Frankreich und 1988 in Deutschland erschienenen Essay zeigt Augé die ethnografische Qualität des U-Bahn-Fahrens auf. Er beschreibt die Metro als transitorischen Ort und sozialen Raum geprägt durch die Fahrgäste, die „Seite an Seite mit der Geschichte der anderen fahren, die sie zwar nicht kennen, aber manchmal erahnen“ (Augé 1988: 39).

Hauptaugenmerk legt Augé auf die Relationen zwischen ober- und unterirdischer sowie physikalischer und mentaler Topographie. Außerdem untersucht er die Metro „als Vergrößerungsspiegel“, weil sie uns „der Alltagsmenschheit näherbringt“ (ebd.: 24).

In der auch für Augé typischen „Anthropologie des Nahen“ (1994: 13) lotet er das Verhältnis zwischen der konkreten Erfahrung des einzelnen gesellschaftlichen Lebens und den übergeordneten globalen Strukturen aus und kommt zu dem Schluss, dass jede Gesellschaft ihre Metro habe, die dem Individuum Wege vorgebe, „auf denen es in singulärer Weise den Sinn seiner Beziehung zu den anderen erlebt“ (Augé 1988: 95). Für die zukünftige Analyse sozialer Gefüge fordert Augé, dass den Räumen, durch die Individuen sich hindurchbewegen, genauso viel Aufmerksamkeit geschenkt werde müsse wie den Individuen selbst (Augé 1994: 141).

Im Fokus der Arbeiten, die auf „Ein Ethnologe in der Metro“ folgten, standen unter anderem Eisenbahn-Pendler in Schweden (Löfgren 2008), das Basler Tram (Rolshoven 1998), die Berliner U-Bahn (Lindner 1994, Lang 1994) oder auch die Vielflieger-Community (Vonderau 2003). Obwohl gerade die Kontextualisierung dem konkreten ethnografischen Einzelbeispiel Erkenntnisgewinn verschaffen kann und Augé die Kontextualisierung in seiner Schrift auch explizit eingefordert hatte, traten die Kontextbezüge in den Folgearbeiten eher in den Hintergrund.

Gerade die Volkskunde / Kulturanthropologie als Alltagskulturwissenschaft mit ihrer fächerübergreifenden Kombination von volkskundlichen Instrumenten, Methoden und Herangehensweisen erscheint jedoch ideal, um auf Lebenswirklichkeiten zu schauen und sie auch auf übergeordneter Ebene zu verstehen. Das liegt auch daran, dass dieses Fach Mobilitäten erst einmal im Mikrokosmos aufzuspüren vermag, am Ende aber trotzdem in der Lage ist, das Erforschte in größere Zusammenhänge sowie gesellschaftliche und wissenschaftliche Diskurse einzubinden. Außerdem kann eine volkskundlich-kulturwissenschaftlich empirische Forschung zum aeromobilen Unterwegssein Aussagen über unsere angeblich so mobile und flexible Gesellschaft kritisch reflektieren und sie präzisieren, die damit verbundenen Herausforderungen benennen und zukünftige Entwicklungen nachvollziehend begleiten.

1.8 Drei Annäherungen an die ‚Airworld' und ihre ‚Bewohner' – visuell, empirisch, historisch

Ich taste mich an diese ‚Airworld' nun auf drei unterschiedlichen und trotzdem sehr volkskundlichen Wegen heran: In der ersten Annäherung widme ich mich dem Fliegen *visuell* über Instagram-Fotos und die zu diesen Bildnachrichten gehörenden kurzen Texte (‚Captions' genannt), die ich 2016 / 2017 auf der digitalen Bilderplattform recherchiert habe. In der zweiten Annäherung nutze ich den *empirischen* Zugang über einen Feldforschungsbericht zu meiner Arbeit an der Passagierinformation des Hamburger Flughafens. Und in der dritten Annäherung schaue ich auf die *historische* Entwicklung der Passagierluftfahrt.

Mit dem Flugzeug unterwegs auf Instagram

Die Dokumentation des Reisens mit dem Flugzeug ist auf Instagram mittlerweile zu einer Konstante in den Posts zu öffentlichem Personenverkehr geworden:

Im Januar 2017 sind unter dem Hashtag #plane 5.056.348 Veröffentlichungen gelistet, damit liegt das Flugzeug noch vor #subway mit 4.062.987 Fotos und #bus mit 4.238.578 Beiträgen.[13]

Die Fotostrecke im Bildteil am Ende dieses Buches ist zusammengesetzt aus den Posts verschiedener Instagram-User, die unabhängig voneinander elektronische Grüße aus der Airworld versendet haben.[14] In einen gemeinsamen Kontext gebracht, ergeben die vielen Einzelbilder eine komplette Flugreise mit ihren verschiedenen charakteristischen Stationen.

---

13 An der Spitze liegt #train mit 21.979.602 Fotos, allerdings werden unter diesem Hashtag auch viele Bilder vom sportlichen Trainieren verschlagwortet, weshalb ein Vergleich mit den anderen Verkehrsmitteln nicht möglich ist.

14 Instagram hat im Oktober 2014 laut Eigenauskunft 200 Millionen aktive Nutzer, die unter Pseudonym oder Klarnamen insgesamt 20 Milliarden Bilder hochgeladen haben. Jeden Tag werden 60 Millionen neue Bilder veröffentlicht (Instagram, Press, Stats).

Themen und Motive

Textlich werden hier (und in vielen anderen Posts mit Flug-Content auch) relativ stereotyp das fast Verpassen des Fluges, das Über-den-Wolken-Sein, die Freude über den anstehenden Urlaub, Warten und Langeweile an Bord und am Flughafen, Abschiede und Ankommen, der erste Flug oder auch die Angst vor dem Fliegen thematisiert.

Abgebildet werden der Abflughafen, verschiedene Flugzeugtypen, Reisebegleiter menschlicher und nichtmenschlicher Natur und immer wieder der Blick aus dem Flugzeugfenster oder die Landschaft von oben.

Die aus der Amateurfotografie bekannten verschiedenen Bildgenres sind auch in den Grüßen aus der Welt des Fliegens alle vertreten. Während meiner Recherche fand ich Gruppenbilder, Familienfotos, Einzelportraits, Landschaftsaufnahmen, Aufnahmen des Interieurs und Selbstportraits.

Abheben von der klassischen Amateurfotografie tut sich ein für Instagram typisches Stilmittel, das vor allem dann genutzt wird, wenn Passagiere alleine unterwegs sind und kein Reisepartner zur Verfügung steht, den sie fotografieren könnten (oder von dem sie fotografiert werden). Dann lichten sie die Airworld aus ihrer persönlichen Perspektive ab, was mit dem Hashtag „fromwhereistand" gekennzeichnet wird. In diesen Fällen werden die eigenen Knie zum Hauptdarsteller oder das mit persönlichen Utensilien belegte Klapptischchen.

Fliegen als scheinbare Selbstverständlichkeit

Die in dieser ersten Annäherung an das Fliegen aufgeführten Bilder und Kommentare erwecken den Eindruck, als wäre das Reisen im Flugzeug für alle Passagiere eine Selbstverständlichkeit. Egal ob Kleinkinder, Schüler, Studenten, Urlauber, Angestellte, Selbstständige oder Rentner (vgl. Urry 2012: 3) – auf Instagram scheinen alle routiniert aeromobil unterwegs zu sein. Unsicherheiten, Fehler und Fragen sind kaum zu erkennen.

Doch der Eindruck täuscht, was ein Wechsel der Perspektive in der nächsten Annäherung an das Fliegen zeigen wird: An der Information am Hamburger Flughafen begegnete mir nämlich eine nicht minder große Nutzergruppe, die sich in den Räumen des Fliegens nicht gut auskennt und voller Fragen in Bezug auf das aeromobile Unterwegssein ist.

Ein Tag an der Information des Hamburger Flughafens

Fliegen geerdet

Um das ganze System des Fliegens kennen zu lernen (und nicht nur den winzigen Ausschnitt, der für die Passagiere sichtbar ist), absolvierte ich unter anderem eine zweimonatige Feldforschungsphase in den verschiedenen Abteilungen des Hamburger Flughafens. Während dieser Zeit stellte ich fest, dass der Airport zwar ein stabiler Knotenpunkt im Netzwerk der Aeromobilität ist, sich hier aber trotzdem Wissensbestände rund um das Unterwegssein im Flugzeug materialisieren.

Abbildung 4: Pressefoto des Teams des ‚Airport Office' am Hamburger Flughafen

Der folgende Text stammt aus meinem Forschungstagebuch vom 25. August 2010, den ich an der Information verbrachte:[15]

„Kuddel, der seit zwanzig Jahren am Hamburger Flughafen arbeitet, sitzt in weißem Hemd und schwarzer Hose neben mir an der Information im Terminal 1. Im Laufe der Jahre ist er von einer Abteilung zur nächsten gewechselt, war erst Packer, dann Abfertiger und nun steht er kurz vor der Frühpensionierung, denn sein Körper macht die Strapazen der Arbeit am Flughafen nicht mehr mit.

Seine Aufgaben an der Information sind Flugplanauskunft, Reisesouvenirverkauf und die Fundsachenbearbeitung. Von 4.30 Uhr bis 13.00 Uhr hat Kuddel Frühdienst, an der Pier beginnt er um 6.00 Uhr. Der Spätdienst geht von 13.00 Uhr bis 21.30 Uhr oder von 15.00 Uhr bis zur Ankunft der letzten Maschine.

„Ist der Feierabend da, Hausschuhmarke Romika", sagt Kuddel und lacht.

Ein Kollege von Kuddel kommt und grüßt mich:

„Guten Tag, herzlich Willkommen in der Hölle! –
Wann gehst du in die Pause, Kuddel?"

Ein Passagier mit Akten- und Laptoptasche kommt angelaufen:

„German Wings Schalter?", ruft er ohne anzuhalten.
„Links hinten", antwortet Kuddel. Der Mann läuft ohne Dank weiter.
Kuddel: „Manche kommen hier rein, rufen ‚Frankfurt?!' und damit muss ich dann

15 Die Notizen wurden für diesen Beitrag überarbeitet und verdichtet.

klarkommen. Das hat zugenommen. Dass die keine ganzen Sätze mehr sprechen. Dann sagen wir ‚Guten Morgen erstmal', dann erst wird ihnen das bewusst. Die Leute sprechen nur noch in Schlagworten. Ich weiß nicht, wo das herkommt."

Wenn Passagiere an der Information des Hamburger Flughafens nur „Frankfurt?" rufen wird klar, dass das System viel größer ist, als der einzelne Passagier in diesem Moment realisiert. Er ist ganz bei sich und denkt, es gäbe nur einen (seinen) Frankfurtflug am Tag, aber zu Stoßzeiten fliegt fast alle Stunde eine Maschine diese Strecke.

Die Eile der Menschen ist außerdem allgegenwärtig, sie äußert sich neben der verkürzten Sprache auch in schnellen Schritten und gehetzten Blicken. Zeit ist am Flughafen ein bestimmender Faktor.

Kuddel: „Manche wissen nicht mal, wo sie hinfliegen. ‚Erna, wo ist das noch mal?' Männer schicken immer ihre Frauen zum Fragen. Aber Fragen bringt oft nichts, ich lasse mir immer den Flugschein zeigen. Dann sehe ich, die fliegen doch erst morgen. Das kommt oft vor. Die Leute gucken die Unterlagen nie an. Verstehen die Abkürzungen nicht. Das ist ganz schlimm. Die Leute wissen nicht, wo sie sind. Ich frage mich dann, wenn ich woanders auf dem Flughafen bin: ‚Verhältst du dich genauso bescheuert wie die?' Im Großen und Ganzen sind die Leute überfordert, nicht nur alte Leute. Die sind zufrieden, wenn sie 'ne Reise hingekriegt haben. Den Passagier kann man generell nicht ergründen. Er ist taub, blind und hilflos. Ich denke mir immer: Wie wollen die im Ausland klarkommen? Aber das ist auch Reizüberflutung: alles neu, alles ungewiss."

Eine ältere Dame kommt an unseren Tresen und will verwundert wissen:

„Kann es sein, dass ich ohne Gepäck gebucht habe? Gibt es so was Komisches?"

Danach beugt sich ein Mann zu uns hinüber:

„Ich hab' hier Kroatien Airlines. Wo muss ich da hin?"

Kuddel schaut auf das Ticket:

„Erstmal fliegen sie mit der Lufthansa nach München." „Ach, echt?"

Ein alter Russe ohne Zähne schiebt zitternd seinen Pass und einen Zettel über den Tresen und stammelt:

„Ich kenne nicht, wie das funktioniert."

Seine Kinder haben ihn hier abgesetzt, sein Flug geht erst in sechs Stunden, er spricht nur Russisch und kaum Deutsch. Kuddel und ich versuchen ihm den Ablauf einer Flugreise zu erklären: Einchecken, Sicherheitsschleuse, Gate, Abflug. Es ist schwierig. Zu seinem Gate begleiten dürfen wir den alten Herrn nicht, wir können ihm nur Auskunft geben.

Abbildung 5: Ausschilderungen am Hamburger Flughafen

Kuddel dreht sich wieder zu mir:

„Das Problem ist auch, die Leute sehen die Schilder nicht, nehmen sie visuell nicht wahr. Kommen mit den Buchstaben A, B, C, D, die bei uns die verschiedenen Bereiche kennzeichnen, nicht klar. Verstehen es nicht. Sehen nur Terminal 2, das andere blenden sie irgendwie aus."
Zwei Jungs: „Wenn wir durch den Security sind, können wir dann rauchen?"

Danach zwei junge Männer:

„Die Lufthansamaschine steht jetzt anders auf dem Schirm. Kommt die später?"
Kuddel: „Sagen Sie doch bitte noch, woher die kommen soll."
„Ach ja."
Ein Asiate: „Is there any post office in here?"
Ein Engländer: „Is there a telephone with credit card?"

Eine Kollegin von Kuddel kommt vorbei, sie hat vorher lange als Animateurin in Cluburlaub-Hotelanlagen gearbeitet, spricht Deutsch, Englisch, Italienisch, Spanisch, Portugiesisch und versteht Russisch und Persisch. Sie erzählt:

„Hier musst du Hellsehen können, wirst verantwortlich gemacht, bedroht, musst trösten, informieren, therapieren. Es ist lustig, traurig, alles. Nur nicht langweilig. Ich arbeite hier, weil hier der Punk abgeht."

Wie aus dem Nichts steht plötzlich ein älteres Ehepaar vor uns. Der Mann spricht mit starkem Akzent Deutsch, wir verstehen ihn kaum. Erst denken wir, er würde nach Berlin fahren und dort zwei Nächte in einem Hotel schlafen wollen. Dann stellt sich heraus, dass er gerade aus Amerika angekommen ist, nun mit dem Auto nach Berlin fahren will und sich für den Weg so viel Zeit lassen möchte, dass er unterwegs zwei Mal übernachten kann – obwohl die Fahrt nur drei Stunden dauern würde und ihm das klar ist. Aber:

> *„I want to see the small places. I like to go slowly. Buy things in the shops."*

Er sehnt sich nach dem schnellen Flug nach einer langsameren Reiseetappe. Kuddel empfiehlt Schwerin, Potsdam und die Mecklenburgische Seenplatte. Der Reisende erzählt nun auf Englisch, dass er zu medizinischen Pflanzen forscht und einen Kongress in Berlin besucht. Am Ende sagt er stolz auf Deutsch und lacht:

> *„Wir fahren ins Blaue!"*

Mir fällt es schwer, solche Begegnungen wieder loszulassen, doch Kuddel steht einfach auf und bringt Unterlagen weg. *„Da würde ich am liebsten mitfahren"*, hatte er dem Mann noch nachgerufen, Sekunden später scheint von diesem Gefühl nichts mehr übrig zu sein.

> *Kuddel: „Ich schöpfe hier keinen emotionalen Mehrwert draus. Ich schalte sofort ab, wenn ich hier raus bin. So nett bin ich zu Hause nicht. Die coole Idee des alten Mannes greife ich auf und gebe Tipps. Aber mir ist egal, was der zwischen Hamburg und Berlin macht."*

Ganz am Ende der Schicht baut sich ein älterer Herr vor uns auf und fragt:

> *„Wie lang ist diese Halle? 100 Meter?"*
> Kuddel (fachmännisch): *„Nein! 300 Meter bestimmt.*
> *Aber da haben Sie mich jetzt kalt erwischt."*
> Der Mann fragt weiter: *„Und? Läuft's gut bei euch?"*
> Kuddel: *„Naja, die Aschewolke hat uns schon ziemlich erwischt. Und die Wirtschaftskrise."*

Dieses Mal geht es nicht um eine schnelle Information, sondern um den Kontakt zu einer einsamen Seele. Denn auch wenn die meisten Passagiere förmlich durch den Flughafen hindurchfließen und wir sie wohl nie wiedersehen werden, ist der Airport genauso auch ein Aufenthaltsort für Menschen, die niemals abfliegen."

Nach einem Tag an der Flughafeninformation ist klar, dass dem Flugreisen durchaus noch „etwas Besonderes, Außeralltägliches anhaften kann" (Färber, Vetter 2011: 213) und unroutiniertes Verhalten, Orientierungslosigkeit, Überforderung, Stress und Angst keine Seltenheit sind. Bei Kuddel am Infotresen zeigen sich zwar nur die Passagiere, die sich *nicht* zurechtfinden und die *nicht* Bescheid wissen – alle, die keine Fragen ha-

Abbildung 6: Kabine des Douglas Sleeper Transport (1936) am Tage

ben, ihren Weg kennen und schnell vorbeieilen, zu denen haben die Informationsmitarbeiter keinen Kontakt, die nehmen sie kaum wahr.

Es ist jedoch erstaunlich, wie hoch die Zahl der Verunsicherten ist und wie vielen Menschen die Abläufe des Fliegens nicht geläufig sind. Nicht alle Menschen nutzen das Flugzeug anscheinend ganz selbstverständlich als „global bus" (Lassen 2009: 180).

Kleine Geschichte der Passagierluftfahrt

Auch für eine banal wirkende Aktivität wie das Flugreisen werden kulturelle Fertigkeiten benötigt, die eine spezielle Geschichte und sich verändernde Kontexte haben, so zeigt es Orvar Löfgren am Beispiel des Eisenbahnfahrens in ‚Learning to be a railway traveller' (Löfgren 2008: 331ff.) auf.

Gerade in der Pionierphase eines technischen Artefaktes sind diese neuen Fähigkeiten und emotionalen Reaktionen noch sichtbar, bevor sie dann schnell zu automatisierten Reflexen werden. Auch deshalb ist die historische Perspektive in solchen Fällen erkenntnisfördernd, so Löfgren (ebd.: 348).

Die Anfänge

Viele Erfindungen materialisieren sich zuerst in kleinem Maßstab, bevor sie ihr Netzwerk Stück für Stück ausweiten. Auch das Flugzeug hob in Deutschland erst einmal nur mit vier zahlenden Passagieren an Bord und einer Geschwindigkeit von 170 km/h ab. Im Laufe der nächsten 50 Jahre wuchsen die Linienmaschinen dann um ein Vielfaches, nehmen heute bis zu 800 Passagiere auf und fliegen fünf Mal so schnell sowie zehn Mal so weit (von Vegesack, Eisenbrand 2004: 6).

Die erste Flugverbindung innerhalb Deutschlands wurde 1919 von der Deutschen Luft-Reederei zwischen Berlin und Weimar eingerichtet (Spode 2004: 13). Während diese Strecke vor allem von Mitgliedern und Mitarbeitern der Nationalversammlung beruflich genutzt wurde, wurde schon um 1920 auf der Strecke Berlin-Usedom eine rein touristische Fluglinie eingerichtet. Deutsche Fernrouten gab es vor allem in den fernen Osten und nach Amerika, wo andere Länder keine Kolonien besaßen (ebd.: 13ff.).

Ausrüstung und Sicherheit

Zur Ausrüstung der Fluggäste an Bord gehörten zu Beginn der Passagierluftfahrt noch Ledermäntel, Helme, Schutzbrillen (da man die Flugzeugfenster noch öffnen konnte), Wärmflaschen, Wattepfropfen für die Ohren und ein Fallschirm (Spode 2004: 16) und nicht wie heute aufblasbare Nackenstütze, Jogginghose oder iPad.

Auch die Sicherheitslage unterschied sich signifikant von der aktuellen Situation: Jeder zehnte Flug endete noch 1930 mit einer unvorhergesehenen Landung und auf hundertfünfzig Flüge kam eine verletzte Person (ebd.). Unsicherheit und Angst gehörten also zu jedem Flug dazu.

Erst die Entwicklung ‚künstlicher Umwelten' durch Kreiselkompass, den künstlichen Horizont, Funkpeilung und Autopilot machten zusammen mit robusteren Motoren, mehrmotorigen Maschinen, festen Wartungsplänen, einer professionellen Pilotenausbildung und regelmäßigen staatlichen Kontrollen das Fliegen sicherer (ebd.).

In den Anfängen des Passagierfliegens konnten die Menschen auf das beim Eisenbahnfahren erlernte Wissen zurückgreifen, doch um sicher unterwegs zu sein, mussten auch spezielle Dinge erlernt und neue Fähigkeiten entwickelt werden. Das zeigen beispielhaft die Passagieranweisungen der Fluggesellschaft KLM aus den 1920er Jahren, die sich stark von den heutigen Anweisungen unterscheiden:

> *„(Es wird gebeten), dem Propeller fernzubleiben, (…) sich nicht aus dem Flugzeug zu lehnen und den Piloten nicht zu stören (…) Werfen Sie keine Gegenstände aus dem Flugzeug und enthalten Sie sich einige Stunden vor Flugantritt alkoholischer Getränke sowie Erbsen, Bohnen, Schwarzbrot und anderer Speisen, die Blähungen verursachen könnten. Vor Abflug sind die Toiletten aufzusuchen." (Fitton Hauß 2004: 83).*

Außerdem mussten die Passagiere wie beim Bahnfahren lernen, die ungewohnte Geschwindigkeit auszuhalten, sich zusammen mit fremden Menschen auf engstem Raum aufzuhalten, nicht zwischendurch aussteigen zu können und die Flugpläne zu verstehen (Löfgren 2008: 333 über das Eisenbahn fahren). Auch das Wechseln „zwischen verschiedenen Arten der Bewegung und des Stillhaltens", also das Erzeugen von ‚Reiserhythmen', und die Synchronisation der „eigenen Bewegungen mit denen anderer" (Löfgren 2014: 40) war etwas, das nicht von Anfang an und ohne Übung beherrscht wurde.

Vertrauen aufbauen

Es dauerte eine ganze Zeit, bis sich die Menschen dem Flugzeug anvertrauten. Das lag unter anderem daran, dass das Flugzeug als Militärwerkzeug eingeführt worden war und erst einmal als ziviles Verkehrsmittel etabliert werden musste. Fotografische Abbildungen in Form von Werbung waren ein Weg, um das Image des Flugzeuges von der Militärtechnik zum alltäglichen Reisemittel zu verändern. Als Motiv wurden häufig Frauen und Kinder in heller, feiner Kleidung ausgewählt, sie dienten als Symbol für eine Zivilisierung des Luftverkehrs (Fuhs 2000: 19).

Um ein vertrautes Gefühl bei den Passagieren zu erzeugen und Ängste zu lindern, wurden die Kabinen in Abteilform gestaltet, wie sie aus der Eisenbahn bekannt waren (Fitton Hauß 2004: 86). Zur Ablenkung servierten Köche ab Mitte der 1920er Jahre mehrgängige Menüs. Auf der Speisekarte standen exotische Gerichte wie Alligatoren-Birnen-Salat mit Limonen-Dressing, weil die Fluggesellschaften dem Fliegen ein exotisches und exklusives Image verleihen wollten. Mit der Gratis-Verköstigung setzte sich die Passagierluftfahrt von der Konkurrenz durch die Bahn ab und die Mahlzeiten dienen bis heute zur Zerstreuung der Fluggäste (Eisenbrand 2004: 213ff.).

In der Werbung war der speisende Passagier bis in die 1950er Jahre ein häufiges Motiv, das sowohl den Luxuscharakter als auch die Sicherheit des Fliegens betonen sollte, „denn wo in Seelenruhe ein Truthahnschenkel verspeist wurde, waren Turbulenzen nicht zu befürchten" (ebd.: 215). Grammophone spielten deshalb auch während des Fluges Musik und sogar Filmprojektoren waren im Einsatz (ebd.).

Vom Jetset zum „Easyjetset"[16]

Erst Ende der 1950er Jahre veränderte sich die Einstellung zum Flugreisen, die Zahl der Atlantik-Überquerungen auf dem Luftweg übertraf die der Ozeanüberquerungen mit dem Schiff (Remmele 2004: 231) und es entwickelte sich der mit dem Fliegen eng verbundene Lebensstil des ‚Jetset'. Ein Jetsetleben zu führen, bedeutete, mit dem (Jet) Flugzeug zwischen verschiedenen exklusiven Orten auf der Welt und den dort veranstalteten Partys hin und her zu ‚jetten'. Das Jetset-Liniennetz spannte sich auf zwischen London und New York, Paris, Rom, Los Angeles und Bermuda, Cannes, Saint-Tropez, Portofino, St. Moritz, Gstaad, Acapulco, Nassau und Capri (Carstensen 1993).

Ein Verkehrsmittel für viele Menschen wurde das Flugzeug aber erst in den 1970er Jahren nach einer Reihe von technischen Fortschritten wie der Serienproduktion der Boeing 747 (das bis dahin größte Jetflugzeug), gesunkenen Ticketpreisen, immer verlässlicheren Sicherheitsstandards und der Einführung der neuen Urlaubsform ‚Flugpauschalreise' durch Großveranstalter wie Neckermann (Spode 2004: 28).

Als Folge davon wurde der einzelne Passagier nun von weniger Personal betreut, er musste mit weniger Platz in der Flugzeugkabine auskommen und das Umsteigen an immer größeren Flughäfen war ebenfalls alleine zu bewältigen.

16 Rapp 2009

Höher, schneller, mehr

In den nächsten Jahrzehnten stiegen die Passagierzahlen weiter um ein Vielfaches. Gründe dafür waren die immer größeren und enger bestuhlten Jets (inzwischen hat der A-380 die Boeing 747 als größtes Passagierflugzeug abgelöst), in denen immer mehr Menschen Platz fanden, sowie die neuen Organisationskonzepte der umgangssprachlich ‚Billigfluggesellschaften' genannten Low-cost Carrier, die die Ticketpreise rapide sinken ließen.

Die Eigenverantwortung der Passagiere hat sich im Zuge dessen weiter erhöht, bei den ‚Billigfliegern' buchen sie nun auch ihre Tickets eigenständig, drucken sie aus und checken selbstständig ein – der Passagier scheint ‚mündig geworden', spart aber vor allem den Fluggesellschaften Kosten. Für die Versorgung mit Proviant an Bord der Low-cost Carrier sorgen ebenfalls die Passagiere oder sie zahlen dafür extra.

Laut der International Air Transport Association (IATA) benutzten 1955 weltweit 51 Millionen Menschen ein Passagierflugzeug, um an ihr Reiseziel zu gelangen (bei einer Weltbevölkerung von 2.772.882 Menschen). 2004 waren es bereits 1,8 Milliarden Passagiere (bei einer Weltbevölkerung von 6.429.758), 2011 stieg die Zahl auf mehr als 2,8 Milliarden (bei einer Weltbevölkerung von 6.974.036) und 2014 wurden international sogar 3,3 Milliarden Flugreisende abgefertigt.

Während ein Flug von Berlin nach Weimar 1919 noch 700 Reichsmark kostete, was ungefähr dem halben Jahreslohn eines Maurers entsprach (Spode 2004: 13), fliegen Low-cost Carrier wie Easyjet oder Air Berlin im Jahre 2014 für weniger als 40 Euro von Berlin nach Palma de Mallorca. Das Flugzeug hat sich vollends von einem sehr exklusiven Fortbewegungsmittel zum Transportmittel für die Massen entwickelt.

Der Einfluss der Anderen

Die Passagierluftfahrt entwickelte sich natürlich nicht in einem Vakuum, sondern war vielmehr beeinflusst von der politischen, sozialen, wissenschaftlichen und ökonomischen Situation der jeweiligen Zeit.

Besonders prägend waren für sie der Erste und der Zweite Weltkrieg. Diese beiden Krisen stoppten die Entwicklung des Flugzeuges jedoch nicht etwa (auch wenn die Passagierluftfahrt zu Kriegszeiten ruhte), wie das bei anderen Innovationen durchaus der Fall war, sondern neue Erfindungen wie Radar, Autopilot, Jagdflugzeug, Düsenflugzeug, Hubschrauber und Überschallflugzeug entstanden gerade in dieser Zeit. Nach Kriegsende wurden sie dann wieder in das Netzwerk der Passagierluftfahrt eingespeist und im zivilen Umfeld sorgten die Weiterentwicklungen für mehr Sicherheit und Komfort (Fitton Hauß 2004: 99).

Nach dem Ersten Weltkrieg sollte der Versailler Vertrag die Wirtschaftskraft Deutschlands eigentlich schwächen und auch der Wiederaufbau von Luftstreitkräften war verboten, die deutsche Politik versuchte jedoch (wie in den anderen Bereichen der Auflagen auch) sich von diesen Einschränkungen zu befreien und engagierte sich deshalb umso mehr für die zivile Luftfahrt. Dieser Umstand erklärt unter anderem, warum Deutschland zu den Mitgründern der IATA gehörte (Spode 2004: 16).

In der Zeit des Nationalsozialismus inszenierte Adolf Hitler das Flugzeug als modernes Fortbewegungsmittel der Zukunft und stärkte das Image des Fliegens, indem er pressewirksam zu seinen Wahlkampfterminen flog, anstatt wie seine Konkurrenten mit der Bahn zu fahren (ebd.: 18). Nach dem 2. Weltkrieg, in dem die Passagierluftfahrt erneut brachgelegen hatte, war eine eigene Fluglinie ein nationales Symbol technischen Fortschrittes und bedeutete den Anschluss an die Welt. Der Luftfahrthistoriker R.E.G. Davies nannte sogar „als wichtigste Voraussetzung für die Anerkennung einer Nation in der Weltgemeinschaft die Zulassung zu den Vereinten Nationen und die Gründung einer eigenen Airline“ (Eisenbrand 2004: 150). Auch deshalb unterstützte der deutsche Staat die Deutsche Lufthansa finanziell in der Zeit, in der sie noch nicht ohne Hilfe rentabel wirtschaften konnte – bis 1962 war sie zu fast 100% in staatlichem Besitz (Bozdag-Yaksan 2008: 8[17]).

Soziale Entwicklungen wie die Globalisierung unterstützten die Passagierluftfahrt in ihrer Ausdehnung, denn die nun verstärkt interkontinental reisenden Menschen benötigten ein Vehikel, um die angestrebte Mobilität in kurzer Zeit umsetzen zu können, und das Flugzeug schien dafür geradezu prädestiniert zu sein.

Wie groß wiederum der Einfluss des Fliegens auf Politik und Wirtschaft ist, wird immer dann deutlich, wenn die Einführung neuer Gesetze wie die Luftverkehrsabgabe oder geplante Großaufträge bei Boeing oder Airbus ein riesiges Medienecho und hohe Aktiensprünge erzeugen. Auch Umweltereignisse wie die Aschewolke 2010 oder die Ankündigung von Streiks wirken sich deutlich auf Politik und Wirtschaft aus.

Der historische Blick auf das Fliegen macht also sichtbar, was durch die Geschichte in das Verkehrsmittel bereits eingeschrieben ist und die historische Perspektive hilft dabei, die Tendenzen der Gegenwart in den Kontext längerfristiger Prozesse einzufügen (Löfgren 2008: 363).

Bei der Eisenbahn waren die Lernprozesse Teil eines größeren Projektes: Durch die Nutzung der Bahn trainierten die Menschen ihre Existenz als ‚moderne Bürger‘, die Zeit und Raum anders kalkulieren konnten als es vor der Eisenbahn der Fall war (ebd.: 349). Das Reisen mit der Bahn wurde damit zur Metapher für sozialen Wandel und eine konkrete Materialisierung der Industrialisierung. Wie das *Fliegen* mit seinem historischen Hintergrund in den jeweiligen Leben der fliegenden Passagiere Einzug erhalten hat, wie es nun umgesetzt wird und welche Konsequenzen dies hat, gilt es im Laufe dieser Arbeit zu untersuchen.

Bevor ich allerdings den Passagieren auf ihren Reisen durch die Lüfte folge, stellt sich die Frage, was das für eine Art von Netzwerk ist, in das sich Tag für Tag Millionen von Menschen hineinbegeben. Wer oder was ist Teil des ‚Großprojektes Fliegen‘, von dem die Passagiere nur einen Bruchteil wie die Website der Airline, die Terminals der Flughäfen oder die Flugzeugkabine zu Gesicht bekommen? Welche Akteure beeinflussen den Verlauf des fliegenden Flugzeuges? Und letztendlich: Was für „kleine und große Geschichten von Beziehungen, der menschlichen wie dinglichen und all den Hybriden dazwischen“ (Rees 2013b: 57) finden im Netzwerk statt?

17 Bozdag-Yaksan zitiert den Geschäftsbericht der Lufthansa von 1953 sowie Helm [1999].

2. WAS FLIEGT MIT, WENN EIN FLUGZEUG IN DER LUFT IST?

Abbildung 7: Ein A-320 in der Luft

Jedes Passagierflugzeug am Himmel setzt sich nicht nur aus etwa sechs Millionen Einzelteilen wie Kabeln, Schrauben, Elektroden und Ventilen zusammen, die zu größeren Einheiten verbunden wiederum eigene technische Systeme innerhalb des technischen Artefaktes Flugzeug bilden – es besteht auch aus Menschen, die diese technischen Geräte erfinden, warten und bedienen; aus Institutionen und Ministerien, die die Passagierluftfahrt organisieren; aus Strukturen, die das Unterwegssein der Flugzeuge am Himmel ordnen; aus Normen und Prüfvorschriften, die in Checklisten und Instandhaltungsbüchern festgehalten werden; aus Vielfliegern, Rollstuhlfahrern und Kleinkindern in der Kabine; Liebesromanen im Handgepäck, Haustieren im Frachtraum und nicht zu vergessen aus Hoffnungen, Ängsten und Erinnerungen, die zusammen mit den Flugreisenden und der Flugzeugcrew an Bord gehen.

Neben der menschlichen und dinglichen Fracht reist mit jedem Flugzeug also auch ein riesiges Netzwerk aus Stofflichem und Nichtstofflichem, Infrastrukturen, Institutionen, Technologien, Diskursen, Imaginationen, sozialen Bewegungen, Anweisungen, Emotionen und Symbolischem, „Zeichen, Normen, Organisationen, Texten und vielem mehr" (Belliger, Krieger 2006: 15) durch die Luft.

Das Flugzeug und die Akteur-Netzwerk-Theorie

Nach Bruno Latour – neben John Law, Michel Callon und Madeleine Akrich einer der Begründer der Akteur-Netzwerk-Theorie – fliegt deshalb nicht das Flugzeug allein (in Latours Beispiel ist es der amerikanische B-52-Bomber, Latour 2006: 490), sondern „eine Eigenschaft der gesamten Verbindung von Entitäten, die Flughäfen und Flugzeuge, Abflugrampen und Ticketschalter umfasst“ (ebd.) denn „Handeln ist nicht einfach ein Vermögen von Menschen, sondern von einer Verbindung von Aktanten“ (ebd.).

Neu und einzigartig an der diesem Gedanken zugrundeliegenden ‚Akteur-Netzwerk-Theorie‘ (ANT) war es, Menschen und Dinge in der Betrachtung auf eine Ebene zu heben und die seit der Moderne übliche Trennung zwischen „Natur und Gesellschaft, Subjekt und Objekt“ (Belliger, Krieger 2006: 23) aufzuheben. Auf diese Weise nahm die ANT die Dinge ernst und brachte sie zum ‚Sprechen‘[18].

Da unsere Alltagskultur inzwischen komplett von Technischem durchdrungen ist, wurde eine Unterteilung in Gesellschaft und Wissenschaft / Technik ebenfalls obsolet, vielmehr lässt sich Technik im Rahmen der ANT nun als „die Fortsetzung sozialer Beziehungen mit *anderen Mitteln*“ (Latour 1996: 49) denken.

Die an einem Netzwerk Beteiligten unterteilt die ANT in ‚Akteure‘ und ‚Aktanten‘ (Latour 1995: 285). Unter Aktanten versteht sie alle agierenden Teilnehmer des Netzwerkes, von denen jeder das Potential hat – ganz egal wie klein oder unsichtbar er sein mag – auf andere Aktanten einzuwirken und dadurch das Netzwerk zu verändern. Akteure wiederum sind Aktanten, die andere Aktanten oder Akteure verändern (ebd.).

Werden die verschiedenen „Gemenge von menschlichen und nichtmenschlichen Wesen“ (Latour 1996: 10), die am fliegenden Flugzeug beteiligt sind, nun auf ANT-Weise durchdacht, „können Akteure ins Blickfeld geraten, die mit den klassischen volkskundlich-kulturwissenschaftlichen Methoden nicht wahrgenommen werden, schon gar nicht als aktive Mitgestalterinnen und Mitgestalter der zu untersuchenden Prozesse“ (Rees 2016: 19).

Außerdem werden nicht nur die Akteure und Aktanten sichtbar, die das Netzwerk bilden, sondern auch die vielfältigen Verbindungen, „Interaktionen, Transaktionen, Aushandlungen und Vermittlungen“ (Belliger, Krieger 2006: 38), die sich *zwischen* ihnen aufspannen und das Netzwerk zusammenhalten.

Die Akteur-Netzwerk-Theorie eignet sich also besonders dazu, das strukturelle Gebilde des Fliegens mit Jedem und Allem, wer oder was Teil dieses Phänomens ist, zu untersuchen und die Praxis des aeromobilen Unterwegsseins in dem komplexen Netzwerk zu verorten.

Die Geschichten ‚dazwischen‘

Ein technisches Objekt ist immer das Ergebnis vieler Elemente, die durch kommunikative Handlungen miteinander im Austausch stehen, um dem Ding zur „Erscheinung“ zu verhelfen (Belliger, Krieger 2006: 38). Dabei handeln die am Netzwerk beteiligten Entitäten untereinander übergeordnete Interessen aus, bilden „Koalitionen“, schreiben Akteuren bestimmte Rollen und Funktionen zu, verändern sie oder verdrängen sie aus dem Netzwerk (ebd.: 38f.).

18 Rein sprachlich ‚machen‘ Dinge in der Akteur-Netzwerk-Theorie Sachen, die sonst zum klassischen Repertoire der Menschen gehören (vgl. Latour 1993: 374). Die für das menschliche Handeln gebräuchlichen Vokabeln dienen allerdings nur als rhetorisch-analytisches Werkzeug, um die Trennung in Menschen und Dinge auch sprachlich umzusetzen und nicht, um sie einander gleichzusetzen (siehe auch Rees 2013a: 68 und 2013b: 48 sowie Callon 2006: 142f.).

In der Akteur-Netzwerk-Theorie werden diese kommunikativen Handlungen ‚Übersetzung' genannt. Durch sie entstehen die „Identitäten, Eigenschaften, Kompetenzen, Qualifikationen, Verhaltensweisen, Institutionen, Organisationen und Strukturen, die nötig sind, um ein Netzwerk aus relativ stabilen irreversiblen ‚Prozessen und Abläufen' zu bilden" (Callon [1986b und 1991] nach Belliger, Krieger 2006: 39).[19]

Die Übersetzungen, die Netzwerke bilden, durchlaufen verschiedene Stufen: Zu Beginn steht eine ‚Problematisierung' – in Bezug auf das Fliegen wünschten sich also viele Menschen, sich durch die Luft fortbewegen zu können. Schritt für Schritt wurden dann Akteure eingebunden, um diesen Zustand zu erreichen. In der nächsten Stufe, dem ‚Interessement' (was so viel bedeutet wie ‚Vermittlung') wurden die Akteure auf die ihnen zugedachten Rollen festgelegt. Das Tragwerk wurde beispielsweise dazu bestimmt, dem Flugzeug Auftrieb zu verschaffen, Behörden wurden ausgewählt oder gegründet, um die Einhaltung der Normen zu überprüfen und für die Faserverbundstoffe wurde die Aufgabe erdacht, das Innenleben des Flugzeuges zu umhüllen und es vor äußeren Einflüssen zu schützen.

Zum ‚Enrolment' (Einschreibung) – der nächsten Stufe – gehört das Set von Strategien, durch welche die Entwickler des Netzwerkes die Rollen der anderen definieren. Das Netzwerk kann nur erfolgreich sein, wenn alle Aktanten die ihnen zugedachte Rolle annehmen (oder sich Ersatz findet). Jedem Akteur wird also seine Rolle vermittelt und es wird ausgehandelt, in welcher Form er sie annimmt.

In der letzten Stufe – der ‚Mobilisierung' – wird sichergestellt, dass die Sprecher der Akteursgruppen dazu fähig sind, ihre Gruppe zu repräsentieren, denn nur so wird diese Gruppe ihren Status im Netzwerk halten und verteidigen können. Ziel ist es, die Positionen der Akteure im Netzwerk stabil zu machen, denn nicht stabile Akteure werden wieder aus dem Netzwerk hinausverhandelt. Ein Netzwerk ist nämlich immer nur „so haltbar" (Callon 2006: 179) (und damit auch so erfolgreich), wie es seine „Verbindungen" (ebd.) sind. Um diese Übersetzungen zwischen den Entitäten des Netzwerkes des Fliegens soll es in diesem Kapital ebenfalls gehen.

Technische Artefakte im Fokus der ANT

Für volkskundliche Kulturwissenschaftler ist es auch deshalb so aufschlussreich, sich das Flugzeug durch die Brille der Akteur-Netzwerk-Theorie anzuschauen, weil technische Artefakte nie ‚einfach nur da' sind, sie werden immer von Menschen erdacht, gemacht, gebraucht, verbreitet, reguliert, bewertet und kontrolliert (Hörning 2001: 67). Technische Artefakte sind deshalb Gegenstand von Plänen und Entscheidungen, sie geben Handlungsanweisungen, verdinglichen Normen, werden zu Bedeutungsträgern, rufen Deutungskämpfe hervor, entwickeln sich zu „Objekten der Imagination" (ebd.: 68) und „lösen grundlegende gesellschaftspolitische Risiko-, Sicherheits- und Zu-

19 Obwohl Übersetzungen von individuellen Subjekten geleitet werden und diese vielleicht auch davon ausgehen, dass sie ihren eigenen Interessen nachgehen, sind Übersetzungen nicht als individuelle Strategien zu verstehen, denn die Handlungsprogramme sind „selbst das Ergebnis von Verhandlungen, Verschiebungen und Anpassungen, kurz: „Der Akteur ist eine Konstruktion, ein Hybride, bestehend aus mehr oder weniger verschiedenartigen Elementen" (Belliger, Krieger 2006: 39).

kunftsdiskurse aus" (ebd.). Deshalb kann auch das Flugzeug als Träger vielfältiger technisch-funktionaler Sinnsetzungen, „kollektiver Wissens- und Wertschemata" (ebd.: 73), als mit Bedeutung codiertes Kulturobjekt und „materialisierter Ausdruck von sozialen Sinnbezügen" (ebd.) untersucht und verstanden werden.

Der Fokus meiner Beschreibung dieses Netzwerkes liegt allerdings nicht auf dem zeitlichen Verlauf der Passagierluftfahrtgeschichte, sondern auf dem ‚Phänomen Fliegen' und dem, was erdacht, umgesetzt und an andere und anderes delegiert wurde, um sich durch die Luft fortbewegen zu können. Es geht auch nicht um eine Gewichtung der Akteure, denn die ANT arbeitet nicht hierarchisch, das Ziel ist vielmehr, die am Netzwerk Beteiligten überhaupt erst einmal aufzuspüren und aufzuführen sowie sie zu beschreiben.

Im Laufe der Aufzählung gilt es „von einem Punkt zum nächsten zu reisen" und „von einem Feld zum nächsten" (Latour 2006: 567), denn das verspricht nach Latour im Hinblick auf Erkenntnisse über das Netzwerk mehr, als „das Definieren von Entitäten, Essenzen oder Domänen" (ebd.). Außerdem ist nicht das *Warum* in der ANT wichtig, sondern das *Wie* und damit die Frage, „*wie* Beziehungen entstehen oder nicht entstehen" (Law 2011: 22) und nicht, *warum* sie zustande kommen. Eine gelungene ANT-Erzählung erkennt man deshalb daran, dass „alle Akteure *etwas tun* und nicht bloß herumsitzen" (Latour 2007: 223).

Da es keinen Moment gibt, an dem die Technisierungsgeschichte der Passagierluftfahrt vollendet ist und dann stoppt (siehe Hengartner 2012: 126 über technische Phänomene), kann eine Beschreibung des Netzwerkes des Fliegens niemals vollständig sein. Darüber hinaus besteht das Konstrukt aus unendlich vielen Aktanten, die sich pausenlos weiter in Raum und Zeit entwickeln und mit jedem Unfall, jeder Krise und jedem Passagier das Netzwerk neu verhandeln.

Man kann sich dieses Kapitel deshalb statt einer allumfassenden Beschreibung eher als einen zu einer bestimmten Zeit durchgeführten Rundgang durch das Netzwerk des Fliegens vorstellen, durch den der Text als eine Art ‚kulturwissenschaftlicher Flugbegleiter' hindurchführt.

Abbildung 8: Airbus der Fluggesellschaft Swiss beim Abheben

2.1 Die Erkundung des Akteur-Netzwerkes des Fliegens

Außen[20]

Meine Erkundungstour durch das Netzwerk des Fliegens startet beim Passagierflugzeug, also dem technischen Artefakt, das sich über die Jahrzehnte hinweg in Kooperation mit vielen anderen Akteuren und Aktanten als dinglicher Kern des Fliegens materialisiert hat.

Konkret dient mir ein A-320 des Flugzeugherstellers Airbus als Forschungsstartpunkt, da dieser Flugzeugtyp eines der am häufigsten verkauften Mittelstreckenflugzeuge ist. Dieses Flugzeug kann 220 Passagiere befördern und seine Flügelspannweite erstreckt sich über 35,80 m, seine Länge liegt bei 37,57 m und seine Höhe bei 11,76 m (Airbus, Dimensions & Key Data A-320).

Wie viele Jahre ein A-320 im Einsatz ist, ist nicht einheitlich geregelt, denn Flugzeuge sind nicht für eine Anzahl an Einsatzjahren konzipiert, sondern für eine Anzahl an Flugstunden. Durchschnittlich ist ein A-320 aber ungefähr 25 bis 30 Jahre unterwegs.

Während wir nun über das Rollfeld auf unseren A-320 zuschreiten, fallen uns die verschiedenen Bauteile, die ein Flugzeug ausmachen, ins Auge. Hierzu gehören *Rumpf*,

20 In diesem Kapitel finden sich im Kontext von Flugzeug-Fachbegriffen einige Verweise auf die im wissenschaftlichen Kontext nur unter speziellen Umständen zitierfähige freie Online-Enzyklopädie Wikipedia. Alle Wikipedia-Inhalte, auf die ich verweise, habe ich inhaltlich mit Hilfe von Fachliteratur und im Gespräch mit Ingenieuren überprüft. In der Fachliteratur fehlt es jedoch an für den Laien verständlichen Beschreibungen und Formulierungen, die für diese Arbeit aber äußerst wichtig sind.

Tragwerke (umgangssprachlich ‚Flügel' genannt), *Triebwerke*, *Leitwerk* und das *Fahrwerk*, mit dem sich das Flugzeug am Boden fortbewegt. Würde der Pilot nun die Triebwerke starten und auf der Startbahn Gas geben, würden die Triebwerke beginnen Vortrieb zu erzeugen, diesen würden die Tragflächen in Auftrieb umsetzen und das tonnenschwere Flugzeug würde nach ein paar hundert Metern schneller Fahrt praktisch in die Luft ‚gesaugt' werden.

Über sein Äußeres ‚spricht' das Flugzeug mit uns und teilt verschiedenste Informationen mit: Auf der leuchtend weiß lackierten Außenhülle ist in schwarzer Schrift das *Luftfahrtkennzeichen* (hier G-EZFB, siehe Abbildung 9) aufgebracht, was uns zum Beispiel die Staatszugehörigkeit der Maschine verrät.

Das *Logo* und die *Farbgebung* geben außerdem Auskunft über die *Fluggesellschaft*, für die das Flugzeug unterwegs ist, und die *Typbezeichnung* beinhaltet unter anderem das Kürzel des Herstellers. Das ‚A' in ‚A-320' steht für ‚Airbus' – neben Boeing die zweite Hälfte des weltweiten Duopols für Passagierflugzeug-Hersteller.

Implizit wird über das Design der Flugzeugbemalung außerdem kommuniziert, ob es sich bei der Maschine um einen *Linienflieger* handelt (dann ist das Design wie im Falle des A-320 der Swiss schlicht) oder ob hier ein *Low-cost- oder Charterflieger* unterwegs ist (dann ist das Design bunt, mit Zeichnungen wie Condors ‚Peanuts' versehen oder es wird zur Werbefläche wie beim ‚Haribo-Flieger'). In diesen Fällen wird das Flugzeug zur ersten Urlaubsattraktion und zum touristischen Fotomotiv.

Abbildung 9: Das Luftfahrtkennzeichen

Abbildung 10: Die Peanuts auf einer Boeing von Condor

Abbildung 11: Haribo-Sonderlackierung von TuiFly

Abbildung 12: Positionslichter einer All Nippon Airways Boeing 787

Verunglückt ein Flugzeug, wird die Flugzeughülle so schnell es geht weiß übermalt, um ihre Informationen zu tilgen, möglichst noch bevor Fotografen die Maschine abgelichtet haben.

Dass Staatszugehörigkeit und Fluggesellschaft eng miteinander verbunden und viele Airlines mit staatlicher Bedeutung aufgeladen sind, wird am Beispiel des A-320 der Swiss erkennbar, denn die Flagge der Schweiz und das Airline-Logo sowie der Name der Airline ‚Swiss' und der Name des Landes ‚Schweiz' sind einander sehr ähnlich. Bis zur Liberalisierung des Luftfahrtmarktes waren Fluggesellschaften staatliche oder halbstaatliche Unternehmen (unter anderem auch, weil sie meist defizitär wirtschafteten) und sie wurden wie nationale Statussymbole behandelt (Remmele 2004: 231). Airlines, die für unbeteiligte Dritte eine Affinität zu einem Staat aufweisen, nennt man ‚Flag Carrier'. Obwohl die meisten Fluggesellschaften inzwischen privatisiert wurden, ist das ‚staatliche Flair' oft weiter vorhanden.

Auf dem Dach des Flugzeuges, an den Tragflächen und am Leitwerk ist jede Passagiermaschine mit *Positionslichtern* ausgerüstet, die den Flughafenmitarbeitern mitteilen, in welcher Start- oder Landephase sich das Flugzeug gerade befindet und am dunklen Himmel zeigen sie Backbord und Steuerbord des Flugzeuges an.

Innen

Wir erklimmen das Flugzeug über die Gangway und erkunden nun sein Inneres.

Das Cockpit: die Mensch-Maschine-Schnittstelle

Pilot, Erster Offizier, Autopilot oder: Von Meuchelmorden und Familienfehden

Im *Cockpit* halten sich die Akteure des Netzwerkes auf, die dafür sorgen, dass das Flugzeug in die durch sie (und andere Akteure des Netzwerkes wie die *Lotsen* oder den *Flugplan*) festgelegte Richtung fliegt und sicher startet und landet. Zu diesen Akteuren gehören *Flugkapitän* und *Erster Offizier* und mehr als hundert *Bedien- und Kontrollelemente*, die im *Flight Desk* in der Front des Cockpits und an der Decke konzentriert an-

Abbildung 13: Cockpit A-319

gebracht sind. Flugkapitän (CPT) und Erster Offizier (FO) sind beide voll ausgebildete Flugzeugführer, der Kapitän steht jedoch hierarchisch über dem Ersten Offizier (umgangssprachlich Co-Pilot genannt) und trägt in letzter Instanz die Verantwortung für das Flugzeug. Eine *Pilotenausbildung* und verschiedene *Lizenzen* berechtigen die Piloten zum Fliegen der Maschine und zum Transport der Passagiere.

Die Instrumente unterstützen die Piloten bei Betrieb, Steuerung, Kontrolle und Navigation der Maschine und ermöglichen die Kommunikation mit den Lotsen am Boden. Die beiden Piloten bedienen und überwachen die Instrumente und speisen alle nötigen Informationen ein.

Als eines der wichtigsten Instrumente ist der *Autopilot* hervorzuheben, eine „Selbststeuerung, die je nach Art und Größe des Luftfahrtzeugs neben anderen Funktionen Kurs, Fluglage, Geschwindigkeit über Grund und Flughöhe automatisch hält" (Sterzenbach 2005: 23).

Der Autopilot ist 95 % der Flugzeit eingeschaltet[21], hat also den Piloten aus ökonomischen und sicherheitstechnischen Gründen „Navigation und Flugsteuerung" (ebd.) während der meisten Phasen des Fluges abgenommen. Schon auf der Weltausstellung 1914 in Paris startete ein Flugzeug, das durch einen Autopiloten gesteuert wurde. Damals war der Autopilot allerdings nur für die Stabilisierung des Flugzeuges zuständig, erst später wurden seine Einsatzgebiete ausgeweitet (ebd.).

Die Frage ‚Wer fliegt, wenn ein Flugzeug in der Luft ist', ist also gar nicht so einfach zu beantworten, es fliegen gleichzeitig und / oder abwechselnd der Flugkapitän, der Erste Offizier, der Autopilot sowie eine Kombination aus den Menschen und der Flugmaschine. Stellt der Pilot aber eine Fehlfunktion des Autopiloten während der Lan-

21 Seite „Autopilot". In: Wikipedia.

dung fest, gibt er den Befehl zum Durchstarten[22], die letzte Entscheidung bezüglich der Landung liegt also bei ihm.

Pilot und Autopilot sind ein gutes Beispiel dafür, was es bedeuten kann, wenn Menschen Macht und Moral an Dinge delegieren und sich irgendwann mit den von ihnen erschaffenen Dingen und ihren neuen Aufgaben messen müssen (und die Dinge ihnen dann vielleicht das Recht im Netzwerk zu verbleiben, verweigern):

Der Autopilot ist ein Akteur, der nach seinem Erscheinen im Netzwerk auf beispiellose Art die Karriereleiter erklomm und zum Teil hinterrücks und ohne das Einverständnis der Betroffenen Stück für Stück die Aufgaben anderer Netzwerkteilnehmer übernahm, bis sich die Flugzeugingenieure sowie die Mitarbeiter der Airlines und der prüfenden Organisationen irgendwann einig waren, dass er den menschlichen *Funker* und den *Navigator*, die sich bis dahin auf jedem Flug an Bord befunden hatten, ersetzen könnte.

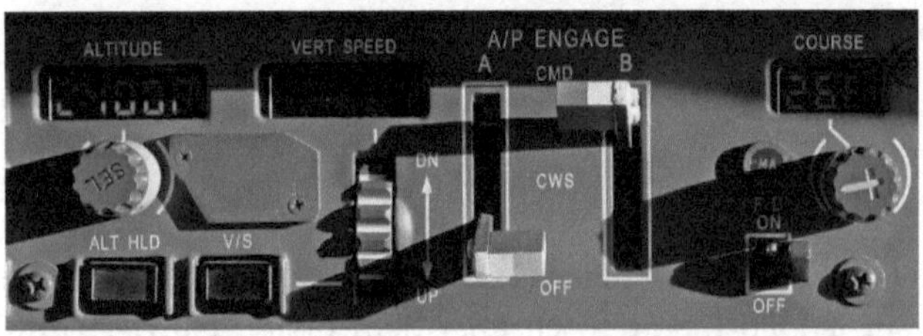

Abbildung 14: Der Autopilot

Abbildung 15: Der Pilot

22 Das Flugzeug landet nicht immer automatisch, meistens wird es noch von Hand gesteuert. Es gibt außerdem auch noch andere Gründe zum Durchstarten wie zum Beispiel ein Fahrzeug auf der Landebahn.

Nachdem der Autopilot diese beiden Berufe erfolgreich aus dem Netzwerk verdrängt hatte, nahm er den Job der Piloten ins Visier und nagte Stück für Stück auch an dessen Flugleistungen (wie zum Beispiel der Aufgabe des Landens, die ihm zuerst nicht übertragen wurde, inzwischen aber von mehreren Autopiloten ausgeführt werden kann).

Irgendwann wird der Autopilot das Flugzeug ohne menschliche Anwesenheit im Cockpit fliegen dürfen, als Utopie wird ein Passagierflugzeug ohne menschliche Piloten an Bord schon jetzt verhandelt und im militärischen Bereich fliegen bereits unbemannte Drohnen ihre Einsätze (Koenen 2014). Alleine die fehlende Akzeptanz bei den Passagieren und die Tatsache, dass Autopiloten noch nicht spontan auf ungeplante komplexe Situationen reagieren können (wie es zum Beispiel die Piloten während der Notlandung im Hudson River taten, als sie die Situation kreativ lösten und so hunderte von Menschenleben retteten, Gronau 2011), garantiert den Piloten in den nächsten Jahren noch ihren Arbeitsplatz im Cockpit.

Die Rollen der Piloten an Bord und das Berufsbild des Piloten generell haben sich durch den Machtkampf Pilot vs. Autopilot in den letzten Jahrzehnten stark verändert. Die rein fliegerischen Aufgaben sind extrem gesunken, dafür haben sich die organisatorischen und kontrollierenden Aufgaben ausgeweitet (Matuschek, Voss 2008: 181ff.). Berechneten die Piloten früher noch selbstständig Spritverbrauch, Position und Ladungsverteilung (Flottau 2014: 17), müssen sie sich heutzutage vor allem mit komplexen elektronischen Systemen auskennen und diese überwachen. Dem Ansehen der Piloten hat dieser Wandel der Aufgaben geschadet, sie gelten inzwischen nicht mehr als „Helden“ und „Halbgötter“ in Uniform, sondern despektierlich ausgedrückt nur noch als „Busfahrer“ der Lüfte (Eberle 2004).

Bis zum A-310 spielte sich das Machtgerangel zwischen Pilot und Autopilot zum Teil auf dramatische Weise ab, denn bis zu diesem Modell war es noch möglich, dass Pilot und Autopilot das Flugzeug gemeinsam steuerten und im missglückten Fall der Zusammenarbeit auch gegeneinander arbeiten konnten. Bei einem dramatischen Zwischenfall an Bord eines Airbus A-310 mit 100 Insassen an Bord der Fluggesellschaft Interflug über Moskau 1991, bei dem der Pilot nach dem Durchstarten vor einer Landung weniger steil fliegen wollte, der Autopilot mit anderen Vorgaben aber noch eingeschaltet war, kam es zu einem besonders folgenreichen ‚Kampf‘: Das System reagierte auf die flachere Flugkurve des Piloten mit einer noch steileren Anstellung der Trimmfläche, der Pilot arbeitete dagegen und versuchte weiterhin flacher zu steigen. Da der Autopilot größeren Einfluss auf die Steuerflächen hatte, stellte sich das Flugzeug beinahe senkrecht auf und sackte aufgrund zu geringer Geschwindigkeit viele hundert Meter ab. Erst nach mehrmaligem Absacken konnte der Pilot das Flugzeug wieder in seine Gewalt bringen und sicher landen. Die Ingenieure änderten daraufhin das Systemdesign des Autopiloten: Greift nun der Pilot in die Steuerung ein, schaltet sich der Autopilot automatisch ab, die Machtfrage an Bord wurde also klar zu Gunsten der Piloten entschieden.

Ein tödliches Ende fand 1992 der blinde Gehorsam eines Piloten gegenüber seinem Autopiloten, als ein Airbus A320-111 von Air Inter südlich von Straßburg abstürzte, weil der Pilot die Sinkflugrate falsch in den Autopiloten eingegeben hatte und dieser sie nun nach diesen Angaben ausführte. Das Vertrauen des Piloten in den Autopiloten und die mangelnde gegenseitige Kontrolle der beiden Beteiligten ließen die Maschine letztendlich am Boden zerschellen (Aviation Safety Network 1992).

In Bezug auf das Netzwerk des Fliegens zeigen diese Beispiele, dass einige Netzwerk-Teilnehmer keinesfalls zimperlich miteinander umgehen, wenn es darum geht, ihre Macht zu vermehren: Sie intrigieren gegeneinander, kontrollieren sich offen oder versteckt, antworten mit grausamen Rachefeldzügen auf vorhergegangene Schmähungen, metzeln sich eiskalt nieder und bisweilen enden ihre Machtspiele sogar tödlich.

Die Kämpfe um einen Platz im Netzwerk scheinen beim Fliegen sogar besonders stark zu sein, so, als wäre der Platz dort genauso begrenzt wie der Raum im Flugzeug. Und vielleicht darf das Netzwerk tatsächlich nicht zu überladen, nicht zu komplex und nicht zu unübersichtlich sein, um sicher am Himmel und am Boden existieren zu können.

Trotz all der Intrigen und Kämpfe scheint der Fortbestand des Netzwerkes des Fliegens aber in keinster Weise bedroht. Im Gegenteil: Das Reisen im Flugzeug wird sogar immer sicherer und erfolgreicher. Einerseits mag dies daran liegen, dass sich durch die leidenschaftlich ausgefochtenen Kämpfe die besten Systeme und Abläufe durchsetzen, andererseits kann dies auch damit zu tun haben, dass im Netzwerk genauso viele Verbindungen (mit Verbindungen sind in der ANT gemeinsame Interessen ebenso gemeint wie zum Beispiel elektrolytische Kräfte) existieren, mit denen die Akteure einander nicht schwächen, sondern sich gegenseitig stärken.

Übersinnliche Helfer – die Pilotenmaskottchen

Neben den sichtbaren Instrumenten entdeckte ich während meiner Feldforschungszeit im Cockpit noch ein weiteres Artefakt, welches viele Piloten an Bord unterstützt: Gut in vielen Pilotenkoffern verborgen, stecken die *Pilotenmaskottchen*, die die Piloten als Glücksbringer mit an Bord nehmen (nicht nur bei der von mir begleiteten Crew, sondern mit einer Ausnahme auch bei allen weiteren Piloten, mit denen ich Gespräche führte).

Bei den beiden hier abgebildeten Flugunterstützern (siehe Abbildung 16) handelt es sich um Kroko und Iwano; Iwano wurde nach einem Wegpunkt in Richtung Italien benannt. Die bunten Farben und die abgegriffenen Stoffoberflächen der Kuscheltiere sowie der an sie geknüpfte Aberglaube bilden einen starken Kontrast zu der ansonsten absoluten Hightech-Umgebung im Cockpit, in der alles auf Sicherheit getrimmt ist und in der für aufs Übersinnliche ausgerichtete Praktiken erst einmal gar kein Platz zu sein scheint. Doch trotz oder auch gerade weil das Flugzeug ein so hochtechnisches Gebilde ist, gibt es eine ganze Reihe von abergläubischen Ritualen oder Vermeidungsstrategien unter den Flugzeug-Crews. Sind beispielsweise sieben Dinge am Tag bereits schiefgegangen, heißt es, dass Piloten nicht in ein Flugzeug einsteigen sollen. Dem Aberglauben nach sollen Piloten niemals nach oben zeigen, weil das schlechtes Wetter bringen kann. Und einige Piloten rauchen vor dem Start nur die eine Hälfte ihrer Zigarette, die zweite Hälfte rauchen sie nach erfolgreicher Landung.

Abbildung 16:
Die Pilotenmaskottchen Kroko (links) und Iwano (rechts)

Das Drama um die Cockpittür

Durch die schusssichere *Cockpittür*, die abgesehen von der Tonverbindung die einzige Verbindung zwischen Cockpit und *Kabine* darstellt, schreiten wir nun in das Reich der Flugbegleiter und Passagiere. Damit die Flugbegleiter die Piloten warnen können, wenn ein Flugzeugentführer sich Zutritt zum Cockpit verschaffen will, existiert bei jeder Airline ein eigenes geheimes Codewort und alle 15 Minuten klopfen die Flugbegleiter an die Cockpittür, um zu erfragen, ob im Cockpit alles nach Plan abläuft, denn es könnte ja auch sein, dass die Piloten ohnmächtig geworden sind oder ihnen sonst etwas zugestoßen ist.

Bis zum 11. September 2001 wurde dieser Tür nicht viel Aufmerksamkeit geschenkt, doch nach den Entführungen und anschließenden Selbstmordattentaten mit insgesamt 4 Flugzeugen in den USA wurde sie zum Zentrum von Flugsicherheitsdebatten und muss seitdem noch vor dem Boarding der Passagiere verschlossen und verriegelt werden.

Doch genau dieser Schutz vor einem terroristischen Anschlag wurde dem Germanwings-Flug 9525 am 24. März 2015 wiederum zum Verhängnis, als der Co-Pilot, nachdem der Pilot auf Reiseflughöhe das Cockpit verlassen hatte, um die Toilette aufzusuchen, die Tür verriegelte, den Sinkflug einleitete und das Flugzeug in den Alpen abstürzen ließ, um Selbstmord zu begehen. Der ausgeschlossene Pilot konnte sich keinen Zutritt mehr zum Cockpit verschaffen und alle 150 Insassen der Maschine starben.

Bruno Latour wird diese komplexe Tür höchstwahrscheinlich lieben, denn wie auch der von Latour untersuchte Sicherheitsgurt soll sie einander diametral widersprechende Aufgaben erfüllen: Einerseits muss sie undurchlässig sein, um keinen unbefugten Zutritt zum Cockpit zuzulassen, zu anderen Zeiten oder auch auf Kommando muss sie möglichst schnell wieder durchlässig werden. Zudem vertritt die Cockpittür die verschiedensten Interessen unterschiedlicher Akteure – beispielsweise der Airline, der

Passagiere oder der Piloten. Der Interessenskonflikt zwischen diesen unterschiedlichen Parteien konnte bisher nicht gelöst werden.

Die Kabine: Aufenthaltsort der Passagiere und der Flugbegleiter

Abbildung 17: Kabine eines A-320

Bevölkert wird das Kabinensetting während des Fluges von den *Passagieren*, die durch ihr Ticket die Beförderungsleistung erworben haben, und von den *Flugbegleitern*, die zur Betreuung der Passagiere angestellt sind. Der ICAO-Code und die Maßeinheit für Passagiere lautet PAX. Die Abkürzung für die Flugbegleiter lautet FA (Flight Attendant). Alleinreisende Kinder haben den Code UM (Unaccompanied Minors), in ihrer Mobilität eingeschränkte Passagiere werden mit PRM (Passengers with reduced Mobility) abgekürzt. Es sind also nicht nur die Dinge (zum Beispiel die Flugzeuge oder das Reisegepäck) und die Orte der Airworld codiert (HAM, FRA, ZRH...), sondern auch die Menschen.

Flugbegleiter – die mit den zwei Gesichtern

Die Flugbegleiter sind die ‚Hüter' des Zwischenraumes ‚Flugzeugkabine' und ein wichtiger Teil des funktionierenden Netzwerkes. Sie sind verantwortlich für die Betreuung der Passagiere in Bezug auf Sicherheit und Service: Sie führen deshalb die *Sicherheitsvorführung* durch, kontrollieren, dass kein *Handgepäck* die *Notausgänge* versperrt, überprüfen die geschlossenen *Anschnallgurte* und checken bei Start und Landung, ob die *Fensterklappen* geöffnet sind. Im Falle einer Evakuierung leiten sie diesen Vorgang an und helfen den Passagieren mit den *Sauerstoffmasken* und *Schwimmwesten*. Weigert sich ein Passagier die Anweisungen der Flugbegleiter zu erfüllen, kann der Flugbegleiter beim Piloten eine außerplanmäßige Landung veranlassen und den Passagier von Bord entfernen. Als Gastgeber wiederum begrüßen die Flugbegleiter die Passagiere beim Einsteigen und verabschieden sie beim Aussteigen, machen die Willkommens-Durchsagen in mindestens zwei Sprachen und servieren während des Fluges das Catering.

Sicherheit zu garantieren und Service zu leisten sind allerdings zwei konträre Aufgaben, die einander erst einmal entgegenstehen, da sie unterschiedliche Formen des Agierens an Bord verlangen: Das eine ist mit zurückhaltender „Dienstleistungskompetenz" (Poppitz 2008: 142) gegenüber den Passagieren verbunden, das andere mit einem starken, bestimmten Auftreten und einer „gesunden Portion autoritärem Selbstbewusstsein" (ebd.).

Optisch unterscheiden sich die Flugbegleiter von den Passagieren durch ihre *Uniformen*. In den 1960er Jahren waren die Uniformen der meist weiblichen Stewardessen noch sehr modisch und sexualisiert. Diese Extravaganz wurde in den 1970er Jahren genauso wie Alters-, Gewichts- und Ledig-Sein-Regeln zurückgenommen. Die Geschlechterkenntlichkeit wurde verwischt und funktionelle Aspekte der Uniform wie Langlebigkeit, Einheitlichkeit der Erscheinung, Bequemlichkeit, Pflegeleichtigkeit, Qualität und Vielseitigkeit standen nun im Vordergrund. Seit den 1980er Jahren sind die Uniformen oft aus Polyester und haben kaum noch etwas Sinnliches an sich (Entwistle 2004: 185).

Auch wenn den Flugbegleitern ein großer Teil des Organisationsaufwandes abgenommen wird (die Unterkünfte in der Fremde müssen zum Beispiel nicht selbst gebucht werden und auch der Transport dahin wird vom Arbeitgeber geregelt), ist die Arbeit körperlich und psychisch belastend. Inzwischen sind die Flugrhythmen überall hoch, mehr als ein freier Tag unterwegs ist selten und die Hotels liegen aus Kostengründen oft weit außerhalb der Städte. Der Job hat daraufhin an Prestige verloren und Zuschreibungen und Bewertungen haben sich genauso wie bei den Piloten gewandelt. Heute gelten die FAs oft nur als ‚Saftschubsen'[23] und nicht mehr als wunderschöne Überwesen der Lüfte.

Das Setting

In unserem A-320 ist der *Boden* der Flugzeugkabine mit dunklem Teppich ausgelegt und die *Kabinendecke* ist durch eine Plastikverschalung in Segmente eingeteilt, die jeweils eine *Sitzreihe* kennzeichnen. Unter der Decke sind auch die *Gepäckfächer* montiert, in denen das Handgepäck der Passagiere lagert.[24] An den Gepäckfächern stehen die *Sitzplatznummern* in Ziffern und in Blindenschrift.

---

23 Siehe twitter-Account der Stewardess ‚SchinkenKäse'.

24 Nachdem Airline-übergreifend bestimmte Maße für Handgepäck festgelegt worden waren, entwickelten die Kofferhersteller Reise(roll)koffer und Rucksäcke, die genau diesen Maßen entsprachen. Auf das Gesetz folgte also ein neues Artefakt, das Gesetz formte förmlich ein neues Produkt. Der neue Koffer ging einher mit einem neuen Nutzerverhalten: Immer

Abbildung 18: Querschnitt Kabine und Gepäckraum

Bestuhlt ist diese Kabine mit 28 Reihen von *Flugzeugsitzen*. Die Anzahl der Reihen variiert allerdings je nach Airline. Jede Reihe besteht aus jeweils drei fest im Boden verschraubten Sitzen links und rechts von einem etwa einen Flugzeugsitz breiten Gang. Die nach der Flugrichtung ausgerichteten Sitzreihen sind von vorne nach hinten durchnummeriert und die Sitze sind jeweils mit Buchstaben versehen. Bezeichnet werden die Sitze mit den Vokabeln ‚Window', ‚Center', ‚Aisle' – also ‚Fenster', ‚Mitte', ‚Gang'.

Klassen

Durch einen Vorhang ist die Kabine unterteilt in die kleinere *Business Class*, und die größere *Economy Class*. Auf Langstreckenflügen gibt es außerdem noch die *First Class*. Dieses Beförderungsklassen-System wurde von den Eisenbahn- und Schiffsklassen übernommen, dort wurden Klassenunterschiede das erste Mal in Design ausgedrückt.[25]

Der Gang – Grenze und verbindendes Element

Der *Gang* zieht sich in Fahrtrichtung durch die Mitte der Flugzeugkabine und ist durch Leuchtstreifen gekennzeichnet, damit er auch im Dunkeln und bei einer potentiellen Evakuierung zu erkennen ist. Seine Aufgabe ist es, den Passagierfluss ins Flugzeug und aus dem Flugzeug hinaus zu gewährleisten und die Kabine zu erschließen. Der Gang dient den Passagieren zum Erreichen ihres Sitzplatzes, dem Personal als Arbeitsort, er stellt den Weg zu den Toiletten dar und wird im Notfall zur Evakuierungs-

mehr Passagiere reisen nun ausschließlich mit Handgepäck, um das Einchecken und Warten am Gepäckband oder die Preise für Gepäck der Low-cost-Carrier zu vermeiden.

25 Vor allem bei der Eisenbahn wurde in die Entwicklung der verschiedenen Ausstattungen des 3-Klassen-Systems im 19. Jahrhundert viel Aufwand investiert, denn die Materialität sollte klar und einfach zu erinnern sein. Das Hauptunterscheidungsmerkmal in den verschiedenen Klassen der Züge war letztendlich die unterschiedlich üppige Polsterung der Sitze (Löfgren 2008: 344).

Abbildung 19: Beschriftung Sitzplatznummern

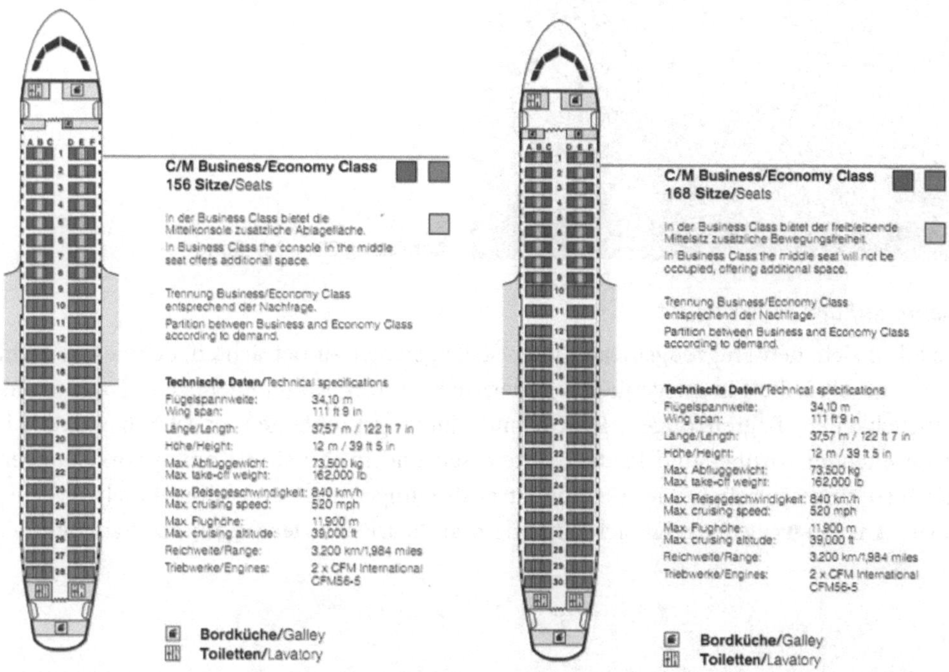

Abbildung 20: Sitzplan eines A-320 bestuhlt durch zwei verschiedene Airlines

straße. Er trennt Sitzen von Stehen, Gehen von am Platz Sein, Links von Rechts. Es gibt Handlungen, die im Gang vorgesehen / erlaubt sind, Handlungen, die geduldet werden, und Handlungen, die verboten sind. Erlaubt ist, sich zügig hindurchzubewegen oder möglichst kurz etwas zu erledigen. Geduldet wird, wenn Arme oder Beine vom Gangplatz in den Gang hängen. Verboten sind das dauerhafte im Gang Stehen oder im Gang Sitzen und das Abstellen von Gepäck. Obwohl kein Schild auf diese Regeln hinweist, wissen die meisten Passagiere um die Ge- und Verbote (mehr zum Thema Gang siehe Abschnitt ‚(K)ein Gang' in Kapitel 4.2, S. 114f.). Ansonsten werden die Passagiere von dem Flugpersonal darauf hingewiesen.

Am Anfang und am Ende des Ganges sind die *Bordtoiletten* und die *Bordküchen* untergebracht.

Abbildung 21: Der Gang

Zoom auf den Flugzeugsitz

Es lohnt sich, den Flugzeugsitz an dieser Stelle genauer zu betrachten, denn er ist nicht nur eine einfache Sitzgelegenheit, sondern ein ganzes Konglomerat aus Funktionen, Möglichkeiten, Begrenzungen, Regeln und Nutzungsproblemen, er ist Schauplatz widerstreitender Airline- und Passagierinteressen und in ihn sind Komfortvorstellungen genauso eingeschrieben wie Rentabilitätsbestrebungen und eine jahrzehntelange Historie. Am Flugzeugsitz zeigt sich außerdem am stärksten der Gegensatz zwischen der

Abbildung 22:
Die Bordtoilette

Abbildung 23: Flugzeugsitze in der Economy-Class, Norwegian Air

extremen Mobilität des Flugzeuges und der großen Immobilität der Passagierkörper während des Fluges.

Für die kulturwissenschaftliche Betrachtung ist der Flugzeugsitz auch deshalb so interessant, weil er großen Einfluss auf das Passagierverhalten in der Kabine hat, denn dort, wo die Sitze angebracht sind, müssen sich die Passagiere hinsetzen und die „Ausrichtung gibt nicht nur die Sitzordnung, sondern auch die Blickrichtung vor und damit zugleich die Kommunikationsmöglichkeiten der Sitzenden" (Rolshoven zum Baseler Tram, 1998: 226). Raumkonzeption, Kommunikations- und Handlungsweisen bedingen sich also gegenseitig.

Der Flugzeugsitz ist das prägendste und zahlenmäßig das am häufigsten vorhandene Element in der Kabine, in den Augen des Flugzeugdesigners Arthur E. Raymond wird sogar das ganze Flugzeug „um den Sitz herum gebaut" (Arthur E. Raymond [1936] nach Eisenbrand 2004: 125). Auch Henry Dreyfuss stellte schon 1955 fest, dass die Sitze „schlichtweg das Wichtigste an der Innenausstattung eines Flugzeuges" seien (ebd.).

Die Hauptaufgabe des Flugzeugsitzes ist es, den Passagier verschiedene Sitzpositionen einnehmen zu lassen, ohne dass der Nachbar beeinträchtigt wird. Viel Anderes als Sitzen können und sollen die Passagiere während der oft mehrstündigen Flüge auch nicht tun, denn alles andere stört die fliegerischen und dienstleistungsorientierten Abläufe.[26]

26 Um die idealen Maße für die ergonomisch beste Gestaltung der Flugzeugsitze zu errechnen, arbeiteten seit den 1950er Jahren die Flugzeugsitzhersteller mit Medizinern zusammen. Sie vermaßen Personen, legten sie in Wasserwannen und schossen Röntgenbilder von ihnen in Sitzpositionen. Als Ergebnis kam heraus, dass die Sitzfläche weder konkav noch konvex gewölbt sein darf, sondern „flach sein [muss]; sie sollte kurz und niedrig genug sein, damit der Sitzende die Beine auf den Boden stellen kann; die Rückenlehne sollte die Lendenwirbelsäule stützen" (Dreyfuß [1955] nach Eisenbrand 2004: 137). So wird es bis heute umgesetzt.

Wer sitzt wo?

Wer wo im Flugzeug sitzt, hängt von verschiedenen Faktoren ab: An den Notausgängen dürfen nur Passagiere sitzen, die erwachsen und nicht gebrechlich sind, Englisch oder die an Bord gesprochene Sprache der Crew verstehen und den Eindruck erwecken, als könnten sie in einer Notsituation die Anweisungen des Kabinenpersonals umsetzen. An den Fenstern bzw. nicht am Gang und am weitesten weg von den Notausgängen sitzen die in ihrer Mobilität eingeschränkten Personen wie Rollstuhlfahrer und Blinde. Auf den Plätzen mit mehr Beinfreiheit sowie an den Gang- und Fensterplätzen sowie weit vorne sitzen meist die Passagiere, die viel fliegen und über die kleinen Annehmlichkeiten an Bord Bescheid wissen oder die Passagiere, die früh elektronisch eingecheckt haben und deshalb die besseren Plätze ergattern konnten. Außerdem sitzen hier die Passagiere, die zeitig am Check-in eingecheckt wurden, oder die (das betrifft vor allem die Low-cost-Airlines) einen Aufpreis bezahlt haben.

Der Mittelplatz in jeder Reihe ist der unbeliebteste Platz, weil hier zu beiden Seiten ein direkter Nachbar sitzt und die Passagiere sich weder an die Kabinenwand anlehnen, noch die etwas erweiterte Beinfreiheit am Gang nutzen können.

Die Sitzgestaltung

Obwohl der Flugzeugsitz unheimlich statisch und schon immer so dagewesen wirkt, hat er eine lange Entwicklungsgeschichte hinter sich: In den 1920er Jahren schliefen die Passagiere auf langen Flugreisen nachts noch im Hotel und nicht in ihren Sitzen wie heute, denn die Sitzlehnen waren nicht beweglich. Erst 1933/34 entwarf Norman Bel Geddes eine kombinierte Flugzeugausstattung zum Sitzen und Schlafen (Fitton Hauß 2004: 95). Auch der *Klapptisch*, eine Erfindung von British European Airways, gab es nicht von Anfang an, bis in die 1950er Jahre balancierten die Passagiere das Tablett mit dem Bordmenü noch auf den Oberschenkeln (Eisenbrand 2004: 215).

Seit den 1960er und 1970er Jahren hat es dann jedoch optisch kaum mehr Veränderungen in Konstruktion und Design der Flugzeugsitze gegeben (Eisenbrand 2004: 137). Als Neuentwicklungen sind Klappsitze wie im Kino in Planung, die Staus beim Einsteigen vermeiden helfen sollen. Außerdem könnte eine Polsterung der Sitze mit Luft realisiert werden, die bei jedem Flug deutlich Gewicht sparen würde (ebd.: 140).

Rückenlehne, Armlehne, Klapptischchen, Sicherheitsgurt und ihre geheimen Missionen

Die *Rückenlehne* des jeweiligen Vordersitzes dient als Befestigung für den Klapptisch aus Plastik des dahinter sitzenden Passagiers. Dieses Tischchen ermöglicht wie eben erwähnt einerseits das bequeme *Essen an Bord*, gleichzeitig begrenzt es aber auch den Bewegungsradius der Passagiere, indem es sie am Aufstehen und Herumlaufen hindert. Ist das Klapptischchen erst einmal hinuntergeklappt und mit dem *Tablett* und den vielen kleinen Essensschälchen des Caterings vollgestellt, können die Passagiere nicht mehr aufstehen und müssen warten, bis die Flugbegleiter die Essensreste wieder abgeholt haben.

Da herumlaufende Passagiere für die ruhige Lage des Flugzeuges in der Luft ein Problem sind, bei Turbulenzen durch die Kabine geschleuderte Passagiere zu lebensgefährlichen Geschossen werden können und im Gang stehende Passagiere die Arbeit der Flugbegleiter erschweren, ist in das technische Objekt ‚Klapptisch' die Ruhigstellung der Passagiere „wie ein Filmskript" (Akrich 2006: 411) eingeschrieben. Um sitzende Passagiere durchzusetzen, kooperieren die Klapptische darüber hinaus mit den *Sicherheitsgurten* (die auch während des Fluges geschlossen gehalten werden sollen) und dem *In-flight-Entertainment-System*, das die Passagiere mit Hilfe von Unterhaltung freiwillig an ihre Sitze fesselt.

Abbildung 24:
Armlehne mit Knopf zum Verstellen der Rückenlehne

Jeweils drei Sitze im Flugzeug sind voneinander durch zwei meist hochklappbare Armlehnen getrennt, in denen sich auch die Lautstärkeregler und die Senderauswahl des In-flight-Entertainment-Systems befinden. Die Armlehnen dienen wie bei jedem Stuhl dem bequemen Ablegen der Arme. Gleichzeitig stellen sie aber auch eine Möglichkeit der Abgrenzung von den Mitreisenden dar. Und da sich drei Passagiere mit jeweils zwei Armen zwei Armlehnen teilen müssen, kann es zu Nutzungsunsicherheiten darüber kommen, wer seine Arme dort ablegen darf. In verschiedenen Benimmratgebern zum höflichen Verhalten im Flugzeug wird diese Thematik diskutiert (zum Beispiel Schnitzler 2014) und es wird empfohlen, dass die links und rechts sitzenden Passagiere dem in der Mitte sitzenden Passagier die beiden mittleren Armlehnen überlassen.

Durch einen metallenen Knopf an der Armlehne kann der Passagier den Sitz ein Stückchen in Rückenlage bringen (siehe Abb. 24). Auch in diesem kleinen Knopf verbirgt sich großes Konfliktpotential, denn wenn der Vordermann die Rückenlehne nach dem Start zurücklehnt, drängt er in den sowieso schon sehr begrenzten Bereich seines Hintermannes hinein.

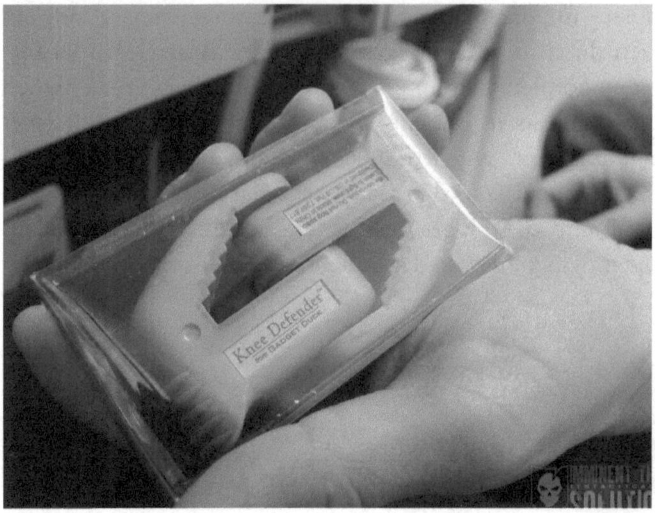

Abbildung 25: Der Knee Defender

Der sogenannte ‚Knee Defender' – ein Gerät, das am Vordersitz angebracht werden kann und den Kippmechanismus blockiert – ist an Bord aller großen Fluggesellschaften verboten (Mors 2014). Dass das Gerät überhaupt existiert, zeigt allerdings, wie sehr sich die Passagiere durch den Kippmechanismus gestört fühlen.

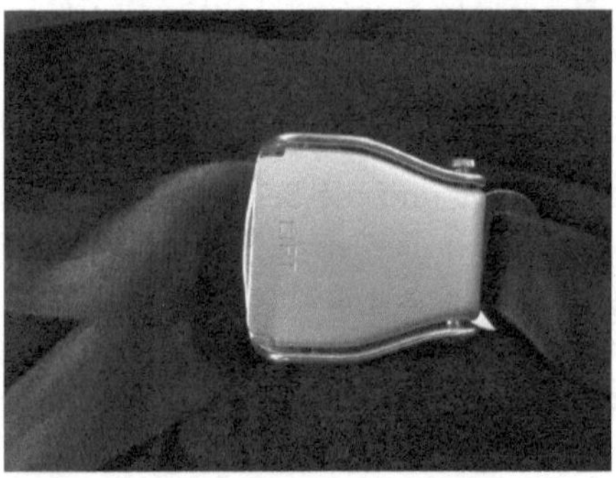

Abbildung 26: Schnalle des Sicherheitsgurtes mit Handlungsanweisung ‚Lift'

Abbildung 27: Sicherheitsgurtverlängerung

Ebenfalls am Sitz befestigt sind die zwei Enden des Sicherheitsgurtes, die mit einer Metallschnalle vor dem Körper des Passagiers geschlossen werden. In die Schnalle ist die Handlungsanweisung ‚Lift' eingraviert. Texte dieser Art schreiben Menschen Kompetenzen zu – in diesem Fall Beschriftungen lesen und verstehen zu können. Hier kommandiert das Artefakt ‚Metallschnalle' das menschliche Wesen ‚Flugzeugpassagier' und schreibt ihm vor, wie es sich in Bezug auf den Sicherheitsgurt verhalten soll (vgl. Latour [1988] nach Callon 2006: 315).

Im Gegenzug übernimmt es der Gurt für den Passagier, ihn im Falle eines Luftloches nicht durch das Flugzeug fliegen zu lassen, er schützt ihn also vor sich selbst und vor der Trägheit seines Körpers sowie der Trägheit der Körper der anderen Passagiere und Artefakte an Bord (Latour 1996: 30 über den Sicherheitsgurt im Auto).

Die Konstruktion des Gurtes ist von einem Dilemma geprägt: Einerseits muss der Gurt „leicht zu befestigen sein, denn sonst würde sich niemand anschnallen; andererseits soll er sich, selbst beim größten Aufprall, nicht von alleine lösen, denn sonst verlöre er seine Schutzfunktion“ (ebd.). Bei einer Evakuierung muss sich der Gurt leicht öffnen lassen – ein Mechanismus, den Menschen als ‚funktional‘ beschreiben, ist bei näherer Betrachtung genauso wie die Cockpittür also durchaus widersprüchlich (vgl. ebd.: 31).

Legt der Passagier den Sicherheitsgurt an, „spaltet er sich in zwei Personen auf: in eine gegenwärtige, die sich anschnallt, und in eine künftige, die im Augenblick des Unfalls vom Gurt wie von einem Schutzengel geschützt werden wird“ (ebd.: 30).

Durch seine Länge (oder Kürze) schreibt der Sicherheitsgurt dem Passagier auch vor, wie füllig sein Körper sein darf – nämlich so füllig, dass der Gurt sich noch schließen lässt.

In diesem Zusammenhang gibt es neben dem ‚Sicherheitsgurt in Aktion‘ noch zwei weitere Mitglieder aus der ‚Familie der Sicherheitsgurte‘ an Bord: das Stück Sicherheitsgurt, das bei übergewichtigen Passagieren zur Gurterweiterung dient und das abgetrennte Stück Sicherheitsgurt, mit dem die Flugbegleiter während der Sicherheitsvorführung den Gebrauch des Artefaktes erklären.

Zweierlei Bordunterhaltung

Abbildung 28: Das In-Flight-Entertainment-System in der Rückenlehne eines A330

Abbildung 29: Eine Bordmahlzeit bei Emirates

Mit den *Bordmahlzeiten* und dem *In-Flight-Entertainment-System* bemühen sich die Fluggesellschaften den Passagieren die Zeit während eines Langstreckenfluges zu vertreiben (siehe auch in Kapitel 1.8 den Absatz: Kleine Geschichte der Passagierluftfahrt, S. 27). Noch bis 1971 zeigten die Airlines Filme auf einer großen Leinwand an der Front der Kabine. Ein individuelles Unterhaltungsprogramm wurde erst mit der Boeing 747 eingeführt, denn aufgrund der gewachsenen Anzahl an Passagieren auf engstem Raum schrieb man der Bordunterhaltung nun eine höhere Bedeutung zu (Fitton

Abbildung 30:
Die Bordküche / Galley im A-319

Hauß 2004: 114). Heute bietet das In-flight-Entertainment-System einen großen Pool an Filmen, Konzerten, Reportagen, Sprachkursen und Entspannungsübungen sowie den Blick durch eine Kamera nach draußen. Verpixelte Bikinifilmszenen auf den Monitoren oder ein Alkoholverbot an Bord zeigen an, dass die Passagiere nicht mit einer europäischen, sondern mit einer amerikanischen oder arabischen Airline unterwegs sind.

Erste warme Mahlzeiten im internationalen Linienverkehr gab es schon 1929 von Imperial Airways auf der Route London–Paris, eine Bordküche für warme Mahlzeiten existierte in Amerika aber erst seit Mitte der 1930er Jahre (Eisenbrand 2004: 213).

Auch wenn Airlines weltweit operieren und auch die Cateringunternehmen internationale Logistiker sind und sogar das *Bordgeschirr* international hergestellt wird (Eisenbrand 2004: 228), schwingt in den Bordmahlzeiten seit Beginn der Passagierluftfahrt immer etwas Landestypisches mit: Die Lufthansa war nach dem 2. Weltkrieg bei ihren amerikanischen Gästen berühmt für ihren „Lufthansa-Suppentopf" (Spode 2004: 28), auf dem Weg mit United nach Tel Aviv besteht die Möglichkeit, koscheres Essen zu bestellen (United, Special Meals), und das Springbock-Menü an Bord von South African Airlines auf dem Weg nach Kapstadt (Airreview.com) oder „Thai Hom Mali-Rice" bei Thai Airways (Airlinemeals.net) werfen ebenfalls die Schatten der Zielorte voraus. In den Bordmenüs manifestieren sich Religionen (wenn zum Beispiel koschere Menüs bestellt und serviert werden), soziale Bewegungen sowie persönliche Individualisierungsbestrebungen (zum Beispiel in vegetarischem und veganen Essen).

Das „Pling" und noch mehr Unsichtbares

Nicht alle Teile des Netzwerkes des Fliegens sind sichtbar, eine ganze Reihe von Akteuren kann man nur hören, riechen oder mit den menschlichen Sinnen auch überhaupt nicht wahrnehmen.

Beginnen wir mit den Geräuschen: Durch den Flugvorgang entstehen *Fluggeräusche* verschiedensten Ursprungs wie das Einfahren des Fahrwerks, das Verschließen der Fahrwerkstüren, Luftgeräusche, die Geräusche der Triebwerke, die Luftverwirbelungen rund um die Landescheinwerfer sowie das Arbeiten der Hydraulikpumpen[27] (Tiedtke 2014: 109). In der Kabine erzeugen diese Geräusche einen erhöhten Schallpegel von 80 dB. Passagiere, die diese Geräusche nicht einordnen können, empfinden sie oft als beängstigend.

Den Piloten und Flugbegleitern dienen Geräusche, die von den üblichen Fluggeräuschen abweichen, als Indikatoren für Gefahr. ‚Klingt' das Flugzeug während des Fluges anders als sonst, kann zum Beispiel ein Triebwerk schadhaft sein.

Zusätzlich gibt es an Bord Signalgeräusche, die als Warnung dienen. In der Passagierkabine zählt hierzu das ‚Pling', das mit dem Aufleuchten des Anschnallzeichens vor möglichen Turbulenzen warnt und die Passagiere dazu auffordert, ihre Sicherheitsgurte zu schließen.

Zu den bewusst erzeugten Geräuschen gehört unter anderem die Musik, die die Fluggesellschaften während des Aus- und Einsteigens der Passagiere einspielt. Bei der Lufthansa wurde in den 1990er Jahren zum Beispiel ‚Up Where We Belong' von Joe Cocker verwendet, ein Song aus der Lufthansa-Werbung zu dieser Zeit.[28] Austrian Airlines lässt bei Abflug und Landung in Wien Walzer ertönen[29] (wieder etwas Landestypisches) und bei Ryanair erklingt nach der pünktlichen Landung die „On time-Fanfare"[30], sie dient der Selbstvermarktung der Airline und ist bei den Passagieren äußerst unbeliebt (Paris 2014).

Auch *Gerüche* können Gefahr anzeigen, deshalb achten Piloten und Flugbegleiter darauf, ob es im Flugzeug nach Chlor, Benzin, Gas oder Rauch riecht. Aufgrund eines als gefährlich eingestuften Geruchs kann eine Notlandung eingeleitet werden.

Ebenfalls so gut wie unsichtbar (zumindest bis zur Einführung der Low-cost-Airlines) war *Geld* an Bord, denn das Flugzeug stellte eine bargeldfreie Zone dar. Waren aus dem Bordshop wurden mit Kreditkarte bezahlt und Essen und Trinken (auch alkoholische Getränke) waren im Flugpreis enthalten. Inzwischen sind Münzen und Scheine ganz selbstverständlicher Teil an Bord von Low-cost-Airlines geworden, da die Getränke und Mahlzeiten von den Flugbegleitern bar kassiert werden.

---

27 Die Hydraulikpumpen werden in erster Linie zum Ein- und Ausfahren des Fahrwerks und der Auftriebshilfen am Flügel bei Start und Landung verwendet.

28 Seite „Up Where We Belong". In: Wikipedia.

29 Die Deboarding-Musik bestand im Winter 2012 / 2013 aus Donauwalzer – Johann Strauß, Serenade – Joseph Haydn, Wiener Bonbons – Johann Strauß, Frühlingsstimmen Walzer – Johann Strauß, Geschichten aus dem Wienerwald – Johann Strauß, Wo die Zitronen blühn – Johann Strauß (siehe Quellenverzeichnis „Deboarding-Musik").

30 Einen von einem Passagier gefilmten YouTube-Film gibt es hier zu sehen: https://www.youtube.com/watch?v=k23slUchH9o

Weder zu sehen noch zu hören oder zu riechen sind die erhöhte *kosmische Strahlung* und die ebenfalls erhöhten *Ozonwerte*. Die Folgen für den menschlichen Körper sind bisher noch nicht vollständig geklärt. Obwohl medizinische Studien noch keine gesundheitsgefährdenden Risiken nachweisen konnten, sind alle dem deutschen Recht unterliegende Fluggesellschaften verpflichtet, die anfallenden Strahlendosen ihrer Angestellten aufzuzeichnen, zu archivieren und den Mitarbeitern jederzeit Zugriff auf diese Statistiken zu gewähren. Es wurde außerdem eine flugbedingte Strahlendosis festgelegt, die ein Flugbegleiter in einem Kalenderjahr nicht überschreiten darf und es gibt ein Limit für die Lebensarbeitszeit durch berufsbedingte Strahlenexposition.

Bisher war auch das *Licht* in der Kabine so gut wie unsichtbar. Es ist neutralweiß und besteht aus Leuchtstoffröhren im Gang und Leselampen am Sitzplatz. Beim Start wird das Licht in der Kabine gedimmt, da das menschliche Auge einen Moment benötigt, um sich an andere Lichtverhältnisse anzupassen. Im Hinblick auf einen möglichen Absturz versucht man diese Adaption an das vorhandene Außenlicht rechtzeitig hervorzurufen (deshalb müssen die Fensterklappen bei Start und Landung auch geöffnet sein, Warnholtz 2011). Während des Fluges bestimmt die Crew durch das Dimmen oder Aufdrehen der Lichtstärke, ob es für die Passagiere Tag oder Nacht ist, unabhängig von der Tageszeit und der Helligkeit draußen. Schon in naher Zukunft wird die Beleuchtung allerdings nicht mehr ausschließlich kaltweiß erstrahlen, sondern verschiedene, warme Farbtöne annehmen, was die Atmosphäre an Bord stark verändern wird. Tests im Hinblick auf die bunten Farbgebungen laufen bereits (Mester 2014a).

Der Frachtraum: im Bauch des Flugzeuges

Abbildung 31: Schnitt durch den Flugzeugrumpf eines Airbus A-300 mit Unterflur-Frachtraum

Koffer

Das *Reisegepäck*, das genauso wie das Handgepäck ein von der Airline festgelegtes Gewicht nicht überschreiten darf, lagert nach dem Ladeplan des Flughafen-Lademeisters, der das Gewicht berechnet und eine bestimmte Verteilung angeordnet hat, gestapelt im *Frachtraum*. Reisegepäck und Passagier werden nach dem Check-in also getrennt und treffen, nachdem sie unterschiedliche Wege zum Flugzeug zurückgelegt haben und auch im Flugzeug unterschiedliche Räume nutzen, erst am Gepäckband des Zielflughafens wieder aufeinander.

Im Laufe der Passagierluftfahrtgeschichte hat sich das Aussehen der Koffer stark verändert: Aus Lederkoffern mit Schnallen wurden Hartschalenkoffer aus Plastik, hinzu kamen Sporttaschen und Reiserucksäcke. Dann wurden die Koffer mit zwei Rollen versehen, inzwischen sind es drei oder vier, so dass der Koffer auf ebenem Boden nun aufrecht neben dem Reisenden hergerollt werden kann.

Zu verlorenem Gepäck kommt es, wenn das Kofferlabel mit dem dem Koffer zugeteilten Strichcode, in das die Daten für die Reise eingeschrieben sind, verloren gegangen ist oder der Koffer versehentlich in eine andere Maschine geladen wurde. Zum Wiederfinden des Gepäcks existiert eine eigene Logistikabteilung. Damit verloren gegangene Koffer irgendwann der Vergangenheit angehören, haben Airbus-Mitarbeiter 2014 einen ‚intelligenten' Koffer entwickelt, der seinen Weg zum Zielort auch ohne den Passagier (oder das Flugzeug) findet und überall zu orten ist (Mester 2014b und Airbus 2013).

Fracht

Neben den Koffern der Passagiere lagert im *Unterdeck* auch noch Zuladung, die *‚Bellyfracht'* genannt wird. Die Hälfte der weltweiten Luftfracht (vor allem kapitalintensive, kurzlebige und verderbliche Güter) wird im Unterdeck von Passagierflugzeugen transportiert, die andere Hälfte wird von speziellen Frachtflugzeugen bewegt. 2008 lag die international beförderte Luftfrachtmenge bei 25,0 Millionen Tonnen (Bundeszentrale für politische Bildung 2010).

Koffer und Fracht werden meist in genormte Container, sogenannte *Unit Load Devices*, verladen, die über Förderbänder in den Frachtraum bewegt werden. Nach der Landung werden die Container wieder entladen, die einzelnen Koffer werden auf die Anhänger der Gepäckautos verladen und diese bringen sie zur Gepäckanlage im Terminal.

Abbildung 32: Der Züricher Flughafen von oben

Unten

Da der Fokus dieser Arbeit auf dem fliegenden Flugzeug mit seinen Passagieren liegt, möchte ich auf die Wurzeln, die das Netzwerk des Fliegens am Boden schlägt, nur kurz eingehen – auch, wenn diese natürlich großen Einfluss auf das Netzwerk haben:

Institutionen und Behörden

Zu den Institutionen und Behörden, die Teil des Netzwerkes des Fliegens sind, gehören unter anderem die *Europäische Agentur für Flugsicherheit*, das *Luftfahrt-Bundesamt*, die *International Air Transport Association* oder die *Flight Safety Foundation*. Damit sich das Flugzeug mit den Passagieren an Bord in die Luft erheben kann und eine riesige Anzahl von Passagierflugzeugen am gleichen und an anderen Orten das Gleiche tun kann, ist darüber hinaus neben der organisatorischen Infrastruktur, wie sie sich im *Flugplan* und in den *Zulassungsformalitäten* wiederspiegelt, eine komplexe logistische Infrastruktur mit Fachpersonal an den Flughäfen erforderlich.

Flughafen

Der *Flughafen* dient als Aufnahmeort, Verteiler und Versorger der Passagiere, aber auch als Ort der Sicherheits- und Zollprüfung, der Flugzeugabfertigung und -erwartung, des Frachtbetriebes und der Gepäcklogistik sowie als Standort der Luftsicherheit, der Wartungs- und Reinigungsfirmen sowie der Airlines. Zu den Bestandteilen eines Flughafens gehören die *Landebahn*, das *Vorfeld* mit den parkenden Flugzeugen, der *To-*

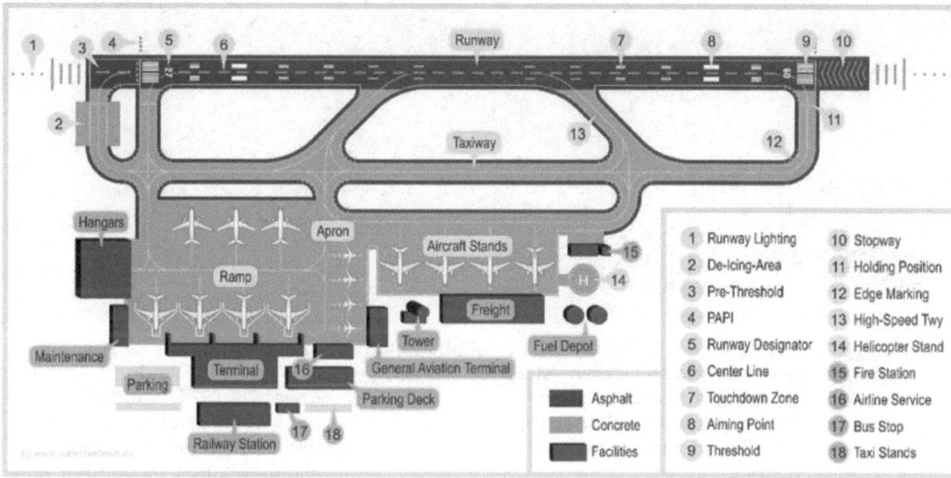

Abbildung 33: Schematische Zeichnung eines Vorfeldes mit Start- und Landebahn sowie dem Terminalanschluss

wer mit den Lotsen, die *Tankstelle*, die *Feuerwehr*, die Gebäude der *Terminals*, in denen die Passagiere abgefertigt werden sowie die *Flughafenverwaltung*. Der Flughafen ist außerdem dazu da, den Wechsel zwischen Verkehrssystemen zu ermöglichen (Klußmann, Malik 2012: 89), deshalb stellt er auch PKW- und Bus-Parkplätze zur Verfügung und ist an den öffentlichen Personennahverkehr angeschlossen.

Innerhalb des Flughafens gibt es verschiedene Abteilungen / Geschäftsbereiche, die den Betrieb gewährleisten. Dazu gehören zum Beispiel die *Verkehrsleitung*, die *Abteilung Flugbetrieb*, das *Terminalmanagement*, die *Abteilung für Ressourcenplanung und -disposition*, die *Abteilung für Sicherheit*, die *Werkfeuerwehr* usw.

Die meisten Flughäfen sind außerdem unterteilt in einen Passagierbereich und einen Bereich für die Luftfracht, genannt *Cargo*.

Oft werden Flughäfen als eigene Stadt, die ‚Airport-City' bezeichnet, denn viele Flughäfen bestehen nicht nur aus vielen verschiedenen Bauten, die mit einem eigenen Straßensystem verbunden sind, sie haben auch eigene Supermärkte, Friseure, Apotheken, Postschalter und Restaurants.

Bauformen

Im Laufe der Jahre wurden verschiedene Bauformen von Flughäfen umgesetzt wie die *Finger- und Satellitenkonfiguration* mit beweglichen Zugängen zwischen Terminalgebäude und Flugzeugrumpf oder die *lineare Konfiguration*, die in einer Reihe alle Transportarten miteinander verbindet (Bosma 2004: 42ff.).

Die ‚Bauaufgabe Flughafen' muss neben dem Flugbetrieb generell erfüllen, ein übersichtliches, repräsentatives Gebäude zu erschaffen, das auf das Fliegen einstimmt und darüber hinaus möglichst kommerziell nutzbar ist (Klußmann, Malik 2012: 92).

Abbildung 34: Flughafen Berlin-Tegel (Reinickendorf) (Gerkan, Marg & Partner) mit sechseckigem Zentralgebäude, eröffnet 1974 – der Flughafen der kurzen Wege

Abbildung 35: Flughafen Roissy Charles de Gaulle 1 (Paul Andreu) – eröffnet ebenfalls 1974 – Zentralbau mit sieben Satellitengebäuden, die durch Tunnel mit dem Hauptgebäude verbunden sind

Überall

Neben den klar zu verortenden Entitäten, die mitfliegen, wenn ein Flugzeug in der Luft ist, gibt es einige Akteure und Aktanten, die nicht greifbar, aber für das Netzwerk trotzdem relevant sind.

Unter anderem gehört dazu zum Beispiel die *Luft*: Die Luft bewegt sich nicht nur um das Flugzeug herum, sie kommt auch in seinem Inneren vor, ist überall dazwischen, lässt sich wieder und wieder aus der Kabine absaugen und zurückpusten, lässt sich kühlen, erhitzen, befeuchten, dient Krankheitserregern und Gerüchen als Verteiler-Medium und wird zur Fortbewegung des Flugzeuges genauso gebraucht wie für die Atmung der Passagiere. Sie ist in unerschöpflichen Maße vorhanden und kostenlos nutzbar. Ohne sie wäre es nicht möglich zu fliegen.

Außerdem zählen dazu der *Luftraum*, durch den sich die Flugzeuge bewegen; die *Prüfvorschriften und Normen*, die am Boden entwickelt, aber auch im fliegenden Flugzeug umgesetzt werden. Ebenfalls für das Netzwerk relevant sind die *Flugnummer*, die die IATA vergibt und die virtuell mit dem einzelnen Flug verbunden ist; der *Flugplan*, den Airline, Flugsicherung und Flughäfen gemeinsam entwickeln und umsetzen; *Ticketpreis- und Abrechnungssysteme* (also IT-Systeme); Systeme, die die Gewichtsverteilung im Flugzeug berechnen (*Weight-and-balance-Systeme*) sowie das *Netzmanagement*, das unwirtschaftliche Flugstrecken ermittelt.

2.2 … und was muss am Boden bleiben?

Nicht alle Akteure und Aktanten, die zu irgendeinem Zeitpunkt am Netzwerk des Fliegens beteiligt waren, sind es auch aktuell noch, denn viele wurden im Laufe der Jahre aus dem Netzwerk hinausverhandelt. Die Liste der ausgeschlossenen Aktanten ist lang

Abbildung 36: Die neuen, schlankeren Sitze der Lufthansa in der Boeing 747 (vorne im Bild Premium Economy)

und heterogen, es gehören Dinge genauso dazu wie Anweisungen, nicht zum Image des Fliegens Passendes genauso wie Angsteinflößendes:

Dinge

Der auf den ersten Blick statisch wirkende Kabinenraum, in den scheinbar schon immer Reihen von Sitzen in Flugrichtung installiert waren, wurde im Laufe der Jahre im Hinblick auf Platz, Wirtschaftlichkeit, Zeitgeist oder die Bedürfnisse der Nutzer stetig verändert. Zu Beginn der Passagierluftfahrt, als vielen Menschen diese Art der Fortbewegung noch suspekt war, gestalteten die Kabinen-Designer nach dem gewohnten Vorbild der Eisenbahn noch kleine Abteile mit einander zugewandten Sitzgruppen (siehe in Kapitel 1.8 den Absatz Kleine Geschichte der Passagierluftfahrt, S. 27). Das änderte sich ab 1950, als Flugzeughersteller und Airlines nicht mehr das Gefühl hatten, Sicherheit durch vertraute Räume kreieren zu müssen (Fitton Hauß 2004: 109). Die Kabinen verließen das Netzwerk und die Vollbestuhlung, wie wir sie heute kennen, ging an Bord. Im Laufe der Jahre wurden die Sitze dann immer dünner, damit immer mehr Sitzreihen untergebracht werden konnten. Die Lufthansa beispielsweise tauschte bis Ende 2011 alle Sitze in ihren Kurz- und Mittelstrecken-Flugzeugen aus und baute schlankere Sitze ein. Derzeit gelten die Leuchtmittel an Bord als nicht mehr zeitgemäß und Stück für Stück werden alle Neonröhren durch LEDs ersetzt – der A-380 fliegt schon komplett mit LEDs.

Abbildung 37: Flugzeugkabine einer Boeing 707 im Jahre 1956 (zu Werbezwecken in der Firmenzentrale nachgebaut)

In den letzten Jahren ist außerdem eine neue Tendenz in Bezug auf das Hinausverhandeln von Dingen aus dem Netzwerk auszumachen: Nun werden nicht mehr nur ‚alte' durch ‚neue' Dinge ersetzt, sondern viele Dinge, die sich einmal an Bord befunden haben, werden entmaterialisiert und durch nicht mehr an das Ding gebundene Daten ersetzt. In der Flugzeugkabine ist zum Beispiel die Bordkarte aus Papier betroffen, die als digitale PDF-Datei auf dem Smartphone weiterexistieren wird. Im Cockpit trifft es ebenfalls das Papier – Grund dafür ist unter anderem die Rechenplattform *Electronic Flight Bag*, die das Material reduziert oder abgelöst hat, das vorher als Flugunterlagen im Handgepäck jedes Piloten zu finden war.

Auch die *Black Box* ist von dieser Entwicklung betroffen: Nach dem Verschwinden des Malaysia Airlines Fluges MH370 am 8. März 2014, von dem die Blackbox bis heute nicht geborgen werden konnte, sollen die Flugdaten nun in die virtuelle Cloud gefunkt, anstatt in einem Kasten an Bord gespeichert werden (Ostrower 2010).

Design

Anfang der 1960er Jahre kreierte Henry Dreyfuß für die Lockheed L-188 Electra ein „Wohnzimmer in der Luft" (Fitton Hauß 2004: 106) bestehend aus einander zugewandten Dreiersitzen mit viel Beinfreiheit und Tischlampen, „die direkt aus der Inneneinrichtung eines Wohnhauses" (ebd.) hätten stammen können. In dieser Zeit wur-

Abbildung 38: Interior Design Ryanair

Abbildung 39: Interior Design Swiss

den opulente, knallige Farben für Sitze und Fußböden wie Rot, Mintgrün und Orange verwendet, die der Kabine eine moderne, aber trotzdem warme Atmosphäre verleihen sollten.

Die bunten Farben mussten mit der Boeing 747 Ende der 1960er Jahre das Flugzeug verlassen, weil sie als nicht mehr zeitgemäß und der modernen Fortbewegungsart nicht mehr angemessen empfunden wurden und es dominieren seitdem kühle und mit Professionalität assoziierte Farben wie Blau, Grau und Beige. Gedeckte Farben kommunizieren ein sicheres und wertiges Flugerlebnis (und weniger ein luxuriöses, wie es die roten Polster vermittelten). In den Flugzeugen der Low-cost-Carrier hingegen teilen schrille Farben den Passagieren mit: ‚Dieser Flug ist billig'.

Mit der Boeing 707 begannen die Flugzeugausstatter 1952 den Kabinenraum möglichst ökonomisch auszunutzen, was zu der mit „Sitzplätzen ausgestatteten Röhre" (Fitton Hauß 2004: 107) führte, die die Passagiere heute gewohnt sind. Außerdem wurden Schienen am Boden montiert, um die Sitze möglichst flexibel befestigen zu können und die Serviceeinrichtungen mit Frischluftdüsen, Signalknöpfen, Licht und Lautsprechern wurden über den Köpfen unter der Gepäckablage installiert. Andere Designkonzepte wie das Modell der DC-8 mit Frischluftdüsen und Signalschaltern in der Sitzlehne des Vordersitzes und Leselampen in der Kopfstütze konnten sich (obwohl sie bei den Kritikern besser ankamen) nicht durchsetzen (ebd.).

Je nach Einsatzland gibt es außerdem ein ‚kulturelles Flugzeug-Styling' (ebd.: 106): Schon in den 1950er Jahren wurden die Kabinen für den nordamerikanischen Markt mit besonderen Fenstern und viel vinylbeschichtetem Fieberglas sowie PVC-Aluminium ausgestattet (ebd.).

Je nach Epoche, Land und Firmenkonzept (Premium- oder Low-Cost-Carrier) scheint es also eine Vorstellung davon zu geben, durch was für ein Design das Passagierfliegen repräsentiert sein soll und diese Vorstellung hat sich in der Geschichte der Passagierluftfahrt schon mehrmals geändert.

Wenn es um die kulturwissenschaftliche Untersuchung von Räumen geht, plädiert Gabriele Muri Koller mit Bezug auf Gyr (2013) und Simmel (1908) deshalb dafür, die zeitliche Perspektive mit zu untersuchen, da Räume von „Menschen, Gruppen, Segmenten und Gesellschaften" ständig neu konstituiert werden und darum immer ein

Abbildung 40: Flugzeugsitze Emirates First Class Boeing 777

„Profil der Moderne“ haben (Muri Koller 2013: 20ff.). Der Flugzeugraum ist deshalb weniger statisch als man vermuten könnte und es gibt viele Bereiche, die sich stetig verändern (Möblierung, Lichtstimmung, Klanglandschaft, Atmosphäre – um nur einige zu nennen).

Materialien

Neben alten Gestaltungen verließen auch veraltete Materialien die Kabine: Schwere Metallteile wurden durch leichtere Aluminiumlegierungen ersetzt, echtes Glas verwandelte sich in durchsichtigen Kunststoff, schwere Stoffe verschwanden zugunsten von synthetischen Textilien und statt echten Holzes kam Plastik in Holz*optik* an Bord. Alles an Material, was als nicht feuersicher genug, zu schwer, nicht flexibel genug, zu teuer, zu wartungsintensiv oder nicht langlebig genug eingestuft wurde, wurde aus der Kabine hinausverhandelt. Optisch sind nun zwar die gleichen Dinge an Bord wie vorher, allerdings sind es oft Imitationen oder Imaginatoren ihrer Vorgänger. Darüber hinaus stehen bestimmte Materialien „fast exemplarisch für Technik“ (Hengartner 2012: 130) – die in der zeitgenössischen Flughafenarchitektur so gut wie ausschließlich verwendete Glas-Stahl-Kombination wirkt quasi als „Chiffre und Träger“ (ebd.: 131) der Moderne und kommuniziert fast metaphernhaft die Technik, die sich hinter diesen modernen Tempeln der Fortbewegung verbirgt.

Menschen / Berufe

Neben den Dingen, Materialien und Gestaltungen mussten auch Menschen, die bestimmte Berufe an Bord des Flugzeuges ausübten, das Netzwerk des Fliegens verlassen, da ihre bisherigen Aufgaben an die Technik delegiert worden waren: Nachdem der Autopilot an Bord gekommen war, wurden Funker und Bordingenieur nicht mehr benö-

Abbildung 41: Hinweis auf die Schwimmweste

tigt. Im Cockpit arbeiten seitdem nicht mehr drei oder vier Menschen, sondern zwei Menschen und der Autopilot. Auch die Krankenschwestern, die zu Beginn der Passagierluftfahrt zur Betreuung der luft- oder höhenkranken Passagiere mitflogen, wurden (mit dem Aufkommen der Druckkabine und je stärker sich diese Form des Reisens veralltäglichte) durch Flugbegleiter ersetzt, die nun für Service und Sicherheit zuständig sind.

Ängstigendes

Inhalte, die bei den Passagieren Angst erzeugen könnten, mussten schon immer am Boden bleiben oder sie werden im Flugzeug verborgen: Um den Raum weniger technisch wirken zu lassen, wurden von Beginn der Passagierluftfahrt an die meisten Konstruktionsteile hinter Verkleidungen versteckt. Auch Sauerstoffmaske, Schwimmweste und Notrutsche sind nicht zu sehen, da sie an mögliche Komplikationen, die während des Fluges auftreten könnten, erinnern. An ihrer Stelle gibt es schriftliche Vermerke, die auf die Aufbewahrungsorte hinweisen. Ins Bordkino werden außerdem keine Flugzeug-Katastrophenfilme aufgenommen (Glaser 1989) und wenn Zeitungen ein reich bebildertes Flugzeugunglück auf den Titel gesetzt haben, werden diese Zeitungen an Bord nicht verteilt.

Da auch bestimmte Zahlen mit Ängsten verbunden sind, wie zum Beispiel die 13 oder die 17, die in Ländern wie Italien und Brasilien als Unglückszahlen gelten, lassen viele Airlines sie bei der Benennung der Sitzreihen aus. Die fiktiven Reihen 13 und 17 verbleiben also ebenfalls am Boden.

Es ist keineswegs ein Zufall, was an Bord sichtbar ist und was unsichtbar, auch dahinter stecken Akteure und Strategien.

Zukünftiges

Visionen zur Zukunft sagen meist mehr über die Jetztzeit aus als über das, was tatsächlich einmal eintreten wird, deshalb ist es nicht uninteressant, sich damit zu beschäftigen, was momentan als ‚Zukunft des Fliegens' verhandelt wird. Seit der Einstellung der Flüge des Überschallflugzeuges Concorde im Jahr 2003 scheint die Zukunft des Fliegens am Boden zu bleiben: Obwohl die bedeutenden Neuerungen im Flugzeugbau wie bei der Boeing 747 aufgrund ihrer Größe oder bei der Concorde wegen ihrer Schnelligkeit schon Jahrzehnte zurückliegen, warten keine grundsätzlich neuen Flugzeugprototypen abflugbereit auf den internationalen Rollfeldern.

Nur eine Vision eines Flugzeuges der Zukunft hat zumindest als Bild Eingang in das Netzwerk des Fliegens gefunden. Dabei handelt es sich um den Nurflügler oder ‚Blended Wing Body', dessen Besonderheit es ist, dass Rumpf und Tragfläche nicht mehr voneinander zu unterscheiden sind – die Passagiere nehmen vielmehr in einem einzigen, riesigen Flügel Platz (Fitton Hauß 2004: 120).

Sowohl das Deutsche Zentrum für Luft- und Raumfahrt in Zusammenarbeit mit Airbus als auch Boeing forschen an einem solchen Modell (Harrison 1997).

Vorteile dieser neuen Flugzeugform sollen besonders gute Auftriebseigenschaften, die Aerodynamik und enorm viel Platz für die Unterbringung von Passagieren und Nutzlasten sein. 900 Passagiere (also etwa 300 Passagiere mehr als in der Boeing 747-300) sollen je nach Planungen im Vergleich zu heutigen Langstreckenflugzeugen im Rumpf Platz haben (Fitton Hauß 2004: 120).

Einer von mehreren Nachteilen dieser Konstruktion ist, dass viel mehr Passagiere ohne den Blick aus dem Fenster fliegen müssten, was den Passagieren Angst machen könnte.

Ob der Nurflügler irgendwann tatsächlich abheben wird, hängt davon ab, ob er es schafft, Landebahnen, Fluggastbrücken, Flughäfen, Sicherheitsvorkehrungen, Airlines und Passagiere dazu zu bringen, die nötigen Umstellungen, die für ein neues Verkehrsflugzeug dieser Art erforderlich sein würden, mitzutragen – er muss also wie das Passagierflugzeug zu Beginn seiner Karriere ein eigenes starkes Netzwerk bilden und genug Befürworter für sich und die Idee, die in ihm steckt, aktivieren.

Die Frage, was in Zukunft für Flugzeuge in die Luft gehen werden, stellt sich auch in Bezug auf andere Flugzeugtypen: Airbus setzt momentan auf eine Zukunft in der Passagierluftfahrt nach dem Drehkreuz-/Hub-Prinzip und investiert besonders in Großflugzeuge wie den A-380. ‚Drehkreuzprinzip' bedeutet, dass es wenige große Umsteigeflughäfen, genannt ‚Hubs', gibt, die Kurz- und Langstrecken miteinander verbinden. Von diesen Hubs aus starten große Langstreckenflugzeuge, auf der Kurzstrecke sind kleinere Zubringerflugzeuge unterwegs. Konkurrent Boeing sieht in der Direktverbindung das Konzept der Zukunft und setzt daher eher auf kleinere Flugzeuge mit größerer Reichweite.[31]

Schon jetzt liegt die Zukunft des Fliegens eher in neuen Materialien als in neuen Flugzeugen: Neu entwickelte Composit-Materialien sorgen zum Beispiel für einen geringeren Luftdruck in der Kabine und damit für eine höhere und für die Passagiere angenehmere, weil weniger austrocknende Luftfeuchtigkeit (Fitton Hauß 2004: 119).

31 Seite „Luftfahrt-Drehkreuz". In: Wikipedia. Sowie: Sterzenbach, Conrady 2003: 118.

Abbildung 42: Der Sturz des Ikarus von Carlo Saraceni

2.3 Der Traum vom Fliegen

Im Nachhinein sind die Prozesse, die zum Aufbau eines technischen Objektes beigetragen haben, meist nicht mehr sichtbar, denn „die kausalen Verbindungen, die sie etablierten, werden naturalisiert" (Akrich 2006: 427) und es scheint, als hätte das Ergebnis niemals ein anderes sein können.

Auch die Entwicklung des Passagierflugzeuges mag im Rückblick wie eine stringente Erfolgsgeschichte wirken, dabei war sie kein geplantes Langzeitprojekt. Der Weg zum Flugzeug war „vielmehr voller gegensätzlicher Ereignisse und Begebenheiten" (Adamowsky 2010: 58) und außerdem geprägt durch komplexe Kämpfe um Kompetenzen und Zuständigkeitsbereiche verschiedener Akteure, Aktanten und Sub-Netzwerke.

Und doch hat es irgendetwas geschafft, Menschen und Nicht-Menschen dazu zu bringen, sich über einen so langen Zeitraum zum Netzwerk des Fliegens zusammenzuschließen und bis heute den Akteuren, die den Zusammenschluss auflösen wollen, zu widerstehen (Latour 1993: 379) – und zwar so sehr und so stark, dass sich das Flugzeug sogar als Massentransportmittel durchsetzen konnte. Woraus besteht dieser Kitt zwischen den am Netzwerk Beteiligten, der alle und alles zusammenhält? Was ist das Geheimnis dieses Netzwerkes?

Vielleicht ist es der ‚Traum vom Fliegen', ein Motiv, das zu allen Zeiten und universal in allen Kulturen vorhanden zu sein scheint (Adamowsky 2010: 65f.). Es taucht in Mythen und Geschichten von ersten Flügen wie im arabischen Kulturbereich über König Nimrods Himmelfahrt[32] genauso auf wie in der griechischen Mythologie mit dem von Ovid in seinen Metamorphosen beschriebenen Wachsflügel-Flucht von Dädalus und Ikarus[33] oder in den Erzählungen über das chinesische Volk der Yü min, das angeblich als „gefiederter Menschenschlag an den unzugänglichen Steilküsten des südöstlichen Ozeans" (ebd.: 67) lebte.

Auch, wenn die an unterschiedlichen Orten und zu unterschiedlichen Zeiten in verschiedenen Kulturen geträumten Träume vom Fliegen nicht viel verbinden mag (ebd.: 67) und sie keineswegs Beleg eines „kontinuierlich geträumten Traumes" sind, wie es Adamowsky in ‚Das Wunder in der Moderne. Eine andere Kulturgeschichte des Fliegens' detailliert herausarbeitet, ist doch eine „Euphorie für das Antigrave" (ebd.: 87) vor allem seit Anfang der Frühen Neuzeit deutlich erkennbar.

Das Besondere am Traum vom Fliegen scheint also zu sein, dass er kein Bedürfnis darstellt, das von irgendeiner Organisation entwickelt und oktroyiert wurde. Der Traum, sich in die Lüfte erheben zu können, schlummerte vielmehr in jedem einzelnen Menschen und musste nur aktiviert werden. Dass so viele potentielle Passagiere den gleichen Traum hegten, machte es leichter, menschliche Verbündete in allen Bereichen für die Verwirklichung des Flugzeuges zu finden, egal, ob es sich um Ingenieure, Politiker oder um Mitfliegende handelte.

Der Traum vom Fliegen war letztendlich so stark, dass er das Fliegen irgendwann tatsächlich real werden ließ, dass er Akteure mobilisierte, Dinge entwickelte, Organisationsstrukturen und Prüfungssysteme erdachte, Ängste überwand, Kritiker verstummen ließ, Aufgaben übertrug und alle Aktanten unter diesem Traum zu versammeln vermochte.

In dem technischen Artefakt Flugzeug steckt aber nicht nur die Vision des Reisens am Himmel, sondern (wie oben schon angedeutet), auch die Vision einer bestimmten Welt und die Hoffnung auf einen „neuen Menschen" (Adamowsky 2010: 247), die die Innovatoren in das technische Artefakt „inskribiert" hatten (Akrich 2006: 411). Dabei handelt es sich um eine Welt, die in all ihren Dimensionen vom Menschen erfahren werden kann (nicht nur zweidimensional, wie es bis dahin der Fall gewesen war, sondern auch dreidimensional), eine Welt, die so mobil ist, dass jeder Mensch überall hinkommen kann, wenn an Start- und Landeort nur ein paar hundert Meter Landebahn existieren, eine Welt, in der lange Distanzen möglichst schnell überwunden wer-

32 König Nimrod ließ sich von vier Vögeln in einem Kasten gen Himmel tragen, um sich an Gott zu rächen und ihn zu töten (Luck-Huyse 1997: 127ff.).

33 Mit Hilfe von aus Federn und Wachs gebauten Flügeln flohen Dädalus und Ikarus aus ihrer Gefangenschaft auf Kreta. Ikarus flog jedoch übermütig immer höher, bis er der Sonne zu nahekam. Das Wachs, das die Flügel zusammenhielt, schmolz und Ikarus stürzte vom Himmel.

den können, so dass neben dem virtuellen Datenaustausch auch der persönliche Kontakt zwischen den Menschen über Kontinente hinweg möglich ist:

> *„Hier ist der neue Mensch. Ohne Grenzen. Bewaffnet. Ein Eroberer, der in Bergwerkschächten gräbt, auf dem Grunde des Ozeans wandelt und über den Wolken fliegt" (Fritzsche [2007] nach Adamowsky 2010: 247).*

Flugpionier Otto Lilienthal war sogar der Meinung, dass das Flugzeug den Menschen den Weltfrieden bringen könnte:

> *„Die Grenzen der Länder würden ihre Bedeutung verlieren, weil sie sich nicht mehr absperren lassen! Die Unterschiede der Sprachen würden mit der zunehmenden Beweglichkeit der Menschen sich vermischen." (Museum für Verkehr und Technik Berlin [1991] nach Adamowsky 2010: 248).*

Mittlerweile ist der Traum vom Fliegen ein wenig in den Hintergrund getreten, er ist kaum noch zu spüren an überfüllten Gates, in vollgestopften Flugzeugen und bei im ermüdenden Schichtdienst arbeitenden und gering bezahlten Airlineangestellten. Der Traum von einer friedlichen Welt hat sich außerdem bekanntermaßen nicht erfüllt. Aber das Flugzeug hat sich in unserer globalisierten Gesellschaft inzwischen unentbehrlich gemacht und das Angewiesen-Sein der Menschen auf dieses Fortbewegungsmittel ist so groß, dass das Netzwerk auch über den einstigen Traum hinaus fortbesteht.

Dieses Kapitel hat anhand von verschiedenen Beispielen gezeigt, dass die Welt des Fliegens komplex ist und unterschiedliche Akteure von Politikern bis Plexiglas miteinander interagieren, um das Flugzeug in die Luft zu bringen und dort zu halten.

Wenn wir jedoch etwas über den Sitz der Technik des Fliegens im Leben der Nutzer (vgl. Hengartner 2004: 40) oder über die sinnlichen Aspekte des Netzwerkes wie Wünsche / Ängste / Atmosphäre, die beim aeromobilen Unterwegssein eine entscheidende Rolle spielen, erfahren wollen, dann stößt die Akteur-Netzwerk-Theorie an ihre Grenzen. In diesem Fall müssen wir uns dem Fliegen gewohnt volkskundlich vom Menschen her nähern und vorher darüber nachdenken, wie wir diesen praktisch genauso wie theoretisch begegnen können.

3. EINE KULTURANTHROPOLOGIN IM FLUGZEUG

Marc Augé fuhr für seine ethnologische Studie zu den Pariser Metrofahrgästen ganz einfach im Bauch der Stadt hin und her, beobachtete die unterirdisch Reisenden beim Einsteigen und Aussteigen, hörte ihnen zu und versuchte zu verstehen „was uns zu vertraut ist um uns nicht fremd zu bleiben“ (Augé 1988: 52). Eine Fahrkarte reichte als Legitimation für seine Anwesenheit aus. Hin und wieder stieg Augé aus, durchquerte die Gänge des unterirdischen Verkehrssystems, betrat die Wagons anderer Metrolinien, um so verschiedene Verbindungen zu schaffen, oder er fuhr mit den Rolltreppen an die Erdoberfläche, um Bezüge zur oberirdischen Stadt herzustellen.

Da es sich ‚nur' um einen Essay handelte – auch, wenn dieser die Grundlage bildete für die später erscheinende Monografie „Orte und Nicht-Orte“ – genügten Augé seine Beobachtungen, Beschreibungen und Vergleiche als Datengrundlage. Er führte keine Befragungen durch, er „plauderte“ (ebd.: 83) höchstens mit den Fahrgästen, wenn es sich ergab.

Doch auch mit diesem Materialkonvolut kommt Augé zu überzeugenden Theorien und Schlüssen über die Metroreisenden und letztendlich sogar zu einer ersten ‚Ethnologie der Einsamkeit'.

Wie kann jedoch eine anthropologische Forschung im Flugzeug aussehen, deren Ziel es ist, die Reisenden über den Wolken zu verstehen und das aeromobile Unterwegssein zu ergründen?

3.1 Das Feld und die Forscherin

Perspektiven auf das Forschungsfeld

Um mit dem Forschungsfeld vertraut zu werden und seine Dimensionen auszuloten, habe ich in einer mehrmonatigen Feldforschungsphase verschiedene Perspektiven eingenommen[34]: Um die Infrastruktur der Luftfahrt kennen zu lernen, arbeitete ich zwei Monate am Hamburger Flughafen in den verschiedensten Bereichen. In dieser Zeit reinigte ich unter anderem mit den ‚Airport Cats' nachts Flugzeuge und konstruierte das Image des ‚sauberen' Fliegens mit; ich saß bei den Lotsen und verfolgte die durch die ganze Welt verschlungenen Flugrouten auf den Bildschirmen; ich wartete in der ‚Leitstelle Sicherheit' vor den Überwachungsbildschirmen, bis tatsächlich eine herrenlose Tasche gesprengt werden sollte; ich streifte durch den Bauch des Flughafens mit dem Gepäckkeller, der Gepäckuntersuchungsstelle des Zolls und der Sicherheitsschleuse für die am Flughafen verkauften Güter; ich begleitete die Pushback- und Schlepperarbeiten auf dem Vorfeld und verbrachte einen Tag bei der Feuerwehr, wo der Katastro-

34 Auf die Methode der Feldforschung und warum sie für diese Forschung geeignet ist, gehe ich in Kapitel 3.3 „Das methodische Vorgehen“ im Abschnitt „Feldforschung und teilnehmende Beobachtung“ in der mobilen Welt näher ein.

phenfall des fragilen Artefakts Flugzeug in jeder Minute präsent ist und doch jahrzehntelang nicht eintritt. Um festzustellen, welche Fragen sich Flugreisende stellen, habe ich an der Auskunft in den Terminals sowie in der Telefonzentrale des Flughafens geholfen, die Fragen der Passagiere zu beantworten, außerdem habe ich teilnehmende Beobachtungen an Abflug und Ankunft durchgeführt, an Werktagen genauso wie an Weihnachten.

Dabei interessierte mich nicht unbedingt der Ort ‚Hamburger Flughafen', sondern viel mehr das, was hier vorbeigespült wird – also die verschiedenen Menschen, Vorstellungen, Erzählungen, Dinge und Perspektiven. Nirgendwo liegen Zuhause und Fremde, nah und fern, bekannt und unbekannt, Vergangenheit und Zukunft, Realität und unbegrenzt scheinende Möglichkeiten so dicht beieinander wie an einem Flughafen.

Eine weitere Perspektive auf die Welt des Fliegens nahm ich ein, indem ich zwei Crews der Airline InterSky in ihrer Propellermaschine DASH 8 drei Tage lang auf Flügen zwischen Hamburg und Friedrichshafen sowie Wien und Friedrichshafen begleitete, vorne im Cockpit genauso wie hinten in der Kabine.

Zusätzlich habe ich eine ganze Reihe von weiteren Feldforschungsflügen unternommen – alleine sowie in Begleitung ausgewählter Passagiere. Aus organisatorischen und finanziellen Gründen fanden diese Flüge vor allem innerhalb Europas statt. Von Hamburg flog ich über Kopenhagen nach Aalborg, mehrmals nach Zürich, nach Frankfurt, von Berlin nach Köln, von Lübeck nach Palma, von Hamburg nach Stuttgart, über Stuttgart nach Graz, von Hamburg nach Athen, Düsseldorf und Helsinki, von Berlin-Schönefeld nach Reykjavik und von Lübeck nach London-Stansted. Ein Langstreckenflug führte mich von Hamburg über Istanbul nach Tel Aviv und ein weiterer von Hamburg über Amsterdam nach New York. An den Flughäfen Heathrow, Frankfurt, Istanbul und Stuttgart übernachtete ich mit anderen Globetrottern und einigen Heimatlosen im Terminal, um mitzubekommen, was die Menschen auf sich nehmen, um mobil zu sein, und was für Praktiken sich entwickeln, wenn der nächste Flughafen nicht nur eine, sondern viele Stunden entfernt liegt.

Feldkonstitution

Was ein Forschungsfeld ausmacht, wo es beginnt, wo es endet und worin die größeren Kontexte bestehen, die es konstituieren, entwickelt sich in volkskundlich-kulturwissenschaftlichen Forschungen oft erst im Forschungsprozess und verändert sich im Laufe der Forschung je nach Wissensstand, sich verändernden Fragestellungen und sonstigen Umständen (Schmidt-Lauber 2009: 250). Immer gebührt deshalb „der Frage der Feldkonstitution, des ‚place making' […] ganz besondere Beachtung im Forschungs-, Analyse- und Schreibprozess" (ebd.). Besonders schwierig scheint die Festlegung des Feldes in Studien wie diesen, die Globalisierungsprozesse empirisch beobachtbar machen wollen – insbesondere, wenn es um die grenzüberschreitende Mobilität von Menschen geht. In diesen Fällen gibt es keinen spezifischen Ort, an dem die Forschung angesiedelt ist, keine einzelne Stadt und kein Dorf, in dem die zu erforschenden Menschen anzutreffen sind und auch kein spezielles Land, in dem sie sich aufhalten. Vielmehr bewegen sich die Protagonisten dieser Untersuchung fluide zwischen den Städten, Ländern und Kontinenten hin und her (wobei das natürlich auch für ortsgebundene Forschungen gilt, schon immer haben sich die Menschen aus ihren Dörfern heraus oder von ihren Inseln hinunterbewegt und mit anderen Menschen ausgetauscht oder Händler und sonstige Reisende hielten diesen Austausch in Gang). Der Forscher muss sich in diesem Fall entweder mitbewegen oder die Forschung von sinnvollen Fix- und Knotenpunkten aus durchführen.

Rein örtlich gesehen habe ich das Feld der Welt des Fliegens, das ich untersuchen möchte, schließlich auf die Flugzeugkabine und den ‚airside' genannten Teil des Flughafens, der nur den Reisenden mit Flugticket zugänglich ist, begrenzt. Dessen ungeachtet ist die Ausdehnung des Feldes noch viel komplexer: Das Feld reicht auch weit hinein in die häuslichen Schlafzimmer, in denen die Reisekoffer gepackt werden, und es existiert nicht nur im Flugzeug, sondern genauso auch jenseits des Unterwegsseins – zum Beispiel im Supermarkt, wenn der Wocheneinkauf mit der Miles-and-more-Kreditkarte bezahlt wird, um Meilen für den nächsten Freiflug oder das Upgrade in die Business Class zu generieren. In elektronischen Zusatzräumen wie der ‚Ratgeber-Community Gute Frage' werden Fragen zum Thema Fliegen ausgetauscht und in Spezialforen wie dem ‚Vielfliegerforum' Meilen-sammel-Strategien diskutiert. Der „Ethnogr@pher" (Kunzelmann, Hill, Müller 2014) muss in Bezug auf die Erforschung des aeromobilen Unterwegsseins also nicht nur „multi-sited" sein, sondern gleichzeitig auch „virtual-spaced" (ebd.).

Welche *Bestandteile* des Feldes und damit auch welche *Themen* für diese Arbeit wichtig wurden, beruhte also (neben dem Interesse der Forscherin) auf den Erlebnissen in der Feldforschung, den Themen, die von den Interviewpartnern angesprochen wurden und dem Verhalten der Flugpassagiere, das innerhalb der Forschung beobachtet und ausgewertet wurde.

Rollen

Meine Rollen in den verschiedenen Bereichen der Airworld, die ich während der Feldforschung kennen lernte, wechselten stark. Auf den Feldforschungsflügen beobachtete ich vor allem, ohne aktiv in das Geschehen einzugreifen. Auf den begleiteten Flügen führte ich einerseits Interviews mit meinen Informanten, andererseits spielte aber auch meine eigene Art zu Fliegen eine Rolle und wurde von meinen Interviewpartnern erfragt.

Bei meiner Arbeit am Hamburger Flughafen war ich in manchen Abteilungen stark eingebunden, wie beispielsweise bei der nächtlichen Kabinenreinigung: Vorgestellt wurde ich dort als Praktikantin, die den Flughafen mit all seinen Tochterfirmen und Aufgabenbereichen kennen lernen sollte. Doch sobald ich einem Reinigungsteam zugeordnet war, war dies vergessen und ich arbeitete genauso mit wie die anderen aus meinem Team.

In anderen Abteilungen wiederum saß ich lediglich vor den jeweiligen Computerbildschirmen, ließ mir die Abläufe von den zuständigen Mitarbeitern erklären und beobachtete die Arbeitsweisen.

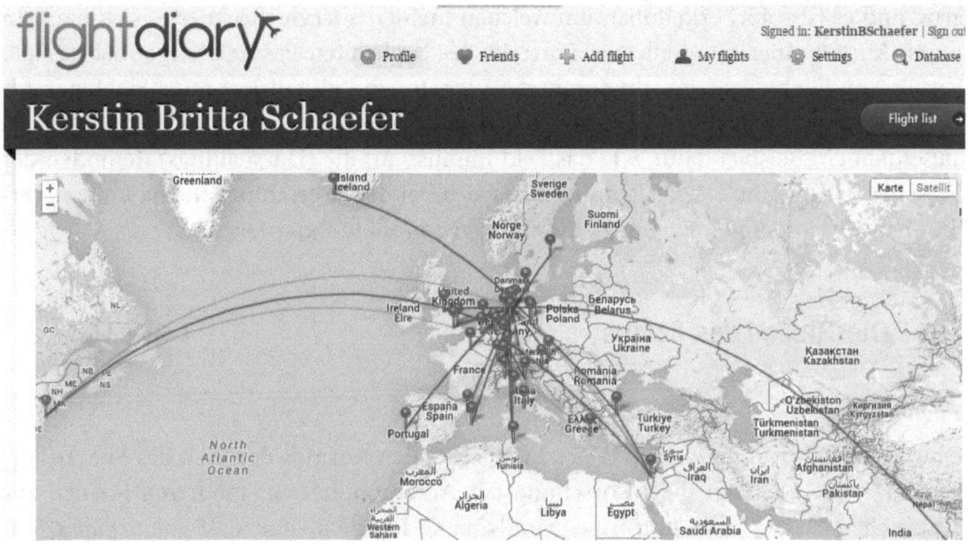

Abbildung 43: Flightdiary der Autorin

Jede Rolle generierte unterschiedliche Informationen und Blicke auf die Welt des Fliegens und ihre Nutzer, und am Ende der Feldforschung hatte ich das Gefühl, ein vielperspektivisches Bild meines Forschungsfeldes zusammensetzen zu können.

Flightdiarys

Um die Flugbiografien der von mir begleiteten Passagiere zu visualisieren, habe ich alle Flüge, die sie in ihrem Leben unternommen haben, in einem sogenannten Flightdiary festgehalten. Flightdiary.net ist ein seit 2010 existierendes Internet-Tool zur Registrierung von Flügen und gleichzeitig eine Plattform, auf der sich flugbegeisterte Menschen über ihre Flüge austauschen, Airlines und Flughäfen bewerten sowie ihre Flugstatistiken vergleichen. Um ein Flugtagebuch zu erstellen, legen sich die Nutzer auf der Website ein persönliches Profil an und geben ihre Flüge in eine Maske ein. Das Programm visualisiert daraufhin die Flüge auf einer Weltkarte und erstellt Statistiken, zum Beispiel in Bezug auf die CO2-Emissionen, die zurückgelegten Flugkilometer, die am meisten gebuchten Airlines und die am häufigsten besuchten Flughäfen. Je mehr Infos über die Flüge eingegeben werden (zum Beispiel Flugzeugtyp, Sitznummer, Flugzeit usw.), desto detaillierter sind die Statistiken. Das Profil kann per Facebook mit Freunden geteilt werden.

Kennen gelernt habe ich dieses Tool über den Künstler Stefan, der alle seine Flüge so registriert. Später fertigte ich auch für die anderen von mir begleiteten Passagiere ein solches Profil an oder bat sie darum, es selbst zu tun. Bei Vielflieger Tim, dessen Flüge einfach zu viele sind, um sie zu rekonstruieren und einzutragen, erstellte ich ein beispielhaftes Flightdiary nach seinen Koordinaten.

Fasziniert hat mich an den aus den Daten entstehenden Karten, dass sie sehr plakativ eine Art Portrait des jeweiligen Passagiers entstehen lassen. Jede Karte ist einzigartig und es ist sofort erkennbar, um welchen meiner Interviewpartner es sich handeln muss. Anstatt eines fotografierten Portraits des begleiteten Passagiers eröffnet deshalb jeweils sein Flightdiary die ethnografische Vignette und visualisiert seine Flugbiografie.

Die Nutzung von Flightdiary.net als Visualisierungsinstrument für diese Arbeit ist außerdem ein Beispiel dafür, wie das Feld Einfluss auf die (Darstellungs)Methoden der Forscher haben kann – vor allem, wenn es sich bei dem Forschungsthema um ein Terrain handelt, in dem einige der Beforschten viel größere Experten sind.

3.2 Die Tücken des Feldes

Zugänge

Obwohl ich auf verschiedenste Weise Einblick in den Kosmos der Welt des Fliegens erlangte, entwickelte sich die Erforschung der Aeromobilität auf mehreren Ebenen zur praktischen Herausforderung (und damit meine ich nicht nur, dass mein Füller, mit dem ich seit Jahren meine Feldforschungstagebücher führe, aufgrund des Drucks in der Flugzeugkabine während der Flüge nicht schrieb und ich an Bord auf ungeliebte Kugelschreiber ausweichen musste). Schnell mutierte der Airport von der Startrampe für Exkursionen in die ganze Welt zur unüberwindlichen Grenze: Für den Arbeitsaufenthalt am Flughafen Hamburg wurde ich sicherheitsüberprüft und bekam einen eigenen Flughafenausweis. Diese Ausweise sind allerdings in unterschiedliche Berechtigungsstufen eingeteilt und mit meiner Plastikkarte konnte ich manche Türen nicht öffnen und die Personalfahrstühle nicht bedienen, musste also jedes Mal um Begleitung bitten, wenn ich in diese Bereiche vordringen wollte. Als ich den Ausweis nach Beendigung meines Feldforschungsaufenthaltes wieder abgeben musste, war der gesamte Airside-Teil des Hamburger Flughafens für mich ohne gültiges Flugticket plötzlich erneut nicht mehr betretbar. Türen, durch die ich vorher hatte gehen können, blieben mir nun verschlossen; Wege, die ich vorher täglich gegangen war, führten nun ins Nichts und bei den auf der airside arbeitenden Flughafenangestellten (dazu gehören zum Beispiel die Mitarbeiter der Flughafenfeuerwehr) konnte ich nun auch nicht mehr ohne Anmeldung und Begleitung vorbeischauen.

Mit der Frage der Zugänglichkeit des Flughafens als kulturanthropologisches Forschungsfeld beschäftigte sich auch die von Nils Zurawski und Gerrit Herlyn betreute kulturanthropologische Teilstudie „Sicherheit als Phänomen sozio-kultureller Konstruktionen zwischen Datenschutz und Informationsbedürfnissen von Institutionen" im Rahmen des Projektes „SIRA Sicherheit im öffentlichen Raum" (2010–2013). Die beiden Forscher überwanden während ihrer Feldforschung ähnliche Einschränkungen und machten genau das zum Thema ihrer Forschung (siehe „Achtung Sicherheitskontrollen! Flughäfen, Kultur, Un/Sicherheiten" sowie „Randomly selected for additional Screening? Zur Kulturanalyse von Sicherheitsmaßnahmen am Flughafen", Herlyn / Zurawski 2015).

Warten und Herumhängen

Auch das unbehelligte sich im Flugzeug über einen längeren Zeitraum Aufhalten, wie es die volkskundlichen Kulturwissenschaftler im Sinne der Feldforschung für unersetzbar halten, war in meinem Feld fast unmöglich, da jedes für einen Flug gebuchte Ticket nach der Landung und dem Verlassen des Flugzeuges seine Gültigkeit verlor. „*Warten und Herumhängen*" (Rabinow [1977] nach Schmidt-Lauber 2009: 250) sowie

> „*Lücken im zielgerichteten Prozess, jene eher planlos verbrachten Zeiten, die – so Rabinow – für ihn die entscheidenden Verstehensprozesse auslösten, Momente, in denen er wichtige Kontextinformationen erhielt und sich das Alltagswissen der erforschten Gruppe quasi nebenbei und fast unmerklich aneignete*" (Welz 1998: 191),

konnten also nicht ohne weiteres stattfinden.

Flugzeug und Flughafen sind folglich nicht nur durch Versprechungen von Freiheit geprägt, sondern ebenso durch Autonomieverlust und Kontrolle, für die Reisenden genauso wie für mich als Forscherin, was aber gleichzeitig eine erste Erkenntnis darstellt.

Die Bewegtheit der Menschen und Dinge

Die Räume des Fliegens sind stark geprägt durch den stetigen Fluss des durch sie Hindurchströmenden: Alle und alles sind auf dem Weg von Hier nach Da und müssen immer gleich weiter – die Menschen zur Sicherheitskontrolle, zum Gate, ins Flugzeug und nach ihrer Ankunft zu ihrem Ziel; die Dinge aufs Förderband, zum Zoll, in den Gepäckkeller, in den Flugzeugbauch und dann ebenfalls weiter zum Ziel oder zurück zu den Passagieren, mit denen sie sich gemeinsam auf die Reise gemacht hatten. Mögliche Interviewpartner und Forschungsobjekte waren also nicht nur schnell unterwegs, sie waren für mich auch immer sehr schnell wieder weg. Ins Flugzeug hinein folgen konnte ich Informanten, die ich spontan am Flughafen kennen lernte, ebenfalls nicht einfach, da die Tickets im Vorfeld gebucht werden müssen und viele Flüge vorher ausgebucht sind. Es galt also eine Methode zu finden, die der Beweglichkeit dieses Feldes gerecht wird.

Körperliche Herausforderungen

Sogar das zuerst äußerst angenehm wirkende Forschungsfeld ‚Flughafen / Flugzeug' stellte trotz gut temperierter Räume, ausreichend Toiletten, fließend Wasser sowie der Möglichkeit, zu jeder Zeit etwas Essbares zu erwerben, nach einiger Zeit eine Herausforderung dar. Denn auf Dauer waren die Klimaanlagen im Flugzeug und am Flughafen, die anstrengende Geräuschkulisse, die geringe Luftfeuchtigkeit in der Flugzeugkabine, die unaufhörlichen Handlungsanweisungen und der allgegenwärtige Schmutz der vielen Menschen körperlich schwer zu ertragen und wirkten sich auf mein Wohlbefinden aus, machten mich müde und gleichgültig und schränkten mein Beobachtungsvermögen ein. Im Flugzeug hatte ich außerdem immer große Mühe nicht einfach einzuschlafen, wie ich es gewohnt war, und wie ich sonst dieser Situation, die ich als belastend empfinde, zu entfliehen versuche. Einen klaren Gedanken zu fassen, war oft schwer.

Gleichzeitig schürten diese Bedingungen aber auch meine Hoffnung, dass – wie so oft in Feldforschungen – die ‚körperliche Pein' zu Irritationen führen würde, „die sich auf das Verhalten und damit die Fragestellung auswirken", wie es Sibylle Obrecht über eine ähnlich körperliche Erfahrung während ihrer Feldforschung an einer deutschen Autobahnraststätte bemerkte (Obrecht 1998: 91)[35].

Insgesamt gestaltete sich das Forschungsfeld also komplexer und schwerer in den Griff zu kriegen als das Metrosystem von Augé. All die Einschränkungen, die das Feld für mich als Forscherin beinhaltete, stellen jedoch nicht einen Mangel des Feldes dar, sie lieferten erste hilfreiche Informationen zum Thema: Die Zugangsbeschränktheit des Feldes zeigt beispielsweise, wie sensibel das Artefakt Flugzeug eingestuft wird und wie groß seine über die Sache hinausgehende Bedeutung ist. Außerdem gilt sie nicht nur für mich als Forschende, auch die Passagiere müssen Zugang zu den Räumen des Fliegens erlangen, bevor sie sich auf die Reise machen können.

Die Beweglichkeit der menschlichen und dinglichen Akteure wiederum mag vielleicht ein logistisches Problem darstellen – sie war aber genau das, was mich an diesem Thema so reizte. Und letztendlich können die zuerst als Mangel des Feldes wahrgenommenen Einschränkungen die Forscheraugen für andere Forschungswege und -erfahrungen öffnen. Schon Marc Augé wusste:

> *„Wer jemals im Feld gearbeitet hat, weiß nur zu gut, dass die ethnologische Forschung ihre Beschränkungen hat, die zugleich ihre Stärken sind" (Augé 1994: 19).*

Auf die verwendete Methodik und die theoretische Basis hatte das spezielle Feld jedoch ganz grundsätzliche Auswirkungen, die ich im Folgenden aufführen möchte.

3.3 Das methodische Vorgehen

Viele meiner Gesprächspartner im Rahmen dieser Arbeit waren der Meinung, es würde sich *nichts* oder zumindest *nichts Besonderes* im Flugzeug ereignen und auch ich war mit diesem Gefühl während meiner ersten Feldforschungsaufenthalte am Flughafen und im Flugzeug konfrontiert. Detailliert notierte ich die Sitzhaltungen der Passagiere, ihre Blicke aus den Flugzeugfenstern, das Blättern im Bordmagazin und aufgeschnappte Gesprächsfetzen – doch wenn ich zu Hause auf diese Notizen schaute, wusste ich nicht mehr, wohin mich das eigentlich führen sollte. „The daily commute is often routinized into mindless transportation, which makes it hard to study" (Löfgren 2008: 331), schrieb bereits Orvar Löfgren. Dieser hatte zusammen mit Billy Ehn ebenfalls mit banal wirkenden Feldforschungsnotizen zu kämpfen, als er seine Untersuchung zum Nichtstun startete, also den scheinbar unscheinbaren und unwichtigen „Nichtereignissen" in „der Welt der Übergangszonen, Zwischenzeiten, Pausen, den Momenten des Wartens und der Unentschiedenheit" (Ehn, Löfgren 2012: 10). Erst mit

35 Sie schrieb beispielsweise in ihr Forschungstagebuch: „Subtil, aber wirksam bearbeiten die Klimaanlage und der Geräuschbrei mein körperliches Wohlbefinden, bis ich müde und gleichgültig aufgebe und von dannen ziehe" (Obrecht 1998: 91).

Unterstützung von ergänzenden kulturwissenschaftlichen Methoden wie leitfadenorientierten Interviews, der Hinzunahme der historischen Perspektive und einer Untersuchung von künstlerischen Auseinandersetzungen mit dem Nichtstun (Ehn, Löfgren 2012: 16/22) gelangten Ehn und Löfgren letztendlich zu befriedigenden Ergebnissen.

Scheinbar banale Pendlererfahrungen zu greifen und sichtbar zu machen, ist aufgrund ihrer Profanität gar nicht so einfach, beklagte auch der dänische Soziologe Henrik Dahl. Die Ursache hierfür schien für Dahl „das Fehlen einer Beschreibungssprache und eines konzeptuellen Rahmens, die es erlauben würden, Tätigkeiten wie das Teilen eines Zugabteils oder das Anstehen für den Fahrkartenkauf zu erfassen" zu sein (Dahl [2008] nach Löfgren 2014: 27).

Feldforschung und teilnehmende Beobachtung in der mobilen Welt

Für diese Forschung galt es nun ebenfalls ein methodisches Instrumentarium zu erdenken, mit dem sich eine historisch argumentierende empirische Kulturwissenschaft wie die Volkskunde den Flugpassagieren sinnvoll nähern kann – den so verschiedenen Menschen, die unterwegs sind von A nach B, über C nach D und mit Gedanken an R und Y im Kopf; lange vorher im Reisebüro gebucht oder spontan mit dem Smartphone virtuell gekauft und dann online eingecheckt; Charter-, Billig- oder Linienflugreisende, Geschäftsreisende oder Urlaubsflieger, aus den Metropolen Deutschlands oder aus kleinen Orten in der Peripherie stammend.

Wie lässt sich die Anonymität der riesigen Menschenströme, die das Fliegen ausmachen, fassen, geschweige denn durchdringen? Wie können aeromobile Praxen (inklusive der Vermeidungsstrategien der Nicht-Flieger) ethnografisch aufgespürt und festgehalten werden? Wie nimmt man ein Beförderungsmittel und seine sinnlichen Komponenten überhaupt ernst?[36]

Auch mir dient vor allem der klassische kulturwissenschaftliche Methoden-Werkzeugkoffer dazu, das Fliegen in den Griff zu bekommen:

Als zentrale methodische Herangehensweise und Modus der Repräsentation habe ich den ethnografischen Zugang gewählt, denn er eignet sich besonders gut dazu, gelebte Alltagskultur erst mikrokosmisch zu erforschen und später zu kontextualisieren[37].

Eine besondere Herausforderung in der empirischen Arbeit ist die aktuelle Qualität von Mobilität(en), auf die die Frankfurter Kulturanthropologin Gisela Welz schon 1998 hingewiesen hat:

> *„Kulturen und Menschen, die kulturelle Praxen und Diskurse hervorbringen, sind am Ende des 20. Jahrhunderts ‚moving targets', bewegliche Ziele, auf die die Forschung ihre Perspektive immer wieder neu einstellen muss. Sie halten nicht still, bleiben nicht am angestammten Platz, und wer sie ins Visier nehmen möchte, muss selbst mobil werden" (Welz 1998: 177).*

36 Für das Basler Tram hat Johanna Rolshoven dieses bereits 1998 vorgemacht und ich habe es in meiner Magisterarbeit über den Hamburger ‚Metrobus 13' 2009 fortgeführt.

37 Die Ethnografie ist eine sinnliche Methode, die wissensbasierte Formen des Handelns und in das Verhalten eingesponnene Wissensordnungen allerdings nur in Kombination mit Interviews einfangen kann.

Nicht nur theoretisch, sondern auch methodisch stellt sich allerdings die Frage, welchen Anforderungen empirisches Arbeiten angesichts von Globalisierungs- und Mobilitätseffekten gegenwärtig genügen muss und inwieweit die bewährten Methoden in Bezug auf die aktuelle gesellschaftliche Situation „überdacht, geschärft oder neu gefasst werden" müssen (Windmüller, Binder, Hengartner 2009: 9), wie Sonja Windmüller, Beate Binder und Thomas Hengartner schon auf der Hochschultagung der Deutschen Gesellschaft für Volkskunde 2008 in Hamburg fragten. Wie generiere ich also das Material, das ich auswerten und von dem aus ich zu übergeordneten Theorien kommen möchte?

Die Fakten, die für diese Arbeit interessant sind, gehen (wie häufig in der Kulturanthropologie) vor allem aus Beobachtungen hervor. Eine Forschungsmethode, die dazu dient, diese Beobachtungen zu tätigen und zu systematisieren, ist die Feldforschung. Feldforschung untersucht multiperspektivisch und multimethodisch kulturelle „Realitäten an Ort und Stelle ihres Auftretens und ihrer Vernetzungen" (Schmidt-Lauber 2009: 252). Der Schlüssel zu Erkenntnissen und Antworten auf die jeweiligen Fragestellungen ist also „Anwesenheit und Teilhabe" (ebd.: 251) am Alltag der Beforschten.

Während der Feldforschung begeben sich die Forschenden in den zu untersuchenden Lebensbereich hinein, verbringen dort Zeit und lassen sich „physisch wie mental" auf die „Menschen, Situationen, Kontexte und Prozesse" (ebd.) ein. Sie reisen durch das Feld hindurch, „machen Besuche", „führen Gespräche, erkunden Umgebungen, kartieren Beziehungen und Kontexte" (Knecht 2010: 24) und legen es auf ein „Vertrautwerden mit konkreten lokalen Zusammenhängen" an (Schmidt-Lauber 2009: 250). Durch die Begegnungen, Kontakte und Interaktionen bauen sie Verbindungen auf, die ein spezifisches Forschungsfeld überhaupt erst mit herstellen. Das Feld ist also kein Ort, der schon vorher existiert hat und „einfach nur aufgesucht wird" (Welz 2009: 202), es ist „vielmehr Produkt eines Herstellungsprozesses" (ebd.). Ihre Situationsbeobachtungen verarbeiten die Forschenden letztendlich zu „detailgetreuen und nuancenreichen ethnografischen Beschreibungen" (Schmidt-Lauber 2009: 251).

Welche methodischen Regeln in der Feldforschungspraxis zu befolgen sind, bleibt jedoch meist dem Bauchgefühl des Forschenden überlassen, was in Zeiten der „Krise der Ideologie der Feldforschung" (ebd.: 238) mit der Writing Culture-Debatte, mehr Selbstreflexivität und der Krise des Kulturbegriffes stark kritisiert wurde.

Für die Erforschung von Mobilität erscheint Feldforschung erst einmal gar nicht besonders geeignet, da die Methode von einer Ortsfestigkeit der Informanten ausgeht und alleine der Forscher bei An- und Abreise mobil ist (Welz 1998: 181). Versteht man jedoch den konkreten Ort nicht nur als „lokale Arena", sondern als „lokale Arena der Globalisierung" (ebd.: 191) und akzeptiert die verschiedenen „Aktionsradien" und „Mobilitätsziele" der Beforschten sowie ihre heterogenen „sozialräumlichen Bezugsgrößen" (ebd.: 181), kann Feldforschung als Methode durchaus Sinn machen[38]. In

38 Wichtiger als „die Frage der Örtlichkeit innerhalb der Methode" erscheint Brigitta Schmidt-Lauber sowieso die „Frage der (theoriegeleiteten) Forschungsperspektive und -praxis", denn „erst der Blickwinkel und das theoretische Verständnis machen aus ortsgebundenen Ethnografien geschlossene Kulturhorizonte" (Schmidt-Lauber 2009: 250).

diesen Fall bedeutet dies, nicht ausschließlich ortsfest am Flughafen zu verharren, sondern das Feld genauso reisend zu erforschen und live dabei zu ein, wenn die Beforschten beginnen, ihr „Bedeutungsgewebe" (Geertz 1983: 9) zu spinnen.

Eine Methode innerhalb der Feldforschung ist die teilnehmende Beobachtung, also „im wörtlichen Sinne die ‚Teilnahme' an bestimmten Formen des zu untersuchenden Gruppen- und Alltagslebens über einen bestimmten Zeitraum" (Kaschuba 1999: 205). Sie ist vor allem dann geeignet, wenn Praktiken so sehr veralltäglicht sind, dass sie nicht mehr realisiert werden, bewusst abrufbar sind oder aus einem anderen Grund nicht versprachlicht werden können.

Dass Interviews mit Passagieren vor oder nach der Flugreise alleine für diese Forschung nicht ausreichten, weil sich das Dazwischen des Transitraumes gerne der Empirie entzieht und dann keine Erinnerungen an den Aufenthalt und an „banale und scheinbar nichtige Dinge [...], die Koffer, Abteilsitze, iPhones, Warteräume und kaputte Fahrscheinautomaten" (Löfgren 2014: 28), die die Reise aber signifikant prägen, existieren, hatte ich bereits in meiner Magisterarbeit über den Hamburger Metrobus 13 festgestellt und es wurde mir erneut durch die Lektüre von Asta Vonderaus „Geographie sozialer Beziehungen: Ortserfahrungen in der mobilen Welt" (Vonderau 2003) auch für das Fliegen bestätigt. Vonderau stellt darin fest, dass Übergangsräume „nur für den Zweck der Reise genutzt" werden und die gerade wieder Angekommenen Schwierigkeiten haben, sich hinterher an sie zu erinnern". Deshalb klingt die von Vonderau interviewte Martina auch verständnislos, als sie gebeten wird, sich daran zu erinnern, was sie im Flugzeug „normalerweise tut" (ebd.: 26):

> *„Martina: ‚Ich fand jetzt den Flieger nicht unbedingt so interessant. Oder du hast auch kaum Möglichkeiten – du sitzt halt...'" (ebd.).*

Teilnehmende Beobachtung ist laut der Grazer Kulturanthropologin Katharina Eisch-Angus aber

> *„keinesfalls nur eine Notlösung für das Erfassen anderweitig nicht erfragbarer Nebensächlichkeiten, sondern sie ist das dem Alltag adäquate Forschungsinstrument, das seine Erkenntnisschärfe in der Bewegung zwischen subjektiver Teilhabe und Irritation, zwischen Nahwelt und Fremdheit entwickelt" (Eisch-Angus 2009: 76).*

Subjektive Teilnahme eignet sich ihrer Meinung nach sehr gut als Forschungswerkzeug in Situationen, in denen Körper, Emotionen und Sinne eine große Rolle spielen – wie es beim Fliegen der Fall ist. Wie gut das über subjektive Teilnahme Zu-Ergebnissen-Kommen funktioniert, zeigte Eisch-Angus selbst mit einer Forschung zum Thema Sicherheit, in der sie zum Teil autoethnografisch ihre teilnehmende Beobachtung am Flughafen Bristol, die geprägt war von ihrer großen Irritation über die unzähligen Sicherheitsvorschriften und Warnhinweise als Quelle nutzt. Aus dieser Beobachtung und der genauen Beschreibung entwickelt Eisch-Angus dann weiterführende Erkenntnisse:

„Vermittelt wird nur noch die reine Präsenz eines Systems von Gefahr und Risiko, dessen gesellschaftliche Totalität der Flughafen, als Tempel der Moderne und Kultstätte der mythischen Antinomie von Freiheit und Sicherheit, als unhinterfragbar und unentrinnbar setzt. Flughäfen, über die täglich Millionen von Menschen verkehren, sind nicht nur technologisch und logistisch extrem verwundbar. Als Ein- und Ausgangsschleusen von Staaten und gesellschaftlichen Räumen bilden sie – Lotmans Kulturtheorie folgend – auch im kulturellen Sinne periphere Zonen, an denen sich die Texte, Botschaften und Symbole des Gesamtsystems verdichten. Zumindest potenziell können sich hier, in den Grenzzonen der Kultur, grenzüberschreitende Kommunikations- und Veränderungsprozesse intensivieren, was die Machtzentren dazu herausfordert, ihre bedrohte Ordnungs- und Einflusssphäre noch mal zu bekräftigen. Sie kompensieren die Verwundbarkeit, die an den liminalen Orten des Nicht-Mehr und Noch-Nicht von Macht- und Ordnungssystemen bewältigt werden muss, nicht zuletzt durch die Potenzierung symbolischer und ritueller Kontrollen." (Eisch-Angus 2009: 85f.).

Das ‚Ich' der Autorin kommt ganz explizit in der Beschreibung vor, denn die Autorin ist es, die als Forscherin in Beziehung zu den Akteuren tritt, um Daten zu generieren. Das eigene Ich dient also als Erhebungsinstrument und die Selbstthematisierung dient nicht dem Selbstzweck, sondern der Beantwortung der Fragestellung. Auch ich erforsche die Airworld nicht als etwas von mir Unabhängiges, sondern als die Airworld, wie sie mit mir in Beziehung steht.

Als Teil einer multimethodischen Forschung, die auf viele unterschiedliche Formen von Material zurückgreift, ist teilnehmende Beobachtung außerdem in der Lage, die Ergebnisse aus unterschiedlichen Bereichen (narrative Interviews zählen hierzu genauso wie Berichte in Zeitungen) zu kontextualisierien und kann „damit eine methodenpluralistische Ergänzung und Korrektur der Felddaten gewährleisten" (ebd.: 76).

Jedoch gibt es auch in Bezug auf die teilnehmende Beobachtung wenig methodische Regeln, wie die Forschung abzulaufen hat. Das liegt unter anderem daran, dass eine Festlegung des Prozesses vorher nur schwer möglich ist, sie widerspricht quasi der Methode an sich, denn jede Feldforschung muss maßgeschneidert sein und ihre nächsten Schritte ergeben sich immer erst aus dem bis dahin erhobenen und reflektierten Material.

Begleitete Wahrnehmungsflüge

Um die Flüchtigkeit der Airworld zu bannen, die verschiedenen Perspektiven der Passagiere auf das Fliegen zu verstehen und alles, was von ihnen nicht oder nur schwer verbalisiert werden kann, unterwegs mitzuerleben, habe ich mich mit ihnen (angelehnt an Kevin Lynchs Wahrnehmungsspaziergänge[39], vgl. Lynch 1965) auf aeromobile

39 Kevin Lynch begleitete auf seinen Wahrnehmungsspaziergängen Menschen auf ihren Wegen durch die Stadt, in der sie gerade lebten, und sprach mit ihnen über ihre Sinneseindrücke. Über kognitive Karten, die die Spaziergänger im Anschluss zeichneten, sollte die Systematisierung der Umwelt, wie sie in den Köpfen gespeichert ist und im jeweiligen Raumverhalten umgesetzt wird, veranschaulicht werden.

Reisen begeben[40]. Denn ist der Forscher mit seinen Gesprächspartnern im Raum unterwegs und führt das Interview ‚bewegt', regt die Umgebung zu Äußerungen an und auch das Raumerleben kann leichter thematisiert werden. Betrete ich das Flugzeug zusammen mit ausgewählten Passagieren, sind diese plötzlich gar nicht mehr so schnell und schnell wieder weg, vielmehr sind sie gemeinsam mit mir unterwegs und haben ein ähnliches Tempo. Das Feld ist nun auch nicht mehr überall, sondern klar eingegrenzt nur da, wo die begleiteten Forschungssubjekte unterwegs sind.

Währenddessen und anschließend habe ich die mit mir reisenden Passagiere interviewt und aus dem erhobenen Material Fallstudien entwickelt, die die Sinn-, Denk- und Handlungszusammenhänge in Bezug auf das aeromobile Unterwegssein darstellen. Jeder Passagier besitzt nämlich aufgrund seiner biografischen Entwicklung ein subjektives Deutungsspektrum mit persönlichen Erzählsträngen und -mustern zu dieser Art der Fortbewegung, also ein spezifisches mentales Konzept vom Fliegen, nach dem er oder sie handelt. Letztendlich bewegt sich jeder Flugzeugpassagier deshalb in einer persönlichen Airworld – und diese gilt es zu verstehen und sichtbar zu machen.

Der forschende Blick sollte sich allerdings nicht auf die einzelne Reise beschränken, er muss vielmehr „den Kontext, in dem Menschen-, Güter- und Informationsbewegungen in globalen Zusammenhängen stehen" (Rolshoven 2014: 20) miterfassen, Augé nennt dieses Fokussieren auf mindestens zwei Räume „methodologisches Schielen" (Augé 1994: 138). „Geschlecht, sozialer und kultureller Hintergrund" (Rolshoven 2014: 21), „Reisevorstellungen und imaginäre Reisen gehören ebenso dazu wie technische Dispositive – Verkehr, gesellschaftliche und staatliche Einrichtungen – und Körperpraktiken" (ebd.: 20). Interessant ist nämlich nicht der mehr oder weniger spektakuläre Einzelfall, sondern eine Verortung der vorgestellten aeromobilen Fallstudien im komplexen Airworld-Geflecht, die Übertragbarkeit der hinter der Fallstudie stehenden Prinzipien sowie der kulturanalytische Nutzen des Materials.

Lediglich *angelehnt* an Kevin Lynchs Wahrnehmungsspaziergänge waren die Wahrnehmungsflüge, da ich zwar mit meinen Interviewpartnern über ihre Sinneseindrücke während des Fliegens sprach und in den begleitenden Interviews auch das jeweilige Raumverhalten thematisiert wurde, aber anders als bei einem gemeinsamen Stadtspaziergang mit dem Fokus auf der Orientierung im Außenraum (wie es bei Lynch im Zentrum des Interesses stand) kann die Außenwelt aus dem Flugzeug heraus kaum wahrgenommen und in einer kognitiven Landkarte visualisiert werden. Es bleibt zu untersuchen, ob in Bezug auf Orientierung und Verortung deshalb das Innere der Kabine eine größere Rolle spielt als der Außenraum.

Die Personen, die ich begleiten wollte, wählte ich im Vorfeld aus (siehe 3.2 ‚Die Tücken des Feldes'). Wen ich für mein Sample geeignet hielt, entwickelte sich aus meiner Feldforschungsarbeit am Hamburger Flughafen und den Themen und Personen, die mir dort begegnet waren. Manche Personen habe ich kontaktiert, weil ich bei meiner Recherche auf sie gestoßen war, andere haben wiederum Kontakt zu mir aufgenommen. Manche habe ich früh, einfach und schnell gefunden, andere später und schwie-

---

40 Im Falle der Rentnerin mit Flugangst war lediglich eine Exkursion zum Hamburger Flughafen möglich.

riger. Es handelt sich bei den von mir letztendlich Ausgewählten um Personen, die dank ihrer besonderen Zugänge zum Fliegen gute ‚Sensoren' darstellen, um bestimmte Teilaspekte des Themas ‚aeromobiles Unterwegssein' sichtbar zu machen.

Das mehrere Stunden andauernde gemeinsamen Reisen, obwohl Beforschte und Forscherin sich vorher nicht oder kaum kannten, stellte eine besondere Herausforderung dar. Die Bandbreite des Umgangs mit dieser Situation von Seiten der Begleiteten reichte von der sehr starken emotionalen Öffnung bis hin zum Vergessen, dass ich auf dem Nachbarsitz saß. Außerdem stellte sich mir bei einer Person die Herausforderung eines ‚Research up'[41].

Das Sample ist bewusst heterogen gehalten: die Interviewpartner sind im Fliegen verschieden geübt, manche reisen zum Flughafen von weiter her an, manche wohnen nur ein paar U-Bahn-Stationen entfernt, manche sind älter, andere jünger, sie sind weiblich und männlich und sie wohnen in der Großstadt genauso wie in der Peripherie Hamburgs. Das Fliegen ist in ihren Biografien auf sehr unterschiedliche Weise präsent und seine Bedeutung ist verschieden ausgeprägt, auch abhängig von Alter, Geschlecht und Beruf der begleiteten Personen.

Sicherlich wurden die Interviewten auch „vor dem Hintergrund bestimmter Erwartungen ausgewählt" (Herlyn 2008: 42), die sich aus ihrer Biografie oder sonstigen vorher vorhandenen Informationen ergaben und ergiebige Gespräche erhoffen ließen – „auch diese Vorannahmen sind in die Gestaltung der Interviews mit eingeflossen" (ebd.).

Die Auswahl des Samples kann natürlich nur einen kleinen Ausschnitt aus der Airworld zeigen, die Interviewpartner stammen beispielsweise alle aus Deutschland und die begleiteten Flüge führen, wie bereits erwähnt, aus organisatorischen und finanziellen Gründen nicht über Europa hinaus. Es bleibt also Raum für weitere Forschungen.

Zu dem von mir erhobenen Material gehören neben Zeitungsartikeln, Feldforschungstagebüchern und den Interviews mit den Wahrnehmungsfliegern auch Interviews mit Experten aus dem Luftfahrtbereich und informelle Gespräche mit Passagieren und Flughafenpersonal. Während die Gespräche mit den Wahrnehmungsfliegern auf der Reise stärker dialogisch angelegt waren und damit eher zu einer gemeinsam vollzogenen Reise passten, lassen sich die Interviews vor und nach den Flügen eher als „leitfadenorientierte Interviews" (Schmidt-Lauber 2001: 176) beschreiben, denn die Grundlage bildete ein „Gesprächsleitfaden" (ebd.), der auf die persönliche Situation der Fliegenden ausgerichtet war. Die Dauer der leitfadenorientierten Interviews variierte zwischen einer und drei Stunden.

Um den Forschungsprozess zu reflektieren, erstellte ich zu allen Interviews kurze Protokolle, in denen die soziografischen Daten der Interviewpartner, die Interviewsituation, die Stimmung und sonstige subjektive Eindrücke oder Besonderheiten direkt nach dem Interview festgehalten wurden (vgl. Herlyn 2008: 44).

---

41 ‚Research up' bezeichnet eine soziale oder ökonomische Asymmetrie im Forscher-Beforschter-Verhältnis (vgl. hierzu auch Kaschuba 1999: 202ff. und Warneken, Wittel 1997: 1ff.).

Die Interviews fanden zu Hause bei den Interviewten, an ihrem Arbeitsplatz, am Flughafen, während des Fluges und in verschiedenen Cafés statt und wurden alle mit einem Tonaufnahmegerät aufgenommen und anschließend transkribiert.[42]

3.4 Theoretische Helfer

Eine Auseinandersetzung mit ‚Grounded Theory', ‚Dichter Beschreibung' und ‚Multi-Sited Ethnography'

Als Anleitung und Begleitung meines Forschungsprozesses diente mir die **Grounded Theory** nach Glaser, Strauss (2010): Um die Bedeutungen eines Feldes zu verstehen und zu übergeordneten Theorien zu kommen, denkt sie Erhebung, Auswertung und weitere Forschungsplanung zusammen und über das theoretische Sampling, die komparative Analyse und das Codierparadigma (alle Phasen folgen zirkulär aufeinander) wird das Material nicht nur systematisch erhoben, sondern führt im Laufe seiner Auswertung zu Theorien, die der jeweiligen Logik eines Falles mit all seinen Aspekten und Nebenaspekten gerecht wird.

Allerdings beschäftigt sich die Grounded Theory ausschließlich mit *Handlungen und Interaktionen* von Akteuren (denn diese sind immer auf bestimmte Phänomene gerichtet, die über die entwickelte Theorie am Ende der Forschung verstanden werden können). Das bedeutet aber auch, dass nur das Beobachtbare behandelt werden kann. Und selbst, wenn nicht Sichtbares wie zum Beispiel Ängste in Bezug auf das Fliegen oft mit Handlungen verknüpft sind, besteht doch die Gefahr, dass wichtige Aspekte des aeromobilen Unterwegsseins verloren gehen könnten, zumal die Grounded Theory im Hier und Jetzt bleibt und all die historischen Einschreibungen, die beim Fliegen eine so große Rolle spielen, nicht berücksichtigt werden. Auch die Modi des Erzählens (also nicht nur, *was* gesagt wird, sondern auch *wie* es gesagt wird) spielen hier eine untergeordnete Rolle. Zudem geht es mir nicht in erster Linie um einen Vergleich zwischen meinen Fallstudien, da jeder Fall für sich steht – die Grounded Theory kommt jedoch vor allem über die „komparative Analyse" zu belastbaren Ergebnissen (Glaser, Strauss 2010: 19).

Da es mir außerdem um eine adäquate Beschreibung des ‚aeromobilen Unterwegsseins' mit all seinen Praktiken, Diskursen, Narrativen und Wertvorstellungen geht, diente mir außerdem die **Dichte Beschreibung** nach Clifford Geertz – die man sowohl als eine „Vorgehensweise bzw. ‚Methode' während der Feldforschung" (Rudolph 1992: 39), als eine „‚Phase' der Auswertung" (ebd.: 40) oder auch als eine „Darstellungsstra-

42 Kürzungen in den zitierten Transkriptionen sind durch drei Punkte (…) gekennzeichnet. Eckige Klammern [ ] zeigen an, dass hier eine nicht-sprachliche Äußerung oder Erklärung steht. Sprachliche Betonungen sind durch Unterstreichungen oder Leerzeichen zwischen den einzelnen Buchstaben angedeutet. Im Interview wiedergegebene wörtliche Rede ist mit einem einfachen Anführungszeichen (‚ ') markiert. Der Name der Interviewerin wird mit den Initialen KBS abgekürzt, die Namen der Interviewten mit dem Anfangsbuchstaben des Vornamens.

tegie" (ebd.) verstehen kann – als Basis dieser Forschung. So versuche ich zu Bedeutungs- und Sinnsystemen sowie Vorstellungsstrukturen zu gelangen, die Grundlage für das Handeln von Personen sind (vgl. Geertz 1983: 15).

Allerdings ist die Dichte Beschreibung „weniger auf Individuen und deren ‚subjektiv gemeinten Sinn', als vielmehr auf soziale Gruppen und den für sie geltenden intersubjektiven Sinn" (Rudolph 1992: 48) bezogen.

Damit steckt auch in ihr ein hegemoniales Konzept (über Geertz' berühmten Hahnenkampf wird zum Beispiel auf die gesamte balinesische Kultur geschlossen), das der ‚Ethnien-Insel im Kopf' geschuldet ist und zum aeromobilen Unterwegssein nicht ganz passen will.

Um bewegten Themen und Feldern in einer globalisierten Welt gerecht zu werden, entwickelte George Marcus 1995 die **Multi-Sited Ethnography**, gleichzeitig Methode und Theorie und eine Form der empirischen Feldforschung, die „translokale Lebensformen und transnationale Verflechtungen" (Schmidt-Lauber 2009: 240) untersuchbar machen sollte. Ansatz der Multi-Sited Ethnography ist es, Menschen, Dingen, Metaphern und Symbolen, Biografien, Erzählungen oder Konflikten durch Raum und Zeit zu folgen (Marcus 1995: 106ff.), um so „Vernetzungen, Bewegungen und Bezüge zwischen teils auch weit auseinandeliegenden Räumen und Phänomenen" (Schmidt-Lauber 2009: 242) aufzuspüren und Menschen „in unterschiedlichen Realitäten und auf verschiedenen Bühnen" (Lauser 2005: 5) darstellen zu können. Dabei legt die Multi-Sited Ethnography den Fokus auf Dynamiken, Wege und Verbindungen (Marcus 1995: 105ff.), anstatt auf die Knotenpunkte einer Forschung. Grundsätzlich geht es also darum, mit „Flüchtigkeit und Instabilität kultureller Formen" (Welz 2009: 206) umzugehen. Der Kulturbegriff, der der Multi-Sited Ethnography zugrunde liegt, geht deshalb auch von einem offenen und dynamischen Verständnis von Kultur aus. Kultur ist hier kein homogenes „Gebilde, das territorial definiert und von anderen Kulturen räumlich abgeschlossen" ist (Schmidt-Lauber 2009: 239, zitiert Lindner 2001 / 2003).

Auch diese Forschung zum aeromobilen Unterwegssein kann als Multi-Sited Ethnography aufgebaut werden, da nicht an einem Ort geforscht wird, sondern auf der luftigen Verbindungslinie zwischen mehreren Orten. Dabei bewege ich mich einmal auf den Spuren der Personen, die diese Verbindungslinie aus bestimmten Gründen und in einer bestimmten Art und Weise entstehen lassen, aber auch auf den Spuren des Dings, also des Artefaktes ‚Flugzeug', das sich von hier nach da bewegt, auf den Spuren der Geschichten (oder der Konflikte), die hinter der Bewegung der jeweiligen Person stecken oder den Algorithmen der Computer-Programme, die diese Bewegungen steuern. Allerdings folge ich keiner homogenen Gruppe mit eigener Geschichte (der Gedanke von einer ausmachbaren Gruppe von Menschen steckt nämlich auch in dieser Methode – auch, wenn sich die Menschen nun nicht mehr an einem, sondern an vielen verschiedenen Orten aufhalten), sondern vielmehr dem Thema des Fliegens und seinen Ausprägungen in den jeweiligen Biografien.

Gisela Welz weist in Bezug auf die Multi-Sited Ethnography noch darauf hin, dass die kulturanthropologischen Forscher den Fokus sowohl darauf legen sollten, wo etwas beobachtet wird (‚site'), als auch darauf, was beobachtet wird (‚sight') (Welz 2009: 201). Dann wird die ‚Multi-*Sited* Ethnography' – die Forschungen an verschiedenen Orten betreibt – zur hochinteressanten ‚multi-*sighted* ethnography', die aus verschiedenen Perspektiven auf das Beobachtete zu schauen vermag.

Zwischen Systematik und Intuition – der Reiz einer qualitativen Forschung

Bereits bestehende theoretische Konzepte sind als Leitlinien unendlich hilfreich bei der Planung von kulturanthropologischen Studien und der Erhebung und Auswertung der Daten. Sie unterstützen dort, wo der Forscher selbst nicht weiterweiß, machen verschiedene Studien vergleichbar und inspirieren zu neuen Wegen, vor allem dort, wo sie Lücken aufweisen und zum Weiterdenken auffordern. Doch so sehr man sich auch an vorgegebene Konzepte hält und sie versucht systematisch umzusetzen – letztendlich beruhen Erhebung und Auswertung des Materials doch immer auch auf der Intuition des Forschers und vielfältigen zufälligen Elementen (Stichwort „Serendipity", siehe auch Rolf Lindner 2012 und Heinz Bude 2003: 569): Welcher Interviewpartner sagt zu, welcher sagt ab? Bei wem kommt eine ganz andere Geschichte zum Vorschein, als die, die man dort vermutet hatte? Wo bekommt der Forscher Einblicke und wo bleiben die Türen verschlossen? Durch welche Zufälle verändert sich die Fragestellung im Laufe der Forschung? Der Soziologe Heinz Bude weist deshalb ganz richtig auf Folgendes hin:

> *„Empirische Forschung erschöpft sich bei weitem nicht im Testen oder Verifizieren von Hypothesen, sondern stellt eine eigene Praxis experimentellen Theoretisierens dar, aus der sich Modelle des Erklärens und Begriffe des Verständnisses alltäglicher gesellschaftlicher Wirklichkeit ergeben" (Bude 2003: 569).*

Der Forscher muss auch deshalb „unvorhergesehene, unnormale und unspezifische Daten" (ebd.) entdecken können, „Mehrdeutigkeiten" (ebd.: 570) und „Unentscheidbarkeiten" (ebd.) ertragen, Zufälle für sich nutzen, Begrenztheiten erfassen und Getrenntes mischen. Er muss „unbeachtete soziale Sachverhalte" (ebd.) beachten und „unbedachte gesellschaftliche Zusammenhänge" (ebd.) bedenken sowie die Kunst zu Interpretieren beherrschen. Außerdem muss er den Mut haben, einfach eine Stelle herauszugreifen und sie zu interpretieren – diese Entscheidung kann ihm keiner abnehmen, ansonsten gäbe es keinen Forschungsprozess. Gerade das erscheint mir das Reizvolle an einer empirischen Forschung zu sein: Die eigentliche Forschung beginnt da, wo man mit „Methodengehorsam und Begründungsidealität" (Bude 2003: 571) nicht weiterkommt. Der Lohn sind neue Sichtweisen auf zwischenmenschliches Handeln, die Kulturanthropologen zu entwickeln vermögen und damit auch „eine andere Vorstellung des sozialen Universums" (ebd.: 569).

Die Gütekriterien einer qualitativen Forschung wie Reliabilität, Plausibilität und Validität müssen natürlich trotzdem in jedem Fall erfüllt sein.

Gültigkeit, Anwendbarkeit, Relevanz

Mikroanalytische qualitative Forschungen wie diese kommen immer nur zu kontextualistischen Erklärungen von befristeter Gültigkeit, von lokaler Anwendbarkeit und von perspektivischer Relevanz.

Denn anders als bei einer quantitativen Forschung beruht die Datengrundlage nicht auf einem repräsentativen Sample, deshalb werden „theoretische Aussagen und Verallgemeinerungen vorsichtig gehandhabt" (Herlyn 2008: 47). Trotzdem interessieren individuelle Fälle nicht (nur) in ihrer Individualität, sondern in der in ihnen erfassten Spezifik – und Ziel sind nicht allgemeine Aussagen, die auf verschiedene Fälle anwendbar sind, in qualitativen Studien sind vielmehr nur „Generalisierungen im Rahmen eines Einzelfalls" (Geertz 1983: 37) möglich.

Beim Lesen der Fallstudien sollte deshalb beachtet werden, dass die aufgeführten O-Töne die Wirklichkeit immer repräsentieren / konstituieren / inszenieren und sie dem Zuhörer vor Augen führen. Sie haben eine subjektive Perspektive, suchen „nach Erklärungen und Verständnis", rechtfertigen und werben um Zustimmung (Lucius-Hoene, Deppermann 2002: 41). Deshalb sind sie performativ und „berichten nicht nur über die Wirklichkeit, sondern stellen eine spezielle Beziehung zwischen den Interaktanten als Wirklichkeit der Interviewsituation her" (ebd.).

Interdisziplinäre Bereicherungen: das DFG-Graduiertenkolleg ‚Kunst und Technik'

Als Stipendiatin des interdisziplinären Hamburger Graduiertenkollegs ‚Kunst und Technik', einer hochschulübergreifenden Kooperation der Technischen Universität Hamburg-Harburg, der Universität Hamburg und der HafenCity Universität, stehe ich neben Kultur- und Geisteswissenschaftlern auch in Kontakt mit Architekten, Ingenieuren und Materialwissenschaftlern. Auf dieses Wissen zurückgreifen zu können, ist für die Erforschung des Unterwegsseins im Flugzeug eine große Bereicherung, da die verschiedenen Disziplinen jeweils eigene Blickrichtungen auf die Aeromobilität haben.

Dank des interdisziplinären Austausches konnte ich den durchökonomisierten Blick der Ingenieure auf die Flugzeugkabine kennen lernen, weiß nun, wie technische Vorgaben von Architekten verräumlicht werden und neue Materialien des Fliegens wie polymere Verbundwerkstoffe sind mir nicht mehr fremd.

Kulturanthropologen wie ich können den Vertretern dieser Disziplinen wiederum erklären, warum die Menschen in der Welt des Fliegens so orientierungslos sind, obwohl doch alles ausgeschildert scheint, oder was die Passagiere in der Flugzeugkabine bewegt, während sie selbst bewegt werden.

3.5 Erkenntnisleitende Forschungskategorien

Als erkenntnisleitende Forschungskategorien haben sich das ‚Unterwegssein im Dazwischen' und der Begriff der ‚Kulturtechnik' herauskristallisiert:

Unterwegs im Dazwischen

Die Anziehung, die von Augés Überlegungen zur Übermoderne ausgeht, hängt laut Stephanie Weiß unter anderem „mit dem Reiz, den Raum ‚dazwischen' zu denken und zu erforschen" (Weiß 2005: 2) zusammen. Zwischenräume sind besonders spannende Räume, weil sie als liminale Räume „zwischen den Welten" liegen – also dort, „wo die Auflösung fester Strukturen neue Freiheiten, aber auch Gefahren entstehen lässt" (Obrecht 1998: 97 über die Autobahnraststätte).

Auch der kulturanthropologisch erweiterte Blick ins Flugzeug als „Handlungs- und Erfahrungsraum" (Seidl 2009b: 104) kann höchst spannende Geschichten zutage fördern, sind in der Flugzeugkabine doch auf engstem Raum Passagiere mit unterschiedlichsten Herkünften, Zielen und Gemütszuständen vereint.

Menschen, die gleich drei Wochen Urlaub vor sich haben, sitzen neben Passagieren, die wie jede Woche zur Arbeit in eine andere Stadt fliegen; Geflüchtete, die gerade ihre Heimat für immer verlassen haben, haben Platz genommen neben Reisenden, die auf dem Rückweg vom Kurzurlaub nach Hause sind. Die „Erwartungen, Nervosität, Sehnsüchte" (Löfgren 2014: 26), die subjektiven Reiseerfahrungen und die Lernprozesse (also das „emotionale Gepäck", ebd.) sind genauso unterschiedlich wie die Inhalte der Koffer (vgl. Löfgren 2008: 333).

Die Geschichten dieser Reisenden sind für den kulturanthropologischen Forscher erhebbar, weil die Flüchtigkeit des Reisens im Flugzeug für ein paar Stunden gebannt wird – „unmerklich und ohne Innehalten, denn das Fahrzeug selbst bleibt in Bewegung" (Rolshoven 1998: 219 über das Baseler Tram). So kann sich das Sozialverhalten unserer Gesellschaft „in seiner zeitlichen und räumlichen Dimension" (ebd.) offenbaren:

> *„Es drückt sich in Worten und Gesten aus, an denen es sich wiederum ablesen und entziffern lässt. (…) Man erkennt die Gesellschaft, ihre Belange und Probleme in einer Art Vergrößerungsspiegel – der freilich, wie alle Spiegel, auch tote Winkel*[43] *aufzuweisen hat" (ebd.).*

Die Soziologin Nicola Hilti, die zu Lebenswelten multilokal Wohnender „im Spannungsfeld von Bewegung und Verankerung" promoviert hat (Hilti 2013), stellt in ihrer Dissertation die These auf, dass sich die Funktion der Reise nicht auf ein lästiges und

---

43 Im toten Winkel befinden sich im Flugzeug beispielsweise mobilitätseingeschränke Passagiere wie Rollstuhlfahrer; Menschen, die aus gesundheitlichen Gründen nicht fliegen dürfen; Menschen mit Flugangst; Menschen, die ein anderes Verkehrsmittel bevorzugen, oder Menschen, die einfach zu Hause bleiben (Anmerkung K.S.).

möglichst rasches Hinter-sich-Bringen einer bestimmten Strecke beschränkt, sondern dass „das Unterwegssein komplexe Funktionen im Übergang von einem Ort zum anderen" erfüllt (Hilti 2009: 79).

Auch für Johanna Rolshoven sind das Unterwegssein zwischen A und B und die damit verbundenen Übergangsräume wichtige und über verschiedene Themen Aufschluss gebende Zustände, die ernst genommen werden sollten (Rolshoven 2003: 9). Diesen Übergang hat Johanna Rolshoven mit dem „Dazwischen" als gewollt fluide und mehrdeutige (allerdings auch etwas vage) Analysekategorie in ihrem Aufsatz „Woanders daheim" eingeführt. Darin definiert sie „das ‚Dazwischen' als dritte Form zwischen Hier und Da", als „eigenständigen, mobilen Raum *zwischen* den Orten" (Rolshoven 2006: 184).

Wir dürfen uns das Dazwischen jedoch nicht einfach als ‚Ding' oder als ‚Strecke' vorstellen, es ist vielmehr „ein kulturdynamischer Prozess, der auf den vielfältigen Ebenen des Alltags zu Veränderungen führt" (Rolshoven 2014: 18). Für Rolshovens Interviewpartner war dieser Raum der am schwierigsten zu „artikulierende und beschreibende", denn aufgrund der Ortsbezogenheit unserer Kultur hat der mobile Raum bei uns keinen „diskursiven Status" (Rolshoven 2006: 184).

Zwei Fragen, die sich für Rolshoven aus der Forschungskategorie des Dazwischen ergeben (und die auch für diese Arbeit hilfreich sein können), sind die Fragen danach, was auf dem Weg von einem Ort zum anderen geschieht, und „welche Strategien die Menschen im Umgang mit den Anforderungen und Möglichkeiten des Unterwegsseins" entwickeln (Rolshoven 2006: 185).

Auf empirischer Ebene hat sich die Volkskundlerin Daniella Seidl in ihrer Studie zu deutschen Ferienhausbesitzern in Italien (Seidl 2009a) mit der Analysekategorie des Dazwischen auseinandergesetzt. Im Rahmen ihrer Feldforschung begleitete sie ihre Interviewpartner in beiden Lebensräumen sowie in ihrem stundenlangen Unterwegssein im automobilen Dazwischen (Seidl 2009b: 102). Dabei stellte Seidl fest, dass die Fahrten von Deutschland nach Italien „durch ritualisierte Pausen und symbolische Wegmarken gegliedert" seien, die „zugleich auch Strategien der emotionalen Annäherungen an den anderen Lebensraum" beinhalteten wie beispielsweise das Trinken des ersten Espresso an der italienischen Tankstelle (ebd.: 103).

Für Seidl ist die zurückgelegte Wegstrecke aus diesem Grund nicht nur unumgängliches Zwischendrin, sondern ein „eigenständiger Raum des ‚Unterwegs-Seins'", „der von spezifischen Erfahrungen und Handlungen geprägt ist" (ebd.) und der von den Individuen aktiv und vielfältig gestaltet wird – so, wie es auch beim Fliegen der Fall sein könnte. Das Dazwischen verbindet und überwindet genauso wie es unterbricht und trennt.

Fliegen als Kulturtechnik?

'Fliegen' ist etwas, das die Passagiere 'machen', mehr oder weniger geübt, kunstvoll oder ökonomisch, geleitet von Wissen und Erfahrungen und in Kooperation mit dem technischen Artefakt Flugzeug. Ob 'Fliegen' auch eine *Kulturtechnik* ist und was eine solche überhaupt ausmacht, möchte ich in dieser Arbeit ebenfalls untersuchen.

Doch abseits von bisher verwendeten Kulturtechnik-Konzepten muss der Begriff der Kulturtechnik für die Volkskunde / Kulturanthropologie erst einmal nutzbar gemacht werden. Denn im volkskundlich-kulturanthropologischen Kontext ist der Begriff der Kulturtechnik bisher nicht schlüssig definiert – schaut man diesbezüglich in die unzähligen Veröffentlichungen, die das Wort 'Kulturtechnik' im Titel tragen[44], findet man wenig zu einer exakteren Bestimmung.

Mit Blick auf das über das Fliegen erhobene ethnografische Material scheint eine Kulturtechnik auch mehr oder etwas anderes zu sein als es beispielsweise in Lévi Strauss' poststrukturalistischem Ansatz zum „kulinarischen Dreieck“ (Lévi-Strauss 1976: 525) in Bezug auf die Kulturtechnik der Nahrungszubereitung der Fall ist – Lévi-Strauss erkennt in der zubereiteten menschlichen Nahrung gesellschaftliche Ordnungssysteme, denn was und wie gegessen wird, hängt bei Menschen (anders als bei Tieren) von gesellschaftlichen Konventionen ab.

Auch das rein funktionell-instrumentelle und auf 'hochkulturelle' Kulturtechniken wie „Bild, Schrift und Zahl“ (Krämer, Bredekamp 2003: 18) beschränkte Verständnis von Kulturtechnik rund um das Berliner Hermann von Helmholtz-Zentrum oder der zuerst wenig auf die menschlichen Sinne gerichtete technologisch-materialistische Blick des Medientheoretikers Friedrich Kittler auf die Hervorbringungen von Kultur[45] scheinen im Hinblick auf eine 'Kulturtechnik des Fliegens' nicht weiter zu führen.

Begleitend stellen sich grundsätzliche Fragen zum Begriff der Kulturtechnik wie: Unter welchen Gegebenheiten kann ich bestimmte Handlungen überhaupt als Kulturtechniken bezeichnen? Was für ein Technikbegriff steckt in dem Begriff der Kulturtechnik? Und an was (bisher nicht Greifbares) komme ich heran, wenn ich den Kulturtechnik-Begriff für diese Forschung verwende?

Um diesen Fragen nachzugehen, schaue ich mir das aeromobile Unterwegssein der Passagiere in seinen verschiedenen Ausprägungen nun genauer an.

---

44 Hierzu zählen zum Beispiel: „Kulturtechnik Aberglaube: zwischen Aufklärung und Spiritualität; Strategien zur Rationalisierung des Zufalls“, herausgegeben von Eva Kreissl (2013), „Escape!: Computerspiele als Kulturtechnik“, herausgegeben von Christian Holtorf (2007) oder auch „Alb-Glück: zur Kulturtechnik der Naturerfahrung“ von Carmen Weith (2014).

45 Kittler arbeitet mit dem Begriff der 'Aufschreibesysteme', unter denen er auch „das Netzwerk von Techniken und Institutionen“ versteht, „die einer gegebenen Kultur die Adressierung, Speicherung und Verarbeitung relevanter Daten erlauben“ (Kittler 2003: 502). Alles, was Menschen wissen, hängt also von den jeweiligen Kulturtechniken ab, die sie nutzen. „Informationstechnik ist [nach Kittler deshalb] immer schon Strategie oder Krieg“ (ebd.: 503).

4. DIE FLUGREISENDEN

4.1 Fliegen in der ‚Übermoderne'

Marc Augés ‚Pierre Dupont': „Er genoss das Gefühl von Freiheit"

Bevor wir zu den realen Passagieren kommen, die ich auf ihren Flügen begleitet habe, möchte ich zuerst auf ihr von Marc Augé erschaffenes, fiktives Pendant ‚Pierre Dupont' zurückkommen, denn vor dieser Folie sollen die von mir erhobenen aktuellen Flugbiografien anschließend betrachtet werden. Augé wählt das Beispiel der Flugreise, da für ihn „der Raum des Reisenden" den „Archetypus des Nicht-Ortes" darstellt (Augé 1994: 103).

Der Ethnologe und der Vielflieger

Wir treffen Pierre Dupont vor einem Geldautomaten, an dem er mit seiner Kreditkarte Geld abhebt, bevor er mit dem PKW über die Autobahn zum Flughafen Charles de Gaulle fährt. Sein Aussehen und seine Kleidung werden nicht beschrieben, wir können ihn uns aber in Anbetracht des folgenden Textes als einen typischen französischen Geschäftsmann in hoher Position in den 1990er Jahren vorstellen.

Am Flughafen parkt Dupont seinen Wagen im zweiten Untergeschoss (Reihe J), steckt den Parkschein in die Brieftasche und eilt, seinen schweren Koffer schleppend, zum Abfertigungsschalter der Air France. Sein Reiseziel ist Singapur. Mit dem Check-in wird Dupont Teil des Systems Fliegen und darf sein Reisegepäck abgeben:

> *„Erleichtert entledigte er sich seines Koffers (genau 20 Kilogramm), reichte der Dame hinter dem Schalter sein Ticket und fragte, ob er einen Platz neben dem Gang im Raucherabteil haben könne. Nach einem Blick auf ihren Computer bestätigte sie dies wortlos mit einem Kopfnicken, dann reichte sie ihm lächelnd das Ticket und die Bordkarte. ‚Einstieg um achtzehn Uhr, Flugsteig B', fügte sie hinzu." (Augé 1994: 8).*

Die Frage nach einem Gangplatz im Raucherabteil ist der einzige Satz, den Dupont während seiner Flugreise in Augés Text sprechen wird. Sprache ist von nun an bis zum Verlassen der Airworld überflüssig. Abläufe und erwünschte Verhaltensweisen werden durch Gesten, bauliche Vorrichtungen, Texte und Piktogramme kommuniziert.

Orte und Nicht-Orte

Den klassischen anthropologischen Ort – Augé nennt beispielsweise den Marktplatz einer französischen Kleinstadt – beschreibt Augé im Gegensatz zum Nicht-Ort als „identitätsstiftend, relational / beziehungsstiftend und historisch" (Weiß 2005: 27) sowie durch die dort lebenden Menschen bestimmt, deren Regeln in den Raum inskribiert sind (Augé 1994: 53).

Nicht-Orte hingegen besitzen laut Augé keine Identität, bringen nichts Soziales hervor und funktionieren vor allem über nichtmenschliche Vermittlung wie die eben erwähnten Texte und Piktogramme. Wie auch Flugzeug und Flughafen bestehen Nicht-Orte meist aus vorab zweckbestimmten Transiträumen, die eine „solitäre Verträglichkeit" (ebd.: 111) schaffen – über Worte, Texte, Bilder, Codes, die „dem unmittelbaren Gebrauch dienen und in keinerlei Hinsicht Symbole" sind (Augé 1997 nach Weiß 2005: 31). Nicht-Orte sind laut Augé „das Maß unserer Zeit" (Augé 1994: 94):

> *„Ein Maß, das sich quantifizieren lässt und das man nehmen könnte, indem man – mit gewissen Umrechnungen zwischen Fläche, Volumen und Abstand – die Summe bildete aus den Flugstrecken, den Bahnlinien und den Autobahnen, den mobilen Behausungen, die man als ‚Verkehrsmittel' bezeichnet (Flugzeuge, Eisenbahnen, Automobile), den Flughäfen, Bahnhöfen und Raumstationen, den großen Hotelketten, den Freizeitparks, den Einkaufszentren und schließlich dem komplizierten Gewirr der verkabelten oder drahtlosen Netze" (Augé 1994: 94).*

Die Individuen, die die Nicht-Orte bevölkern, seien einander gleichgültig, Begegnungen verliefen anonym und flüchtig, der einzelne Mensch mit seiner Identität sei genauso austauschbar wie der Ort an sich und es herrsche eine Atmosphäre der Einsamkeit von Vielen (siehe auch Kapitel 1.2 ‚Im Flugzeug auf den Spuren von Marc Augé').

Nur wenn die Nicht-Orte betreten oder verlassen würden, würde Identität relevant, beispielsweise bei einer Grenzkontrolle (ebd.: 121). Innerhalb der ‚Nicht-Orte' komme es dafür zu Homogenisierungstendenzen, denn „der Raum des Nicht-Ortes schafft keine besondere Identität und keine besondere Relation, sondern Einsamkeit und Ähnlichkeit" (ebd.). Der Zweck des Aufenthaltes von Menschen an einem Nicht-Ort sei außerdem meist vorher festgelegt – das Flugzeug soll beispielsweise den Passagier von A nach B transportieren und nur deshalb sucht der Passagier diesen Ort auf.

Jeder Nicht-Ort sei allerdings auch durch die Kennzeichen anthropologischer Orte definiert, denn kein Ort ist entweder das eine oder das andere, es handele sich immer um „fliehende Pole" (ebd.: 94). So kann auch der Flughafen dem Obdachlosen, der dort jede Nacht auf einer Bank schläft oder dem dort angestellten Mitarbeiter, der Tag für Tag hinter dem Schalter steht, zum ‚Ort' mit Geschichte und Relationen werden.

Die breite Masse an Lesern fasziniert Augés Konzept der Übermoderne bis heute vor allem deshalb, weil es einleuchtende Erklärungen dafür liefert, warum wir uns an Orten wie Spielhallen, Flughafenterminals, Shopping-Center oder Linienbussen tatsächlich anders fühlen und andere Erfahrungen machen als beim Gang durch das heimische Stadtviertel oder über den Marktplatz (vgl. Lenhard 2005: 163).

Unschuld nachweisen, Anonymität gewinnen

Für Pierre Dupont ist der Flughafen jedoch ein reiner Übergangsraum, der durchquert und passiert werden will. Bevor er in der Anonymität dieses Transitraumes verschwinden kann, muss er an der Zollkontrolle noch ein letztes Mal seine Identität bestätigen, um seine „Unschuld nachzuweisen“ (Auge 1994: 120), erst dann gewähren die Flughafenangestellten ihm Zutritt zum sensiblen Teil des Flughafens:

> *„Er brachte die Zollkontrolle gleich hinter sich, um sich noch kurz im Duty Free Shop umzusehen. Er kaufte eine Flasche Cognac (als Präsent für seine asiatischen Gastgeber) und eine Kiste Zigarren (für seinen eigenen Gebrauch). An der Kasse zahlte er mit seiner Kreditkarte. Eine Weile betrachtete er die luxuriösen Auslagen in den Schaufenstern – Schmuck, Kleidung, Parfüms –, dann betrat er eine Buchhandlung, blätterte ein paar Magazine durch, entschied sich schließlich für ein Taschenbuch aus der Abteilung Reise, Action, Krimi und setzte seinen Spaziergang ohne Hast fort“ (ebd.: 8).*

Das Vorzeigen des Personalausweises an der Zollkontrolle und die Prüfung durch die Grenzpolizisten ist Teil des Vertragsverhältnisses, das der Nutzer eines Nicht-Ortes „mit diesem (oder mit den Mächten, die ihn beherrschen)“ (Augé 1994: 119) geschlossen hat und das sich in dem auf seinen Namen ausgestellten Flugticket manifestiert:

> *„Der Passagier gewinnt seine Anonymität also erst, nachdem er seine Identität bewiesen und den Vertrag gewissermaßen gegengezeichnet hat (…) Keine Individualisierung (kein Recht auf Anonymität) ohne Identitätskontrolle“ (ebd.: 120).*

Im steuerfreien Raum

Das „Gewicht seines Gepäcks“ (ebd.: 19) und die „Last seines Alltages“ (ebd.) sind von Dupont abgefallen, als er sich auf den Weg zum Duty Free Shop macht. Er betritt nun den steuerfreien Raum, allerdings „weniger um dort zu günstigen Preisen einzukaufen als vielmehr um die Realität dieser Disponibilität des Augenblickes und seiner eigenen unbestreitbaren Qualität als Passagier vor dem Abflug zu erfahren“ (Augé 1994: 19).

Wie viele Nicht-Orte steht auch der Flughafen „in Verbindung mit gehobenem Konsum“ (Weiß 2005: 56) und wer nicht konsumieren kann oder will, dem wird der Aufenthalt verweigert. Es geht an Nicht-Orten also auch immer um Fragen von In- und Exklusion. In diesem Fall hat der ‚Prototyp Dupont‘, der sich wahrscheinlich im Anzug und mit dem Business Class-Ticket in der Hand deutlich sichtbar als perfekter Nutzer ausweist, keine Zugangsprobleme.

Die Kreditkarte ist das Medium, mit dem die Bewohner der Übermoderne orts- und währungsübergreifend Dienstleistungen in Anspruch nehmen und Waren konsumieren können. Sie dient Augé in diesem Text als Symbol des globalen Konsums.

Heterotopien

Dass die Waren in den Läden am Flughafen (und im Flugzeug) steuerfrei angeboten werden, ist ein erstes Indiz dafür, dass Flughafen und Flugzeug in gewisser Weise ‚außerhalb der Ordnung‘ angesiedelt sein könnten. In diesem Sinne können sie – und diesen Vergleich zieht auch Marc Augé (Augé 1994: 131) – nach Michel Foucaults Raumkonzept der „Krisen-, Abweichungs- und Illusionsorte“ (Gerling 2007: 66) als ‚Heterotopien‘ verstanden und untersucht werden, also

„gewissermaßen [als] Orte außerhalb aller Orte, wiewohl sie tatsächlich geortet werden können (...), die die sonderbare Eigenschaft haben, sich auf alle anderen Platzierungen zu beziehen, aber so, dass sie die von diesen bezeichneten oder reflektierenden Verhältnisse suspendieren, neutralisieren oder umkehren" (Foucault 1990: 39).

Weil sie nur temporär genutzt werden, funktionieren diese Orte „über ein System der Öffnung und Abschließung" (Foucault ebd.: 44) sowie über Rituale und Bräuche – auch ins Flugzeug hinein geht es durch Räume mit Schleusenfunktion wie zum Beispiel die Sicherheitskontrolle, die Passkontrolle, das Gate oder die Fluggastbrücke.

Als „Heterotopie schlechthin / par exellence" bezeichnet Foucault übrigens das Schiff, das (genau wie das Flugzeug auch) „ein schaukelndes Stück Raum ist, ein Ort ohne Ort, der aus sich selber lebt, der in sich geschlossen ist und gleichzeitig dem Unendlichen des Meeres ausgeliefert ist" (ebd.: 46).

Auf das Flugzeug als Heterotopie werde ich in Kapitel 6.4 ‚Vom Leitbild der Moderne zur alltäglichen Selbstverständlichkeit' näher eingehen.

Liminale Räume

Arnold von Gennep und Victor Turner haben ganz Ähnliches für „liminale Räume" definiert: In liminalen Räumen verkehre sich die Ordnung im Wechselspiel zwischen „Struktur und Antistruktur"' und „das Eigentliche einer Gesellschaft" offenbare sich (Turner [2000] nach Rolshoven 2000: 110). In liminalen Phasen besäßen die Individuen weder Eigenschaften ihres vorherigen Zustandes noch welche des zukünftigen – sie befinden sich in einem Schwellenzustand. Vielleicht auch deshalb werden liminalen Räumen sogar magisch-religiöse Eigenschaften mit „sakraler und gleichsam heilender Bedeutung" zugeschrieben (Weiß 2005: 88).

Nachdem sich die Menschen in liminalen Räumen aufgehalten haben, können sie durchaus „wieder in ihre Ordnung zurück[kehren] oder aber Neues entwickeln im Sinne einer transformativen Nutzung" (ebd.: 20). Liminale Räume sind also in der Gesellschaft verankert und gleichzeitig „eine Art Gegenentwurf und zugleich Experimentier- oder Spielfeld für neue kulturelle und soziale Formen" (Bormann 2001: 300).

Zu fragen ist deshalb: Kann man diese Konzepte auf das Flugzeug übertragen? Wird auch im Flugzeug die implizite Ordnung der Gesellschaft sichtbar und kommen der Flugreise über den reinen Transport hinaus weitere Bedeutungen zu?

Abenteuer vs. Ökonomisierung

Zurück zu Dupont, der sich nun ohne Hast durch den Flughafen bewegt und die verbleibende Zeit bis zu seinem Abflug sogar zu schätzen scheint:

„Er genoss das Gefühl von Freiheit, das er empfand, weil er sich seines Gepäcks entledigt hatte, aber vor allem, weil er jetzt nur noch der Dinge zu harren brauchte, die ganz ohne sein Zutun geschehen würden, nachdem er seine Bordkarte eingesteckt und die Zollformalitäten hinter sich gebracht hatte. ‚Auf geht's.' Herrschte nicht

an solchen Orten, an denen sich tausende von individuellen Reisewegen kreuzten, noch etwas von dem ungreifbaren Charme der ungenutzten Flächen und der offenen Baustellen, der Bahnhöfe und Wartesäle, in denen die Schritte sich verlieren, all dieser Orte zufälliger Begegnung, an denen man noch flüchtig die Möglichkeit von Abenteuer spürt, das Gefühl, dass man die Dinge nur ‚kommen lassen' muss?" (Augé 1994: 8f.).

Abschnitte wie dieser zeigen, dass Augé die Orte der Übermoderne „nicht von vornherein als verloren, identitätslos und trist interpretiert" (Weiß 2005: 86), wie es ihm oft von seinen Kritikern vorgeworfen wird. Stattdessen weist er hin auf „das Gefühl der Freiheit", das der Reisende hier verspürt, auf den „ungreifbaren Charme" der „ungenutzten Flächen", die Chance auf Abenteuer oder die Möglichkeit zufälliger Begegnungen mit anderen Reisenden – allerdings mit der Einschränkung, dass man „die Dinge" „nur kommen" lassen müsse.

Im Verlauf von Duponts Reise ergeben sich dann allerdings weder Begegnungen mit anderen Passagieren noch geschehen unverhoffte Abenteuer. Stattdessen startet der ökonomisierte Boardingvorgang, bei dem sich die Menschen vor Duponts Augen von individuellen Reisenden in X, Y und Z verwandeln. In diesem Moment tauchen das erste Mal in Augés Beschreibung – abgesehen von der Check-in-Mitarbeiterin – überhaupt andere Menschen auf (zuvor wirkte der Flughafen menschenleer und Dupont bewegte sich quasi als Solitär isoliert, ungebunden und eigenlogisch handelnd):

„Der Einstieg verlief problemlos. Die Passagiere, deren Bordkarte ein Z trug, wurden gebeten, als letzte einzusteigen, und mit einem gewissen Amüsement beobachtete er, wie am Ausgang des Flugsteigs ein Gedränge unter den X und den Y entstand." (Augé 1994: 9)

Der ‚Z-Dupont' ist von dem Gedränge nicht betroffen, als Business-Class-Reisender genießt er das Privileg des späteren Einstiegs und kann es sich dann in Ruhe in der Kabine gemütlich machen – die Welt des Fliegens wird ihm als Business-Class-Reisenden so angenehm wie möglich gemacht.

Dupont ist nun angekommen in einem der Verkehrsmittel, die sich zu den „beweglichen Behausungen" (ebd.: 93) der Übermoderne entwickelt haben. Hier herrschen laut Augé die Realitäten des Transits und die „einsame Individualität" (ebd.)[46].

„Während er auf den Start der Maschine und das Austeilen der Zeitungen wartete, blätterte er im Magazin der Fluggesellschaft und verfolgte mit dem Finger die mögliche Flugroute: Heraklion, Larnaka, Beirut, Dahran, Dubai, Bombay, Bangkok – mehr als neuntausend Kilometer in wenigen Sekunden und ein paar Namen, die von Zeit zu Zeit in den Nachrichten von sich reden machten. Er warf einen Blick auf die Preisliste der steuerfrei angebotenen Waren (duty free price list), nahm erfreut zur Kenntnis, dass auf Langstreckenflügen Kreditkarten akzeptiert wurden,

46 In diesem Vorwort kommen Automobil und Flugzeug noch vor, anders als angekündigt beschäftigt sich Augé später jedoch statt mit mobilen Räumen wie „Flugzeugen, Eisenbahnen, Automobilen" (Augé 1994: 94) vor allem mit statischen Transitorten wie Bahnhöfen oder Flughäfen.

las mit Befriedigung von den Vorzügen der Business Class, an denen er dank der klugen Großzügigkeit seiner Firma teilhaben konnte" (ebd.: 9).

Über die Landkarte mit der Flugroute versucht Dupont Verbindungen herzustellen zwischen dem Nicht-Ort in der Luft und den anthropologischen Orten am Boden. Heraklion, Larnaka, Beirut, Dahran, Dubai, Bombay, Bangkok: Die Städte, die sich zu seiner Flugroute verbinden, fühlen sich vertraut an, obwohl Dupont die meisten nur aus Fernsehreportagen oder Zeitungsberichten kennt – das ‚Übermaß an Raum' macht sich hier konkret bemerkbar. Auch an dieser Stelle bietet sich ein Vergleich mit Michel Foucault an, der von der Zeit der Übermoderne als der „Epoche des Raumes" spricht, „der Epoche des Simultanen", „der Epoche der Juxtapositionen" und „der Epoche des Nahen und des Fernen, des Nebeneinander, des Auseinander", in denen Raum und Zeitstrukturen aufgehoben scheinen (Foucault 1990: 34).

Obwohl die Welt am Boden nach dem Abheben der Maschine bald zehn Kilometer unter Pierre Dupont liegt, hat sie weiterhin Einfluss auf das Innere der Kabine. Die anthropologischen Orte strahlen auch über die große Entfernung hinweg auf den Nicht-Ort in der Luft aus:

> *„Wenn ein Flugzeug auf einem Fernflug saudi-arabisches Territorium überquert, verkündet die Stewardess, dass der Konsum von Alkohol für die Zeit des Überfluges untersagt ist. Hier zeigt sich, wie das Territorium in den Raum eindringt. Boden = Gesellschaft = Nation = Kultur = Religion: Die Gleichung des anthropologischen Ortes findet ihre flüchtige Niederschrift im Raum. Befindet man sich dann wenig später wieder im Nicht-Ort des Raumes und ist dem totalitären Zwang des Ortes entgangen, so gewinnt man etwas wieder, das der Freiheit ähnelt" (Augé 1994: 137).*

Hier wirkt es fast so, als würde Augé dem „Nicht-Ort des Raumes" den Vorzug geben, denn anders als der anthropologische Ort sei er nicht mit „totalitärem Zwang" verbunden, sondern mit etwas, „das der Freiheit ähnelt" (ebd.). Kennt man die folgenden Ausführungen, ist jedoch klar, dass Augé hier schon anlegt, dass es sich nicht um ‚echte Freiheit' handelt, sondern eben nur um etwas, „das der Freiheit ähnelt". Denn was sich anfühlt wie Freiheit ist erkauft durch massive Beschränkungen, die Preisgabe der eigenen Identität sowie die flächendeckende Überwachung, also den ‚totalitären Zwang des Nicht-Ortes'.

Dupont blättert weiter durch die Bordzeitschrift und findet die perfekte Analogie (sein Raumbedürfnis im Flugzeug betreffend) in einer Anzeige für ein Renault-Modell mit dem passenden Namen ‚Espace' (französisch für ‚Raum'):

> *„Dann stieß er auf die Reklame für einen Wagen, der denselben Namen trug wie sein Sitz: Renault Espace: ‚Eines Tages bildet sich das Bedürfnis nach Raum ... Erst überrascht es uns. Dann lässt es uns nicht mehr los. Der unwiderstehliche Wunsch, einen Raum ganz für uns zu haben. Einen beweglichen Raum, der uns mit sich fortnimmt. Alles wäre zur Hand, wir bräuchten nichts zu entbehren ...' Etwa so wie im Flugzeug. ‚Der Raum ist bereits da ... Wir waren noch nie so gut am Boden wie im Espace', scherzte die Anzeige zum Abschluss." (Augé 1994: 10).*

Augé vergleicht hier das Flugzeug mit der Großraumlimousine, beides seien bewegliche Räume, die wir ganz für uns haben und in denen die Nutzer nichts zu entbehren bräuchten.

Dieser Vergleich erstaunt, denn lediglich die Innenreinrichtung der First Class vermag heutzutage tatsächlich die Anmutung eines ‚eigenen Raumes' zu erzeugen, Business- und Economy-Class-Passagiere hingegen teilen sich die Kabine mit hunderten anderen Passagieren und akuter Platzmangel ist hier eher an der Tagesordnung als ausreichend Raum. Es mag aber sein, dass es in der Business Class der Air France 1992 auf Langstreckenflügen noch luxuriöser zuging. Mit dem Reisealltag der meisten Passagiere hatte diese elitäre Reisesituation allerdings auch schon damals wenig zu tun.

Der Raum und der Mensch

Obwohl Augé am Ende von ‚Orte und Nicht-Orte' selbst fordert:

> *„Keine Analyse des sozialen Gefüges darf länger das Individuum verkennen, und keine Analyse des Individuums kann fortan die Räume ignorieren, durch die es sich hindurchbewegt" (ebd.: 141),*

vernachlässigt er in seiner Monografie die individuelle „Wahrnehmung der Menschen, die sich an Nicht-Orten aufhalten (müssen)" (Weiß 2005: 66). Auch mit Pierre Dupont schickt er nicht etwa ein Individuum in diese neue Welt, sondern nur einen metaphorischen ‚menschlichen Prototypen', der genauso wie die Nicht-Orte ohne Relationen und Geschichte zu existieren scheint. Hat Dupont eine Familie, die zu Hause sehnsüchtig auf ihn wartet? Sind seine Füße nach acht Stunden Langstreckenflug geschwollen und seine Haut ausgetrocknet? Was hat er im Handgepäck dabei? Wann ist er das erste Mal geflogen und hatte er dabei Angst oder Heimweh? Wir erfahren es nicht, denn Augé geht es hier um die Darstellung eines isolierten Bewohners der Übermoderne, der die totale Einsamkeit dieser Epoche verkörpert.

Dabei kann die tatsächliche Erforschung des Raumes „vom Menschen her" (Hengartner 2002: 34), wie sie auch Thomas Hengartner ganz im Sinne von Michel De Certeau vorschlägt, in einem Zeitalter, in dem sich Raum- und Zeitstrukturen durch „Globalisierung", „Beschleunigung", „Flexibilität" (ebd.: 32) verändert haben – die „Ordnung von Raum und Zeit" (ebd.: 27) sogar durcheinandergeraten zu sein scheint – die Größen ‚Raum' und ‚Zeit' kulturell und sozial erden (ebd.: 34).

Die Analyse des Raumes bezöge sich dann nicht mehr allein auf den materiell-ökonomischen und sozialen Forschungsgegenstand, sondern auch „auf die Ermittlung raum- und zeitbezogenen Handelns und Deutens, das heißt näher am Menschen, weniger an abstrakten Zeitmodellen und Raumklassifikationsschemata" (ebd.: 36).

Doch nicht nur den Menschen schenkt Augé in ‚Orte und Nicht-Orte' wenig Beachtung: Anders als in seinen früheren klassischen ethnologischen Arbeiten beschreibt Augé auch nur die oberflächlichen Aspekte der Räume des Fliegens.

„Der gebaute Raum, die Ausstattung, das Personal, die anderen Passagiere (...), die architektonische Gestaltung, ökonomische, juristische oder ordnungspolitische Rahmenbedingungen, historische Entwicklungen, die Möglichkeit zu abweichendem Verhalten und unzählige andere Gegebenheiten" (Lenhard 2005: 162)

scheinen (wie auch schon in Augés Essay über die Pariser Metro, auf das sich dieses Zitat von Lenhard bezieht) kaum eine Rolle zu spielen, obwohl auch diese Parameter – genau wie der Mensch – Ankerpunkte liefern können, um die Prinzipien der Nicht-Orte zu verstehen.

Empirie vs. Denkmodell

In den Rezensionen zur „Orte und Nicht-Orte" wird häufig kritisiert, dass Augés Perspektive zwischen der Vogelperspektive und einem an konkreten Beispielen entwickelten Ansatz wechselt. So bemerkt beispielsweise Sybille Obrecht, dass immer dann, wenn Augé sich auf ‚reale' Nicht-Orte bezieht und den Ausdruck nicht mehr nur als Denkmodell verwendet, sein Modell schnell zum „leicht handhabbaren Schlagwort mit kulturpessimistischem Flair" (Obrecht 1998: 89) mutiert, da Augé dann vor allem den „Verlust von anthropologischen Bezugssystemen in der Gegenwart" postuliert (Weiß 2005: 86).

Es ist jedoch die Frage, ob Augé seine Nicht-Ort-Charakteristika tatsächlich empirisch überprüft wissen will (vgl. ebd.: 86f.). Der Volkskundler Bernhard Tschofen ist vielmehr der Meinung, Augé fasse „den Begriff des non-lieu [...] durchaus metaphorisch" auf (Tschofen 1994: 310), genauso wie er auch Pierre Dupont mehr als eine Metapher denn als einen real existierenden Menschen einsetzt. Es geht Augé wohl vielmehr darum, auf die von bisher nicht gekannten Orten geprägte ‚neue Epoche' hinzuweisen und ein Denkmodell zu entwickeln, das dabei hilft, deren „bislang unbekannte Dimensionen zu ermessen" (Augé 1994: 83).

Deshalb denkt Augé auch in den oben erwähnten umfassenderen Kategorien und prüft Räume und Menschen in Bezug auf Abhängigkeiten von und in Wechselwirkung mit größeren Einheiten, anstatt das Augenmerk auf konkretere Merkmale der Übermoderne zu richten.

Augésche Anregungen

Trotz der zurecht kritisierten Aspekte steckt Augés Ansatz voller Anregungen für die kulturanthropologische Erforschung unserer Zeit, denn er beschäftigt sich mit dem „aktuellen Dilemma" (Tschofen 1994: 308), dass neue Möglichkeiten gefunden werden müssen, um veränderte „Konsum- und Mobilitätsgewohnheiten", „örtliche und zeitliche Andersheiten" oder „sich neu ordnende gesell(gemein?)schaftliche Bindungen" (ebd.: 310) anthropologisch fassen und verstehen zu können.

Auch in dieser Arbeit soll es deshalb nicht darum gehen, eine empirische Forschung an einem Ort der Übermoderne durchzuführen, sondern es gilt im Sinne von Augé „das Soziale zu vermessen, Größenordnungen abzuwägen und kleinteilige Vergleiche anzustellen" (Augé 1994: 19), bei Bedarf „Zwischenwelten" (ebd.) zu erkunden und darüber die „bedeutungstragende Welt" (ebd.) des Fliegens herzustellen.

Daraus folgend lassen sich diese weiterführenden Fragen für die Vermessung des Sozialen im Zeitalter der Spätmoderne am Beispiel der Airworld stellen:

- In welchem Verhältnis steht Vorgegebenes in der Airworld zu den Improvisationen und Spuren der Nutzer? Welche „Listen der Kunst des Handelns" (De Certeau nach Augé 1994: 48) ermöglichen es dem Individuum, „die Zwänge, denen die moderne und insbesondere die urbane Gesellschaft sie unterwirft, umzubiegen, zu benutzen und ihnen in einer Art alltäglicher Improvisation ihre eigenen Signale und ihre eigenen Spuren einzuprägen" (ebd.)?
- In welcher Form spielen bei der Nutzung von Nicht-Orten „Gewöhnungsgeschichte[n] und kollektive Lernprozesse" (Weiß 2005: 87) eine Rolle? Bei Pierre Dupont wirkt alles so selbstverständlich – wenn aber das Flugreisen eine Kulturtechnik wäre, müsste es gelernt und geübt werden und außerdem spielten Aneignungen und Wahrnehmungen, Sinnliches, kulturelle Prägungen, Sinnstiftungskonzepte, Imaginationen und Symbolisierungen eine tragende Rolle.
- Wie sieht es mit der kulturellen Vielstimmigkeit in der Airworld aus? Werden durch die vielen Kreuzungen der Reisewege unzähliger Passagiere aus aller Welt am Flughafen und im Flugzeug neue Formen der kulturellen Verständigung hervorgerufen? Entsteht dort überhaupt etwas, oder etwas anderes, wie Augé es vermutet?
- In Anlehnung an die Konzepte von Heterotopien und liminalen Räumen stellen sich folgende Fragen: Verkehrt sich im Flugzeug die Ordnung, wie es Turner, Gennep und Foucault für diese Schwellenräume aufzeigen? Ist das Flugreisen mit dem Übergangsritual einer ‚rite de passage' vergleichbar und hat das Flugzeug über das von ‚A-nach-B-Bringen' hinaus noch andere Bedeutungen analog zu den heilenden Eigenschaften der liminalen Räume?

Augé beendet seinen Prolog zur Flugreise des Pierre Dupont schließlich mit dem Start des Flugzeuges:

> *„Und schon hob das Flugzeug ab. Ein wenig träumerisch legte Pierre Dupont das Magazin zur Seite. Der Hinweis ‚Fasten seat belt' war erloschen. Er setzte sich die Kopfhörer auf, wählte Kanal 5 und ließ sich vom Adagio des Konzertes Nr. 1 in C-Dur von Joseph Haydn forttragen. Ein paar Stunden lang (während sie das Mittelmeer, das Rote Meer und den Golf von Bengalen überquerten) würde er nun endlich allein sein" (Augé 1994: 12).*

Augé hätte sich auch dem Leiden eines Langstreckenfliegenden widmen können, er hätte das unangenehm kühle Gebläse der Klimaanlage, das nervende Brummen der Triebwerke, den Sauerstoffmangel, der die Passagiere matt und müde macht, das letzte große Flugzeugunglück, an das alle Passagiere jetzt wieder erinnert werden, oder die große Langeweile nach den ersten paar Flugstunden thematisieren können.

Stattdessen stellt er die Befreiung des Passagiers an einem Nicht-Ort von seinen „gewohnten Bestimmungen" (Augé 1994: 120) in den Mittelpunkt seiner Ausführungen:

> *„Er ist nur noch, was er als Passagier, Kunde oder Autofahrer tut und lebt. Vielleicht gehen ihm noch die Sorgen vom Vortag oder die von morgen durch den Kopf, doch seine augenblickliche Umgebung entfernt ihn vorläufig davon" (ebd.).*

Dem Passagier ist für die Zeit des Fluges eine „provisorische Identität" (ebd.: 118f.) gegeben, bei gleichzeitig im Flugzeug herrschender „relativer Anonymität" (ebd.) – das kann, wie Augé ausführt, als Befreiung empfunden werden, „weil man sich nicht mehr an Position und Rang oder an die Vorschriften zur äußeren Erscheinung zu halten braucht" (Augé 1994: 118f.). Der Zustand ist aber auch verbunden mit großer Einsamkeit: So ist „die einzige Stimme, die Gestalt annimmt in dem schweigsamen Dialog, der sich zwischen ihm [Dupont] und der Landschaft" entspinnt (ebd.: 121) Duponts eigene, die „Stimme einer Einsamkeit, die um so verwirrender ist, als sie an die Einsamkeit von Millionen anderen gemahnt" (ebd.). Diese neue Erfahrung von Einsamkeit steht laut Augé in unmittelbarem Zusammenhang mit der Übermoderne und „dem Auftreten und der Vermehrung von Nicht-Orten" (ebd.: 110). Die Einsamkeit ist das bestimmende Element der Flugreise und sie ist das, was die Übermoderne ausmacht – also praktisch ihr Konzentrat.

Inwieweit diese These durch mein empirisches Material zu stützen ist, überprüfe ich nun, indem ich mich auf den Weg mache vom literarischen Prototypen Dupont weg und hin zu einigen Menschen, die zwischen 2010 und 2014 tatsächlich im Flugzeug unterwegs waren.

4.2 In den Urlaub fliegen

Die Urlaubsflieger-Community: *„Thanks for flying Ryanair!"*

Diese Vignette widmet sich dem touristischen Fliegen mit einem Low-cost-Carrier, da ‚Urlaub' zu den wichtigsten Gründen gehört, um in ein Flugzeug zu steigen und 2013 26,5 % aller Reisenden einen Low-cost-Carrier nutzten, um ihr Urlaubsreiseziel zu erreichen.[47]

Für diese Fallstudie habe ich ohne Verabredung mit einem bestimmten Passagier einen Flug gebucht und die Menschen unterwegs spontan angesprochen.

47 Statistica, Portal der Statistica GmbH, Umfrage zum Erreichen des Uraubsziels: 43,4 % der Urlauber nutzten den PKW und 20,8 % ein Flugzeug einer Linienfluggesellschaft für das Erreichen des Urlaubsreiseziels.

Abbildung 44: Der Airportbus A20 nach Lübeck-Blankensee

Mit dem Überlandbus zum Regionalflughafen

Mein Flug mit Ryanair, dem europäischen Marktführer im Bereich Low-cost-Carrier, startet am 3. Juli 2014 um 13.05 Uhr am Flughafen Lübeck-Blankensee (LBC) und landet etwas mehr als zwei Stunden später in Palma de Mallorca (PMI). Zum Lübecker Flughafen bringt mich von Hamburg aus der Airportbus A20, der von den Verkehrsbetrieben Hamburg-Holstein betrieben wird. Die Fahrzeit vom Zentralen Omnibus Bahnhof Hamburg zum Flughafen Lübeck dauert etwas mehr als eine Stunde und kostet 11,50 Euro für eine einfache Fahrt. Die Busse sind auf die einzelnen Lübecker Flüge getaktet und bereits mit dem Flugziel gekennzeichnet.

Das Flughafen-Bus-Konstrukt gehört zu den „Ermöglichungsstrukturen" (Färber 2011: 181) der Low-cost-Carrier-Logistik, denn die Billigairlines fliegen vor allem Regionalflughäfen an[48], die in der Nähe von Metropolen liegen, und viele Nutzer von Billigfliegern haben an Start oder Ziel kein Auto zur Verfügung.

Die polylokale Spezialistin Andrea: *„I live in six countries, so I have to fly a lot."*

Als ich dreißig Minuten vor Abfahrt des Busses an der Haltestelle am Bahnhof ankomme, wartet dort schon eine junge Frau mit knallrot gefärbten Haaren und einem engen, pinkfarbenen T-Shirt. Sie heißt Andrea, ist 25 Jahre alt und studiert seit 1,5 Jahren in Hamburg. Sie war schon eine ganze Stunde vor Abfahrt des Busses am Bahnhof, weil sie Angst hatte, den Bus (und damit auch den einzigen Lübecker Flug in dieser Woche nach Mallorca) zu verpassen.

48 Mittlerweile hat sich dieses Konzept – zumindest bei Ryanair – ein wenig geändert und es werden auch Metropolen direkt angeflogen.

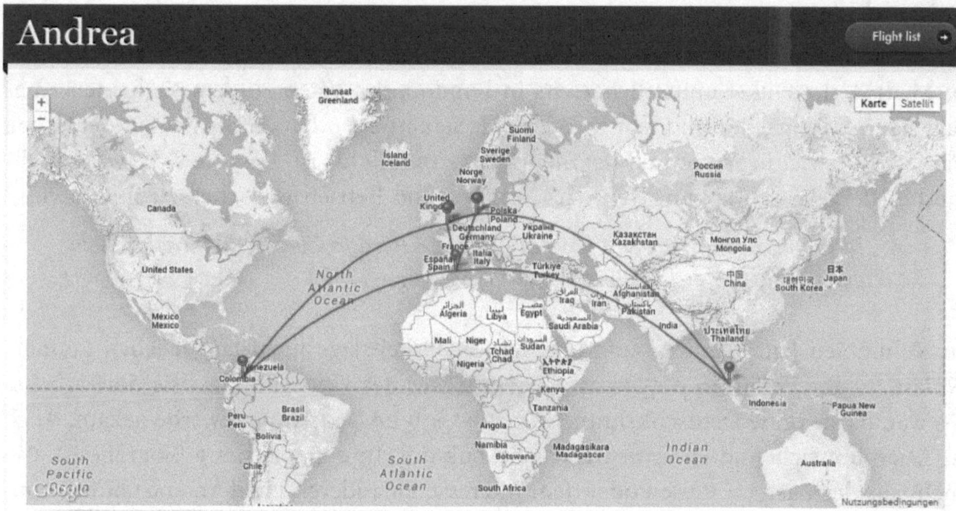

Abbildung 45: Flightdiary von Andrea

Andreas Mutter ist Kolumbianerin und arbeitet als Journalistin auf der Baleareninsel. Bis 2012 hat auch Andrea dort gelebt, dann zog sie nach Hamburg. Die nächsten sechs Wochen will Andrea sich bei ihrer Mutter auf eine Deutschprüfung vorbereiten, die sie im August in Hamburg ablegen muss.[49]

Mit Andrea begegnet mir eine (zumindest zeitweilige) Bewohnerin der Urlaubsinsel Mallorca. Sie ist jedoch genauso auf günstige Flüge angewiesen und deshalb in den gleichen Flugzeugen unterwegs wie die Touristen, für die diese Flüge einst eingerichtet wurden.

Optisch unterscheidet sich Andrea mit ihrer langen Jeans und den Unizetteln in der Hand stark von den Urlaubern in kurzen Hosen und Flip-Flops, die uns später am Flughafen begegnen werden. Außerdem liegen in Andreas 10 kg-Handgepäcks-Koffer nicht Badeanzug und Sommerkleider, sondern ausschließlich Unibücher, die sie für das Lernen in den nächsten Wochen braucht.

> *A: „I am not taking anything, only books!“*

Auch ein Getränk für den Flug hat Andrea nicht mitgenommen und als Proviant dient ihr lediglich eine Milchschnitte.

> *A: „My mother is waiting at the airport with my car and lots of food and drinks and shorts and my dogs. I am so excited to see my mum again!“*

Dass diese Reisestrategie funktioniert, liegt also an Andreas Mutter, dem Fixpunkt, der Andreas Reiseleben von der Mallorca-Seite her unterstützt und ermöglicht.

---

49 Andrea spricht und versteht kolumbianisches Spanisch, Spanisch, Katalanisch, den mallorquinischen spanischen Dialekt, Englisch und ein wenig Deutsch. Wir unterhalten uns auf Englisch und ab und zu streut Andrea ein paar Brocken Deutsch in das Gespräch ein.

Polylokal leben

Andreas kolumbianische Familie lebt in der ganzen Welt verstreut: Ihr Bruder wohnt in Madrid, ihr Onkel mütterlicherseits in London, ihr Vater, zu dem sie keinen Kontakt hat, ist Deutscher und lebt in Bielefeld. Seinetwegen hat Andrea einen deutschen Pass, der ihr viel bedeutet und der auch der Grund dafür ist, dass sie sich in Deutschland niedergelassen hat, um Deutsch zu lernen und Betriebswirtschaft zu studieren.

> *A: „I live in six countries. So I have to fly a lot. I lived in Colombia. I lived in Asia. So I have to fly so much. I don't like it. I have Angst."*

In Kolumbien hatte Andrea aufgrund der Sicherheitslage nicht länger leben können. Anlass für ihr Verlassen Mallorcas wiederum war der Umstand, dass sie dort arbeitslos war, da sie ohne Deutschkenntnisse keinen Job im Tourismusgewerbe bekam. Auch in Asien bot sich Andrea keine berufliche Zukunft. Ihre globalisierte Biografie ist also nicht aus der Lust am Reisen oder dem Interesse an anderen Ländern entstanden, sondern hat ökonomische und politische Ursprünge – ihre hohe Mobilität und ihre polylokale Lebensweise sind eine Form von „(Über-)lebensstrategie", wie es Silke Göttsch-Elten auch für Zygmunt Baumans Metaphern des Flaneurs, des Touristen und des Spielers beschreibt (Göttsch-Elten 2011: 20).

Aeromobilität ist für Andrea gleichzeitig Zumutung und Chance, da die Flüge zu ihrer Familie einerseits kosten- und zeitintensiv sind und Andrea sie als anstrengend empfindet, andererseits ermöglicht ihr das Flugzeug das polylokale Leben und ohne Low-cost Flüge könnte sie die einzelnen Familienmitglieder noch viel seltener sehen.

Andrea fühlt sich allerdings nicht ortlos wie Flaneur, Tourist und Spieler: Heimat ist für sie an Menschen und nicht an Länder oder Sprachen gekoppelt, Orte wechselt sie häufig und scheinbar mit Leichtigkeit, aber ihre Familie bleibt als fester Punkt in ihrem Leben präsent. Sie fühlt sich immer dort zu Hause, wo ihre Mutter gerade lebt. In ein paar Stunden wird Andrea deshalb auch nicht ‚Zuhause auf Mallorca' ankommen, sondern ‚Zuhause bei ihrer Mutter'.

Als Andrea von mir davon erfährt, dass die Ryanair-Flüge von Lübeck nach Mallorca ab Herbst eingestellt werden sollen (der Flughafen ist in Existenznot und Ryanair hat aufgrund fehlender Planungssicherheit seine Flüge an den Hamburger Flughafen verlegt), reagiert sie erschrocken:

> *„Oh my goodness. Von Hamburg soooo expensive!"*

Die regelmäßigen Flüge mit Ryanair stellen die einzige Verbindung zu ihrer Mutter dar und teurere Flüge wird sie sich nur schwer leisten können.

Billig buchen

Gebucht hat Andrea ihren Flug im Internet auf der Website von Ryanair, anders ist es auch gar nicht möglich, denn das Reisebüro ist wie bei allen Low-cost-Carriern nicht mehr als Dienstleister zwischen Passagier und Airline geschaltet. Für ihren Flug von

Lübeck nach Mallorca hat Andrea nur 29 Euro bezahlt, also weniger als viele reguläre Bahnfahrkarten innerhalb Deutschlands kosten.

Andrea hat für keines der Zusatzangebote von Ryanair wie zum Beispiel das Priority Boarding Geld ausgegeben, sie benötigt nur den günstigen Transfer nach Mallorca. Die Idee der Low-cost-Airlines, günstige Preise über weniger Komfort zu finanzieren, ist ganz auf ihre Bedürfnisse zugeschnitten.

Doch obwohl Andrea schon oft bei Ryanair gebucht hat, schimpft sie über den Aufbau der Website:

> *A: „They are trying to force you to rent a car. Or a hotel. They really make it hard. And they hide the travel insurance. It's not fair, they do it on purpose! And after all the booking, seven days before your flight, you have to print your boarding pass. And they ask you AGAIN about the hotel and everything. I think: ‚Ok, what happens if I click something wrong?!' But I am used to it."*

Ist der Flug gebucht, muss der Passagier ab sieben Tagen vor dem Abflug eigenständig online einchecken und die Bordkarte ausdrucken. Hat er nicht vorher eingecheckt und der Check-in muss am Flughafen erledigt werden, berechnet Ryanair zusätzliche Gebühren. Hat er eingecheckt, aber die Bordkarte nicht auf DIN A4-Papier ausgedruckt am Flughafen dabei, muss er ebenfalls eine Extragebühr zahlen, damit die Ryanair-Mitarbeiter einen neuen Ausdruck anfertigen. Während des Check-in-Vorganges muss sich der Kunde erneut durch die Ryanair-Angebote klicken und Dinge wie den Mietwagen, das Hotel oder den „originalen Ryanair Handgepäck-Koffer" ablehnen. Auch wenn Andrea mit diesen Abläufen inzwischen vertraut ist, ist die Buchung im Vergleich zu Linien-Airlines komplizierter und nimmt mehr Zeit in Anspruch.

‚Very klein-Airport'

Als wir nach einer Stunde gemeinsamer Busfahrt am Flughafen ankommen, ist der Parkplatz bis auf den letzten Platz mit dänischen und deutschen PKWs gefüllt. Den öffentlichen Bus ab Hamburg zu diesem Flug hat außer uns nur eine Handvoll spanischer Passagiere genutzt.

> *A: „The airport is very klein. Kleinster Flughafen, den ich je gesehen habe!"*,

lacht Andrea, als wir vor dem Terminalgebäude halten.

Weil der Flughafen so klein ist, fühlt Andrea sich hier im Vergleich zu anderen Flughäfen besonders sicher:

> *A: „Hier gibt es keine Terroristen. Niemand würde in the middle of nowhere einen Anschlag verüben."*

Abbildung 46: Das Terminal in LBC

Gehen

Nachdem wir aus dem Bus ausgestiegen sind, durchqueren wir den nur ein paar Meter breiten Ankunftsraum. Hinter dem Check-in, der noch in der ‚fest gebauten' Architektur des Flughafens liegt, werden wir durch die Sicherheitskontrolle in eine provisorisch wirkende (aber seit dem Beginn der Ryanair-Flüge existierende) Stahlstangen-Zelt-Konstruktion geleitet.

Der Boden besteht aus rohen Holzbohlen, auf denen die Schritte der Passagiere laut hallen und auch die Koffer rollen lauter über das Holz, als es an Flughäfen mit Fliesenbelag der Fall ist. Der Klang der Schritte ändert sich während der zurückgelegten Strecke: Im Terminal klapperten die Schuhe noch über den Steinboden, auf den Holzbohlen in der Wartehalle klingen sie hohl, auf dem Asphalt des Vorfeldes werden sie kaum zu hören sein und in der Flugzeugkabine werden sie schließlich ganz vom Bodenbelag und den Geräuschen des Flugzeuges verschluckt.

Um uns herum bewegen sich alle Passagiere zu Fuß (der elementarsten aller Fortbewegungsformen) fort. Im Flughafen Lübeck-Blankensee gibt es kaum ‚Geh-Beschleuniger' wie die sonst flughafentypischen Laufbänder, Rolltreppen oder Fahrstühle.

Flughäfen gehören zu den „Räumen des Gehens", es wird alleine gegangen, als Paar, als Familie, als Gruppe, von schwer bis leicht bepackt. Und trotzdem ist das Gehen an diesem Ort kein Spazierengehen. Wer ein Ticket hat, hat auch ein Ziel: das Flugzeug. Um dort hinein zu gelangen, werden während des Gehens Informationen generiert. Während sich die Passagiere voranbewegen, suchen ihre Augen nach wegweisenden Schildern: Wo ist der Check-in? Wo Gate 2? Das Gehen durch den Flughafen (und später auch durch die Flugzeugkabine bis zum richtigen Sitzplatz) ist auch eine visuelle Aktivität.

Wer genauer hinschaut, kann verschiedene ‚Modi' des Gehens am Flughafen ausmachen: Es gibt die schlendernden Passagiere, die bis zum Abflug noch eine Menge Zeit haben, es gibt die eilenden Passagiere, die durch den Flughafen hetzen, es gibt die bewusst gehenden Passagiere, die die Flughafenatmosphäre quasi in sich aufsaugen. Die Schritte der häufigen Nutzer des Flughafens sind zielstrebig, ihre Körper wissen, wo sie langzugehen haben. Die unsicheren Touristen, die hierhin und dahin ausschwärmen, plötzlich abbiegen oder stehenbleiben, geraten mit diesen Häufigfliegenden in Konflikt. Die Seltenflieger und Touristen ‚ergehen' sich den Raum, laufen erst falsch, erkundigen sich nach dem richtigen Weg oder finden ein Hinweisschild, strömen dann zurück – Gehen wird bei ihnen zur „raumerfahrenden und raumgestaltenden Praxis" (Tschofen 2013: 66).

Auch von Emotionen und Wissen ist die Gangart abhängig: Je nachdem wieviel der Passagier über den Flughafen und seine Routen weiß, durchschreitet er das Terminal und je nachdem, ob der Passagier traurig den Urlaubsort verlässt oder voller Freude auf das Zuhause ist, geht er auch durch den Flughafen.

Gehen, Stehen und Sitzen wechseln sich auf einer Flugreise ab: Am Flughafen wird gegangen, in der Kabine meist gesessen und an den ‚Schleusen des Gehens' Check-in, Sicherheitskontrolle oder am Boarding-Schalter wird meist gestanden und sich Schritt für Schritt vorangeschoben.

Andrea und ich laufen über den Holzboden zu unserem Gate und halten an. Hier warten bereits viele Passagiere, es herrscht eine laute und fröhliche Bierzeltatmosphäre.

In diesem provisorischen Zelt fällt besonders auf, wie groß der Unterschied zu einem klassischen Pan Am-Flug der 1960er Jahre, der am mittlerweile ikonischen TWA-Terminal des John F. Kennedy Flughafens in New York startete, geworden ist. In Lübeck ist der Billigflug auch an einen Billigflughafen gekoppelt.

Flughafen Lübeck-Blankensee: Biografie eines „Politikums"[50]

Ich werde noch häufiger auf die Flughäfen als Fixpunkte der Aeromobilität eingehen, der Flughafen Lübeck ist jedoch ein besonders gutes Beispiel dafür, was ein Flughafen alles sein und bedeuten kann:

Die Historie des 1917 gegründeten Lübecker Flughafens ist so wechselhaft wie seine Nutzungsgeschichte. Ebenso kontrovers sind die an der Entwicklung beteiligten Akteure und die Bedeutungen, die mit dem Flughafen im Laufe der Jahrzehnte verbunden waren. Seit Jahren ist die Existenz des Flughafens gefährdet und bis heute ist die Relevanz der Infrastruktur für die Region nicht vollständig ausgehandelt, auch wenn LBC der größte Verkehrsflughafen in Schleswig-Holstein ist – 2013 wurden hier 357.845 Passagiere gezählt, 2015 nur noch 127.000. Zum Zeitpunkt dieser Feld-

50 Färber, Vetter 2011: 213.

Abbildung 47: LBC von außen

forschung im Sommer 2014 fliegt die irische Billigfluggesellschaft Ryanair von Lübeck nach Bergamo, Pisa und nach Palma de Mallorca und die osteuropäische Billigfluggesellschaft Wizzair bedient die Flughäfen Gdansk und Kiew-Schuljany[51]. Zur baulichen Infrastruktur des Flughafens gehören ein Terminal sowie eine Start- und Landebahn. Fluggastbrücken existieren keine, alle Flugzeuge werden von den Passagieren zu Fuß über das Rollfeld erreicht.

Geschichte und Nutzungen

Mitten im Ersten Weltkrieg wurde LBC als Militärflughafen eröffnet[52] und nach Kriegsende gemäß dem Friedensvertrag von Versailles wieder entmilitarisiert. Im zweiten Weltkrieg wurde die militärische Nutzung erneut aufgenommen und der Flughafen diente als Fliegerhorst der Luftwaffe. Nach dem Zweiten Weltkrieg machte die britische Luftwaffe LBC zum Stützpunkt der Luftbrücke nach West-Berlin (Steenbeck 2002: 88) sowie zur Station für Waffentrainingskurse. Bis heute ist die kriegsgebundene Nutzung an den erhaltenen Kasernenbauten abzulesen. An die Luftbrücke wird über einen Gedenkstein rechts vor der Abfertigungshalle erinnert.

51 Siehe Website Lübeck Airport.
52 Website Flughafen Lübeck.

Abbildung 48: Der Gedenkstein für die Berliner Luftbrücke am Flughafen Lübeck

Da nach der Teilung Deutschlands 1949 die Grenze zur DDR am östlichen Stadtrand von Lübeck verlief, lag der Flughafen plötzlich nicht mehr günstig in der Mitte Norddeutschlands, sondern ganz am östlichen Rande Westdeutschlands. Als Folge der neuen geografischen Situation versank der Flughafen in der Bedeutungslosigkeit.

Alleine der tragische Unfall der Cessna von Uwe Barschel, dem damaligen Ministerpräsidenten von Schleswig-Holstein, brachte dem Flughafen 1987 erneut Aufmerksamkeit ein. Die Maschine war bei schlechtem Wetter mit den zwei Piloten, Barschels Leibwächter und Barschel selbst kurz vor der Landebahn abgestürzt, nachdem die Maschine mit einem Antennenmast kollidiert war. Außer Barschel starben alle Menschen, die sich an Bord befunden hatten.

Charter und Low-cost

Nach dem Mauerfall entdeckten Charterfluggesellschaften den Lübecker Flughafen neu und boten von hier aus Flüge in den Mittelmeerraum an (Färber, Vetter 2011: 212). Verstärkt wurde diese Entwicklung durch den in den 1990er Jahren entstehenden neuen Fluggesellschafts-Typ der Low-cost-Carrier: Ab dem Jahr 2000 startete Ryanair von LBC, was das Passagieraufkommen des Flughafens immens steigerte (Steenbeck 2002: 158). Allerdings ging mit dieser Entwicklung nicht eine noch größere Bekanntheit des Airports einher, vielmehr verlor der Flughafen sogar seinen Namen, denn Ryanair bewarb ihn als ‚Flughafen Hamburg-Lübeck', wie es die Airline auch beim Flughafen Hahn für Frankfurt am Main oder beim Flughafen Rygge für Oslo praktiziert (ebd.: 164). Die Stadt Lübeck verschwand damit „hinter dem wirkmächtigeren Hamburg, dessen Billigflughafen es stellt" (Färber, Vetter 2011: 216).

Nachdem 2005 das Gesetz zur ‚Freizügigkeit von EU-Bürgern'[53] in Kraft getreten war, startete die in Ungarn gegründete Billigfluggesellschaft Wizzair mit Tochtergesellschaften in Polen, Serbien, Bulgarien und der Ukraine ihren Betrieb ab LBC. Das Konzept von Wizzair ähnelt dem von Ryanair (allerdings mit dem Fokus auf Zentral- und Osteuropa), denn auch von Wizzair werden nicht die Metropolen direkt angeflogen, sondern kleine Flughäfen in deren Peripherie[54]. Vor allem ukrainische und polnische ‚Migrant Worker' pendelten nun aeromobil zwischen Deutschland und ihren Heimatländern und machten den Lübecker Flughafen zum festen Bestandteil ihrer Migrations-Topografie.

Ausbau oder Rückbau?

Schon 2005 wurde die gerade belebte Auslastung des Flughafens wieder gebremst, als der Plan für den Ausbau des Flughafens bekannt wurde und in Lübeck und Umgebung Bündnisse für und gegen die Erweiterung entstanden. Die Menschen, die sich für den Ausbau und den Erhalt des Flughafens einsetzten, versprachen sich von einem erweiterten Flughafen regionale Entwicklungspotentiale, für die Flughafengegner wurde das Ausbauprojekt zum nicht tolerierbaren „Symbol eines Einbruchs an Urbanität im ländlichen Raum" (Färber, Vetter 2011: 213).

Nach einer Klage der Umweltorganisationen NABU und BUND wegen Verstößen gegen das EU-Recht und die Bebauung von Flächen eines Naturschutzgebietes stellte das Oberverwaltungsgericht Schleswig die Flugplanerweiterung infrage, was alle weiteren Entwicklungsbemühungen stoppte[55]. Auch die Verwendung von Steuergeldern (insgesamt bislang über 60 Millionen Euro öffentlicher Zuschüsse (Thelen 2009) für Ausbau, Erhalt und Betrieb des Flughafens wurden nun von Bürgern und Politik heftig diskutiert. Da es auch in den nächsten Jahren zu keinen Ergebnissen in Bezug auf Ausbau oder Rückbau des Flughafens kam, verschärfte sich die wirtschaftliche Lage immer weiter. Am 23. April 2014 beantragten Flughafen und Betreibergesellschaft die Eröffnung eines Insolvenzverfahrens[56]. Daraufhin gab Ryanair bekannt, den Flugbetrieb von und nach Lübeck aufgrund von Planungsunsicherheiten zum Ende des Sommerflugplans 2014 einzustellen und im Winter direkt vom Hamburg Airport die Flughäfen von Lissabon und Porto anzufliegen (Köllen 2014). Der Wechsel nach HAM verwundert nicht besonders, da Ryanair momentan einen Imagewechsel weg von der Discounter-Fluggesellschaft anstrebt und nun immer häufiger zentrale Flughäfen statt der abgelegenen Regional-Airports ansteuert (ebd.).

Doch die Schließung des Flughafens konnte zuerst durch Angebote von Investoren aus China und Ägypten (die aber nicht eingelöst wurden) und später durch den aktuellen Betreiber ‚Stöcker Flughafen GmbH & Co. KG' rund um Euroimmun-Chef Winfried Stöcker zumindest bis auf weiteres gestoppt werden (Zastrow, Tönnemann 2016).

53 Dieses Gesetz erleichterte die europäische Arbeitsmigration, da Arbeitnehmer nun ohne großen bürokratischen Aufwand in jedem Land der EU leben und arbeiten dürfen.
54 Website von Wizzair.
55 Seite „Richtlinie 92/43/EWG (Fauna-Flora-Habitat-Richtlinie)". In: Wikipedia.
56 Lübeck Airport

Mehr als nur ein Flughafen

Was erzählt uns diese Geschichte eines Regionalflughafens nun über das Fliegen? LBC zeigt, dass ein Flughafen mehr sein kann als *nur* ein Flughafen; er ist Wirtschaftsfaktor, Arbeitgeber, kann unterschiedliche Funktionen erfüllen – zum Teil nacheinander, zum Teil gleichzeitig – er ist wie im Falle Lübecks sogar Erinnerungsort und Teil der deutsch-deutschen Geschichte, er ist „Umschlagplatz, Drehkreuz, Transitraum, Treffpunkt, Nadelöhr, Projektionsfläche, Dorn im Auge und Hoffnungsträger“[57]. Er verbindet Städte mit der Welt, auf ihm ruhen die Hoffnungen einer ganzen Region, Ereignisse treten hier verdichtet auf und Themen unserer Gesellschaft wie

> *„technischer Fortschritt, modernste Arbeitsabläufe, visionäres Denken, internationale Beziehungen, Mobilität und Geschwindigkeit (…) Terrorbekämpfung, Überwachung, Migration und Asylpolitik, Globalisierung und Klimawandel“*[58]

werden am Flughafen ablesbar. Gleichzeitig sind Flughäfen immer auch Orte, die

> *„aus den unterschiedlichsten Gründen in der Kritik [stehen und] Gegner [haben], ob nun wegen Lärm, Umweltbelastung, Finanzierungsmodellen, Transportgut oder Ausbau“*[59].

An Flughäfen treffen außerdem verschiedene Welten aufeinander – die EU-Welt, die Arbeitswelt, die Urlaubswelt, die Airworld usw. und auch Menschen, Jobs, Güter, Technologien, Sprachen und Gefühle zirkulieren hier.

Die verschiedenen Nutzungen des Flughafens zum Beispiel als Segel-, Kriegs-, Rettungs-, Ausspäh-, Urlaubs- und Arbeitsflughafen mussten und müssen zwischen den Akteuren jeweils ausgehandelt werden, dazu gehören unter anderem die Betreiber, die Nutzer, die Stadt, die Anwohner, die politischen Gremien und die Natur mit ihren Fürsprechern. Bestimmte Akteure oder Entscheidungen (in diesem Fall getroffene genauso wie aufgeschobene) können die Entwicklung eines Flughafens lähmen oder sogar eine Schließung zur Folge haben.

Die Geschichte von LBC zeigt außerdem, dass das Geschäft mit dem Fliegen auch im Jahre 2015 nicht überall lukrativ sein muss. Genau wie an vielen anderen Regionalflughäfen ist in Lübeck das wirtschaftliche Fundament des Flughafens unsicher, die Abhängigkeit von ein / zwei Airlines ist groß und die Stadt kann und will sich die Millionen für Betrieb und Erhalt des Airports nicht mehr leisten. Dass die Situation in Lübeck kein Einzelfall ist, zeigt die Richtlinie des EU-Wettbewerbskommissars Joaquin Almunia, die besagt, dass Beihilfen zum Flughafenbetrieb gedeckelt werden müssen und 2024 ganz auslaufen.[60] Das Überleben vieler Kleinflughäfen ist nun noch stärker bedroht als zuvor.

---

57 Beitrag von raumlabor (Interessensgemeinschaft von Architekten und Künstlern) zum ‚Theater der Welt 2008‘ über den Flughafen Halle / Saale.

58 Ebd.

59 Ebd.

60 Nur staatliche Subventionen für die Flughafen-Infrastruktur sind bis zu einer gewissen Betriebsgröße weiterhin erlaubt.

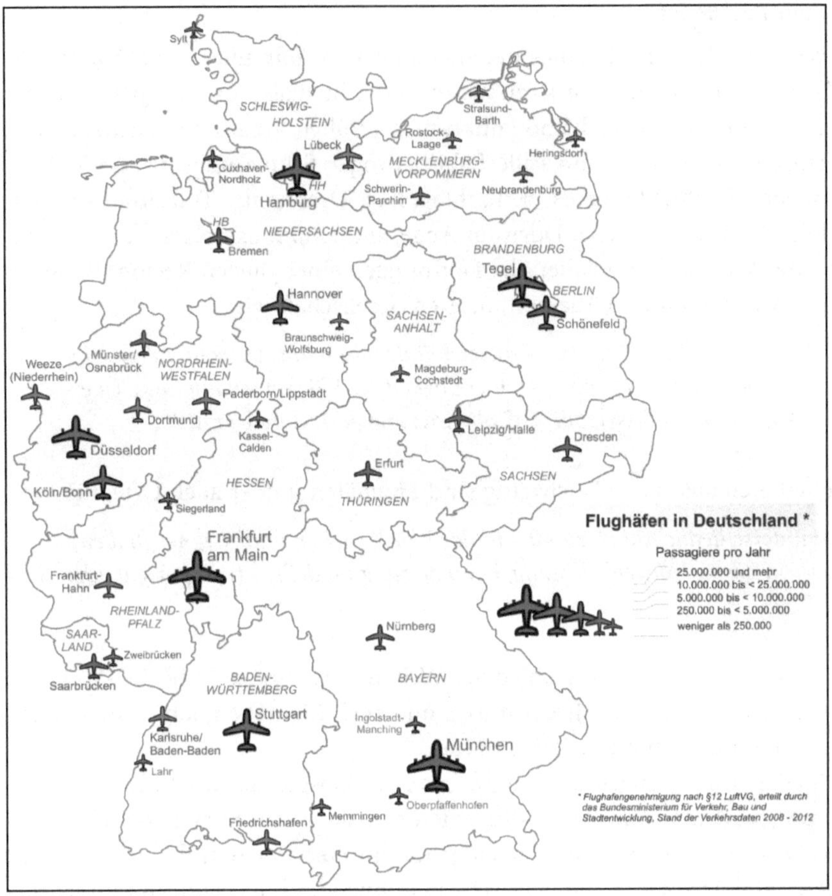

Abbildung 49: Flughäfen in Deutschland

Wenn schon die Existenz vieler kleiner Flughäfen so fragil ist, erstaunt es nicht, dass auch die an sie gebundenen aeromobilen Verbindungen nicht über viele Jahre hinweg konstant existieren, so wie es etwa bei einer gebauten Autobahn oder dem Schienennetz der Eisenbahn der Fall ist. Die angebotenen Flugziele sind abhängig von Airlines und ihren Firmenkonzepten, der Passagierauslastung, Investoren, Marketingoffensiven, Steuergeldern usw.

Am Beispiel Lübeck drängt sich deshalb die Frage auf, was für Auswirkungen es hat, wenn eine Flugroute eingestellt wird oder vielleicht sogar alle Routen gestrichen werden. Wie verändert sich Lübeck, wenn die Billigflieger fernbleiben? Was passiert mit den Arbeitsmigranten, die im Ausland vor allem dort einen Job gesucht und gefunden haben, wo die Billigflieger sie schnell und günstig hinbringen? Und was wird aus den Dauertouristen, die sich zum Beispiel durch den Kauf einer Immobilie fest an ein einziges Reiseziel gebunden haben?

Über diese Fragen können exemplarisch einige der Menschen Auskunft geben, die ich auf dem Flug von Lübeck nach Palma getroffen habe.

Abbildung 50: Warten am Gate in LBC

Abbildung 51: Abfertigungstresen mit laminierten Papierschildern

Zwischen Lustspiel und Drama

Blicken wir mit dem Soziologen Erving Goffman, der das Theater als Metapher für die soziale Welt benutzte, auf die wartenden Passagiere, erleben wir hier die Aufführung des Theaterstücks ‚Urlaub' (vgl. Goffman 2003):

Die Wartehalle wird dabei zur Bühne, auf der die Darsteller in bestimmten Rollen agieren. Zum Bühnenbild gehören die Sitzbänke, auf denen sich die Protagonisten in Grüppchen platzieren, die großen Fenster, vor denen sie sich in Erwartung des Flugzeuges postieren, der Kiosk, an dem letzte Wasserflaschen, Zeitschriften und Süßigkeiten gekauft werden können und der Abfertigungstresen mit der Absperrung Richtung Rollfeld.

Vor allem handelt es sich bei den hier wartenden Urlaubern um Skandinavier, denn in Dänemark und Schweden haben die Sommerferien im Gegensatz zu Deutschland schon begonnen. Die meisten der anwesenden Passagiere scheinen Profis im (Urlaubs) fliegen zu sein, was bereits ihre ‚Kostümierung' verrät: Sie tragen Shorts, Röcke, Sandalen, T-Shirts, Blusen und Polohemden. Kaum einer trägt Socken. Als Requisiten dienen Taschen, Koffer und Sonnenhüte. Aufgrund der Urlaubsuniform sind Einzelindividuen nur schwer zu unterscheiden, die Passagiere sind schon am Gate zur ‚Billigflieger-Community' geworden.

Ein Kind schreit, die Luft ist stickig, der Lärmpegel ist hoch, aber das Theaterstück ‚Urlaub' hat bereits begonnen und so wird Entspanntheit und Fröhlichkeit demonstriert, unabhängig davon, wie unangenehm die räumlichen Bedingungen sich anfühlen mögen. Die Mischung aus „Freiheit und Zwang", die „Massenreisen mit der Bahn oder dem Flugzeug vermitteln" (Löfgren 2014: 36) ist deutlich zu spüren.

Die polnische Arbeitsmigrantin Arjona: *„We are on holiday."*

Vom Migrant Worker zum Urlaubsflieger

Im Zentrum des Urlaubs-Bühnenbildes am Gate sitzt inmitten der hin- und herlaufenden braungebrannten Dänen ein blasses, junges Ehepaar Anfang 30 mit einem 6 Jahre alten Kind. Der Vater hört Musik über sein Handy, die Mutter liest auf einem No-Name-Tablet-PC und das kleine Mädchen zeichnet. Die Familie wirkt irgendwie deplatziert, vielleicht auch, weil die beiden Eltern nicht die vorherrschenden Urlaubsoutfits tragen, sondern dicke Daunenjacken und lange Hosen. Im Vergleich mit den anderen Passagieren sieht die Familie irgendwie farblos aus.

Als ich die Mutter anspreche, erzählt sie in gebrochenem Englisch, dass sie Arjona, Janek und Daria heißen und aus Gdansk kommen. Von dort sind sie mit Ryanair nach Lübeck geflogen und nun fliegen sie weiter nach Mallorca in den Urlaub. Auf der Insel werden sie fünf Tage bleiben, dann geht es wieder zurück nach Polen.

> *„We are on holiday!", betont Arjona.*

Kurze Urlaubsflugreisen unternehmen sie häufiger, eine fünftägige Reise ist laut Arjona für sie schon fast untypisch lang.

Die Wizzair-Route zwischen Gdansk und Lübeck ist die, die Alexa Färber 2011 als Arbeitsmigrantenflug beschrieben hat (Färber 2011: 213f.). Da Gdansk aber über Lübeck mit allen Zielen von Ryanair verbunden ist, ist nun auch eine günstige Urlaubsroute von Polen nach Spanien entstanden. Nicht nur Palma und Lübeck sind also

Abbildung 52: Flightdiary von Arjona

durch das Streckennetz der verschiedenen Billigflieger dichter aneinandergerückt, sondern auch Gdansk und Palma.[61]

Die Arbeitsmigranten, für die die aeromobile Mobilität bisher vor allem ökonomische Notwendigkeit gewesen war, haben diese überraschende Querverbindung inzwischen entdeckt und nutzen sie für Flüge in die Sonne. Sie sind ebenfalls zu Touristen geworden – auch, wenn sie bisher noch auffallen.

Flight cancelled

Sollte der Flughafen Lübeck tatsächlich geschlossen werden, würden neben den Flügen nach Gdansk auch die Flüge von Wizzair nach Kiew eingestellt werden. Für die Arbeitsmigranten aus der Ukraine, die mit Wizzair nach Lübeck und Umgebung kommen, hätte die Schließung des Flughafens massive Folgen, denn der Flug vom Flughafen Kiew-Schuljany (IEV) nach Lübeck ist bisher ihre einzige Möglichkeit, günstig und ohne Umsteigen zwischen Kiew und Norddeutschland zu pendeln. Eine direkte Bahnverbindung von Hamburg in die Ukraine gibt es nicht und die Busfahrten dauern mehr als einen ganzen Tag.

Die etablierte ukrainische Gemeinde in Hamburg, ein weiterer Akteur im Kampf um den Flughafen, setzt sich deshalb stark für seinen Erhalt ein. Unter anderem hat sie eine Online-Petition zur Unterstützung des Flughafens erstellt und bereits erste Unterschriften gesammelt.[62] Diese Akteursgruppe ist allerdings (noch) nicht besonders diskursstark, die Petition wurde bis zum 14.08.2014 nur von 136 Personen unterzeichnet.

Die soziale Organisation an Bord

In der Kabine

In der Flugzeugkabine – ein „halböffentlicher Raum, der Züge des Privaten trägt" (vgl. Rolshoven über das Baseler Tram 1998: 229) – werden die Passagiere durch drei spanische Flugbegleiter begrüßt. Mit dem Raumwechsel verändert sich das Benehmen der Passagiere: Ab jetzt gibt es kein Ausweichen oder Aussteigen mehr bis zur Landung, das einzelne Individuum ist erkennbar, es kann „beäugt und gemustert werden" und „wird gehört und gerochen" (ebd.).

Anders als in der exponierten Situation am Gate und beim Einsteigen ist das Zusammensein der Passagiere in der Flugzeugkabine weniger stark geprägt vom Sehen-und-Gesehen-Werden des Einzelnen, denn durch die Anordnung der Sitze in Reihen ist der Blick auf die anderen Passagiere nach ein paar Metern fast unmöglich und selbst wenn sich ein Passagier erhebt, ist er zwar zu sehen, aber schon ein paar Reihen weiter nicht mehr zu hören.

---

61 Und da Polen seit 2004 Mitglied der EU ist, können Janek, Arjona und Daria diese Strecke ohne bürokratischen Aufwand und nur ausgerüstet mit ihren Personalausweisen nutzen.

62 Tamara Petersen: Petition auf www.change.org: Wir wollen, dass der Flughafen Lübeck weiterhin besteht! Helfen Sie mit, den Flughafen Lübeck zu retten!

Die dänischen Sprachfetzen, die von allen Seiten herüberschallen, lassen keinen Zweifel: Der in Deutschland startende Ferienflieger einer irischen Fluggesellschaft mit spanischer Besatzung ist fest in dänischer Hand. Nachdem sich das Getümmel im Gang gelichtet hat und die meisten Passagiere sitzen, kommt vom Band die englische Begrüßungsdurchsage, dann startet die Sicherheitsvorführung der Flugbegleiter. Schon kurze Zeit später hebt das Flugzeug ab und nachdem das Anschnallzeichen erloschen ist, springen alle Passagiere sofort wieder wie auf ein geheimes Zeichen hin auf und öffnen die Gepäckfächer.

Die Choreografie der Flugreise geht weiter: Pullover werden angezogen, Kapuzen gegen die Zugluft werden aufgesetzt und Hüte werden in Gepäckfächern verstaut. Väter und Mütter strömen mit ihren Babys und Kleinkindern auf dem Arm im Gang auf und ab. Proviant wird ausgepackt und ausgeteilt. Vom Vollkornbrot in Alufolie über Weißbrot-Sandwiches in Plastiktüten bis hin zu Bananen, Weingummi und Keksen ist alles mit dabei, was als Verpflegung für eine Luftreise als passend empfunden wird.

Erving Goffman definiert in „Interaktion im öffentlichen Raum" soziale Organisationen als aus einer Gruppe von Menschen bestehend, „die gemeinsam anwesend sind" (Goffman 2009: 247). Für ihn sind diese Menschenansammlungen – egal in welchem Kontext sie stattfinden – deshalb so interessant, weil sie immer etwas über die Gesellschaft und ihr Zusammenleben, ihre Belange und ihre Probleme (und in diesem Falle über ihr In-den-Urlaub-Fliegen) erzählen. Dies ist auf die Situation im Flugzeug übertragbar, denn auch in der Flugzeugkabine begegnet uns eine soziale Organisation mit eigenem Recht, eigenen Codes und eigenen Regeln (vgl. ebd.: 246f.): Schon nach kurzer Zeit beobachte ich Allianzen und Abgrenzungen, zum Beispiel, als ein Baby nicht aufhört zu schreien und seine Eltern es nicht beruhigen können. Solidarität stellt sich in diesem Moment vor allem zwischen Menschen ein, die sich als ebenfalls zu dieser „Gruppe zugehörig betrachten" (Goffman 2009: 143), in diesem Fall also andere Eltern mit kleinen Kindern. Abgrenzendes Verhalten wird vor allem bei Personen ohne Kinder beobachtbar, die genervt die Augen verdrehen.

Die Zugehörigkeit zur Gruppe der Passagiere muss im Flugzeug, anders als in anderen Situationen, nicht ständig neu bewiesen werden, sie ist durch die räumliche Begrenzung der Flugzeugkabine und die fehlende Möglichkeit des zwischendurch Aussteigens gegeben.

Für die Kleinkinder sind 2,5 Stunden Flug noch einmal eine ganz andere Herausforderung als für die Erwachsenen, die Kinderkörper lassen sich noch nicht auf Kommando in den ‚aeromobilen Ruhemodus' fahren, wie es die Erwachsenenkörper bereits gelernt haben und eine konkrete Vorstellung über die Länge von 2,5 Stunden existiert bei ihnen noch nicht. Auch deshalb genießen „die ganz Jungen" (Goffman 2009: 211) (ebenso wie „die ganz Alten", ebd.) innerhalb des Flugzeug-Regelwerks besondere Verhaltensfreiheiten.

Dass die soziale Situation in der Kabine trotz der Enge und der zum Teil entgegengesetzten Interessen der verschiedenen Nutzergruppen (zum Beispiel Kleinkinder und Erwachsene ohne Kinder) ausgeglichen bleibt, liegt maßgeblich an den Flugbegleitern, bei Goffman „exponierte Personen" oder „Ordner" genannt, „die formell oder informell die besondere Aufgabe haben, ‚Ordnung' zu halten" (ebd.: 217). Die Ordner beruhigen aufgeregte Passagiere, schlichten Streit, kümmern sich um Essen und Trinken, sammeln regelmäßig den Müll ein und weisen Passagiere darauf hin, wenn sie Regeln übertreten.

Das Betrachten der Kabine mit Goffmans Handlungstheorie versperrt allerdings den Blick auf das Widerspenstige, da sich alle Handlungen bei ihm aus den Rahmungen erklären und durch die soziale Ordnung mit Traditionen, Institutionen und Organisationen determiniert scheinen. Wie die Ausführungen im nächsten Abschnitt zeigen, bietet sich den Passagieren jedoch eine Reihe von Möglichkeiten, sich diesem Handlungs-Dispositiv nicht zu unterwerfen.

Sitzen

Wie in Kapitel 2 ‚Was fliegt mit, wenn ein Flugzeug in der Luft ist' beschrieben, wurde der Flugzeugsitz aufwändig auf den menschlichen Körper hin konstruiert, um optimalen Komfort bei geringstem Platzverbrauch zu gewährleisten. In der Praxis wird in den Sitzen jetzt jedoch ganz anders gesessen als geplant – kaum ein Passagier in diesem Flieger sitzt aufrecht und mit beiden Beinen am Boden: Ein Junge im Teenageralter neben mir ist tief in seinen Sitz gerutscht, hat die Knie weit oben gegen die Vorderlehne des Sitzes gestützt und die Arme hält er vor der Brust verschränkt. Etwas später steckt er seinen linken Fuß in die Lücke zwischen den beiden Sitzen vor sich und findet Halt an der Armlehne des Vordersitzes. Ein Mann auf der anderen Seite des Ganges hat die Arme von oben auf die Kopfstütze seines vor ihm sitzenden Nachbarn gelegt und schläft mit nach vorne gesunkenem Kopf auf der fremden Kopfstütze. Die Beine eines kleinen Jungen sind zu kurz für den Sitz, der Knick der Knie trifft deshalb nicht mit dem Ende der Sitzfläche zusammen und seine Beine stehen steif nach vorne ab, wobei sie mit den schmutzigen Schuhsohlen die Sitzlehne des Vordermannes berühren. Ein weiterer kleiner Junge sitzt rückwärts zwischen Sitz und Lehne auf dem Fußboden und hat die Sitzfläche seines Sitzes zur Tischplatte umfunktioniert, um dort seine Pokémon-Karten auszulegen und zu sortieren.

Die Kreativität der Passagiere in Bezug auf immer neue Sitzpositionen scheint während des 2,5-stündigen Fluges schier unerschöpflich, das Sitzen wird zur „phantasievollen Aneignungstechnik und -taktik" (Rolshoven 1998: 228) und zeugt „nicht nur von den Grenzen der individuellen Nutzung, sondern auch von den Möglichkeiten, kleinen Freiheiten oder auch von Abwehrstrategien" (ebd.), die Johanna Rolshoven ebenfalls im Baseler Tram beobachten konnte. Indem sich die Passagiere im Raum bewegen, sich auf verschiedenste Art und Weise niederlassen, einen oder mehrere Sitze nutzen und bestimmte Elemente bevorzugen oder brachliegen lassen (wie die unbeliebte letzte Reihe), verhelfen sie der räumlichen Ordnung „zur Existenz" und verschaffen ihr „eine Erscheinung" (De Certeau 1988: 190). Der Passagier verändert also den Raum, „da er durch Abkürzungen, Umwege und Improvisationen auf seinem Weg bestimmte Elemente bevorzugen, verändern oder beiseitelassen kann" (ebd.). Außerdem bildet er „‚seltene', ‚zufällige' oder gar unzulässige räumliche ‚Wendungen'" (De Certeau 1988: 191), wie die Umgestaltung der Sitzfläche zur Pokémon-Sortierungsfläche zeigt.

Genormte Räume müssen also nicht unbedingt genormte Handlungen hervorrufen. In diesem Sinne ist Raum auch etwas „Dynamisches und Prozesshaftes, das durch die im Raum Agierenden entsteht“ (Hilti 2007: 190).

Sogar die engen Sitze, in denen auf den ersten Blick alles vorgegeben scheint, bieten Raum für „Tricks, Finten und Listen der Verbraucher“ (De Certeau 1988, Klappentext). Die Menschen sind der Innenausstattung also nicht nur ausgeliefert, sondern eignen sie sich aktiv an und etablieren dabei Freiheiten und Gegenstrategien, dehnen Raumelemente aus oder schaffen „Lücken im räumlichen Kontinuum“ (ebd.: 195).

(K)ein Gang

Der Gang erschließt zwar die Kabine, er ist aber auch eine Grenze, denn er trennt Sitzen von Stehen, Gehen von am Platz Sein, Links von Rechts (siehe Kapitel 2). Da Grenzen immer auch das Bedürfnis hervorrufen, sie zu übertreten, ist eine wichtige Funktion von ihnen der Kontakt „über sie hinweg“ (Fredrik Barth [1969] nach Hengartner, Moser 2006: 14). Auch im Flugzeug ist kurz nachdem das Anschnallschild erloschen ist, der Gang komplett mit auf- und ablaufenden Eltern und Kindern okkupiert und von nun an ist er ständig überflutet mit Dingen und Aktionen. Der Gang wird zum „Zwischenraum“ (Rolshoven 2000: 109) und „Möglichkeitsraum“ (ebd.: 120), zu einer Transitzone, in der die Passagiere Raum suchen für alles, was im Sitzbereich keinen Platz gefunden hat oder dort nicht erledigt werden kann. Wo der Gang noch sichtbar ist, wird er auf vielfältige Weise überbrückt: Die Passagiere zeigen sich Zeitschriften über den Gang hinweg, halten sich von Gangplatz zu Gangplatz an den Händen oder kümmern sich mit lang ausgestreckten Armen um ihre Kinder auf der anderen Gangseite. Irgendwann ist es für die Flugbegleiter kaum noch möglich, mit den Trolleys dem Verkauf von Bordmahlzeiten nachzugehen. Daraufhin gibt es eine Durchsage, dass sich alle Passagiere hinsetzen und anschnallen sollen. Allerdings zeigt die Durchsage kaum Wirkung, auch dann nicht, als sie wiederholt wird. Die Anziehungskraft des Ganges und das Bedürfnis danach, sich in der engen Kabine zu bewegen, setzen sich durch.

Diese Situation stellt einen signifikanten Unterschied zu den von mir begleiteten Linienflügen dar, bei denen der Gang fast ausschließlich den Flugbegleitern und einzelnen Toilettennutzern vorbehalten war. Das mag an der engeren Bestuhlung oder den größeren Freundes- und Familien-Gruppen liegen, die im Billigflieger nach Mallorca unterwegs sind und die sich zum Teil über mehrere Sitzreihen erstrecken. Vielleicht liegt es auch daran, dass so viele Kinder und Babys mit an Bord sind, denen nur schwer zu vermitteln ist, dass sie nun stundenlang stillsitzen sollen. Es zeigt aber auch, wie viel Übung und Selbstdisziplin von den Passagieren benötigt wird, um sich den Gesetzen der Kabine entsprechend zu verhalten.

Die soziale Kontrolle unter den Passagieren scheint im Linienflieger im Vergleich zum Low-cost-Flieger stärker zu sein, viel schneller wurde bei vermeintlichem Fehlverhalten missbilligend geguckt und auch die Flugbegleiter nahmen ihre kontrollierende und zurechtweisende Funktion stärker wahr, als sie es in diesem Urlaubsflieger tun.

Abbildung 53:
Zeitschriften und Becher auf dem Klapptisch

Individuelle Klapptisch-Welten

Eine weitere Aneignung des Raumes zeichnet sich mittlerweile auf den Klapptischen ab. Aus Proviant und Unterhaltungsgegenständen sind im Laufe des Fluges äußerst aufschlussreiche kleine Artefaktwelten entstanden. Auch Tom O'Dell hat in seiner Studie zu schwedischen Eisenbahnpendlern beobachtet, wie

> *„die Menschen in überfüllten Zügen private Orte schaffen, indem sie sich mit allen Arten von Dingen umgeben und den öffentlichen Raum wie ein Zuhause einrichten oder aber ihn in ein temporäres Büro verwandeln" (O'Dell [2006] nach Löfgren 2009: 41).*

Bei der dänischen Mutter links von mir liegen auf der Tischplatte Lesebrille, Brillentuch und Brillenetui, eine Tüte mit Weingummis, eine kleine Flasche Wasser, ein Pullover und ein Buch. Bei der kolumbianischen Studentin Andrea stapelt sich ein Haufen kopierter Zettel mit Unitexten, bei einer älteren Dame in der letzten Reihe ist eine Beschäftigungswelt aus mehreren Kreuzworträtselheften, der ‚BILD der Frau' und einem Plastik-Kaffeebecher entstanden. Bei dem kleinen Jungen vor mir liegen auf dem Tisch eine leere Capri-Sonnen-Tüte, ein Tablet-PC und eine offene Tüte mit Pokémon-Karten.

Ein Tablet-PC findet sich bei fast jeder Familie auf dem Tischchen. Der kleine Junge spielt damit ein Spiel, bei dem er eine S-Bahn auf Schienen steuert und Hindernissen rechtzeitig ausweichen muss. Schafft er dies nicht, sieht man den Lokführer aus dem Bild wirbeln. Die Finger des Jungen wischen professionell und konzentriert über den Touchscreen des Tablets, lange Zeit sitzt er vollkommen still auf seinem Sitz. Ein Jugendlicher weiter vorne spielt ein Tablet-Spiel, bei dem er Münzen sammelnd von Podest zu Podest springt. Die meisten Videospiele haben mit Bewegung zu tun: Sie erweitern die begrenzte Welt zwischen Sitz und Vordersitz, während die jungen Spieler ruhig in der Flugzeugkabine verharren.

Die Erwachsenen beschäftigen sich ebenfalls mit Tablets, allerdings lesen sie vor allem Texte – doch auch die führen sie aus dem engen Flugzeug hinaus in andere Welten.

Da Ryanair wie alle Low-cost-Airlines weniger Accessoires zur Aufführung des Urlaubsepos' anbietet als Linienflieger (es fehlt das Entertainment-System oder das Bordessen für alle Passagiere), beginnen die Passagiere mit eigenen Mitteln den Innenraum zu bespielen: Da kein kostenloses Essen serviert wird, bringen sie selbst Essen mit, und da das Unterhaltungsprogramm fehlt, sorgen sie selbst dafür, dass ihnen im Flugzeug nicht langweilig wird. Nicht nur die Buchung des Fluges und das Einchecken müssen die Passagiere also mit weniger Unterstützung der Airline bewältigen, auch Verpflegung und Zerstreuung bleiben in ihrem Verantwortungsbereich (wenn sie nicht die kostenpflichtigen Optionen an Bord nutzen wollen).

Die Artefakte geben neben persönlichen Präferenzen auch darüber Aufschluss, was die Passagiere während eines Fluges zu brauchen glauben: Dinge für das körperliche Wohl wie Nahrung und Trinken, Ablenkendes wie Bücher, Tablets und Musik sowie Privates / Sicherheit Vermittelndes wie ein Kissen oder ein Kuscheltier von zu Hause.

An der Auswahl der Dinge zeigt sich außerdem, was für eine Art von Urlauber der Reisende ist: Wer hat einen Baedeker-Reiseführer dabei und wer das ‚In touch'-Star-Magazin? Auf wessen Tischchen liegt ein aufwändig zubereitetes dickes Proviantpaket und bei wem steht nur ein schnell im Flugzeug georderter Kaffeebecher? All dies gibt wertvolle Hinweise darauf, ob es sich um einen Kulturtouristen oder um einen Badeurlauber handelt und ob für jemanden der Flug ein Ereignis ist oder ermüdende Routine.

Die Urlaubsprofis Gitta und Ronny: *„Wir fliegen lieber öfter."*

Ganz hinten in der Kabine – in der allerletzten Reihe – hat sich ein älteres Ehepaar niedergelassen. Der Mann sitzt am Gang und liest die BILD-Zeitung, seine Frau sitzt am Fenster und löst Kreuzworträtsel. Der Platz in ihrer Mitte ist frei. Sie heißen Gitta und Ronny, kommen aus Lübeck und sind 67 und 68 Jahre alt. Ronny war vor seiner Rente Steuerberater, Gitta hatte ein Café in Heiligenhafen. Sie wollen zwei Wochen auf Mallorca bleiben, wo sie seit zwölf Jahren ein Apartment besitzen, danach geht es zurück nach Deutschland. Bis zu zehn Mal im Jahr fliegen die beiden zu Kurzaufenthalten in ihre mallorquinische Wohnung.

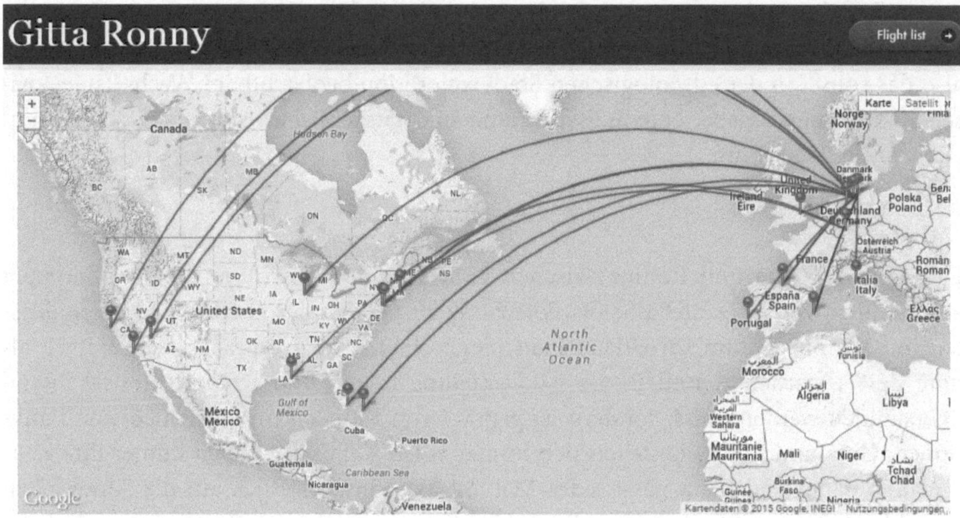

Abbildung 54: Flightdiary von Gitta und Ronny

Subversive Strategien

Da er grundsätzlich akribisch darum bemüht ist, versteckte oder seiner Meinung nach unlautere Kosten aufzuspüren, investierte Ronny gerne Zeit und Energie, um alle Tücken in den Ryanair-Angeboten zu entdecken und sich Strategien dagegen zu überlegen. Erst vor kurzem hat Ronny eine Taktik entwickelt, um die in diesem Jahr von Ryanair neu eingeführten Zusatzkosten für zusammenhängende Plätze zu umgehen. Da Ronny 20 oder 30 Euro Aufschlag für Hin- und Rückflug für zwei nebeneinanderliegende Plätze zu viel findet (pro Platz 5–7,50 Euro), er aber gerne neben seiner Frau sitzen möchte, bucht er für sich stattdessen das Priority Boarding für nur 4 Euro für den Hin- und Rückflug. Während Gitta entspannt am Gate sitzen bleibt, geht Ronny mit den ersten Passagieren an Bord, um für beide Plätze in der letzten Reihe zu besetzen. Mit den restlichen Passagieren kommt Gitta später hinzu und nimmt ihren Platz ein.

Diese Strategie funktioniert, da die Sitzplätze in der letzten Reihe online entweder gar nicht buchbar sind (denn das Flugzeug darf hinten auf keinen Fall zu schwer werden) oder sie bei den Passagieren zu den unbeliebtesten Sitzplätzen gehören, weil es hier oft keine Fenster zum Hinausschauen gibt. Selbst bei einem ausgebuchten Flug bleiben sie also oft frei.

Auf den beiden Randplätzen der Reihe sitzen Gitta und Ronny, da sie darauf spekulieren, dass sich kein Passagier zwischen sie setzen mag. Als Folge davon haben Gitta und Ronny während des Fluges mehr Raum für sich zur Verfügung – fast wie in der Business Class, wo auch der Mittelplatz nicht belegt wird.

Die gemiedene letzte Reihe wird von Gitta und Ronny also als Freiraum genutzt, um sich die Reise komfortabler und trotzdem kostengünstig zu gestalten. Dass Gitta und Ronny fast auf jedem Flug zusammen in der letzten Reihe sitzen, ist der beste Beweis dafür, dass Ronny einen Ort in der Kabine aufgespürt hat, der von den Passagieren brachliegen gelassen und selten bespielt wird. Auch in der Flugzeugkabine gibt es also das sonst „in der ethnologischen Stadtexploration beobachtbare Wechselspiel zwischen Nutzungsvorgabe, Nutzungsspielraum und tatsächlicher ‚subversiver' Nutzung" (Rolshoven 2000: 120).

Das Dazwischen

Die Zeit, die Gitta und Ronny zwischen Lübeck und Mallorca verbringen, entpuppt sich, ähnlich wie in Daniella Seidls Forschung zu pendelnden Schweizer Italientouristen mit Wohneigentum im Urlaubsland (Seidl 2009a), im Gespräch nicht einfach als ‚tote Zeit' zwischen A und B, die BILD-Zeitung lesend und Kreuzworträtsel lösend überstanden werden muss, sondern ist geprägt von Ritualen mit verschiedenen Funktionen: Gitta und Ronny bestellen sich immer einen Kaffee, sie haben immer ihre Zeitschriften dabei und Gitta passt jedes Mal auf, dass ihr der Blick auf die Alpen nicht entgeht. Abläufe und Reihenfolge dieser Handlungen haben sich durch die wiederholte Bewegung zwischen den Orten schon lange zwischen ihnen eingespielt und eine große Vertrautheit mit allem, was passiert, ist deutlich spürbar (vgl. Löfgren 2014: 35).

Die Airline leistet ebenfalls ihren Anteil zur Ritualisierung der Reise mit der Sicherheitsvorführung vor dem Start, der Pilotendurchsage nach dem Erreichen der Reiseflughöhe, dem Servieren des Essens und der Ankündigung der Landung – all dies sagt den Passagieren auch, in welchem zeitlichen Abschnitt der Flugreise sie sich gerade befinden und es bietet ihnen unterwegs über den Wolken zumindest emotional Verortung.

Anders als die von Seidl untersuchten Schweizer Zweithausbesitzer ist die Wegstrecke im Flugzeug von Lübeck nach Palma allerdings nicht mit symbolisch aufgeladenen Orten im Außenraum wie Ruinen am Straßenrand, Städten oder Tankstellen versehen. Alleine die Alpen sind für Gitta und Ronny ein erinnerbarer Fixpunkt, ansonsten gibt es nur wenige landschaftlich herausstechenden Orientierungspunkte und es fehlt bei Ryanair der Monitor, der die zurückzulegende Flugstrecke anzeigt. Die Flugzeugkabine ist hermetisch von der Außenwelt abgeschlossen, Interaktionen mit dem Außenraum sind kaum möglich und die Wegstrecke ist nur durch die Fenster sichtbar. Trotzdem hat auch das aeromobile Unterwegssein eine Mikrostruktur, die das Lübecker Ehepaar für die Strecke mit Kaffeebestellung, Kreuzworträtseln und dem Blick auf die Alpen als ‚innere Landmarken' kreiert (vgl. Kevin Lynchs ‚äußere Landmarken' 1965).

Das Dazwischen hat vielfältige Funktionen für Gittas und Ronnys Leben: Es dient dazu, den einen Ort zurückzulassen und sich auf den anderen Ort seelisch einzustellen – während Gitta in Gedanken also noch an Deutschland hängt, organisiert Ronny schon das Leben in Spanien und kümmert sich um den spanischen Autovermieter oder den noch nicht funktionierenden Mail-Account auf seinem Mobiltelefon, über den er für die deutsche Welt erreichbar bleiben will. Als das Flugzeug landet, sind beide schließlich auf allen Ebenen bereit für die beiden Wochen im spanischen Apartment.

‚Zweiwohnsitze'

Gitta und Ronny können auf eine bewegte Reise- und Flugbiografie zurückblicken.

> *R: „Wir waren bestimmt 15 Mal in Amerika… Bahamas… Bilbao…"*

Ihre Liebe zu Mallorca hatten sie schon auf ihrer ersten Reise – der Hochzeitsreise vor 43 Jahren – entdeckt:

> *G: „Und dann haben wir im Laufe des jungen Lebens die Welt kennen gelernt, und irgendwann hat mein Mann gesagt: ‚Jetzt müssen wir mal wieder nach Mallorca'."*
>
> *R: „Das war für uns die schönste Insel. Schnell zu erreichen. Alles da. Gebirge. Wasser. Strand. Es ist ja alles da."*

Arbeit und Urlaub waren für Gitta und Ronny nie ein Gegensatz, sie ergänzten sich bei ihnen, und da sie beide viel arbeiteten, gönnten sie sich immer besonders schöne Urlaube. Ihre ersten (Charter)Flüge fanden deshalb schon vor mehr als zwanzig Jahren statt und wurden damals noch im Reisebüro gebucht.

Als Gitta keine langen Flugreisen mehr unternehmen will, weil sich bei ihr auf den Langstreckenflügen Flugangst entwickelt hat, entscheidet sich das Ehepaar schließlich für den Kauf des Apartments in einer Wohnanlage in Palma. Beim Kauf werden sie von einer österreichischen Maklerin betreut, was die Abwicklung der Formalitäten sehr erleichtert, denn die beiden sprechen bis heute kaum Spanisch. Auch darauf ist die internationale Tourismusindustrie jedoch eingestellt.

Einige Zeit arbeiteten Gitta und Ronny dann in Deutschland, lebten ihr Familienleben mit zwei Kindern und trafen Freunde und Nachbarn. In Spanien erholten sie sich, genossen die fehlenden Verantwortlichkeiten sowie Sonne, Strand, das Meer und die Ruhe. Jeder Ort hatte seine eigenen Funktionen und zusammen ergab sich das Leben, das Gitta und Ronny führen wollten. Statt einer defizitären Alltagspraxis, bei der der eine Ort etwas kompensieren muss, was am anderen Ort nicht vorhanden ist, eröffnete Gitta und Ronny Multilokalität[63] eine „Zusatz-Welt" (Seidl 2009a: 223) und ermöglichte

> *„den scheinbar unvereinbaren menschlichen Bedürfnissen nach Aufbrechen und Heimkehren, nach Abenteuer und Gewohnheit, nach Unterwegssein und Daheimsein, nach Konstanz und Abwechslung, nach Zugehörigkeit und Abtauchen – oder: nicht daheim und doch zuhause sein – gleichermaßen Rechnung [zu] tragen" (Hilti 2007: 196).*

63 Nicola Hilti definiert Multilokalität als „eine mehrfache Verortung, welche einem spezifischen raum-zeitlichen Rhythmus folgt" (Hilti 2007: 196). Es handelt sich bei Gittas und Ronnys Lebenspraxis tatsächlich um ‚Multilokalität' und nicht um ‚Wohlstandsmigration' oder ‚retirement migration', da sie sich dagegen entschieden haben, ganz nach Mallorca umzuziehen und ihren Lebensabend dort zu verbringen. Das Phänomen ‚Wohlstandsmigration' hatte sich im Schatten der oben erwähnten europäischen Arbeitsmigration mit ihren Bestimmungen zur Freizügigkeit entwickelt.

Nach der Rente wollte Ronny ganz nach Mallorca ziehen, wie etwa 30.000 bis 50.000 andere deutsche Rentner, die ihren Lebensmittelpunkt auf der Baleareninsel haben (Hellstern 2014), aber für Gitta kam dies nicht in Frage. Sie wollte ihr Leben in Deutschland nicht aufgeben, denn mittlerweile sind ihre beiden Kinder verheiratet und der erste Enkel, den Gitta gerne aufwachsen sehen möchte, ist vor acht Monaten geboren worden:

> *G: „Wir fliegen lieber öfter!"*

Erneut war es das multilokale Leben mit den zwei Wohnsitzen, das es ihnen ermöglichte, sich nicht zwischen Hier und Dort entscheiden zu müssen.

In Lübeck und in Palma sind Gitta und Ronny dank ihres Wohneigentums unabhängig von äußeren Einflüssen, im Dazwischen sind sie jedoch auf die Existenz der Billigflug-Infrastruktur Lübeck-Palma angewiesen. Nur mit ihr funktioniert das Konstrukt ‚Haus in Lübeck – Wohnung auf Mallorca' und das Pendeln zwischen diesen beiden Orten. Würde die Flugroute von Lübeck nach Palma tatsächlich gestrichen, müssten die beiden Rentner auf die Flughäfen Hamburg oder Bremen ausweichen. Jedoch sind es von Lübeck nach Hamburg schon 80 km und nach Bremen sogar fast 200 km. An diesem Morgen wurden Gitta und Ronny von einem Nachbarn zum Flughafen gefahren. Ob dieser sie auch bringen würde, wenn er sehr viel weiter fahren müsste, ob sich Gitta und Ronny zehn Flüge im Jahr mit einer anderen Airline leisten könnten und ob sie überhaupt mehr Reisezeit und Geld investieren wollen würden, sind Fragen, die sich in den nächsten Monaten ganz akut stellen werden. Die beiden Rentner sind mit ihrem bilokalen Lebensentwurf mit Wohnungsbesitz auf beiden Seiten viel unflexibler als die polylokale Studentin oder die polnische Arbeitsmigrantin darauf angewiesen, dass sich an der Lübecker Flugstrecken-Landschaft nichts ändert.

Multilokalität als Massenphänomen

Bei genauerem Hinschauen entpuppten sich die beiden deutschen Rentner unverhofft als hochmobile und hochprofessionelle Deutschland-Spanien-Pendler mit der Fähigkeit zur geistigen, räumlichen und kulturellen Mobilität, die bei der Koordination ihrer Leben in Spanien und Deutschland anspruchsvolle Verknüpfungsarbeit leisten und dafür detaillierte Verortungs- und Aneignungsstrategien entwickelt haben. Ulrich Beck nennt diese Fähigkeit auch „innere Mobilität" (Beck 1997: 132) und meint damit „das Maß an geistiger und physischer Beweglichkeit, das nötig oder gewünscht wird, um das alltägliche Leben zwischen verschiedenen Welten zu meistern." (ebd.).

In Zeiten von Low-cost-Carriern ist es also auch einem deutschen Ehepaar mit durchschnittlichem Verdienst und durchschnittlicher (Aus)Bildung möglich, Multilokalität zwischen einer norddeutschen Kleinstadt und einer spanischen Touristenhochburg zu leben – internationale Multilokalität ist damit kein Elitenphänomen mehr.

Anders als Seidl es für die Zweithausbesitzer in Italien aufzeigt, ist die Lokalität bei Gitta und Ronny jedoch nicht hierarchisiert, das Ehepaar hat sich vielmehr an zwei Orten gleichzeitig und gleichwertig eingerichtet, beide Orte stehen ihnen zu jeder Zeit optional zur Verfügung. Sie haben also nicht einen Erstwohnsitz und einen Zweitwohnsitz, sondern ganz einfach zwei Wohnsitze.

Die Einteilung der volkskundlichen Tourismusforschung in Forschungsfelder wie ‚Tourismus', ‚Migration' und ‚Freizeit' scheint bei diesen modernen Lebenswelten und den „Überschneidungsformen des Tourismus mit anderen gesellschaftlichen Bereichen" (Rolshoven 2014: 20) nicht mehr zu greifen. Eine Öffnung zur Mobilitätenforschung sowie die Vernetzung mit Fächern, die sich mit anderen Methoden ähnlichen Themen widmen, ist deshalb dringend notwendig (vgl. ebd.).

Die Landung

Immer wieder wird das monotone Brummen der Maschine unterbrochen durch Ansagen der Flugbegleiter. Mal geht es um die Inhalte des Bordshops, die zum Verkauf angeboten werden, mal um eine Lotterie zugunsten eines guten Zweckes (Hauptpreis ist ein Auto) und mal um die Reisedaten. Als die Küstenlinie Mallorcas unter dem Flugzeug auftaucht, verrenken sich alle Passagiere – auch Gitta und Ronny – die Köpfe an den Fenstern.

Das Flugzeug sackt tiefer und tiefer, es ruckelt, wir fliegen dicht über die Häuser Palmas. Nach einem harten Aufprall und einem Knall sind wir gelandet.

Eine Fanfare tönt aus den Lautsprechern: „*Thanks for flying Ryanair!*"

Applaus, Jubel und Lachen rollen als kollektive Dankeswelle durch die ganze Kabine. Es ist die letzte Handlung, die die Urlaubs-Community noch als Gruppe vollbringt, danach wollen alle nur noch möglichst schnell hinauskommen. Obwohl das Flugzeug noch nicht endgültig angehalten hat und eine der Flugbegleiterinnen in einer Durchsage darum bittet, dass die Passagiere ihre Sicherheitsgurte erst dann öffnen sollen, wenn die Parkposition erreicht ist, klacken überall die Sicherheitsgurtschnallen – wieder einmal setzt sich die Urlaubsflieger-Community über eine Verhaltensregel im Flugzeug hinweg.

Schließlich wird die Vordertür zum Aussteigen geöffnet und die Passagiere verlassen die Maschine über den Finger. Kurz nachdem die Menschen die ‚Schleuse' Fluggastbrücke hinter sich gelassen haben, laufen sie in alle Richtungen auseinander und schon ein paar Meter weiter haben sie sich mit den Ankommenden aus anderen Flugzeugen vermischt und sind nicht mehr diesem Flieger zuzuordnen. Der „soziale Anlass" (Goffman 2009: 75) des gemeinsamen In-den-Urlaub-Fliegens, der die Gemeinschaft die letzten 2,5 Stunden zusammenhielt, ist obsolet geworden und hat sich mit der Ankunft am Ziel verflüchtigt.

Nachdem die Passagiere aus der Kabine ausgestiegen sind, wird deutlich, wie sehr sie sich in den Raum eingeschrieben haben: Obwohl von den Flugbegleitern den ganzen Flug über regelmäßig der Müll eingesammelt wurde, ist der Teppich bedeckt mit Verpackungen, Bananenschalen und Zeitschriften, Sandwiches quellen aus Sitztaschen und Reste aus Getränketüten fließen über den Boden.

Am Ausgang des Fingers warte ich lange auf Gitta und Ronny, die mir erst ganz am Ende der Passagierschlange entgegenkommen. Die beiden haben entspannt abgewartet, bis alle Passagiere das Flugzeug verlassen haben, erst dann haben sie sich auf den Weg gemacht.

> *Ronny: „Was sollen wir uns hetzen? Wir machen das immer so."*

Andrea sehe ich noch einmal kurz am Gepäckband, wo sie ihren mit schweren Büchern gefüllten Koffer, den sie trotz der korrekten Handgepäcksmaße nicht mit in die Kabine nehmen durfte, abholt. Sie umarmt mich herzlich, zeigt mir den Taxistand und läuft dann zum alten Teil des Flughafens hinüber, wo ihre Mutter schon auf sie wartet. Arjona, Janek und Daria kann ich nicht mehr entdecken.

Der Flughafen ist voll mit Gruppen von deutschen Urlaubern, viele sind als Zeichen ihrer Zusammengehörigkeit mit gleichen Motto-T-Shirts bekleidet. Eine Männergruppe trägt den Slogan: „Einer für alle und alle für Malle" auf der Brust, eine Frauengruppe hat sich für „Wir glühen nicht vor" (Vorderseite) „... wir fackeln uns ab" (Rückseite) entschieden. Als weitere Accessoires dienen Bartmasken und Hüte, an denen klatschende Arme befestigt sind.

Die Urlaubsflieger sind angekommen auf Mallorca, dem in den letzten Jahren zahlenmäßig am meisten besuchten Urlaubsziel der Deutschen (Meggle-Freund 2009: 281).

Palma de Mallorca Airport: Voraussetzung des Massentourismus

Daten und Fakten

Neben dem Flughafen Lübeck erdet das andere Ende dieses Low-cost-Fluges der Flughafen Palma de Mallorca (PDM), auf Spanisch ‚Aeropuerto de Son San Juan' genannt. Der Flughafen liegt 8 km entfernt von der Stadt Palma, ist mit zwei Start- und Landebahnen ausgestattet und den Flugzeugen stehen 88 Parkpositionen zur Verfügung, 34 davon sind über Fluggastbrücken direkt mit dem Terminal verbunden. 2016 beförderte der Flughafen 26.253.882 Passagiere. Seine Spitze der Auslastung erlebt der Flughafen jeweils im Sommer.[64]

Flughafen-Konkurrenz

Der Flughafen San Joan wurde 1920 als Postflughafen eröffnet, ab 1934 wurden über die Firma „Aero-Taxi Mallorca" Urlaubsflüge hierher angeboten und ab 1938 wurde er ebenso wie Lübeck militärisch genutzt. Neben San Joan gibt es jedoch noch einen zweiten Flugplatz auf der Insel namens Son Bonet. Dieser wurde vor allem für den Zivilflugverkehr und ebenfalls für die Postflüge genutzt (siehe Aena Aeropuertos, Airport Operator). Während der Zeit, in der San Joan als Militärflughafen diente, wurden alle zivilen Flüge über Son Bonet abgewickelt und es siedelten sich dort immer mehr Fluggesellschaften an. Die Konkurrenz zwischen den beiden Flughäfen endete erst, als ein Ausbau einer der beiden Flughäfen nötig wurde und der Ausbau in Son Bonet nicht

64 Palma de Mallorca Airport

Abbildung 55: Palma de Mallorca – Aerpuerto de son Bonet

Abbildung 56: Flughafen Palma de Mallorca de Son San Joan

möglich war. Die „Väter des Flughafenausbauplans (Plan Nacional de Aeropuertos) von 1958" (ebd.) entschieden sich deshalb für einen Ausbau von San Joan. Auch der nationale Flughafenrat (Junta Nacional de Aeropuertos) genehmigte die Verlegung des Zivilflugverkehrs im Juli 1959 von Son Bonet nach Son Sant Joan (ebd.) und ließ ein vom Militärflughafen unabhängiges Terminal mit eigenem Vorfeld errichten. Für Son Bonet wurden gleichzeitig Luftfahrtbeschränkungen ausgesprochen. 1960 wurde der Flughafen Son Sant Joan für den nationalen und den internationalen Flugverkehr geöffnet[65] und es wurde sofort mit weiteren Erweiterungen und Neubauten begonnen.

Son San Juan

Den Grundstein für Mallorca als Ziel des Massentourismus legte tatsächlich das Flugzeug, denn die großen Charterflieger machten das Fliegen Anfang der 1970er Jahre auch für Bevölkerungsschichten mit mittlerem Einkommen erschwinglich. Die Mittelmeerinsel bot sich als Reiseziel an, da der Flug von Deutschland nach Palma kaum mehr als zwei Stunden dauerte und Mallorca viel Sonne bei günstigen Preisen für Unterkunft und Essen bot.

Das Geschäftsmodell der nach Mallorca fliegenden Charterfluggesellschaften beruhte darauf, dass Großveranstalter wie Neckermann ganze Reisepakete inkl. Flug, Transfer und Hotelbetten verkauften, sogenannte ‚Inclusive-Touren'. Die kombinierten Pakete waren für die Fluggesellschaften eine Möglichkeit, die strenge Preispolitik der IATA zu umgehen (Meggle-Freund 2009: 291).

Ebenfalls eine Rolle in Bezug auf den spanischen Massentourismus spielten die technischen Voraussetzungen der Flugzeuge. Erst die Serienproduktion der düsenbetriebenen großräumigen Jets – der Erstflug der Boeing 747 fand 1969 statt – die bei ähnlichen Kosten mehr als doppelt so viele Passagiere transportieren konnten, machte das Flugreisen massentauglich (Spode 2004: 32).

Eine weitere Wendung nahm der Tourismus auf Mallorca mit der Erfindung der Low-cost Carrier. Die Flugpreise waren inzwischen so gesunken, dass man von Deutschland aus die Insel sogar als Wochenend-Reiseziel nutzen konnte. Von etwas über 7 Millionen Passagieren 1980 stieg die Anzahl der Passagiere 1986 auf fast 10

65 Airports Worldwide sowie: Palma de Mallorca Airport.

Millionen. Im Jahr 1995 übertraf sie die 15 Millionen-Grenze (Aena Aeropuertos). Im Rückblick ist es deshalb vor allem der Billigflieger, der das westeuropäische Bild von Mallorca entscheidend geprägt hat.

Die Geschichte des Flughafens von Palma wirkt im Gegensatz zur Historie des Lübecker Flughafens fast monothematisch: Der Flughafen diente neben der Versorgung und dem Transport der Inselbewohner sowie der militärischen Nutzung von Anfang an vor allem touristischen Zielen.

Da ein Flughafen seit der Massennutzung des Flugzeuges eine Voraussetzung für wirtschaftlich relevanten Tourismus ist, wurde auch der mallorquinische Flughafen immer weiter ausgebaut. Anders als in Lübeck gab es von Seiten der Bevölkerung oder der Politik hierbei kaum Probleme – zu viele Bewohner Mallorcas waren und sind vom Tourismus abhängig und auf einen Flughafen angewiesen, der die Touristenmassen bewältigen kann.

Die Ungeübten Manuela und Christian: *„‚Delayed' heißt doch ‚gelandet'?"*

Auf meinem Rückflug von Palma nach Lübeck einen Tag später, also am 4. Juli um 10.05 Uhr, steht am Fenster des Abfluggates nach Lübeck eng umschlungen ein junges Paar und schaut auf das Vorfeld.

Der junge Mann heißt Christian, ist 25 Jahre alt und staatlich geprüfter Elektrotechniker aus Eutin, seine Freundin heißt Manuela, sie ist 23 Jahre alt und arbeitet als Verwaltungsfachangestellte ebenfalls im Kreis Eutin. Beide tragen Segelschuhe, Jeans und bunte T-Shirts. Auf Manuelas linkem Schneidezahn klebt ein Diamant, der im Licht blitzt, wenn sie lacht.

Ihren fünftägigen Mallorca-Urlaub hatten die beiden vor 2,5 Monaten gebucht, als sie noch gar kein Paar waren. Sie verstanden sich aber schon so gut, dass sie gemein-

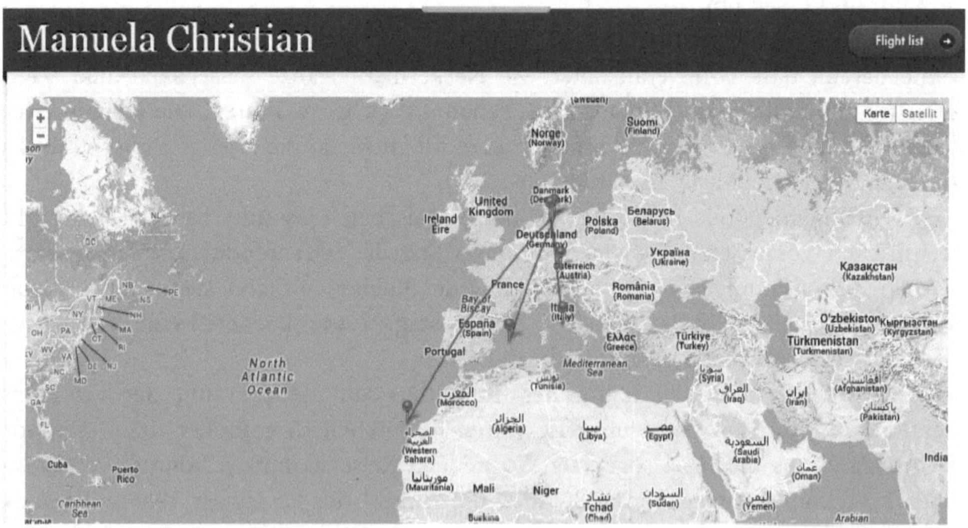

Abbildung 57: Gemeinsames Flightdiary von Manuela und Christian

Abbildung 58: Palma de Mallorca Airport

sam verreisen wollten und wurden vor zwei Monaten dann zum Liebespaar. Gewohnt haben Manuela und Christian in S'Arenal am Ballermann 1[66], also am Anfang der Touristenmeile.

Manuela erzählt stolz, dass dies ihr fünfter Flug sei, ihre bisherigen Destinationen waren Mallorca, Gran Canaria, Rom und München. Mallorca ist für Manuela ein ideales Urlaubsreiseziel, da sie aufgrund von Thrombose nur Kurzstrecken fliegen darf.

Christian ist letztes Jahr das erste Mal geflogen – ebenfalls nach Mallorca.

> *C: „Wir waren eine ganze Gruppe. Vierzehn Leute. Das war ein richtiger Saufurlaub. Wir haben nur auf dem Balkon gesessen und getrunken."*

Er war sehr enttäuscht darüber, kaum etwas von der Insel gesehen zu haben und ist deshalb dieses Jahr noch einmal mit Manuela zurückgekehrt.

Buchung

Im Gegensatz zu Andrea, Arjona, Gitta und Ronny haben Manuela und Christian zu ihrem günstigen Flug mehrere kostenpflichtige Zusatzoptionen gebucht. Sie haben zusammenhängende Plätze[67], sie nutzen beide das Priority Boarding und zu den 10 kg Freigepäck pro Person und den zwei Handgepäckstaschen haben sie auch noch einen

---

66 ‚Ballermann' ist eine von deutschen Mallorca-Urlaubern zunächst scherzhaft verwendete Abwandlung des spanischen ‚Balneario', die sich als halboffizielle Bezeichnung durchgesetzt hat. Wörtlich übersetzt heißt Balneario ‚Heilbad', in Palma wird der Ausdruck jedoch auch für die Strandbars verwendet, die entlang des Strandes Platja de Palma liegen. Da die Strandbars durchnummeriert sind, dienen sie den Touristen auch als Orientierungspunkte.

67 Zu untersuchen wäre auch, wie sich ein gemeinsamer Urlaub verändert, wenn zusammen Reisende getrennt sitzend hin- und zurückfliegen. Wie verargumentieren Paare, dass sie sich für getrennte Plätz entschieden haben? Was geht getrennt Sitzenden verloren? Buchen Paare und Familien eher zusammenhängende Plätze oder sparen sie sich das Geld lieber für den Urlaub?

gemeinsamen dritten Koffer eingecheckt. Ein Low-cost-Carrier-Flug ist jedoch nur dann besonders günstig, wenn der Passagier auf alle Extrawünsche und möglichst auch Gepäck verzichtet. Von einem ‚Billigflug' kann man bei Manuela und Christian aufgrund der angefallenen Kosten kaum noch sprechen.

Christian erklärt sein Buchungsverhalten damit, dass er sich mit Manuela im Urlaub auch mal *„etwas gönnen"* will und alles möglichst perfekt, bequem und sicher sein soll.

Vom ‚Priority Boarding' ist Christian besonders begeistert. Er sehnt den Moment regelrecht herbei, in dem die Priority Boarder aufgerufen werden, um sich vor allen anderen Reisenden alleine in die Schlange zum Boarding zu stellen:

> *C: „Man geht mit den ersten zwanzig, dreißig Leuten rein. Dann muss man sich nicht mit den anderen drängeln. Das ist entspannt. Das war es wert. Das würde ich jederzeit wieder machen!"*

Gepäck

Für die fünftägige Reise an einen so warmen Ort wie Mallorca im Sommer haben Christian und Manuela mit zwei 10-kg-Rollkoffern, zwei Handgepäckstaschen und einem Reisekoffer überdurchschnittlich viel Gepäck dabei. Christian hat sogar mehrere warme Pullover eingepackt *(„Falls es doch kalt wird")* und zu der einen langen Hose, die er auf dem Flug trägt, auch noch eine zweite lange Hose im Koffer.

> *C: „Falls der ersten Hose was passiert. Denn ich wollte unbedingt lang zurückfliegen. Ich find's immer kühl bei Ryanair im Flugzeug."*

Viel Gepäck kann auch eine Strategie sein, um mit wenig Reiseerfahrung auf möglichst viel vorbereitet zu sein. Daniella Seidl und Johannes Moser stellen in ihrem Sammelband „Dinge auf Reisen: Materielle Kultur und Tourismus" (2009) fest, dass das Reisen einen „Erfahrungs- und Handlungsraum" darstellt, „der gerade zwischen dem Wunsch nach Vertrautem und der Neugier nach Fremdem oszilliert", den Dingen kommt deshalb eine hohe Bedeutung als „emotionale Verbindungsglieder zwischen Arbeit und Urlaub" zu, sie dienen „als ‚Link' und verknüpfen beide Bedeutungssetzungen (vgl. Larsen 2008)" (Seidl, Moser 2009: 11).

Bei Gitta und Ronny, die sehr viel länger auf Mallorca bleiben werden als Manuela und Christian, war das materielle Gepäck viel geringer. Durch das viele Hin- und Herreisen hat sich für sie klar herauskristallisiert, was sie mitbringen müssen und was vor Ort vorhanden ist. Auf ihr weniges Gepäck sind die beiden sogar stolz, es unterscheidet sie ihrer Meinung nach von den Urlaubern ohne Wohneigentum und weist sie als Reiseexperten aus. Denn je weniger Gepäck ein Reisender dabeihat, desto geübter wirkt er.

Sprache

Nach einer halben Stunde Wartezeit auf unsere verspätete Maschine läuft Christian plötzlich aufgeregt zu mir und ruft:

> *„Die Maschine ist gelandet!"*

Ich bin erstaunt, denn auf dem Rollfeld ist nichts zu sehen und die Verspätung sollte ja viel größer sein.

> *C: „Da blinkt doch ‚delayed'! ‚Delayed' heißt doch gelandet?"*
> *KBS: „Nein, ‚delayed' heißt verspätet."*
> *C: „Ach so." (Enttäuscht setzt er sich wieder hin.)*

Christian hat zwar in der Schule Englisch gelernt, es aber nie praktiziert und deshalb mittlerweile fast alles vergessen. Jetzt ärgert er sich allerdings nicht darüber, dass er nicht gut Englisch spricht, sondern darüber, dass nicht alle anderen Deutsch sprechen, zum Beispiel die Flugzeug-Crew:

> *C: „Der eine Flughafen [auf der Strecke Lübeck-Palma] ist doch in Deutschland, da sollte immer jemand vom Personal Deutsch sprechen. Klar kann man sich auch mit Händen und Füßen verständigen, aber ich finde das nicht gut, wenn keiner an Bord Deutsch spricht."*

Die englische Sprache ist zur Voraussetzung für das Reisen in andere Länder geworden, gerade in der Airworld wird Englisch als Sprache der Verständigung vorausgesetzt. Was auf Mallorca für Christian und Manuela noch sehr gut funktioniert hat, da die meisten Dienstleister im Tourismusgewerbe die deutsche Sprache beherrschen, stößt am Flughafen und im Billigflieger an seine Grenzen – auch, weil mindestens eine Person der Crew an Bord, die die Landessprache des Abflugs- oder Zielortes spricht, logistisch für den international operierenden Low-cost-Carrier schwer machbar wäre.

Verhalten während des Fluges

Nicht nur an ihrem vielen Gepäck, auch an ihrem Verhalten ist abzulesen, dass Manuela und Christian selten fliegen. Manuela zum Beispiel fotografiert während des Fluges aus dem Flugzeugfenster, weil die Aussicht auf die Wolken und die Landschaft sie jedes Mal aufs Neue begeistert und der Blick von oben für sie noch etwas Besonderes ist. Die Vielflieger und Fluggeübten machen dies nicht mehr, für sie ist der Blick auf Wolken und Erdoberfläche inzwischen alltäglich geworden. Als ich mich nach dem Einsteigen zu Manuela setze, hat sie bereits acht Fotos gemacht, dabei steht die Maschine noch auf dem Rollfeld.

Während des Fluges ist es in der Kabine zwar viel ruhiger als auf dem Hinflug, dafür drohen von außen Turbulenzen. Mehrmals wackelt das Flugzeug hin und her und Christian verstummt und steckt sich seine Kopfhörer mit Elektrodance-Musik in die Ohren. Dann greift seine Hand hilfesuchend nach Manuelas Bein, doch schon wenig später landet die Maschine hart, aber wohlbehalten am Flughafen in Lübeck.

Diesmal funktioniert es nicht mit dem kollektiven Klatschen: Eine Familie hinter uns beginnt schon die Hände gegeneinander zu schlagen und zu jubeln, als das Flugzeug noch gar nicht den Boden berührt hat und kein anderer Passagier steigt in den Applaus ein. Mit der ersten Bodenberührung wird weiter hinten geklatscht, aber auch dieses Mal will sich die Welle nicht weiter ausbreiten. Eine letzte Klatschgruppe beginnt, als das Flugzeug endgültig gestoppt hat, doch auch ihr Applaus will sich nicht fortsetzen. Vielleicht ist die Euphorie auf dem Rückweg weniger groß als auf dem Weg in den Urlaub, vielleicht ist die Maschine zu leer, um ein Gemeinschaftsgefühl entstehen zu lassen oder die Dankbarkeit der Passagiere über eine glückliche Landung hat sich nach Verspätung, Turbulenzen und hartem Aufkommen zu stark minimiert. Dieses Ereignis zeigt jedoch, dass auch das gerne als Stereotyp erwähnte Klatschen im Urlaubsflieger eine fragile Angelegenheit ist und nicht bei jeder Landung erfolgreich abgerufen werden kann.

Nach der Landung beeilen sich die Passagiere wie auf dem Hinflug mit dem Aussteigen, drängeln zum Ausgang und laufen über das Rollfeld zum Flughafengebäude. Am Gepäckband frage ich Christian und Manuela zum Abschied noch, wohin die nächste Reise wohl gehen wird. Manuela antwortet sofort:

> *„Barcelona im November, vier Tage. Das haben wir uns fest vorgenommen!"*

Sie greift nach Christians Hand. Christian wiederum kann sich andere Reiseziele als Mallorca noch immer kaum vorstellen. Er würde am liebsten nächstes Jahr wieder nach Palma fliegen.

Low-cost-Einflüsse

In ihrer Studie zum Thema „Low-cost Urbanism" hat Alexa Färber das Verhältnis von Stadt und Mobilität durch ‚Billigflieger' in der EU untersucht (Färber 2011) und die Frage gestellt, ob es durch die Low-cost-Carrier zu Urbanität, Demokratisierung und Europäisierung „zum Niedrigpreis" gekommen sei (ebd.: 178). Ich möchte diese Frage zusätzlich ausdehnen auf die Peripherie abseits der Metropolen und sie in allen drei Bereichen mit einem typisch volkskundlich klaren „Ja, aber..." beantworten:

Urbanität und der Einfluss der Low-cost-Entwicklung im Luftfahrtbereich auf die Stadt und das Imaginäre von Stadt spielen in Lübeck kaum eine Rolle, denn, wie Färber richtig bemerkt hat, verschwindet der Flughafen hinter seinem Namensgeber der Stadt Hamburg, zu der die meisten Touristen gleich nach der Landung weiterreisen. In Hamburg hingegen (und auch in der zweiten hier beschriebenen Destination Palma) ist die ‚Low-cost Tourism'-Infrastruktur aus Hotels, Restaurants und Erlebnisangeboten, die parallel zu den Billigfliegern entstanden ist, aber durchaus vorhanden (vgl. Jana Richter in Färbers Panel beim dgv-Kongress 2010 sowie Richter 2011: 199). Die Einflüsse von Low-cost auf Lübeck gehen über das Gebaute hinaus und finden sich eher in anderen Bereichen, zum Beispiel der Arbeit, wieder: Zusammen mit Ryanair und Wizzair erschloss der Lübecker Flughafen den Low-cost-Arbeitsmarkt in Norddeutschland für östlichere EU-Länder (oder Länder, die noch nicht Teil der EU sind wie die Ukraine), indem sie dank neuer Routen und günstiger Preise neue Formen des Pendelns über Ländergrenzen hinweg möglich machten. Somit war internationales multilokales Leben nicht mehr nur für eine Minderheit elitärer und hochausgebildeter Berufsgruppen möglich, sondern auch für Beschäftigte im Niedriglohnsektor.

Auch Urlaub hat sich aufgrund der Billigflüge ab LBC rund um Lübeck verändert und zwar nicht nur im direkten Umland, sondern im bis nach Dänemark reichenden Einzugsgebiet des Flughafens. Viele Passagiere sind erst mit den Low-cost-Airlines der Regionalflughäfen auf das Flugzeug als Urlaubstransportmittel umgestiegen und buchen nun nicht mehr einen großen Jahresurlaub, sondern mehrere kleine Flug-Kurzurlaube. Aufgrund der Low-cost-Flieger sind außerdem neue Tourismus-Modelle rund um Lübeck entstanden, zum Beispiel das nicht hierarchisch gewichtete Wohnen von Gitta und Ronny, das den ‚Zweitwohnsitz' abgelöst hat.

Es hat also durchaus eine ‚Demokratisierung des Flugwesens zum Niedrigpreis' in der Provinz (und vielleicht sogar besonders hier) stattgefunden und die Regionalflughäfen heben „die geographisch privilegierte Zugangsposition von Großstädtern zu Flugmobilität" (Färber, Vetter 2011: 216) ein stückweit auf – nun wohnen auch potentielle Passagiere wie Manuela und Christian aus Eutin in der Nähe eines ‚echten' Flughafens.

Aufgrund der geringen Flugpreise sind im Low-cost Urlaubsflieger die multilokale Studentin Andrea genauso unterwegs wie die polnische Arbeitsmigrantin Arjona, die bilokalen Rentner Gitta und Ronny, das junge Paar Manuela und Christian oder die dänischen Familien. Alle Mitglieder dieser Urlaubs-Community eint, dass sie sich diesen Flug in ein anderes Land leisten können, egal, ob sie erst am Anfang ihres Erwerbslebens stehen, ob sie aus einem ärmeren EU-Land stammen oder ob sie Studenten oder Rentner sind.

Das ‚Phänomen Billigflieger' hat also durchaus etwas Inkludierendes, denn etwas, was „in dieser Intensität (Frequenz, räumliche Distanz und Verteilung) bisher eher Eliten vorbehalten" (Färber 2011: 179) war, könnte nun auch von anderen Bevölkerungsschichten praktiziert werden.

Diese Entwicklung hat sich allerdings nicht plötzlich, sondern über viele Jahre hinweg vollzogen. Manuelas und Christians Eltern, von denen ich vermutet hatte, dass sie in den ersten Jahren der Billigfliegerei sicherlich mit ihren Kindern geflogen wären, haben dies nicht getan, obwohl sie in einer Gegend leben, in der ein Low-cost-Flughafen direkt vor der Haustür seit mehr als fünfzehn Jahren Billigflüge anbietet. Auch Arjona und ihre Familie sind noch nicht lange im Urlaub aeromobil, das ist ihrem Verhalten deutlich anzumerken.

Und gleichzeitig täuscht dieses Bild von ‚Alle sind vorhanden', denn das Konzept ‚Billigflieger' schließt ganz explizit Menschengruppen aus: Wer keinen Zugang zum Internet hat oder nicht damit umzugehen weiß, wer keinen funktionsfähigen Drucker zu Hause oder bei der Arbeit nutzen kann und wer nicht im Besitz einer Kreditkarte ist, der hat wenig Chancen, sich einen günstigen Low-cost-Flug zu buchen und das Ticket auszudrucken. Das Reisebüro vermittelt nicht zwischen Kunden und Low-cost-Airlines (so, wie es das früher zwischen Reiseveranstalter und Kunde getan hat) – das Lübecker Reisebüro ‚Gilly' beispielsweise nimmt keine Buchungen für Kunden von Ryanair vor, gebucht werden nur Hotels für Urlauber, die sich schon selbst um ihren Flug gekümmert haben.

Mit dem Low-cost der Luftfahrt in der Peripherie ist auf gewisse Weise eine ‚Europäisierung zum Niedrigpreis' verknüpft, denn die Billigflieger verleihen hier „der Europäisierung eine neue alltagskulturelle Dimension", indem zum Beispiel die verschiedensten Akteure Europa „durch multilokale Praktiken" erfahren und Europäisierung so erst umsetzen (Färber 2011: 178). Das belegen auch die Zahlen des Airport Council International, die aussagen, dass innerhalb der EU seit 2007 „eine Verdreifachung des Flugverkehrs zu beobachten" war (ebd.), und das ist gewiss nicht allein auf die Metropolen-Flughäfen beschränkt.

Darüber hinaus sind das Phänomen der Low-cost-Carrier und das politisch-wirtschaftliche Gebilde ‚EU' auch in der Peripherie eng miteinander verschränkt: Die Flugnetze der Billigflieger „reflektieren" (ebd.: 179) den politischen, wirtschaftlichen, sozialen und kulturellen Europäisierungsprozess mit den von ihm geschaffenen Verbindungen (siehe die Entstehung von Wizzair und die Verbindung Gdansk-Lübeck nach dem Inkrafttreten des Gesetzes zur Freizügigkeit) und „sie gestalten ihn mit, indem sie zu einer im Alltag spürbaren räumlichen Annäherung der verschiedenen Regionen beitragen" (ebd.).

Gleichzeitig kommt es jedoch auch zu einer Zunahme von Distinktionen, denn da Mobilität „den Austausch symbolischer Formen und Praktiken des Umgangs mit Differenz und Diversitäts-Kategorien beständig anfacht" (Knecht 2011: 217.), kann es letztendlich nicht nur zu den länderübergreifenden Interaktionen und Verflechtungen zwischen den Menschen und ihren Kulturen kommen, sondern auch zu „einer Multiplizierung von Distanzmarkierungen, Partikularitätsbehauptungen und lokalen und regionalen Verbesonderungen" (ebd.).

In diesem Fall wird das Medium Flugzeug, das einmal angetreten war, um Distanzen zwischen den Menschen zu verringern, sogar zum Verstärker für Distanzen vergrößernde Entwicklungen.

Im Low-cost-Flieger nach Mallorca sind unterschiedlichste Verflechtungen auf engstem Raume zu beobachten: In der Maschine treffen unterschiedliche Menschen, Wissensstände, Reisegründe, Kapitale, Urlaubsarten und Geschwindigkeiten aufeinander: urlaubende Arbeitsmigranten treffen auf professionell-bilokale Ruheständler, multilokale Studentinnen auf mono-reiseziel-affine deutsche Pärchen; Rentner-Ökonomien werden an Bord mit Arbeitsmigrations-Ökonomien oder studentischen Ökonomien konfrontiert. Auf übergeordneter Ebene treffen globale Ökonomien (zum Beispiel von Fluggesellschaften) auf EU-Ökonomien (zum Beispiel in Form von Gesetzen wie dem der Freizügigkeit oder von EU-Beihilfen). Rund um die Low-cost-Maschine manifestiert sich also weit mehr als allein das Thema Urlaub.

Vom Urlaubsflieger zum Arbeitsflieger

In der nächsten Vignette widme ich mich dem Vielflieger Tim, der (upgegradet um ein Smartphone) Augés Idealbild Pierre Dupont am nächsten kommt. Das Urlaubsverkehrsmittel ‚Flugzeug' wird bei Tim zum Arbeitstransportmittel, die Shorts der Passagiere weichen Anzügen, der Start in die Erholung wird hier zur alltäglichen Anstrengung und das ‚Alles ist möglich' aus dem Urlaubsflieger wandelt sich zu den durchaus strengeren Regeln, die in einem Linienflieger durchgesetzt werden.

4.3 Optimiert fliegen

Vielflieger Tim: *„Es hat sich perfektioniert mittlerweile"*

Die meisten Menschen, mit denen ich während dieser Forschung sprach, assoziierten mit vielfliegenden Passagieren Aktentaschen tragende Männer in Anzügen wie Ryan Bingham aus „Up in the Air", die an der Sicherheitsschleuse keine Bewegung zu viel machen und kurze Zeit später schon wieder in den exklusiven Lounges der ‚Senatoren' verschwunden sind. Tim bedient dieses Cliché perfekt: Er gehört zu den hochgebildeten Hypermobilen, die ihr Leben scheinbar mühelos „über getrennte Räume hinweg" (Ahrens 2001: 170) aufspannen und dabei komplexe raumzeitliche Aktivitäten miteinander kombinieren. Er ist der „reisegewohnte Kosmopolit" (Löfgren [1995], nach Hilti 2007: 185) mit dem immer gut gebügelten weißen Hemd, „der sich in jeder Transithalle zu Hause fühlen kann (und sich mit seiner Visakarte sicher fühlt)" (ebd.) - ein ‚moderner Pierre Dupont'.

Was hinter diesem Verhalten tatsächlich mikrokosmisch und alltagsnah steckt, muss jedoch erst untersucht werden.

Abbildung 59: George Clooney als Vielflieger Ryan Bingham in „Up in the Air"

Genauso gut ist Tim nämlich auch mit den Arbeitnehmern vergleichbar, die Richard Sennet 1998 in „Der flexible Mensch" als gehetzt und zerrissen beschreibt, da der hohe Grad an Mobilität, der ihnen in Bezug auf ihre Arbeit abverlangt wird, eine große Belastung für das Vereinbaren von Job und Privatleben darstellt. Die Prozentzahl der beruflich Fliegenden ist hoch, etwa 40 % aller Flugzeugpassagiere sind laut des Bundesverbandes für Luftverkehrswirtschaft am Flughafen beruflich unterwegs.[68]

Biografische Informationen und Kontaktaufnahme

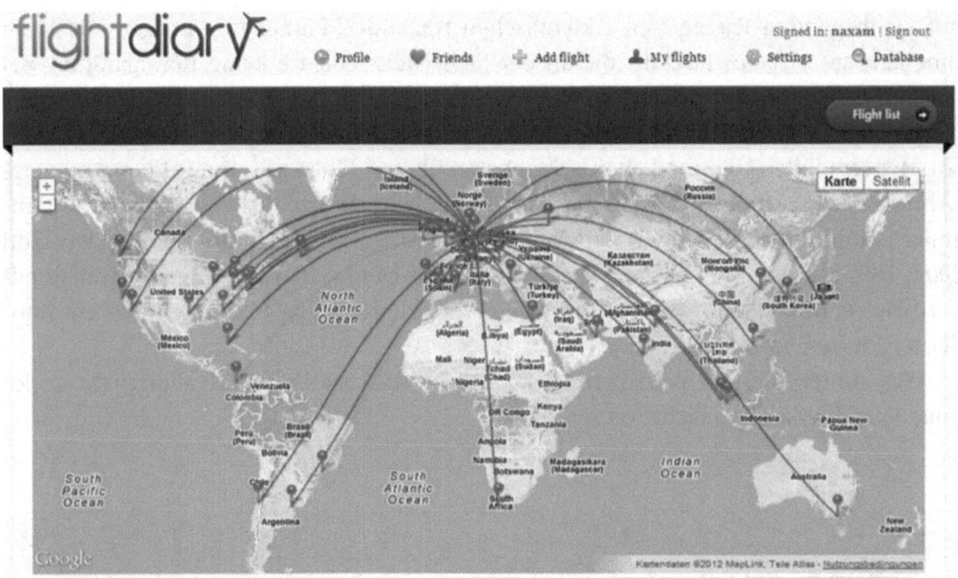

Abbildung 60: Flightdiary von Tim

Tim ist 55 Jahre alt, hat drei Kinder aus zwei Ehen und lebt im Norden Hamburgs. Seit 2006 ist Tim einer der Geschäftsführer eines Unternehmens, das weltweit Airline- und Airport-Geschäftsprozesse optimiert und IT-Lösungen bereitstellt. Seit zehn Jahren fliegt Tim beruflich mindestens zweimal die Woche innereuropäisch, meistens nach Frankfurt, und einmal im Monat interkontinental, zum Beispiel nach Dallas und Seoul.[69] Die Buchungen für die vielen Flüge übernimmt Tims Sekretärin für ihn. Zwei Drittel seiner Flugzeit fliegt Tim alleine, den Rest der Flüge legt er mit Kollegen zurück. Privat fliegt Tim höchstens zwei Mal im Jahr mit seiner Familie in den Urlaub. So mobil Tims Leben wirken mag, seine Wohn- und Arbeitssituation ist extrem stabil: Er lebt seit 51 Jahren im selben Haus und sein Arbeitgeber ist seit mehr als 20 Jahren ebenfalls derselbe.

---

68 Bundesverband der Deutschen Luftverkehrswirtschaft (2013). Diese Zahl gilt auch für die Passagiere des Hamburger Flughafens.

69 Tim fliegt zu oft, als dass man es im Flightdiary darstellen kann, deshalb handelt es sich hier nur um eine vereinfachte Darstellung.

Der Kontakt zu Tim kam über familiäre Beziehungen zustande und die Kommunikation lief später nicht über Tim persönlich, sondern über seine Sekretärin.

Zuerst führte ich mit Tim ein Experten-Interview in seinem Büro im Norden Hamburgs, um die IT-Systeme, die so gut wie unsichtbar hinter dem Fliegen stehen, kennen zu lernen. Während des Interviews lieferte Tim jedoch nicht nur als Informant für die Computersysteme der Luftfahrt aufschlussreiches Material, sondern auch als selbst vielfliegender Passagier – er ist also in doppelter Hinsicht ein Experte. Am Ende unserer Unterhaltung schlug Tim ein gemeinsames Treffen am Hamburger Flughafen vor, damit ich sehen könne, wie sehr er die Abläufe des aeromobilen Unterwegsseins im Laufe der Jahre perfektioniert habe.

Private Optimierungen von Airline-Prozessen: *„Alles ist zeitoptimiert."*

Ein paar Monate nach unserem ersten Gespräch wollen Tim und ich gemeinsam von Hamburg nach Frankfurt am Main fliegen, wo die wöchentliche Sitzung der Geschäftsführer von Tims Firma stattfindet.

Tims Sekretärin hatte mir angeboten, Tim und mich gemeinsam einzuchecken und wollte mir im Anschluss den Boarding Pass auf mein Handy schicken (so war sie es von Tim gewohnt), doch mein Mobiltelefon war zu diesem Zeitpunkt noch nicht internetfähig, also druckte ich mir mein Ticket selbst auf Papier aus. Von Anfang an war klar, dass wir Business Class fliegen würden, denn das ist für Tim Standard:

> *T: „Man hat mehr Platz, der Service ist besser, hier krieg' ich meinen Spiegel und ein Frühstück, was man essen kann (lacht). Meistens zumindest. Man sitzt vorne, muss nicht als erster einsteigen, kommt als erstes raus. Alles ist zeitoptimiert. Sonst verliert man noch mal 20 Minuten, wenn man hinten sitzt."*

Die Flug-Choreografie beginnt zu Hause

8.30 Uhr

Am 11.04.2011 treffe ich mich nur eine Stunde vor unserem Abflug mit Tim bei ihm zu Hause, unweit des Hamburger Flughafens. Seine Frau empfängt mich sehr sympathisch mit einem lila Handtuch auf dem Kopf und nassen Haaren. Der kleine Sohn war krank in der Nacht – *„Sonst wären wir alle schon weiter"*, sagt sie entschuldigend.

8.50 Uhr

Zwanzig Minuten später kommt mit ebenfalls noch nassen Haaren auch Tim ins Wohnzimmer. Nachdem er auf die Uhr geschaut hat, startet merklich der Countdown bis zum Abflug: Noch 40 Minuten. Tim räumt seine Sporttasche aus dem Kofferraum, sucht kurz seine Arbeitstasche und ist dann bereit zur Abfahrt. Er ist braun gebrannt, trägt ein blütenweißes knitterfreies Hemd, Anzug und Krawatte – man merkt, dass er Wert auf sein Äußeres legt. Sein zweijähriger Sohn sitzt nur mit einer Windel bekleidet am Fenster des Hauses und winkt ihm nach. Tim winkt auch sehr lange aus dem Auto heraus zurück, er kann sich kaum von seinem Sohn trennen, obwohl er spät dran ist.

Später wird er erzählen, wie schwer ihm die Abschiede von seiner Familie jedes Mal fallen – das Flugzeug bringt die Familie nicht nur zusammen, es reißt sie auch auseinander.

8.58 Uhr

Während wir von der Auffahrt auf die Straße fahren, ruft Tim bei „Car Maxx Park and Fly" an und teilt mit, dass er jetzt losgefahren sei – seine private Airworld-Choreografie beginnt:

> *T: „Ich befürchte, ich bin in zehn Minuten da!",*

Mir erklärt er, was gleich passieren wird:

> *T: „Die nehmen mir das Auto am Terminal ab, waschen es, wenn's nötig ist, tanken und bringen es rechtzeitig wieder."*

Dieser Service wird ‚Valet Parking' genannt und auf der Website der Firma als „Professionelles Carmanagement und Fullservice für Flugreisende" (Website Car Maxx) beschrieben. Dadurch, dass Tim sich nicht um das Parken kümmern muss, spart er wertvolle Minuten und kann später zu Hause losfahren. Auf der Website betont das Unternehmen den Faktor ‚Optimierung' und die Effizienz seiner Dienstleistung:

> *„In Zeiten veränderter wirtschaftlicher Rahmenbedingungen gewinnt der Faktor Effektivität einen neuen Stellenwert. (…) Die Vorbereitungen für Buchung und Reiseplanung sind meist perfekt und doch gibt es vor und nach dem Flug erheblichen Optimierungsbedarf. Auch international tätige Vielflieger müssen meist immer noch umständlich einen Parkplatz suchen und nach Rückankunft nicht selten auch das Auto." (ebd.)*

Abbildung 61: Screenshot der Website von Car Maxx

Während wir durch Norderstedt fahren, erzählt Tim, dass er immer zwei Stunden vor dem Abflug aufsteht. Eine Stunde ist er dann zu Hause, frühstückt und macht sich fertig, dreißig Minuten braucht er zum Terminal. Zehn Minuten vor Abflug muss er wie jeder Passagier spätestens am Gate sein, sonst hat er kein Anrecht darauf, mitgenommen zu werden. Das weiß Tim und nutzt den Zeitrahmen bis auf die letzte Minute aus.

Als nächstes checkt Tim, ob mittlerweile die Bordkarte auf seinem Handy angekommen ist. An diesem Tag hat seine Sekretärin allerdings vergessen ihn einzubuchen. Tim ist ungehalten:

> *T: „Dann wird es irgendwann eng, telefonisch einchecken geht irgendwann nicht mehr und wenn es dann noch eine Schlange am Schalter gibt... für solche Extravaganzen habe ich keine Zeit!"*

Gepäck-, Sitzplatz- und Hotelstrategien

Schon jetzt ist klar: Tim optimiert nicht nur für seine Firma die aeromobilen Abläufe, er hat auch für sein privates Fliegen eine Reihe von Strategien entwickelt.

Gepäck:

> *T: „Also das ist alles fertig gepackt. Der Koffer, bestimmte Sachen, die ich dabei hab', die werden nicht verändert, die werden kontrolliert einmal im Monat, vor der Abreise, in der Regel, ob das noch alles da ist, was man braucht. Also die Crème, die Zahnpasta in der richtigen Größe, die Rasierklingen, die Aspirin / die Kopfschmerztabletten, die Adapter, also das ist – perfekt."*

Als seine kleine Tochter vor kurzem Heimweh auf einer Reise mit ihrer Fußballmannschaft bekam und Tim und seine Frau schnell packten, um sie dort abzuholen, brauchte er vier Minuten:

> *T: „Ich hole meinen Koffer raus, stelle den hin, pack' die Anzahl Unterwäsche, Socken, zwei T-Shirts, ein Hemd, eine Hose – ich weiß genau, was ich packen muss, den Schlafanzug, der liegt auch schon drin. Und das, was man so an Badezimmer- und sonstwie -utensilien hat, ist alles drin. Und meine Frau stand daneben und sagt: ‚Du musst noch packen.' Ich sage: ‚Ich hab' gepackt.' (...) Also, es hat sich irgendwie perfektioniert, glaube ich, mittlerweile."*

Auch beim Packen erinnert Tim an den Vielflieger Ryan Bingham aus „Up in the Air"[70]. Tim kennt den Film (er hat ihn im Flugzeug gesehen) und erzählt mir, dass er sich mit Bingham sehr identifizieren konnte. Am meisten Eindruck hatte aber eine Film-Requisite auf ihn gemacht:

---

70 Tims Gepäck besteht nur aus Handgepäck, wenn er beruflich unterwegs ist, da er dieses nicht einchecken muss und so Zeit spart. Orvar Löfgren hierzu (auch in Bezug auf „Up in the Air"): „Das Leben ist zu kurz, um Gepäck einzuchecken" (Löfgren 2014: 34).

Abbildung 62: Vielflieger Ryan Bingham beim Packen

T: „Ich war richtig neidisch auf den Koffer!"

Vor allem das Koffer-Hemdenfach hatte Tim im Film begeistert, denn Hemden so einzupacken, dass sie möglichst wenig zerknittern, ist laut Tim eine Kunst. Das ‚unzerknitterte Hemd' taucht in seinen Erzählungen immer wieder auf, es wird zum Symbol der Elite-Vielflieger, die alles im Griff haben und die sogar dann noch im frisch gebügelten Hemd im Büro in Singapur auftauchen, wenn sie über Nacht aus Deutschland hergeflogen sind. Sobald Tim wieder zu Hause war, kaufte er sich den offiziellen „Up in the Air"-Koffer – den ‚Crew 8' der Firma Travelpro.

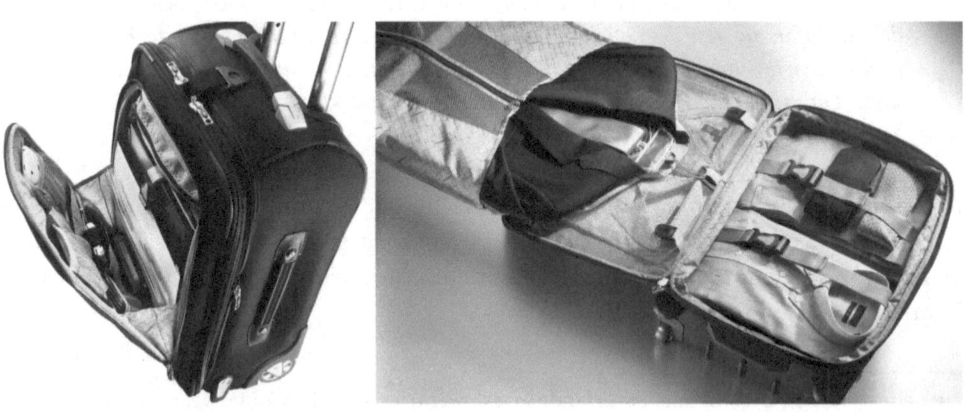

Abbildung 63: Der ‚Crew 8' der Firma Travelpro

Sitzplatz:

> *T: „Die nächste Strategie ist der richtige Sitzplatz. (...) Mittlerweile kenne ich jeden Flugzeugtyp und weiß, wo der beste Platz ist. Zum Schlafen, zum Aussteigen. Ist Reihe 9, Platz A oder F, weil erstens, man hat keinen Vordermann. Zweitens, man ist in der Nähe des Badezimmers und das ist zwar manchmal laut. Drittens, man ist direkt an der Ausgangstür, weil die zweite Ausgangstür in Dallas genutzt wird, das bedeutet, dass man mit als erster rauskommt. Das bedeutet, dass man bei der Emigration [lacht], in der Schlange vorne ist, und dass man Zeit spart, weil das kostet sonst noch mal 30 Minuten. Solche Strategien entwickelt man."*

Tim sitzt also nicht einfach irgendwo, er hat für jeden Flugzeugtyp und für jede Art von Reise einen Lieblingsplatz, der entweder Zeit spart oder den Flug möglichst angenehm macht. Auf seinen montäglichen Flügen nach Frankfurt sitzt er am liebsten am Fenster.

Hotels:

Die nächste Strategie betrifft die Hotels. Tim bucht, egal in welchem Land er sich aufhält, immer das Hilton:

> *T: „Man weiß zu schätzen, was eine Hotelkette eigentlich bedeutet, nämlich nicht, dass es eine Hotelkette ist, sondern dass man weiß, dass eine Hotelkette wie Hilton, wenn man sie nutzt... dass eben Hilton weltweit ein Standardzimmer hat, egal ob man in Bangkok ist oder in Dallas ist oder sonstwo."*

Abbildung 64: Standardzimmer im Hilton (hier in Singapur)

Touristen suchen für ihre Reisen das besondere Hotel, Tim bevorzugt dank genormter Standardzimmer in jedem Land das gleiche. Das Hilton ist übrigens auch die Kette, die Ryan Bingham in ‚Up in the air' nutzt. „In einem fremden Land, weit entfernt von Freunden, der eigenen Wohnung und persönlichen Gegenständen" (Vonderau 2003: 35) ist das Gewohnte und bereits Erlernte für Tim wichtiger als die Abwechslung landestypischer Besonderheiten. Tim schläft also zwar immer wieder woanders, aber dieses Woanders ist dafür immer gleich.

Auch Tims Arbeitsleben spielt sich in den immer gleichen standardisierten Räumen des Dazwischen ab: in Konferenzräumen, Büros, Lounges, dem Inneren von Taxen, Mietwägen usw. Die „eigentliche Kunst des Reiseexperten" (ebd.: 73) besteht also

> *„weniger darin, sich in der Arbeitswelt zurecht zu finden, als in der Fähigkeit, sich selbst im Raum zu rekonstruieren, Nischen für das Private aufzuspüren und ‚eigene' Orte zu schaffen, unabhängig davon, in welchem Land oder in welcher Stadt er sich befindet" (Vonderau 2003: 73).*

Ein weiterer Grund, der laut Tim für das Hilton spricht, ist übrigens, dass es dort nach amerikanischem Muster immer ein Bügelbrett und ein Dampfbügeleisen gibt. So kann er vor Ort problemlos seine Hemden bügeln.

Am Flughafen

9.13 Uhr

Wir kommen nach 15 Minuten Autofahrt am Flughafen an, Tim fährt die Rampe hoch zu den Parkplätzen beim Abflug und hält auf Höhe der Airport Plaza. Ein Carmaxx-Mitarbeiter in Firmenweste wartet schon mit einem Block in der Hand, nimmt das Auto in Empfang, fragt, was gemacht werden soll, und notiert, wann Tim zurückkommt.

9.15 Uhr

Wir betreten die lichtdurchflutete Abflughalle und bahnen uns eine Schneise durch die viel langsamer laufenden Touristen, die in Richtung Sicherheitskontrolle unterwegs sind. Wir wissen genau, wo wir hinwollen – die Touristen sind da noch unsicher, ihre Körper und Blicke sprechen das deutlich aus und sie schauen überall hin, nur nicht nach vorne (vgl. auch Orvar Löfgren zur „Konfrontation von touristischem mit berufsbedingtem Reisen", Löfgren 2014: 34).

Glas, Stahl, Licht – der Hamburger Flughafen

Über uns spannt sich eine gläserne Halbkuppel auf, die zum Vorfeld hin stetig ansteigt. Es wirkt als würde sie selbst jeden Moment abheben wollen. Die grauen, schmalen Tragwerkstützen aus Metall erinnern an das Astwerk von Bäumen. Insgesamt gibt es drei dieser Hallen, zwei beherbergen die Terminals und die dritte die ‚Airport-Plaza', die auch als Einkaufszentrum dient und mit dessen Margen der Flughafen mehr ver-

Abbildung 65: Terminal des Hamburger Flughafens

dient als im sogenannten ‚Aviation-Bereich', denn im Luftverkehr sind viele Verdienstmöglichkeiten weggebrochen.

Heute bestehen fast alle Flughafen-Terminals aus großen Hallen und nicht mehr aus einzelnen Räumen. Als der Neubau des Hamburger Flughafens in Planung war, waren große Hallen jedoch noch unüblich und die Hamburger Architekten Gerkan, Marg und Partner (die auch am Flughafen Berlin-Brandenburg beteiligt sind und bereits 1975 den Flughafen Berlin-Tegel entwarfen) zeigten mit diesem Entwurf ein Gespür für die Zukunft der Passagierluftfahrt. Die großzügige Architektur sollte den Besuchern des Flughafens ein Gefühl der weiten Welt vermitteln und die Orientierung vereinfachen, denn 60% der Passagiere sind eher unsichere Gelegenheitsflieger[71]. Da der Flughafen nun Hamburgs *neues* ‚Tor zur Welt' darstellen sollte, verzichtete man auf den hamburgtypischen Klinker, der vorher für den Bau verwendet worden war und baute mit den neuen Materialien Glas und Metall.

Der Flughafen Hamburg (früher ‚Flughafen-Fuhlsbüttel' nach dem Stadtteil, in dem er gelegen ist) ist der älteste Flughafen Deutschlands, er hat zwei Start- und Landebahnen und wurde bereits 1911 als ‚Hamburger Luftschiffhallen' gegründet. Sein internationaler Name lautet seit 1945 ‚Hamburg Airport'. Angelegt wurde die Flughafenanlage im Jahre 1911, damals betrug die Fläche noch 44 Hektar. Inzwischen hat sie sich mehr als verzehnfacht und beträgt 570 Hektar. Insgesamt können am Flughafen jetzt

71 Interview mit dem mittlerweile pensionierten Architekten des Hamburger Flughafens Klaus Bokelmann.

Abbildung 66:
Das Verwaltungsgebäude des Hamburger Flughafens 1929

gleichzeitig 53 Flugzeuge abgefertigt werden.[72] 60 Airlines (inklusive Fracht und General Aviation) starten von hier, 2014 nutzten mehr als 14 Millionen Passagiere den Flughafen. Der Flughafen liegt nur acht Kilometer von der Stadtmitte entfernt und ist mit der S-Bahn an den Öffentlichen Personennahverkehr angebunden[73].

Seit Mitte der 1960er Jahre war immer wieder ein neuer Großflughafen in Kaltenkirchen, einem südwestlichen Vorort von Hamburg, im Gespräch. Der Hamburger Flughafen besitzt hier bis heute auch ein Grundstück, momentan wird jedoch ein schnell erreichbarer Stadtflughafen bevorzugt. Deshalb wurden die Terminals seit den 1990er Jahren neu gebaut und grundlegend modernisiert.

Von 23 Uhr bis 6 Uhr herrscht wegen der Wohnbebauung um den Flughafen herum ein Nachtflugverbot.

Der Flughafen Hamburg war der erste Flughafen in Deutschland, der 2010 den Körperscanner testete.

72 Website Hamburg Airport: Zahlen, Daten, Fakten.
73 Website Hamburg Airport

Abbildung 67: Sicherheitskontrolle am Hamburger Flughafen

9.16 Uhr

Beim Einlass zur Sicherheitskontrolle präsentiert Tim der Flughafen-Angestellten sein Handy mit dem mittlerweile eingetroffenen Boarding Pass und darf sich in die Warteschlange einreihen. Mich fragt die Flughafen-Angestellte, ob ich eine Goldkarte habe. Als ich *„Nein"*, antworte, bittet sie mich, mich an der normalen Schlange anzustellen. Ich frage erstaunt:

> *„Obwohl ich Business-Class gebucht habe?"*
> *„Entschuldigung, das habe ich nicht gesehen!"*,
> antwortet sie verlegen.

Ich betrete anscheinend eine Welt, in die ich optisch nicht hineinpasse und deren Eingang streng bewacht wird. Tim muss auf mich warten, er kommt sogar ein Stück zurückgelaufen, um zu gucken, ob alles in Ordnung ist.

Ballast

Tim trägt keine Jacke, nur einen Anzug, denn er wird sich den ganzen Tag in klimatisierten Räumen aufhalten und braucht deshalb keinen Schutz gegen das Wetter. Ich hingegen habe einen dicken Mantel dabei, weil ich mit öffentlichen Verkehrsmitteln nach Norderstedt gefahren bin, deshalb dauert es an der Kontrolle noch einmal länger. Neben dem Handy hat Tim noch eine Ersatzlesebrille und etwas zu lesen in seiner Aktentasche dabei, sonst nichts. Auch seinen Laptop lässt Tim meistens zu Hause:

> *T: „E-Mails lese ich auf dem Handy, wobei man da keine verschlüsselten Mails lesen kann und Anhänge sind auch schwierig."*

Vor einiger Zeit hat Tim das iPad ausprobiert, aber als es (obwohl es kein Laufwerk hat) trotzdem wie ein Laptop extra an der Sicherheitsschleuse kontrolliert wurde und damit Zeit von Tims optimiertem Zeitkontingent in Anspruch nahm, ließ er es wieder zu Hause.

Wie wichtig virtuelle Mobilität auch in Bezug auf das Flugreisen ist, sieht jeder Flughafenbesucher an den wäscheleinenartig aufgespannten Handy- und Laptopkabeln in den Fluren zu den Gates. Die Steckdosensituation ist noch nicht auf allen Flughäfen darauf ausgerichtet, die Kommunikationswilligen noch schnell mit Saft zu versorgen, bevor sich die Flugzeugtüren schließen. An vielen Flughäfen sind die Steckdosen als Stromlieferanten für die Reinigungsmaschinen geplant worden, deshalb liegen sie in den Fluren dicht über dem Fußboden, wo sie nun von den mit ihren mobilen Kommunikationstechnologien auf den Fliesen hockenden Reisenden für Handy und Laptop umgenutzt werden. In der Bahn können die ganze Fahrt hindurch Nachrichten geschrieben und meistens auch verschickt werden, beim Fliegen gibt es bis auf wenige Ausnahmen (die jedoch stetig mehr werden) immer noch den Moment des Türen Schließens, nach dem alle Kontakte nach außen gekappt sind.

Astrid Vonderau spricht von einer „Entpersonalisierung innerhalb der Übergangsräume", die „sich schon daran zeigt, dass die Reisenden keine persönlichen Gegenstände auf die Reise mitnehmen, sich nur funktional kleiden und alles, was sie mit sich führen, auf das Notwendigste zu reduzieren suchen" (Vonderau 2003: 29). Auch Arbeitsräume entmaterialisieren sich, ein Schreibtisch ist nicht mehr Voraussetzung für das berufliche Arbeiten, ein Handy oder ein Laptop reichen als mobiles Büro aus.

Von der Laptoparbeit am Gate und im Flieger, die so sehr zum Sinnbild der mobilen (Arbeits)Menschen geworden ist, hat Tim sich schon wieder verabschiedet. Dafür telefoniert er viel mit seinem Mobiltelefon. Das Ladekabel darf deshalb im Handgepäck niemals fehlen. *„Das ist das Wichtigste!"*, betont Tim und lacht. Ansonsten versucht er aber, so viel Ballast wie möglich zu entmaterialisieren.

Am Check-in

> *„Nach der Sicherheitskontrolle ein erster Blick, ob sich das Gate geändert hat. Das kann immer mal sein"*, sagt Tim.

Er guckt auf den am Ende der Schleuse angebrachten Bildschirm. Der Flug nach Frankfurt am Main wird, weil er der zweitmeist-frequentierte Flug nach der Strecke Hamburg-München ist, zentral direkt gegenüber der Sicherheitsschleuse abgefertigt.

Tim läuft zielstrebig zum Ständer mit den kostenlosen Zeitungen und Zeitschriften. Dort greift er die BILD-Zeitung *(„Wegen des Sportteils")*, eine Financial Times und eine Hamburger Morgenpost.

Kurz nach unserer Ankunft beginnt der Check-in. Doch Tim stellt sich nicht an, sondern telefoniert auf- und abgehend mit einem Kollegen, bis fast alle Passagiere im Finger verschwunden sind:

> *T: „Ich warte, bis alle reingescheucht werden, weil die den Flug abschließen wollen."*

9.20 Uhr

Bis wir am Gate angekommen sind, ist Tim kaum stehen geblieben. Immer hat er im richtigen Moment das richtige Objekt parat, mal den Boarding Pass auf dem Handy, mal seinen Personalausweis, dann wieder sein Handy.

Tim absolviert alles elegant, geht keinen Schritt zu viel und macht keine überflüssige Handbewegung. Alles wirkt unglaublich einfach. Die Anforderungen, die auch für Tim einmal neu (und anspruchsvoll?) gewesen sein müssen, haben sich als Routinen „bis zur Unsichtbarkeit in" seinen „Körper eingeschrieben" (Löfgren 2014: 42). Ich hingegen hänge hinterher mit meiner Jacke, meiner Tasche voller Dinge, meinem Laptop und dem inzwischen zerknitterten Zettel mit dem Boarding Pass, dabei hatte ich mich bisher ebenfalls für einen ziemlich professionellen und schnellen Flugpassagier gehalten. Orvar Löfgren beschreibt die Inszenierung des Mr. Bingham in „Up in the Air" ähnlich:

> *„Als Berufsreisender setzt Mr. Bingham auf fließende Bewegungen. Die Kamera fängt die elegante Choreografie ein, wie Clooney alias Bingham mit seinem Rollkoffer reibungslos durch Kontrollen, Hotelhallen und Warteschlangen gleitet. Mit dem Vergnügen des Perfektionisten raschelt er mit seinen Gold- und VIP-Karten, jongliert mit den Plastikschalen bei den Sicherheitskontrollen, schneidet Kurven und findet überall die schnellsten Wege. Nicht nur seine Anzüge sind knitterfrei, auch sein ganzes Leben ist frei von Beziehungen und Verpflichtungen, die ihn beanspruchen könnten" (Löfgren 2014: 35).*

Es gibt jedoch einen großen Unterschied zwischen Mr. Bingham und Tim: Tim ist dreifacher Vater, hat eine Ehefrau und eine Ex-Ehefrau sowie ein Haus statt eines leeren Apartments; sein Leben ist also keineswegs frei von Beziehungen und Verpflichtungen.

Die Business Class-Community

9.25 Uhr

Beim Einsteigen in die Business Class unseres A-321 begrüßt Tim drei verschiedene Herren, die wie er einen dunklen Anzug tragen. Insgesamt sind wir hier zu zwölft.

> *„Heute ist es noch ruhig", sagt Tim zu mir. „Oft kenne ich sogar noch mehr Menschen."*

In der Business-Class besteht jede Sitzreihe aus jeweils zwei Sitzen, in der Mitte zwischen ihnen ist auf einem weiteren Sitz ein Tisch angebracht auf dem steht: „Ihr Freiraum / your space". Die Atmosphäre ist sehr persönlich im Gegensatz zu der Economy Class mit den vielen einander unbekannten Menschen hinter dem Vorhang. Die Gruppe, die mit dem Montagmorgenflug um 9.30 Uhr von Hamburg nach Frankfurt unterwegs ist (außer mir alles Männer), scheint eine eingeschworene Gemeinschaft zu sein – die ‚Business Class-Community'. Hier wird die *Airworld* zum *Airvillage.*

Nach dem Hinsetzen verstummen die Gespräche schnell und jeder der Geschäftsmänner vertieft sich in seine Beschäftigungen. Gemeinsame Pendlerrituale oder Hilfestellungen, wie sie in den Abteilen von Pendlerzügen zu beobachten sind (vgl. Löfgren 2014: 31f.), scheint es nicht zu geben. Hier wird eher die „Mikrotechnologie" des „Ausschließens" angewendet, um „Kontakten auszuweichen oder diese abzulehnen" (ebd.). Die Geschäftsleute bemühen sich, „in ihrer privaten Umweltblase zu bleiben, schließen die Augen, verstecken sich hinter der Zeitung oder hantieren mit ihren Reiserequisiten" (vgl. ebd.: 32). Von den Passagieren in der Economy Class kriegen die Business Class-Passagiere kaum etwas mit, denn sie sind später eingestiegen und werden das Flugzeug als erste wieder verlassen.

Tim sitzt auf einem Platz am Gang, obwohl er auf diesem Flug eigentlich lieber am Fenster sitzt, wahrscheinlich eine Folge des verspäteten Check-ins. Er ärgert sich ein wenig darüber. Dann setzt er seine Brille auf und liest vor dem Start E-Mails auf seinem Handy. Das Artefakt bildet eine allgegenwärtige Konstante in seinem vielen Unterwegssein.

9.30 Uhr

Das Flugzeug rollt los, hebt ab und Tim beginnt mit der Lektüre der Financial Times. *„Darf ich Ihnen ein Magazin anbieten?"* fragt ihn die Stewardess, und Tim lässt sich auch noch den aktuellen Spiegel geben. Er hat zwar keinen Laptop dabei, aber die Wirtschaftsseiten in der Zeitung oder ausgedruckte Arbeitsunterlagen durchzuarbeiten, gehört zu den Arbeiten, die er in der Flugzeugkabine erledigen kann.

Die Maschine dreht in der Luft und plötzlich liegt der Flughafen unter uns mit den drei Terminal-Gebäuden und dem Parkhaus, dann erscheinen der Stadtpark mit dem Wasserturm, die Alster, der Sternschanzenpark, die Elbbrücken, der Hafen, die Elbe, der Wilhelmsburger Bunker.

Schon nach kurzer Zeit wird das Frühstück serviert. Es besteht aus zwei Scheiben Lachs mit Quark, einer Art Pfannkuchen mit Crème, einem ‚Feinjoghurt' (so steht es auf der Packung), dazu gibt es einen Orangensaft und ein Heißgetränk. Die Serviette ist dicker als in der Economy Class, aber aus Papier. Die Gläser sind nicht aus Plastik, sondern aus Glas. Das Tablett ist aus Plastik, wirkt aber hochwertiger als das Tablett in der Economy Class.

Überall tauchen typische Vielfliegervokabeln auf: Auf einer Serviette mit Warsteiner-Werbung steht „Upgrade your Snack", auf ein Kaugummi der Telekom ist „Frischen Sie Ihr Meilenkonto auf" gedruckt. Der Pilot sagt 14 Grad Celsius in Frankfurt an. Während Tim die Hamburger Morgenpost liest, befinden wir uns schon im Landeanflug auf Frankfurt.

Flugzeugkontakte: *„Alles so Schnappschüsse dann fürs Leben"*

Die von Asta Vonderau untersuchten Vielflieger knüpften „selten persönliche Kontakte zu Ihresgleichen" auf den Reisen, auch wenn sie sich als Mitglieder einer bestimmten sozialen Gemeinschaft sahen (Vonderau 2003: 28). Doch obwohl die Reisenden einander auf verschiedene Arten fremd sind, gibt es „Situationen, in denen sie vorübergehend Bindungen eingehen" (Löfgren 2014: 31) und diese ‚Flugzeugkontakte' spielen auch in Tims Erzählungen eine wichtige Rolle:

> *T: „Eigentlich will ich [an Bord] schlafen (schmunzelt). Und arbeiten. Und die interessanten Gespräche sind mir zwar sehr im Gedächtnis. Mit Menschen, die ich kennen gelernt habe, die mal so neben mir saßen. Aber es ist doch deutlich die Ausnahme, in der Regel kommt man hin, sagt ‚Guten Tag', wünscht sich mit einem Glas Champagner einen guten Flug, nimmt seine Zeitung, isst und schläft."*

Im Flugzeug hat Tim unter anderem einen Bremer Familienforscher, Til Schweiger, einen in Vietnam Finanzsysteme aufbauenden Volkswirtschaftler und eine argentinische Spezialistin der Herzforschung kennen gelernt. Er trifft im Flugzeug keine durchschnittlichen Menschen, er trifft die globalisierte Elite:

Til Schweiger:

Zuerst erzählt Tim von Til Schweiger:

> *T: „Ich habe mal Til Schweiger kennen gelernt auf einem Flieger, weil der neben mir saß. Und das war lustig, nett, weil er einfach auch lustig und nett war. Und zwar das Erlebnis war das, dass erst die Stewardess kam, und dann kam die zweite Stewardess, alle mit einer – es gibt ja diese Flugzeugkarten. (…) und sagten so [tuschelt im Flüsterton]. So, und dann kam die zweite und ‚Mhm'. Und – immer unabhängig voneinander. Und ich musste schon schmunzeln, weil das war morgens um – ich weiß nicht – sieben [Uhr] glaube ich, oder so was. Und wenn ich er – das habe ich ihm auch gesagt – gewesen wäre, mich hätte das so was von genervt, weil eigentlich wollte man nur sagen ‚Ey, es ist sieben Uhr, ich bin noch gar nicht wach, lasst mich irgendwie einfach nur mal hier sitzen und in Frieden.' (…) und ich hab' ihm gesagt: ‚Ganz ehrlich, da hätte ich jetzt ja keinen Bock drauf, morgens um sieben' – so sind wir dann ins Gespräch gekommen."*

Das Motiv der Begegnung mit einem Prominenten im Flugzeug oder am Flughafen tauchte auch in anderen Erzählungen meiner Gesprächspartner auf. Seit der Frühzeit des öffentlichen Flugverkehrs waren die Erscheinung von Berühmtheiten auf der Flugzeugtreppe und ihr gleichsam ‚göttliches Hinabsteigen' auf die Erde Teil der Inszenierung des Flugzeuges als exklusivem Transportmittel und eines der beliebtesten Bildmotive. In der Pressefotografie und der Kino-Wochenschau stand, je selbstverständlicher das Fliegen wurde, nicht der normale Passagier im Blickpunkt, sondern nur noch der Ausnahmepassagier (vgl. Grasskamp in Ingold 2008).

Heute zählen das Flugzeug und der Flughafen zu den letzten Orten, an denen man den mehr oder weniger Berühmten der Gegenwart noch nahekommen und das Gleiche tun kann wie sie – aeromobil Unterwegssein.

Die argentinische Spezialistin der Herzforschung:

Tim und die argentinische Medizinerin hatten zufälliger Weise einen gemeinsamen Weg rund um die ganze Welt, von Dallas nach Frankfurt, von Frankfurt nach Hamburg und dann sogar noch im selben Taxi vom Hamburger Flughafen in dasselbe Industriegebiet in Norderstedt.

> *T: „Also wir hatten dann miteinander 15 Stunden, und selbst im Taxi saßen wir noch gemeinsam. Und die erzählte eben – war in der Herzforschung tätig, und das war natürlich mächtig spannend. Aber alles so Schnappschüsse dann fürs Leben. Spannende, aber Schnappschüsse."*

‚Schnappschüsse fürs Leben' nennt Tim diese Begebenheiten, die unverhofft beginnen und nach dem Flug wieder enden. Das liegt auch daran, dass allein die Situation die Menschen im Flugzeug verbindet. Eine echte soziale Gruppe oder temporäre Gemeinschaft kann aber nur entstehen, wenn etwas „Außergewöhnliches vorfällt" (Ehn, Löfgren 2012: 73) – oder besondere Gemeinsamkeiten gefunden werden, wie im folgenden Beispiel:

Der Finanz-Volkswirtschaftler:

> *T: „Und dann habe ich mich mal mit einem Finanz-Volkswirtschaftler unterhalten, der sich spezialisiert hat auf volkswirtschaftliche Finanzsysteme in Vietnam, weil man dort eben halt ein Finanzsystem aufbauen muss. Und das war – das war so, dass wir am Ende – alles war schon dunkel –. Und wir haben gesagt, wir klönen noch weiter, und dann kam die Stewardess und hat gesagt: ‚Also, wenn es Sie nicht stört, dann stelle ich Ihnen jetzt Ihre Restflasche Wein hierher, und bringe Ihnen noch ein paar Nüsse, und das Licht können Sie anlassen, und dann können Sie weiter klönen. Und das haben wir auch gemacht. Aber das war eigentlich eher die Ausnahme von den Flügen, die ich bisher gemacht habe."*

Räumliche Ordnungen haben Einfluss auf Kontaktentstehungen und die Arten von Kommunikation, die dort stattfindet. Das gilt auch für die Gestaltung der Flugzeugkabine. Die Sitzaufteilung macht es leicht, Blickkontakt zu vermeiden und trotz der physischen Nähe zu den anderen Passagieren ist es möglich, die eigene Anonymität zu waren. Doch obwohl die Sitze in gleicher Blickrichtung aufgestellt sind, eröffnet Fliegen auch Kommunikationschancen. Der Gesprächseinstieg ist relativ leicht, eine „gemeinsame Vorgeschichte" ist nicht erforderlich, die Gespräche können „spontan-zufällig entstehen und bleiben zumeist ohne Folgen", wie es Ueli Gyr auch für das Kneipengespräch thematisiert hat (Gyr 1991: 108). Es reicht, wenn ein Passagier ein Vorkommnis in der Kabine oder eine Durchsage des Piloten kommentiert und schon ist das Ge-

Abbildung 68: Angekommen am Frankfurter Flughafen

spräch eröffnet. Dabei werden „die Inhalte der Kommunikation vernachlässigt oder ‚vergleichgültigt'", „um Kommunikation sicherzustellen, um soziale Kontakte zu erreichen und für eine kurze Weile aufrechtzuerhalten" (ebd.: 114). Anders als in der Kneipe hilft dies, mit der Enge und den vielen Menschen auf engstem Raum umzugehen oder mögliche Aufregung zu kompensieren.

Mit keinem der von ihm erwähnten Passagiere steht Tim heute noch in Kontakt. Zurückgeblieben sind nur die Erinnerungen und die zu den Menschen gehörenden Visitenkarten. Allerdings ist Tim stolz auf diese Begegnungen und er genießt es, seinen Kindern erzählen zu können, dass er morgens neben Til Schweiger im Flugzeug gesessen hat. Die Kontakte zu aufregenden Menschen sind die Kehrseite der monotonen Langeweile, der er den größten Teil seiner Flugreisen ausgesetzt ist.

Würstchengeruch am Frankfurter Flughafen

Wir sind angekommen am Flughafen Frankfurt am Main, Deutschlands größtem Verkehrsflughafen und dem drittgrößten Flughafen Europas nach London Heathrow und Paris Charles de Gaulle.

Rechts und links von unserem Flur liegen an den Fensterfronten die Gates. Durch die Mitte des Ganges führen die waagerechten Rollbänder, mit denen die Reisenden die langen Wege schneller überbrücken können. Über allem liegt der Klang unverständlicher Lautsprecherdurchsagen. Es riecht nach Würstchen und tatsächlich steht mitten im Gang eine Würstchenbude, an der Original Frankfurter Würstchen verkauft werden.

Amsterdam-Schiphol empfängt seine Reisenden mit Tulpenzwiebeln, der Flughafen von Kopenhagen besticht mit dänischem Design – Frankfurt am Main werde ich ab jetzt mit Frankfurter Würstchen in Verbindung bringen.

Der Rückflug: „Ich glaube, man gewöhnt sich nie dran."

18.45 Uhr

Soziale Oberflächen

Abbildung 69: Lufthansa Priority Check-in

Nachdem Tim seinen Arbeitstag in Frankfurt verbracht hat, treffen wir uns am Abend am Flughafen wieder. An der Business Class-Sicherheitskontrolle ist es sehr voll, heiß, stickig und rundum unangenehm. Tim schlägt deshalb vor:

> *T: „Wir gehen da hinten hin, da haben wir eine entspanntere Security."*

Er zeigt in Richtung First Class Check-in.

Wir schreiten um eine Ecke und plötzlich ist alles leer, rote Teppiche liegen am Boden und Kübel mit Blumen stehen neben den Schaltern, die Luft ist kühl und eine weitere Sicherheitskontrolle liegt vereinsamt vor uns – Stimmung und Atmosphäre haben sich innerhalb von ein paar Metern komplett gewandelt. Tims Senatorstatus ist nun körperlich spürbar.

Nachdem unser Handgepäck durchleuchtet worden ist, vermischt sich unser Weg wieder mit dem der übrigen Passagiere.

Dieses Erlebnis zeigt, dass die Transiträume der Airworld auf der einen Seite extrem funktional gestaltet sind, was einer der Gründe dafür ist, warum sie so austauschbar wirken. Gleichzeitig sind sie aber auch mit hohem Aufwand ästhetisch ausdifferenziert: Architektonische Oberflächen, Design und künstlerische Gestaltung sollen ihnen Unverwechselbarkeit verleihen. Darüber hinaus kommunizieren Materialien, Kunstwerke und formale Gestaltungen – wie hier in der First Class-Abteilung – als ‚soziale Oberflächen' die sozialen Codes symbolischer Integration und Exklusion. Für die

Abbildung 70:
Auch in „Up in the Air" gibt es eine Szene mit rotem Teppich am Flughafen

Kunsthistorikerin Monika Wagner zeigen sich im Vergleich zur Ausstattung von Transiträumen des frühen 20. Jahrhunderts „aufschlussreiche Verschiebungen von ästhetischen Hierarchien und soziale Rangordnungen": „Ehemals ästhetisch inkriminierte Charakteristika dienen heute der Distinktion und umgekehrt" (Wagner 2011). Economy Class-Reisende wissen deshalb gleich, dass sie in der Business- oder First Class falsch sind und den Business Class-Reisenden wird vermittelt, dass sie hier besonders gut versorgt werden.

18.50 Uhr

Der Körper des Aero-Pendlers

Am Gate angekommen, setzt Tim sich so, dass er den Finger im Blick hat und gucken kann, wann alle Passagiere darin verschwunden sind. Plötzlich wirkt er sehr müde.

Der Tag war, wie so viele andere typische Airworld-Tage auch, für ihn körperlich und seelisch belastend: Die Luft, die Geräuschkulisse und die vielen Menschen empfindet er als kraftraubend, die Trennung von seiner Familie ist eine Herausforderung und die viele Wartezeit, in der er nie wirklich entspannen kann, sondern immer auf Standby steht, geht an die Substanz:

> *T: „Ich merke, dass es körperlich anstrengend ist. Also das hängt sicher mit dem – bei Langstreckenflügen natürlich mit dem – Klimawechsel zusammen, mit den Zeitverschiebungen. Aber möglicherweise auch noch mit anderen Dingen, wie Luftdruckveränderungen – ich glaube, dass das extrem auf die Gesundheit geht. Ich merke das schon deutlich, dass wenn man im hohen Alter – wie sehr sich das auch körperlich bemerkbar macht. (…) Im Flugzeug, ja, man liest, aber man ist ja doch unter Stress, man ist ständig – sind Menschen drum rum, ist ständig laut, es*

> *ist irgendwie so, die Luft ist möglicherweise –, und man ist, wenn man das gemacht hat [unverständlich, ‚matschig'?]. (…) Also Fliegen ist ja anstrengend."*

Die Anstrengung beruht unter anderem auch auf der Spannung „zwischen Aktivität und Inaktivität, Geruhsamkeit und Ruhelosigkeit" sowie der „Rundumkontrolle" der jeder Passagier am Flughafen und im Flugzeug unterworfen ist (Löfgren 2014: 30). Aus der Ferne wirken die einstudierten Abläufe von Tim zwar ökonomisch und leicht, dies ist aber nur eine Strategie von ihm, um in den anstrengenden Räumen des Fliegens mit den eigenen Kräften hauszuhalten.

Mobilität und Stabilität

Da Tim der persönliche Kontakt zu seinen Kindern und seiner Familie sehr wichtig ist, nimmt er das Pendeln mit seinen seelischen und körperlichen Herausforderungen in Kauf und mietet sich keine Wohnung in Frankfurt wie viele seiner Kollegen:

> *T: „Unter der Woche skypen die nur mit ihren Kindern. Der Preis wäre mir zu hoch. Aber das ist auch 'ne Typfrage. Ich kann ja auch nicht immer zu Hause bleiben."*

Obwohl von wissenschaftlicher Seite auch die „Gefahren mobiler multilokaler Lebensführungen für Gesundheit und Sozialleben" betont werden, kann Multilokalität „nebst Mühsal und Stress" „auch neue gewinnbringende Gestaltungsformen von sozialen Beziehungen und Ortsbeziehungen evozieren" (Hilti 2007: 194). Tim muss sich also nicht zwischen seiner Arbeit und seiner Familie entscheiden, mit Hilfe des Flugzeuges kann er die Vorteile von beidem kombinieren. Multilokalität ist damit genauso „Bereicherung" wie „Anstrengung" (Rolshoven 2007: 171) und es wäre zu kurz gedacht, sie ausschließlich als Zumutung zu behandeln. Das „Spektrum individueller oder auch innerfamiliärer Kosten-Nutzen-Erwägungen eines Lebens an mehreren Orten" ist zu vielfältig, „als dass es sich vorschnell als Zumutung interpretieren ließe" (ebd.).

Dass Tim so viel reist, scheint die Bindung an sein Zuhause sogar noch zu verstärken. Mobilität muss also nicht unbedingt zu Entwurzelung und Ortlosigkeit führen, vielmehr entwickeln die multilokal lebenden Menschen „Bewältigungsstrategien" (Hilti 2007: 193) mit „Konstanten, welche sehr unterschiedliche Formen annehmen können: Bezugspersonen, Rituale, Dinge oder eine Kombination unterschiedlicher Aspekte" (ebd.). Bei Tim ist die Konstante seine Zufluchtsstätte in Norderstedt. Auch in seinem Fall scheint also zuzutreffen, was Nicola Hilti schon 2007 schrieb:

> *„Das vielfach beschworene, angesichts von Mobilität und Multilokalität in Agonie und Sinnlosigkeit verfallene Individuum, welches sich bloß noch treiben lassen kann (vgl. Sennett 2000)"*

ist

> *„als Schreckensgespenst ohne empirische Bedeutung. Vielmehr haben wir es mit veränderten und sich stetig verändernden Zugehörigkeiten zu tun" (Hilti 2007: 193).*

Der moderne Mensch ist vielmehr Teil verschiedenster sozialer Welten.

Tims „Beweglichkeit" ist genauso auch eine Strategie, um „Veränderung zu verhindern" (Löfgren 1995: 360), denn einer drohenden Wohn-Entwurzelung kann er mit Hilfe eines multilokalen Arrangements entgehen. Durch das Pendeln muss Tim nicht nach Frankfurt umziehen und kann weiterhin in seinem Elternhaus wohnen bleiben. Gerade die Mehrörtigkeit schafft die Kontinuität in Tims Leben und gibt ihm die Möglichkeit, Gewohntes weiterleben zu können.

Tim ist also kein Beispiel für das überall proklamierte ‚Wohnen im Dazwischen', bei ihm liegt meist die sogenannte „zirkuläre Mobilität" (Flade 2013: 9) vor, bei der „Ausgangs- und Endpunkt der Mobilität identisch sind" (ebd.).

18.52 Uhr

Sinn kreieren

Tims Strategien und Rituale sorgen als „unsichtbare Landkarten und Bedienungsanleitungen" (Ehn, Löfgren 2012: 7) nicht nur dafür, dass die Belastungen des Fliegens minimiert werden, sie dienen auch dazu, die ewigen öden Abläufe und Wartezeiten für ihn aufregender zu machen und dem Nichtstun „einen Sinn zu verleihen" (Hilti 2007: 189). Denn „diese Art fantasievoller Findigkeit ritualisiert und dramatisiert den Alltag" (Billy Ehn und Orvar Löfgren führen als Beispiele fiktive ‚Wettrennen' zwischen den Schlangen an der Supermarktkasse oder im Stadtverkehr an, Ehn, Löfgren 2012: 9). Ansonsten würde

> *„das Fehlen jeglicher Abwechslung (...) eine dicke Schicht der Gleichförmigkeit [erzeugen], die jede Bedeutung verdeckt und jedes Interesse erstickt. (...) Diese Art von Zeit muss totgeschlagen werden, bevor sie einen selber totschlägt." (ebd.: 76).*

Tims Optimierungsstrategien sind also seine Mission, um der Gleichförmigkeit Bedeutung zu verleihen, er führt seinen Beruf (die Optimierung von Airlineprozessen) privat fort. Da diese in jahrelanger Flugpraxis erworbenen Kompetenzen, auf die Tim auch stolz ist, allerdings selten von anderen Personen gesehen, gewürdigt oder abgefragt werden, war das gemeinsame Unterwegssein mit mir eine Chance für ihn, genau darüber zu berichten. All die Fertigkeiten, die Tim sich in vielen Jahren Unterwegssein im Flugzeug angeeignet hat, all seine Kreativität, die in die Optimierung der Abläufe geflossen ist, kann er nun zeigen – eine kleine Freude für Tim und für mich ein ethnografischer Glücksfall.

18.53 Uhr

Warten

Tims Optimierungsstrategien widersetzt sich nur das Warten am Flughafen. Das ärgert ihn sehr:

> *T: „Es gibt nichts Schlimmeres als Umsteigen! So Warten und Umsteigen! Sinnlos irgendwo sitzen in irgendsoeinem Flughafengebäude, man kann dann in der Regel nicht raus, es gibt keine Dachterrasse."*

Im Vergleich zum Auto- oder Bahnfahrenden ist die Rolle des Flugreisenden noch stärker auf die des Wartenden beschränkt, was den Raum entsprechend bedeutungsleer macht. Ehn und Löfgren stellten fest, dass Warten eine sehr starke emotionale Regung hervorruft (wie es auch bei Tim der Fall ist). Sie machten „Gefühle der Langeweile, Verärgerung und Nervosität" bei den Wartenden aus, aber auch „Hoffnung und Sehnsucht" (Ehn, Löfgren 2012: 75).

Als besonders unangenehm werden ungewisse Wartezeiten empfunden (vgl. ebd.: 36), wie sie beim Fliegen häufig vorkommen. Darüber hinaus wünschen sich die Menschen, dass der Vorgang, auf den sie warten, in Gang kommt. Auf das Essen warten sie deshalb lieber als auf die Speisekarte (ebd.) und in der Flugzeugkabine warten sie zufriedener als am Gate.

Da die auf ein Flugzeug Wartenden oder die im Flugzeug Sitzenden außerdem zu größerer Geduld bereit sind, wenn ihnen Gründe für die Verspätung ihrer Maschine genannt werden, ist es beim Personal üblich, die Durchsagen über Verspätungen großzügig „mit Erklärungen über verspätete Gepäckabfertigung, Nebel, Sicherheitschecks und Fluglotsenanweisungen" zu „garnieren" (ebd.: 37).

18.55 Uhr

Feierabend

Als letzte Passagiere steigen auch Tim und ich irgendwann in das Flugzeug ein. Wir sitzen dieses Mal auf den Sitzen 2 d und 2 f in der ersten Reihe. Tim zückt die BILD-Zeitung, das Durchlesen dauert fast genauso lange wie das Lesen der Financial Times auf dem Hinweg. Er hat jetzt ganz offensichtlich Feierabend, seine Stimmung ist umgeschlagen, das ist deutlich zu spüren. In diesem Moment wird das Flugzeug auch für ihn „zu einem Raum der Ruhe, Reflexion und Entspannung" (Vonderau 2003: 27), also „zu einer Art Schleuse", „die von einer Sphäre des Lebens (Privatleben) in eine andere (Arbeit) führt" (ebd.: 30). Auf der Heimreise lassen die Pendler „die geschäftlichen Angelegenheiten auch in Gedanken hinter sich" und schließen „einen Arbeitstag oder eine Arbeitswoche ab" (ebd.: 40).

20.05 Uhr

Nach der Landung zuckt Tim zusammen, als ich neben ihm aufstehe, er hatte meine Anwesenheit ganz vergessen. Wir sind die ersten, die aus dem Flugzeug aussteigen, die ersten in der Gepäckhalle und die ersten draußen im Terminal. Unser gemeinsamer Flug endet melancholisch:

> *„Man steht immer unter Spannung, die Geräuschkulisse, die klimatisierte Luft, die Hektik. Manche sagen, man gewöhnt sich dran, aber ich glaube, man gewöhnt sich nie dran“,*

resümiert Tim erschöpft.

20.08 Uhr

Wir eilen durch die Halle nach draußen. Ich bringe Tim noch zum Auto, das schon vor der Ausgangstür neben dem Mitarbeiter von Car-Maxx bereitsteht. Irgendwie ist es tröstlich, dass jemand den erschöpften Tim am Flughafen erwartet, auch wenn es nur ein vertraglich verpflichteter Mitarbeiter der Autobetreuungsfirma ist. Tim steigt in sein Auto ein und fährt los, während ich zur S-Bahn laufe, mir wieder meinen Mantel überziehe und den Heimweg in die unklimatisierte Welt ohne Senatoren-Privilegien antrete.

Hinter den Kulissen eines Stereotyps

Kulturanalysen zum Reisen beschäftigen sich vor allem mit „Abenteuer, neuen Erfahrungen, aufregenden Motiven und Ereignissen – in ausgesprochenem Kontrast zu den Banalitäten des Alltags“ (Löfgren 2014: 26).

Doch was ist mit Passagieren wie Tim, für den eine Flugreise inzwischen sehr viel mehr Alltag ist als Abenteuer? Was gibt es in seinen Transitexistenzen zu beobachten? Von welchen anderen Vielfliegern ist Tim währenddessen ganz aktuell umgeben? Und abschließend: Welche Mobilitätsregimes (von denen das Mobilitätsregime der Vielflieger nur ein einziges ist) verbergen sich in der Airworld?

Im Transit

Mit der Zeit im Transit verbindet Tim vor allem Anstrengungen und Zeitverlust. Ihn demotiviert das Gefühl, seinen Aufenthalt in den Übergangsräumen nicht effektiv nutzen zu können. Er bezeichnet diese Stunden als „verlorene Zeit“ (Hilti 2007: 191) und erlebt sie gerade vor dem Hintergrund seiner Arbeit, die sich mit Optimierungen beschäftigt, als doppelt frustrierend.

Nachdem ich einen Tag mit Tim in der Airworld verbracht habe, kann ich dem nicht unbedingt zustimmen, denn Tim macht im Transit sehr viel mehr, als es ihm selbst bewusst ist (obwohl er noch nicht einmal einen Laptop mit sich führt): Zuerst einmal übt er unterwegs Tätigkeiten aus, die früher ortsgebunden waren, wie beispielsweise Telefonieren. Vor allem geschäftliche Telefonate sind am Flughafen inzwischen an der Tagesordnung und werden von den anderen Passagieren nicht mehr als ‚Wichtigtuerei' belächelt, sie stören hier auch weniger als in einem geschlossenen Abteil der Bahn. (Welche Qualität diese Telefonate haben und ob Tim am Flughafen genauso leistungsfähig ist wie im Büro kann ich allerdings nicht beurteilen.)

Im Flugzeug selbst studiert Tim die für seine Arbeit und den anstehenden Tag relevante Presse und Unterlagen, um auf seine späteren Meetings gut vorbereitet zu sein. Er trifft zufällig Kollegen und Arbeitsbekanntschaften, mit denen er sich kurz austauscht, bleibt also (auch wenn er sich außerhalb der Firma aufhält), in Kontakt mit für ihn wichtigen Personen. Außerdem frühstückt er ein Frühstück, das er nicht selbstständig zubereiten musste und manchmal lernt er sogar neue, interessante Menschen kennen.

Der Flug dient Tim außerdem dazu, den Übergang von der Privatwelt in die Arbeitswelt zu bewältigen. Das Lesen der Financial Times auf dem Weg nach Frankfurt bringt Tim in den Arbeitskontext, das Lesen der BILD-Zeitung dient auf dem Rückweg dem Übergang in die Privatwelt. Das Dazwischen stellt Distanzen her, es trennt und verbindet, es überwindet, vermittelt und unterbricht (vgl. Koenen 2003: 156). Eben war Tim noch der Mann mit den nassen Haaren und der Fußballtasche, der die ganze Nacht sein krankes Kind versorgt hat, nun ist er der gut gebügelte Geschäftsmann auf dem Weg zum Arbeitstreffen. Was er während der Flugreise tut, wird ihm vom Arbeitgeber nicht vorgeschrieben, so schafft das Dazwischen auch „Freiräume, Entspannungsräume, lustvolle Räume, spannende Räume, neue Räume" (Hilti 2007: 191). Auch deshalb bezeichnen die von Asta Vonderau interviewten Vielflieger ihren Aufenthalt in der Airworld als „einen Zustand und ein Zusammensein besonderer Art" (Vonderau 2003: 27), „die sonst knappe, genau kalkulierte und zielgerichtet genutzte Zeit steht plötzlich ‚frei' zur Verfügung" (ebd.).

Eine letzte, aber nicht zu unterschätzende Qualität der Transiträume könnte sein, dass sie als Vermittler unterschiedlicher Kulturen fungieren können. In anderen Ländern bewegt sich Tim vor allem in dem genormten Kreislauf aus Flugzeug, Hotel, Büro und wieder Flugzeug. Diese Orte „existieren parallel zu oder neben den Orten des jeweiligen Landes bzw. der Stadt und haben wenige Berührungspunkte mit ihnen" (ebd.: 31). Trotzdem hat Tim das Gefühl, etwas von den fremden Kulturen mitzubekommen – sogar im Flugzeug:

> *T: „Schon alleine die Crews verhalten sich unterschiedlich, ne? Also das ist schon – wie Service definiert wird, wie Essen definiert wird. Deshalb merkt man eben nicht nur Airlines in ihren Unterschieden, oder Low-cost und nicht Low-cost, sondern dann merkt man, wie Nationen oder Kulturen unterschiedlich sind. Ganz deutlich. Ich kriege in einem Air France Flieger nie schlechten Wein. Wie Sie in Paris nie schlechten Wein trinken können. Sie können nur weniger guten oder sehr guten trinken, aber nicht schlechten Wein. Das ist bei anderen Airlines deutlich anders. Der rustikale Charme der amerikanischen Airlines: ‚Das muss funktionieren, aber es muss nicht unbedingt schön sein'. Um Gottes Willen. Während so Thai Air eher sagt: ‚Das muss schön sein, [süffisant:] es muss nicht unbedingt funktionieren.'"*

Abbildung 71: Lufthansa-Betreuungsdienst mit einem Unaccompanied Minor, zu erkennen an dem großen gelben Brustbeutel mit den Reiseunterlagen

Die neuen Vielflieger

Der anzugtragende Arbeitsvielflieger, wie Tim ihn verkörpert, ist seit einiger Zeit nur noch eine Facette des Vielfliegens: Als ich an der Information an der Pier am Hamburger Flughafen arbeitete, deren Mitarbeiter auch dafür zuständig sind, die unbegleitet fliegenden Kinder (Unaccompanied Minors) vom Flugzeug abzuholen und zu ihren Eltern in der Ankunftshalle zu geleiten, lernte ich die sechsjährige Nina kennen. Für Nina war Fliegen zur Routine geworden, da sie zwischen ihren geschiedenen Eltern in Hamburg und in München pendelt. Dementsprechend professionell war auch ihre Reiseausstattung: Bauchtasche, Rucksack, Rollkoffer, Umhängeportemonnaie – bei Nina alles von Lillifee. Während ich davon ausgegangen war, sie müsste eine Flugreise ohne Begleitung als sehr aufregend und toll erleben, war Nina nur noch genervt und gelangweilt. Sie erzählte, dass es oft bei der Abholung in Hamburg Probleme gibt, da ihr Vater entweder zu spät kommt oder die Oma schickt, die Nina aber nicht in Empfang nehmen darf, da ihr Vater als Kontaktperson in den Unterlagen angegeben ist. Für Nina ist das Fliegen also nicht weniger belastend als für Tim und sie frequentiert die Airworld ebenfalls sehr häufig.

In der Vignette zum Thema Urlaub habe ich zwei weitere Vielfliegertypen vorgestellt, die dem bisherigen Stereotyp ebenfalls nicht entsprechen: die vielfliegenden Arbeitsmigranten und die bilokalen Rentner. Unsere Vielflieger-Stereotypen sind also nicht mehr am Puls der Zeit und müssten aktualisiert und erweitert werden.

Die ‚Upper Class-Airworld' und ihre Gegenwelten

Tim bewegt sich in einer eigenen, Gated Community-artigen Vielfliegerwelt innerhalb der Airworld, die auf ihn und seine Bedürfnisse abgestimmt ist. Er lebt in einer Welt mit Fast Lanes, First-Class-Lounges, roten Teppichen, Porzellangeschirr, argentinischen

Abbildung 72:
Senatorschildchen am Koffer

Herzspezialistinnen und Til Schweiger. Als Eintrittskarte dient ihm der rote Senator-Anhänger an seinem Koffer.

Material, Oberflächen, logistische Strukturen, das Raumangebot, das dem einzelnen Passagier zur Verfügung steht – all das ist bei Tim anders als in der Charterflieger-Welt der Low-cost-Urlauber.

Die Mitglieder der ‚Fast border passage-Programme', zu denen auch Tim gehört, haben privilegierte Zugangswege, werden bevorzugt abgefertigt, gesondert durch spezielle Sicherheitsschleusen gelotst und ihre Wartezonen sind besonders erholsam ausgestattet. Tims Wege durch den Flughafen und seine Positionierungen in der Flugzeugkabine sind also eng verbunden mit einem hohen Status, den er sich durch sein Ticket, das häufige Fliegen und damit verbundene Upgrades sowie Rabatte für seine Firma erkauft. Erst die richtigen Tickets und Karten machen ihm den Zugang zu Lounge und Business Class möglich und öffnen die Schranken zur Fast Lane in der Sicherheitskontrolle. Die Airworld kann also auch heute noch und in den Zeiten der Billigflieger luxuriös sein – auch, wenn sie dieses Gesicht den Economy-Passagieren nicht zeigt.

Gleichzeitig existieren aber auch verschiedene Gegenwelten: Chartertouristen haben an vielen Flughäfen eigene Terminals, die Low-cost-Carrier-Reisenden manchmal sogar eigene Flughäfen. Auch ihre Flugzeiten sind andere, sie fliegen meist sehr früh am Morgen oder spät in der Nacht, wenn sie den Linienverkehr nicht beeinträchtigen.

Ein besonders Mobilitätsregime hat die niederländische Sozialwissenschaftlerin Sanneke Kloppenburg in Indonesien untersucht, wo sie die Wege der Arbeitsmigranten durch den Flughafen Jakarta nachverfolgt hat (Kloppenburg 2013). Etwa 1.000 Arbeitsmigranten kommen dort pro Tag zurück nach Indonesien und da sie ihren Lohn meist in bar am Körper tragen oder wertvolle Geschenke für die Daheimgebliebenen mit sich führen, werden sie oft auf dem Weg vom Flughafen nach Hause überfallen. Deshalb hat die Regierung ein Hilfsprogramm initiiert, das die Heimkehrenden nach Aussehen (Kopfschals, Gesichtsausdruck, viel Gepäck) noch am Gepäckband von den anderen Passagieren trennt. Sie kommen in das Extra-Terminal Nummer 4 und werden von dort mit Bussen zu ihrer Heimatadresse gefahren. Doch auch dieser Schutz ist nicht besonders wirksam, da die Busse auffällig als Verkehrsmittel dieses Programms gekennzeichnet sind und deshalb ebenso ausgeraubt werden oder Schutzgeld zahlen müssen.

Die verschiedenen Gruppen von Reisenden bewegen sich also auf unterschiedlichen Wegen durch die Flughäfen in die Flugzeuge hinein, wo sie ebenfalls verschiedene Bereiche frequentieren. Sie bewegen sich nur scheinbar selbst, geleitet und angetrieben werden sie durch „Mobilitätshierarchien" (vgl. ebd.), die die transnationale Mobilität an Flughäfen organisieren, regulieren und sortieren. Die Art wie Menschen sich im Raum bewegen, hat also immer auch soziale Bedeutung und „unser Verhältnis zu globalen und lokalen Räumen entsteht analog zu den gesellschaftlichen Machtstrukturen" (Vonderau 2003: 14). Mobilität ist nicht nur eine Frage der Fortbewegung, sie kreiert Reisende, ist politisch und sie wird hergestellt bzw. reguliert.

Von Tim zu Rita

In der nächsten Vignette bin ich mit einem Passagier gereist, der kaum gegensätzlicher sein könnte als Tim – ich begleitete die Rentnerin Rita. Während Tim viel fliegt, fliegt Rita nicht mehr. Für Tim spielt Angst beim Fliegen keine Rolle, Rita hat schon Angst mit der S-Bahn zum Flughafen zu fahren. Tim ist cool und gelangweilt von den immer gleichen Abläufen, Rita ist aufgeregt und ängstlich aufgrund all des Neuen. Tim ist immer online, nutzt den elektronischen Boarding-Pass und stellt das Handy erst nach dem Losrollen auf der Landebahn aus, Rita ruft ihre E-Mails nur alle paar Tage ab, elektronische Tickets hat sie noch nicht verwendet. Tim genießt vom Car-Service bis zum Senatorstatus alle Annehmlichkeiten, die in der Airworld möglich sind, Rita fliegt mit vollbesetzten Charterfliegern. Und doch haben Rita und Tim eine große Gemeinsamkeit: Sie empfinden das aeromobile Unterwegssein beide als Belastung und Herausforderung.

4.4 Nicht-Fliegen

Flugangstpatientin Rita: *„Als Mädchen brauchst du das schon gar nicht."*

„Die Tourismusforschung weiß bisher fast alles über jene, die verreisen. Über die Nichtreisenden, die gar nicht erst losfahren, ist hingegen wenig bekannt – vor allem darüber, warum sie nicht verreisen", zitiert Burkhart Lauterbach die Deutsche Tourismusanalyse 2007 (Lauterbach 2010: 125).

Da diese Feststellung nicht nur für die Nicht-Reisenden gilt, sondern genauso für die Nicht-Fliegenden, widmet sich diese ethnografische Vignette ganz bewusst einer Seltenreisenden und Nicht-Fliegenden – der Rentnerin Rita.

Es handelt sich beim Thema ‚Nicht-Fliegen' nur scheinbar um einen abseitigen oder aussterbenden Rand des aeromobilen Unterwegsseins, denn es sind keineswegs alle Menschen im Flugzeug on tour:

In den Jahren 2011 und 2012 sind nur 42% der Menschen in Deutschland geflogen[74] (und davon noch einmal 61% nur ein oder zwei Mal), 2010 war das Flugzeug gemessen am Anteil der Strecken das mit Abstand am seltensten genutzte Verkehrsmittel, „weniger als einer von siebenhundert Wegen" führte laut Statistischem Bundesamt „über die Wolken" (Hütter 2013: 7). 50–60% aller Menschen bezeichnen sich als ‚unter Flugangst leidend' und 10–20% verspüren beim Fliegen sogar starkes Unbehagen (Mann 2006: 15).

Trotz der immer günstigeren Flugpreise, der flächendeckenden Werbung und den vielen kleinen Provinzflughäfen sind bei weitem nicht alle Menschen zu geübten Flugpassagieren geworden. Es gibt immer noch viele Nichtflieger, Seltenflieger und Flugängstliche, Rita ist kein Einzelfall.

Doch gerade weil Rita nicht (mehr) mit dem Flugzeug unterwegs ist, ist es möglich, über ihren ungeübten Blick auf die Airworld dem nur scheinbar Selbstverständlichen auf die Spur zu kommen und Grundsatzfragen des Fliegens sichtbar machen.

Wie fand ich eine Nicht-Nutzerin?

Ich fand Rita nicht während meiner Feldforschung am Flughafen oder im Flugzeug, denn dort ist sie ist ja gerade *nicht* unterwegs. Und selbst wenn sie sich doch einmal an einem Flughafen aufhält, zum Beispiel, weil sie einen ihrer Söhne nach einer Urlaubsreise abholen muss, dann sieht man ihr nicht unbedingt an, dass selbst abzufliegen für sie keine Option ist.

In diesem Falle war es deshalb umgekehrt: Rita wurde auf mich aufmerksam. Nachdem in einer Hamburger Tageszeitung fälschlicherweise ein öffentlicher Vortrag von mir zur kulturwissenschaftlichen Betrachtung des Fliegens angekündigt worden war, kam Rita zu dem nicht stattfindenden Vortrag, erfragte bei der Organisatorin meine E-Mail-Adresse und beschwerte sich am nächsten Tag bei mir darüber, dass sie extra angereist war. Da ich mich über die zum Ausdruck gebrachte überraschend große Enttäuschung wunderte, schrieb ich ihr eine längere E-Mail zurück und es ergab sich daraus ein reger Schriftverkehr. Schnell war klar, dass ich Ritas Geschichte in einer ethnografischen Vignette nachspüren musste.

Ich hatte nach einer Nicht-Fliegenden nicht gesucht und das Thema ‚Nicht-Fliegen' auch nicht besonders priorisiert und doch war es ein glücklicher Zufall in Kontakt mit Rita gekommen zu sein. Es handelt sich also um einen klassischen Fall von „Serendipity" – der „Erfahrung, nach etwas zu suchen und etwas Anderes zu finden" (Lindner 2012: 11). Die Herausforderung für den Forschenden besteht in so einem Fall darin, dem nebenbei Entdeckten genug Raum zu geben – selbst, wenn den forschenden Blick gerade etwas Anderes vollkommen beansprucht.

74 Verbraucherreport 2013 des Bundesverbandes der Deutschen Luftverkehrswirtschaft.

Biografische Informationen und Kontaktaufnahme

Rita ist 1946 geboren, Mutter von zwei Söhnen und zum Zeitpunkt unseres ersten Gespräches 65 Jahre alt. Sie lebt in einem kleinen Ort bei Seevetal (südlich von Hamburg), wo sie als Kind schon die Dorfschule mit insgesamt zwei Klassen und zwei Lehrern besucht hat. Seit kurzem ist Rita Rentnerin, zuvor hat sie als Kaufmännische Angestellte in der Verwaltung von zwei Hamburger Krankenhäusern gearbeitet. Ihr Mann ist mit 50 Jahren früh verstorben, mittlerweile hat Rita jedoch einen neuen Lebensgefährten.

Rita ist in ihrem Leben bisher zwei Mal nach Mallorca geflogen und hatte von Anfang an Flugangst. Diese Angst ist inzwischen so stark geworden, dass sie nicht mehr fliegen kann. Ein dritter Flug scheint zum Zeitpunkt unseres Interviews undenkbar.

Nachdem wir uns einige E-Mails geschrieben hatten, schlug ich Rita ein Treffen am Hamburger Flughafen vor, damit ich sie für meine Arbeit interviewen könne. Sie lehnte zuerst mit der Begründung ab, sie wolle mit ihren Problemen nicht meine Zeit in Anspruch nehmen (auch in ihren späteren Erzählungen war dies ein Leitmotiv). Ihr Bestreben, die Flugangst zu überwinden und der Glaube daran, ich könne ihr dabei helfen, waren allerdings so stark, dass sie später von selbst vorschlug, sich mit mir in einer Eisdiele in einem Einkaufszentrum in Hamburg-Harburg zu treffen. Zum Flughafen traute sich Rita mit mir erst bei unserem nächsten Treffen.

Abbildung 73: Flightdiary von Rita

Interview in der Eisdiele: *„Es ist alles so fremd."*

Am 7. März 2011 wartet Rita mit einer Kaufhaustüte als Erkennungszeichen in der Hand vor der Tür der Eisdiele. Sie ist dezent geschminkt, schlank, etwa 1,65 m groß und sorgfältig gekleidet. Um den Hals trägt sie ein kleines Halstuch. Sie ist offensichtlich aufgeregt und wirkt schüchtern. Wir suchen uns einen Platz und Rita beginnt zu erzählen.

Obwohl ich in dieser Fallstudie nicht wie ursprünglich geplant mit meiner Interviewpartnerin abheben kann und wir quasi in der Eisdiele in Harburg ‚festsitzen', machen wir uns trotzdem auf die Reise: in Ritas Vergangenheit, zu ihrer Familie, nach Mallorca – und alles ist eng verbunden mit dem Fliegen.

Eine Jugend ohne Flugerfahrungen

Rita ist in einer Zeit geboren, in der Fliegen noch etwas Seltenes war. Der Hamburger Flughafen ist für ihre Familie Ausflugsziel statt Reisestartpunkt und Flugzeuge sind eher Attraktionen als Verkehrsmittel. Das Flugzeug ist in Ritas Jugend noch „Herrschaftsinstrument" (Bausinger 1981: 236), es fliegen lediglich die Reichen, die Mächtigen und allenfalls noch die Berufstätigen. Für alle anderen spielt das Flugzeug als Fortbewegungsmittel keine Rolle. Das zeigt auch eine Zeichnung, die Rita in der Schule anfertigte und die sie mir zeigt. Dargestellt werden sollte die Evolution der Verkehrsmittel, jedoch folgt auf das Fahrrad und das Automobil hier noch der Ballon und nicht das Flugzeug (Abb. 74).

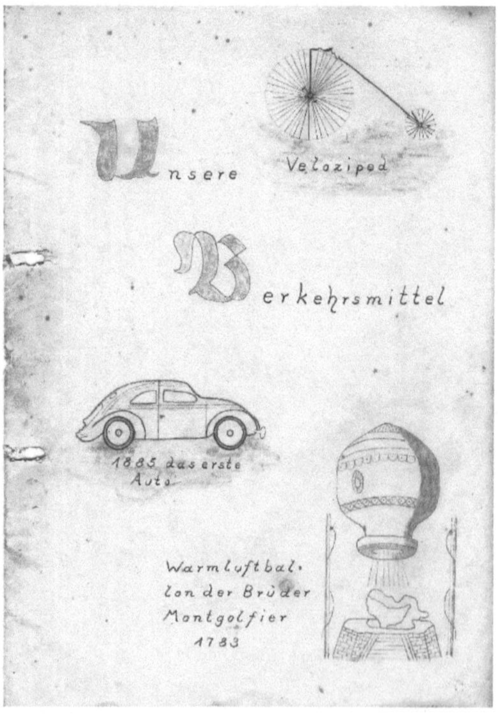

Abbildung 74:
Deckblatt von Ritas Schulaufgabe „Unsere Verkehrsmittel" (1957)

In Ritas Familie gibt es keine regelmäßigen Flugpassagiere: Ihre 1915 und 1919 geborenen Eltern *„hatten das Geld nicht“* und ihr Bruder fliegt zwar ab und zu beruflich und flog auch einmal mit seiner Familie nach Griechenland, aber danach machte er wieder Urlaub in Deutschland.

Rita selbst träumte auch als kleines Mädchen nicht von einer Reise mit dem Flugzeug, was sie heute folgendermaßen erklärt:

> *R: „Also für mich überleg ich so a) weil ich es als Kind überhaupt nicht gemacht hab' und man vielleicht auch gehört hat … ja … das darf man nicht, das kann man nicht, das brauchst du nicht. Sag' ich jetzt mal so. Und als Mädchen brauchst du das schon gar nicht, so nach dem Motto. Das war so 'n bisschen eben diese Zeit, das muss man einfach mal sagen.“*

Von wem diese Beschränkungen ausgingen, die nicht nur das tatsächliche Flugreisen, sondern auch das Träumen vom Fliegen untersagten, bleibt diffus, Rita nennt keine konkreten Personen, sondern nutzt einen Topos „des Zeitvergleichs“ (Schröder 2005: 29): Das war *„so 'n bisschen eben diese Zeit“* und das hatte man *„vielleicht auch gehört“*.

Nach ihrer Heirat 1968 gibt es für Rita dann konkretere Gründe, die gegen einen ersten Flug sprechen: Da ihr Mann bei der Bahn arbeitet, haben sie die *„Bahn-Freifahrt“* und nachdem die Kinder geboren sind und die Familie ein Haus gebaut hat, besteht finanziell keine Möglichkeit mehr für weite Reisen.

Ein Schicksalsschlag und der erste Flug

Dann verändert sich Ritas Leben abrupt: Ihr Mann stirbt mit 50 Jahren.

> *R: „So, da war ich mit den Kindern, also ich habe zwei Söhne, davon ist der eine eben '68 geboren. Und der andere '83, sind also sehr weit auseinander. Und dann wollt' ich schon gerne mit den Kindern gemeinsam und das war auch mein erster Flug nach Mallorca. Das war dann '96, '97 irgendwann. … 50 Jahre war ich da mittlerweile.“*

Rita fühlt sich nach dem Tod ihres Mannes verpflichtet, ihren beiden Söhnen einen Flug zu bieten. In einer Flugreise steckt für sie das Potential, die altersbedingten unterschiedlichen Interessen der beiden Söhne zu vereinen, denn beide wollen gerne einmal fliegen. Als Ziel wählen sie Mallorca – vor allem wegen der Wärme und der Sprache (*„Mallorca ist ja Deutsch“*), denn Rita spricht keine Fremdsprache. Die Söhne buchen den Flug. Rita hat schon vor dem Start Angst und nimmt Medikamente zur Beruhigung ein.

Schicksalsschläge und Stress werden in der Flugangst-Literatur oft als Auslöser oder Verstärker von Flugangst erwähnt (zum Beispiel Kinnunen [1996] zitiert nach Mann 2006: 23 und 21). Diese negativen persönlichen Lebenserfahrungen übertragen die Betroffenen dann auf das Fliegen. Auch traumatische Ereignisse wie der Tod eines nahestehenden Menschen oder Unfälle gehören zu den Auslösern. Für Rita muss es bedrohlich gewesen sein, plötzlich alleine und ohne ihren Mann mit den Söhnen in der ihr fremden Welt des Fliegens und dann auch noch in einem fremden Land zurechtkommen zu müssen.

Obwohl also schon der erste Flug problembelastet war, sieht Rita den Wendepunkt in ihrer Flugbiografie erst im zweiten Flug – denn *„da kam alles zusammen“*:

Der zweite und letzte Flug

Dieses Mal ist Rita in Begleitung von drei Frauen unterwegs und das Reiseziel ist wieder Mallorca. Vor dem Flug ist Rita fest davon überzeugt, die Reise bewältigen zu können und der Hinflug verläuft auch ereignislos, doch während des Aufenthaltes auf Mallorca kehrt ihre Angst zurück und steigert sich bis zum Rückflug ins Unermessliche. Rita nimmt so viele Tabletten, dass sie nach ihrer Rückkehr den ganzen Tag benommen ist.

Mehrere die Angst verstärkende Faktoren waren vor dem Flug zusammengekommen: Rita hatte die ganze Nacht aufgrund ihrer unruhigen Bettnachbarin nicht geschlafen und weil die Gruppe schon morgens um fünf Uhr abgeholt werden sollte, hatte sie Angst zu verschlafen. Zusätzlich hatte der Reisebegleiter auf einer Bustour über die Insel in den Tagen zuvor Witze über die Sicherheit des Fliegens gemacht und erzählt, er würde immer mit den Piloten vor deren Start Alkohol trinken:

> *R: (zitiert den Busfahrer) „‚Und wenn Sie dann heil ankommen, dann können Sie doch froh sein.‘ Das sollte sicherlich Spaß sein, für mich w a r d a s k e i n S p a ß .“*

Auch wenn Rita die Worte als Scherz identifizierte, machten sie ihr Angst. Doch wovor sie sich beim Fliegen eigentlich fürchtet, kann sie nicht so genau fassen:

> *R: „Dieses, ja, wie soll man das beschreiben, ich kann nicht sagen, dass es die Enge ist, vielleicht ist das auch nicht ganz so wichtig, also es ist so eine Beklemmung da (räuspert sich) dass ich nicht mehr vernünftig atmen kann.“*

Es ist nicht unbedingt ein möglicher Absturz, der Rita ängstigt:

> *R: „Und dass ich dann sterben würde oder so, wenn man abstürzt, das glaub’ ich nicht. Das ist, kann ich einfach nicht erklären, was das ist.“*

Gründe für die Flugangst

Als mögliche Erklärung für ihre Flugangst nennt Rita vier Gründe:

<u>Nicht erlernt:</u> Orvar Löfgren betont in seinem Aufsatz „Touristen und Pendler: Wie man sich bewegt, so ist man gestimmt“ (2014): „Wichtig ist auch, danach zu fragen, wo die Menschen das Reisenkönnen erwerben, wie sie lernen, Tourist oder Pendler zu sein“ (ebd.: 25) – Rita konnte das Fliegen, wie bereits beschrieben, in ihrer Jugend *nicht* erlernen und es ist noch nicht einmal ganz klar, ob sie überhaupt gelernt hat, Tourist zu sein.

R: „Ich beobachte ja auch Kinder beim Fliegen. Die fliegen einfach mit, die haben das später einfacher, für die ist das Gewohnheit."

Im Interview stellt Rita ‚Fliegen' als eine Technik dar, die man erlernen und üben kann, zum Beispiel durch das Abschauen bei erfahrenen Personen. Ihrer Meinung nach lernt man das Flugreisen wie Fahrrad fahren oder Schwimmen allerdings leichter als Kind. Später falle einem das Erlernen dann viel schwerer. Von dieser Idealvorstellung weicht Ritas eigene Fluginitiation ab, was Unzufriedenheit bei ihr hervorruft.

Fehlende Bezugsperson: Bis heute wünscht sich Rita eine Bezugsperson, die ihr das Fliegen vormacht, es ihr dabei erklärt und ihr dadurch die Angst nimmt. Aber wer könnte Rita unterstützen? Die Frauengruppe? Diese Frage versetzt Rita in Aufregung. Sie atmet heftig und spricht abgehackt:

R: „Denen hab' ich das auch vorher erklärt, aber das … hat nicht … war nicht so, ne. Die ha'm dann … mich auch so gelassen und … (leicht erregt, Sprache abgehackt und gleichzeitig verschliffen) aber wenn das einfach da ist, wenn ich mich da hineingesteigert hab', kann mir da auch keiner mehr helfen."

Könnten Ritas Kinder Unterstützung leisten?

R: „Die können das auch nicht verstehn'. Die akzeptieren das, wenn ich sag', ich flieg' nicht mit, aber die können das nicht verstehn'."

Als Rita verlegen lacht, wird klar, dass auch ihre Kinder anscheinend nicht als Unterstützer in Frage kommen. Bleibt noch der neue Lebensgefährte, der mit Rita gerne in die Sonne fliegen möchte. Doch:

R: „Der kann diese Ängste nicht verstehen, das ist sehr, sehr schwierig. Er kann es wohl akzeptieren, aber er wär' da keiner, da kann mir dann ja auch keiner helfen. Also er kann mich da so nicht unterstützen, das muss ich alleine, das ist wieder ganz typisch so, dass ich mich jetzt alleine damit befassen muss."

Fehlende und ‚fiktive' Informationen: Als Rita erzählt, dass sie nicht wisse, wie eine Flugzeugtoilette von innen aussieht, da sie sich bei ihren Flügen nicht getraut hatte, aufzustehen und sie sich anzuschauen, wird klar, dass sie kaum Möglichkeiten hat, sich außerhalb eines Fluges Informationen über das Fliegen zu beschaffen.

Bisher ‚informiert' sie sich vor allem über (Katastrophen)Filme im Fernsehen, die natürlich ihr Bild vom gefährlichen Fliegen bestätigen (Fiktion und Realität sind für Rita schwer zu trennen, weil sie sich nach eigenen Angaben sehr stark in diese Filme hineinversetzt). Auch Dokumentationen über Flugzeugabstürze schaut Rita sich an oder sie sieht Flugzeugkatastrophen in den Nachrichten. Ritas Flugangst hat also auch damit zu tun, wie das Fliegen in den Medien dargestellt, nachgespielt oder ironisch kommentiert wird.

Eine ganz besonders starke Angst von Rita in Bezug auf das Fliegen hat ihren Ursprung in einem Film, in dem Terroristen ein Flugzeug kapern und in *„dieses System* *mit dem Luftdruck" (Rita)* hineinschießen, so dass es anschließend nicht mehr funktioniert:

> *R: „Das ist schon ziemlich real und das hat mich auch schon … ja, fand ich schon schlimm. Da kann ich mich schon so hineinversetzen, ne? Das ist aber ja real die Angst dann. Dass das denn hoffentlich nicht passiert."*

Ein Bild davon, wie Gegenstände des alltäglichen Gebrauchs im Flugzeug aussehen oder wie die Sauerstoffversorgung tatsächlich aufgebaut ist, bekommt Rita durch die Katastrophenfilme nicht. Auch leicht zu beruhigende Ängste, wie zum Beispiel ob man durch das Abflussrohr der Toilette hinausschauen kann, kann Rita über die Filme nicht klären.

<u>Passivität:</u> Rita hatte nie das Bedürfnis Reisen zu machen, auch bei ihren augenblicklichen Urlauben sind es andere, die die Touren organisieren. Mit ihrem Sohn reist sie nur, wenn er Druck macht und sagt:

> *R: „Wollt ihr da mit? Dann müssen wir gleich buchen."*

Rita fühlt sich in diesen Situationen überrumpelt. Gerne würde sie die Entscheidung bezüglich des nächsten Urlaubes hinauszögern, aber oft entscheidet sie sich dann für das Mitfahren:

> *R: „Ich denke immer: Das muss nicht unbedingt sein. Das kostet Geld, damit kann man was Anderes machen. (…) Aber warum soll ich nicht Urlaub machen, wenn ich's bezahlen kann? Warum darf ich das nicht? Ich hab' noch nie was gebucht. Das haben immer die anderen gemacht. Irgendwas muss da mal passiert sein, dass ich was wollte und es dann hieß ‚Das darfst du nicht' oder ‚Das geht nicht'."*

Einen Urlaub zu buchen, erfordert Selbstbewusstsein, denn der Buchende muss sich selbst einiges zutrauen. Dieses Selbstbewusstsein fehlt Rita. Außerdem muss sich der Buchende selbst etwas gönnen können, Geld für sich und seine Erholung ausgeben wollen, über seine Interessen Bescheid wissen und mutig in Kauf nehmen, dass der Urlaub auch misslingen kann. Das alles fällt Rita schwer. Außerdem kommt bei Rita noch hinzu, dass sie in ihrer Kindheit und Jugend nicht ermutigt wurde, Reiseträume zu hegen, eine Flugreise als unerschwinglich für sie galt und die Reiseziele nicht von ihr, sondern von ihrem Mann ausgewählt wurden. Keine ihrer Reisen hat Rita bisher selbst gebucht:

> *R: „Ich habe nichts gemacht und das ist sicherlich auch noch so ein Punkt, das glaub' ich schon. Was man selbst macht, siehe das Treffen mit Ihnen (lacht). Das geht einfacher, kann ich dann besser."*

Einen Reisetraum hat Rita dann allerdings doch, auch wenn sie ihn als *„naiven Jugendtraum"* kopfschüttelnd schnell beiseiteschiebt und ihn nur in Gedanken als imaginäre Reise auslebt:

> *R: „Ich hatte mir ja mal in den Kopf gesetzt durch Ungarn zu reisen. Aber ohne die Sprache lernt man die Menschen nicht kennen."*

Rita hat also nicht einfach kein Interesse an fremden Kulturen, ganz im Gegenteil. Sie wollte durch Ungarn vor allem deshalb reisen, um die Menschen kennen zu lernen. Dieses Bedürfnis erfüllten ihre bisherigen Reisen allerdings nicht – umgekehrt erfüllt allerdings auch Rita nicht die Voraussetzungen, die man als Reisender mitbringen sollte, um solche Touren unternehmen zu können (es ist beispielsweise hilfreich eine Fremdsprache zu sprechen).

Ritas (Nicht-)Praxen

Rita erinnert sich kaum an ihre beiden Flüge, ihre Angst überdeckt alle Erinnerungen. Ein Sitzplatz am Gang war Rita aber wichtig gewesen, damit sie nicht aus dem Fenster schauen muss. Essen und Trinken (für viele andere Passagiere der Höhepunkt des Fluges) konnte und wollte sie während des Fluges nicht annehmen – *„nichts ging mehr" (Rita).*

Nichts zu sehen, nichts zu hören, nichts zu riechen, also möglichst wenig von dem Flug wahrzunehmen, half ihr, die Situation zu bewältigen.

Maßnahmen gegen die Flugangst

Auf Ritas Erzählungen über ihre Angsterlebnisse folgen immer wieder Teile, in denen sie reflektiert Vorschläge macht, wie sie ihre Flugangst bekämpfen könnte. Das tut sie auch deshalb, weil sie den Druck zur Selbstoptimierung spürt und das Gefühl vermittelt bekommt, von verschiedenen Bereichen des Lebens ausgeschlossen zu sein, wenn sie nicht flugfähig bleibt (zum Beispiel könnte es ihre Beziehung beeinträchtigen, weil ihr Lebensgefährte gerne mit ihr wegfliegen möchte). Auch dass sie die Sonderangebote, für die in den Reisebüros und Supermärkten geworben wird, nicht in Anspruch nehmen kann, stört Rita.

Um ihre Angst in den Griff zu bekommen, kann Rita sich vorstellen, Kontakt zu Gleichgesinnten aufzunehmen (deshalb hatte sie sich auch meinen Vortrag anhören und mit mir sprechen wollen) oder eine Flugangstschulung zu machen:

> *R: „Das wäre zum Beispiel ja auch mal interessant, Kontakt aufzunehmen zu anderen Menschen, die Flugangst haben, ne? Und sich dann auszutauschen (…) [Man hört ja], dass es viele Menschen gibt, die Angst vorm Fliegen haben. Die aber durch den Beruf auch gezwungen sind zu fliegen. Und die machen so ein Training. Das Wort Training, ich weiß nicht genau, wie's geht … aber das würd' mich auch nochmal interessieren, ich <u>möchte</u> gerne noch wieder fliegen. Und versuche jetzt auch – eben … ich arbeite daran, dass ich das nochmal wieder schaffe."*

Auch ein Kennenlernen des Angstortes kann Rita sich als Flugangst lindernde Maßnahme vorstellen.

R: „Es ist für mich alles so fremd, es ist alles so fremd, das wird auch etwas sein. Und darum mein Interesse mit Ihnen gemeinsam was anzugucken. Ja, was anzugucken auf'm Flughafen … dass ich mir, ja, dass es dadurch vielleicht besser wird. Wenn es nicht mehr alles so fremd ist."

Deshalb bittet mich Rita am Ende unseres Gespräches schließlich doch, mit ihr gemeinsam zum Flughafen zu fahren und sich alles mit ihr in Ruhe anzuschauen, ohne den Zwang selbst abfliegen zu müssen.

Diagnose Aviophobie?

Anfangs ging ich davon aus, dass ich es bei Rita tatsächlich mit einer reinen Flugangstpatientin zu tun habe und deshalb informierte ich mich genauer über diese Phobie[75]. Die Merkmale schienen zuzutreffen:

Rita ist als Frau zwei- bis dreimal häufiger von Flugangst betroffen als Männer, vor allem nach der Entbindung haben Mütter Angst ihre Kinder zurückzulassen und in ein Flugzeug zu steigen (Mann 2006: 55, Allensbacher Bericht Nr. 16, 2003). Selten tritt Flugangst in der Kindheit auf, sie entsteht meist sogar erst nach dem 20. Lebensjahr und vor allem zwischen 30 und 40 Jahren, angeblich, weil das Leben zu dieser Zeit besonders stark mit Stress belastet ist. Menschen mit Flugangst haben wie Rita Furcht vor der Höhe und der Enge in der Kabine, Furcht vor dem situativen Kontrollverlust durch das Ausgeliefertsein an die Piloten oder Furcht vor Flugzeugunglücken.

Als Ursachen für Flugangst gelten negative, persönliche Lebenserfahrungen, die auf das Fliegen übertragen werden (deshalb kann Angst vor dem Fliegen auch mit Existenzangst zusammenhängen, Kinnunen [1996] nach Mann 2006: 23), aber auch Unkenntnis und mangelndes Vertrauen in die Technik oder in die Physik. Auch Medieneinfluss kann Flugangst auslösen oder verstärken.

Bei Rita könnte die negative Lebenserfahrung, die die Flugangst ausgelöst hat, der Tod ihres Mannes sein, und der die Flugangst verstärkende Medieneinfluss trifft ebenfalls auf sie zu.

Die Auswirkungen von Flugangst werden in der Flugangstliteratur als massiv beschrieben und sie betreffen das Privatleben genauso wie den Beruf: Flugangst kann bei

75 Definition Flugangst nach dem „Lexikon der zivilen Luftfahrt": „Unter der Voraussetzung von herabgesetzter Belastbarkeit, niedriger Angstschwelle und negativen Einstellungen können bereits harmlose Begleiterscheinungen während eines Fluges wie Turbulenzen im Rahmen einer Schlechtwetterfront Angstgefühle auslösen. Dazu kommt oft noch der Eindruck, die Kontrolle vollständig an Piloten und Technik abgeben zu müssen. Die daraus entstehenden Gefühle von Ausgeliefertsein und Hilflosigkeit verstärken wiederum die Neigung zur Angst. Geräuschwahrnehmungen und Beobachtungen können bei einem Menschen mit Flugangst Panik hervorrufen. Undefinierbare Geräusche wie das Ausfahren der Fahrwerke, das Hin- und Herschwingen oder Durchbiegen der Tragflächen, unerwartete, plötzliche und ruckartige Bewegungen des Flugzeugs, die Auswirkungen von Start und Landung auf den Gleichgewichtssinn, aber auch die Demonstration der Handhabung von Sauerstoffmasken und Schwimmwesten sowie die spürbare Enge voll besetzter Maschinen sind typische angstauslösende Beispiele." (Sparenberg 2005: 58).

Menschen in Führungspositionen zum Karriereblocker werden, denn dort gehört Fliegen zum Alltag.

Privat können Selbstwertprobleme, Selbstablehnung und Depressionen aus der Flugangst resultieren. Außerdem werden die Urlaubsplanung und der persönliche Kontakt zu entfernt wohnenden Verwandten / Freunden durch Flugangst eingeschränkt.

Doch Flugangst hat für flugängstliche Personen nicht nur Nachteile (was in Bezug auf Rita ein interessanter Punkt ist): Als sogenannte ‚sekundäre Krankheitsgewinne' gelten die „verstärkte Zuwendung des Ehepartners" (Mann 2006: 28), die Schonung vor Pflichten oder die Erregung von Aufmerksamkeit.

Flugangst ist allerdings keine neue Entwicklung und hängt auch nicht mit den vollgestopften Billigfliegern zusammen, die bei den Passagieren Beklemmungen ausgelöst haben könnten. Vielmehr zog das Flugzeug gleich nach seiner Dingwerdung wie jedes neue Verkehrsmittel Ängste auf sich. Auch Eisenbahnangst war früher ein häufiges Phänomen, inzwischen gibt es sie kaum noch, „in den Lüften aber – im sichersten Transportmittel überhaupt – haben die Befürchtungen überlebt" (Ehn, Löfgren 2012: 184).[76]

Der Umgang der Fluggesellschaften mit der Angst ihrer Kunden ist auf den ersten Blick widersprüchlich: An Bord wird alles darangesetzt, Angst gar nicht erst aufkommen zu lassen, deshalb wird eine wohnliche Kabine geschaffen, in der die meiste Technik hinter Verschalungen verborgen ist. Entspannende Musik begrüßt die Menschen beim Einsteigen und das Bordfernsehen bietet Ablenkung. Auf der anderen Seite werden die Passagiere auf die Gefahren des Fluges ausdrücklich aufmerksam gemacht: Gleich nach der Begrüßung durch das Bordpersonal beginnt die kommunikative Initiierung des Fluggastempfangs mit den symbolisch dramatisierten,

> *„in der Regel mit ernster Miene vorgetragenen Sicherheitsinstruktionen, die weltweit verbindlich vorgeschrieben sind und die jede Fluggesellschaft in das Grußritual einbaut – eine der psychisch komplexesten Herausforderungen an die Berufsgruppe der Flugbegleiter, die in ihrem Gesichtsausdruck den Ernsthaftigkeitsappell mimisch artikulieren und zugleich dessen Hintergrund hinweglächeln müssen" (Allert 2008: 63).*

Im Gegensatz zu Verkehrsmitteln wie der Bahn wird im Flugzeug der Notfall ausdrücklich kommuniziert, obwohl die Gefahr bei anderen Formen des Reisens größer oder genauso groß ist und es wird sehr viel mehr Wert auf das Erklären der Sicherheitsvorkehrungen gesteckt.

---

76 Die ersten Flugangstbewältigungsmaßnahmen von Fluggesellschaften wurden in den 1970ern entwickelt zu „einem Zeitpunkt, zu dem Flugangst durch die Popularität des Fliegens und den damit einhergehenden ersten negativen Begleiterscheinungen (Abstürze, Notlandungen) zu einem Problem wurde" (Mann 2006: 5). Zuerst wollten die Fluggesellschaften nicht mit dem Thema Flugangst in Verbindung gebracht werden, doch später kooperierten sie auch aus wirtschaftlichen Gründen mit Flugangstseminaren. Die Fluggesellschaften ermöglichten Flugzeugbesichtigungen, kostenlose Flüge in der Business Class und Besuche am Flughafen. Strategie der meisten Seminare ist es, den Teilnehmern die Sicherheit des Fliegens anhand einer Airline zu vermitteln. Nach einem von der Lufthansa unterstützten Seminar fliegen deshalb 70 % der Teilnehmer ausschließlich mit der Lufthansa (ebd.).

Wovor fürchtet sich Rita?

Bei der Auswertung der Interviews mit Rita fällt auf, dass sie gar nicht vor einem akuten Versagen der Technik im Flugzeug Angst hat, wie man vielleicht vermuten könnte, sondern sich vielmehr vor den Menschen fürchtet, die mit der Technik zu tun haben. Sie hat Angst, dass die möglicherweise angetrunkenen Piloten die Geräte falsch bedienen könnten; sie hat Angst, dass die Stewardessen an Bord unfreundlich zu ihr sein könnten; sie hat Angst vor ihrer Familie und ihren Freunden, die sie drängen, mit ihnen auf Reisen zu gehen; und sie hat Angst vor Terroristen, die die Flugzeug-Technik missbrauchen könnten. Diese Ängste werden durch ihren Mangel an Informationen über das Fliegen und die fehlende Flugpraxis vervielfacht.

Gleichzeitig ist Ritas' Angst vor den anderen Menschen eng verbunden mit ihrer eigenen Einsamkeit. Sie wünscht sich jemanden, mit dem sie ihre Ängste teilen kann und der sie wirklich *„versteht"* (und nicht jemanden, der ihre Ängste nur *„akzeptiert"*), aber so eine Person scheint ihr zu fehlen. Die Einsamkeit hat Auswirkungen auf das Fliegen, das anscheinend zumindest in der Lernphase auch etwas mit sozialen Bindungen zu tun hat, mit dem Abschauen von Praktiken, mit dem Gemeinsam-Machen sowie mit dem Gezeigt-Bekommen – also viel sozialer angelegt ist, als Marc Augé es für den einsam reisenden Pierre Dupont beschreibt.

Exkursion nach HAM: *„Aber wenn man davorsteht ... uaaaahhh!"*

Mit der S-Bahn zum Flugzeug

Abbildung 75:
Elektronische Anzeigentafel mit den aktuellen Ankünften und Abflügen am Hauptbahnhof

Abbildung 76: S-Bahn-Station Hamburg Airport

Drei Wochen später treffe ich mich mit Rita, um ihren Wunsch nach einer gemeinsamen Erkundung des Hamburger Flughafens in die Tat umzusetzen. Ziel dieser Exkursion ist es, Ritas Blick auf den Flughafen und die Flugzeuge zu verstehen und durch sie Dinge zu entdecken, die nicht so selbstverständlich und selbsterklärend sind, wie sie mir als regelmäßiger Nutzerin über Jahre hinweg erscheinen.

In der S1 auf dem Weg zum Flughafen frage ich Rita, wie sie sich fühle. Der Tag ist sonnig und die Fahrt mit der S-Bahn hat für mich nichts Bedrohliches an sich. Aber Rita antwortet, dass sie Angst habe:

> *R: „Ich spüre, da sitzt was im Nacken."*

Allerdings ginge es ihr besser als sonst, weil sie darüber sprechen könne. Besonders schlimm sei ihre Angst immer, wenn sie sie verstecken müsse. Als wir am Flughafen aus der S-Bahn aussteigen, sagt Rita:

> *R: „Jetzt nimmst du mich an die Hand und zeigst mir alles."*

Damit weist sie mir – der ‚Forscherin' – die Rolle der ‚Flugexpertin' zu, die ihr bei ihrer Angstbewältigung helfen soll.

Während Rita und ich im Untergeschoss an der Ankunft in Terminal 1 vorbeilaufen, kommen uns einige braungebrannte Urlauber mit ihren Koffern entgegen. Rita, deren ganzes Arbeitsleben sich in der Verwaltung von Krankenhäusern abgespielt hat, schaut sie an und bemerkt:

> *R: „Im Krankenhaus sind die Menschen alle krank. Am Flughafen fliegen sie in den Urlaub. Das ist schöner."*

Abbildung 77: Cityhopper auf dem Vorfeld in HAM

Obwohl ich mit Rita nun am gleichen Flughafen wie mit Tim ankomme, erscheint mir der Ort heute größer, verwirrender und voller.

An der Sicherheitsschleuse beobachten Rita und ich, wie die Passagiere sich ihrer Jacken entledigen, Flüssigkeiten in durchsichtigen Beuteln präsentieren und sich abtasten lassen. Rita verspannt sich sichtlich.

> *R: „Wenn ich da durch bin, kann ich nicht mehr zurück – oder soll ich nicht mehr zurück."*

Wir fahren noch ein Geschoss höher und betreten durch eine Drehtür die Aussichtsterrasse unter freiem Himmel. Auf dem Rollfeld stehen einige kleine Kurzstreckenflugzeuge zum Abflug bereit.

> *R: „Wenn man sie so sieht, sehen sie gar nicht so groß aus. Aber wenn man davorsteht, uaaah", sie schüttelt sich.*

Ein Flugzeug löst sich vom Finger und wird in Richtung Startbahn geschleppt.

> *R: „Türen zu, nichts geht mehr!"*

Rita schüttelt sich wieder. Tatsächlich hat der Flughafen für abfliegende Passagiere nur eine Richtung: in die Flugzeugkabine hinein. Rückwege stellen die gesamten Abläufe auf den Kopf. Dass ein System ohne Rückweg Angst machen kann, ist nicht weiter überraschend. Dass Rita den fehlenden Weg in die andere Richtung allerdings bemerkt, ist eine Besonderheit. Die meisten Passagiere machen sich diese Gedanken nicht und strömen ohne den Gedanken an ein mögliches Zurück in ihre Flugzeuge.

„Wo steht, was ich machen muss?"

Während wir an der Ankunft vorbeilaufen, beklagt Rita sich bei mir darüber, dass eine Mitreisende ihrer Mallorca-Frauengruppe ihr als Mitbringsel gekauftes Olivenöl beim Rückflug nach Hamburg an der Sicherheitskontrolle abgeben musste.

> *R: „Unsere Kinder hatten uns ja gesagt, ‚Keine Flüssigkeiten im Handgepäck'. Aber Olivenöl?! Wo steht das denn?! Ich hatte meins im Koffer, aber zufällig."*

Natürlich ist auch Olivenöl eine Flüssigkeit, jedoch denkt nicht nur Rita bei Flüssigkeiten zuerst an Trinkflaschen mit Wasser und nicht an Schuhcreme, Haargel, Honig oder eben Olivenöl, die ebenfalls verboten sind. Ausführliche Bestimmungen für zulässiges Handgepäck können nur im Internet recherchiert werden (oder man erkundigt sich im Reisebüro oder am Flughafen), selbst auf dem Ticket sind nicht alle Gegenstände aufgelistet, die nicht als Handgepäck durchgehen. Fliegen bedeutet heute also auch ein hohes Maß an eigenständiger Selbstorganisation und -information.

Auch wo und wie man eincheckt, wo die Sicherheitskontrolle ist und wie man das richtige Gate findet, ist in Ritas Augen nirgendwo erklärt.

> *R: „Wo steht, was ich machen muss?"*

Rita fragt dies fast schon wütend. Es gibt so vieles, das für sie nicht selbstverständlich ist und das ihrer Meinung nach nicht beschrieben wird.

Abbildung 78:
Check-in-Automat der Lufthansa am Hamburger Flughafen

Als nächstes gucken Rita und ich uns in Terminal 2 einen Check-in-Automaten an. Auf einem kleinen Schild steht, was man alles nicht im Koffer mitnehmen darf. Rita liest: *„Große Magnete"* und ist wieder einmal sehr verwundert. Sie fragt mich, woher sie das nun wieder wissen soll, wenn sie packt.

R: „Und was ist, wenn jemand einen Magneten aus Versehen im Koffer vergisst? Kann ein Magnet die Fluginstrumente stören?", fragt sie ängstlich.

Ihr erscheint das durchaus möglich und sie erzählt mir, dass ein kleiner Kühlschrankmagnet die Scheckkarte ihrer Freundin entladen habe, so dass sie in Mallorca nicht mehr damit bezahlen konnte.

Da Rita nur wenig über das Fliegen weiß, ist es für sie schwer, Informationen zu gewichten und bestimmte Informationen auch einfach mal zu vernachlässigen. Mir war die Warnung vor großen Magneten bisher nie aufgefallen und auch jetzt halte ich sie eher für zu vernachlässigen.

Check-in, Gate, Terminal – die Sprache der Airworld

Wir bleiben an der Tafel mit den Abflügen und Ankünften stehen. Ich lese einen Flug mit seinen Daten (Erwartet, Abflug, Terminal, Gate) laut vor, um mit Rita darüber ins Gespräch zu kommen. Sie fragt daraufhin:

R: „Terminal, Gate – was heißt das alles und was ist das?"

Wir gehen weiter zur Sicherheitsschleuse.

R: „Was heißt Fast lane?",

fragt Rita mit Blick auf die Anzugträger, die Business Class gebucht haben und deshalb hier langgehen dürfen. Schon wieder ein Ausdruck, der nur englisch ist und offensichtlich nicht selbsterklärend.

Zum Abschluss unseres Flughafentages trinken Rita und ich noch einen Kaffee auf der Flughafenempore. Von oben beobachten wir eine lange Schlange, die sich vor einem Schalter gebildet hat, während die anderen ebenfalls mit Mitarbeitern besetzten Schalter (von anderen Fluggesellschaften) leer sind. Es handelt sich um einen Charterflug in die Türkei, wie ich später auf den Bildschirmen lese.

R: „Warum müssen die denn alle an dem gleichen Terminal anstehen?",

fragt Rita und meint das Check-in-Desk. Auch den Unterschied zwischen Charter- und Linienflügen und den verschiedenen Airlines zugeordneten Check-in-Desks ist ihr nicht geläufig. Als wir uns auf den Rückweg machen, habe ich das Gefühl, dass Rita noch immer nicht klar ist, wie ein Flughafen für Passagiere funktioniert, obwohl wir mittlerweile einen ganzen Tag dort verbracht haben. Als wir zur S-Bahn laufen, nennt Rita sogar die S-Bahn-Station *„Terminal"*.

Die Aneignung einer neuen Fortbewegungstechnik

Bei dem gutsituierten, urbanen und weltgewandten Bildungsbürger Dupont passiert nach dem Check-in alles „quasi ohne sein Zutun" (Augé 1994: 8). Er hat die Abläufe schon so oft durchgemacht, dass sie scheinbar von alleine ablaufen. Rita hingegen ist ein eher bildungsfernes Arbeiterkind aus der Provinz, ihre Motilität ist gering und für sie funktioniert nichts von alleine am Flughafen und im Flugzeug. Dieses Beispiel zeigt, dass in das Feld des Fliegens unendlich viel Ausschließendes eingeschrieben ist und vieles nur scheinbar selbstverständlich ist: Nicht jeder Passagier hat das Grundvertrauen, dass die Flugbegleiter an Bord ihm helfen (können). Nicht jeder weiß, dass man durch die Toilette nicht aus dem Flugzeug gesogen wird. Nicht jeder bucht mal eben ein Ticket im Internet, weiß, was er nach dem Check-in machen muss und was die Ausdrücke und Symbole auf den Wegweisern bedeuten.

Wenn der Ablauf eines Fluges so glatt wie bei Pierre Dupont beschrieben werden kann und jede Handlung zum automatischen Reflex geworden ist, dann ist bereits eine Menge passiert: Der Passagier hat gelernt, in welcher Reihenfolge welcher Bereich am Flughafen anzusteuern ist, wie die verschiedenen Stationen genannt werden, welche Tätigkeiten dort ausgeführt werden müssen, wie die an Aktionen beteiligten Automaten zu bedienen sind und welche Dinge und Codes dafür benötigt werden. Er hat sich daran gewöhnt, der Flugzeugtechnik zu vertrauen und seinen Körper dieser Technik auszuliefern, selbst, wenn er sie nicht versteht. Außerdem weiß er inzwischen mit der erzwungenen Nähe in der Flugzeugkabine zu den vielen unbekannten Menschen umzugehen und kommt mit der Vorstellung klar, dass er zwischendurch nicht einfach aussteigen kann.

Rita wiederum beherrscht nur die deutsche Sprache, sie hat wenig Selbstbewusstsein und kein Vertrauen in die Technik. Außerdem fehlt ihr die mit dem Fliegen inzwischen eng verbundene Internetkompetenz, sie hat keine Flugpraxis und eine Bezugsperson, der sie vertraut, fehlt ihr ebenfalls – deshalb wird das Unterwegssein im Flugzeug für sie zum Problem.

Wir erfahren von Rita also weniger etwas über die tatsächliche Ausübung des Fliegens und mehr über das ‚Fliegen im Kopf': Bei Rita klaffen Erfahrungswelt und Deutungswelt weit auseinander, denn obwohl sie fast noch nie geflogen ist, hat sie eine Menge Deutungen und Zuschreibungen entwickelt.

Ein Nicht-Beherrschen (oder Nicht-Ausüben-Können) des Fliegens hat durchaus weitreichende Folgen: Nachdem Rita nun schon ein paar Jahre gar nicht geflogen ist, ist sie von den Entwicklungen abgehängt und als potentielle Nutzerin schon fast aus dem System gefallen. Es ist schwer zu sagen, ob sie noch einmal den Anschluss finden wird, denn die Abläufe entwickeln sich Jahr für Jahr weiter und verlangen von den Passagieren immer mehr Eigeninitiative. Da räumliche Beweglichkeit „sozial voraussetzungsvoll und folgenreich" ist, kann es passieren, dass Rita in Zukunft „auch von anderen sozialen Ressourcen abgeschnitten" sein wird (Tully, Baier 2006: 17). Die kulturelle Disposition zur Bewegung hängt auch in Zeiten von günstigen Flugpreisen und Regionalflughäfen noch stark von Faktoren wie „sozialer Stellung, Geschlecht, Alter,

Bildungshintergrund oder Staatsangehörigkeit" ab (Färber, Vetter 2011: 216): Dass Rita eine Frau ist, spielt in der Zeit, in der sie groß geworden ist, eine Rolle und auch ihr Aufwachsen auf dem Land ohne Zugang zum Fliegen und dass ihr Mann früh verstorben ist und sie daraufhin alleinerziehend war, hat weitreichende Auswirkungen.

Ritas geringe Mobilität hat allerdings nicht ausschließlich etwas mit ihrem Alter, ihrem Geschlecht, ihrer Generation, ihrem Wohnort oder dem frühen Tod ihres Mannes zu tun. Dies stellte ich fest, als ich auf dem Rückflug von Venedig über Zürich Inge traf – eine ältere Dame in Ritas Alter, ebenfalls aus Seevetal, ebenfalls früh verwitwet. Inge arbeitete vor ihrer Pensionierung als Übersetzerin beim Europaparlament in Brüssel. Sie liebt fremde Sprachen und das Reisen, flog immer gerne und erzählt mir voller Leidenschaft von der Zeit, in der sie noch mit einer Propellermaschine nach Brüssel geflogen ist:

Inge: „An Bord gab es Champagner, oder vielleicht war das auch nur Sekt ..."

Auch heute noch reist Inge viel zu Freunden in der ganzen Welt – als ich sie traf, hatte sie gerade eine Freundin in Südfrankreich besucht und anschließend einen Abstecher nach Korsika gemacht. Die unveränderlichen Vorbedingungen ‚weiblich', ‚dörfliches Umfeld', ‚verstorbener Mann' sind also keine ausschließlichen Erklärungen für Ritas Flugbiografie.

Am Beispiel ‚Rita' lässt sich außerdem das allmähliche Eindringen des Flugzeuges in die Alltags- und Lebenswelten der Menschen beobachten: In den 1960er/1970er Jahren ist der Flughafen für Rita und ihre Eltern nur Ausflugsziel und das Flugzeug Attraktion, aber kein Fortbewegungsmittel, das für sie selbst in Frage kommt. In den 1980er Jahren fliegt Ritas Bruder geschäftlich, die (alten) Eltern und Rita (als Frau) bleiben am Boden. Nachdem ihr Mann verstorben ist, fliegt Rita Ende der 1990er Jahre das erste Mal mit ihren Söhnen in den Urlaub nach Mallorca, weil sie das Gefühl hat, ihnen das bieten zu müssen. Nach einem zweiten Mallorcaflug fliegt sie nicht mehr. Die Geschichte ihres Fliegens ist mit den biografischen Wendepunkten in Ritas Leben eng verbunden, ihre Flugangst beginnt beispielsweise, nachdem sie ihren Mann verloren hat.

Dass es kaum eine „Wahrnehmungs- und Erfahrungsgeschichte" des Fliegens „seit der Kindheit" bei Rita gab (vgl. Hörning 1988: 82) könnte der Grund dafür sein, dass sie das Flugzeug noch stark als technisches Artefakt wahrnimmt, denn das Nutzen-Können von Verkehrsmitteln unterschiedlichster Art ist das Ergebnis vielschichtiger Lern- und Trainingsprozesse. Ein unmittelbares Erleben der Technik scheint dabei hilfreich zu sein:

„Nur in der Beschäftigung mit einer Technik, über die der einzelne mehr oder weniger selbstständig ‚verfügt', kommt es zu ausgeprägten Lern- und Anwendungssituationen", so Kulturwissenschaftler Joachim Schröder (Schröder 2007: 223). Schröder führt für das Fahrradfahren Lernen verschiedene Lern-Stationen auf: Dazu gehört das Immer-wieder-neu-Probieren, das Geführt-Werden durch eine Vertrauensperson, erstes selbstständiges Fahren, der obligatorische Sturz und das Weitermachen (ebd.: 229). Nun ist ‚Fliegen Lernen' weit weniger körperlich anspruchsvoll als Fahrrad fahren Lernen, denn über das Gehen und Sitzen hinaus werden erstmal keine körperlichen Leistungen erwartet, außerdem wird das Bedienen des Flugzeuges ganz den Piloten überlassen. Andererseits ist es nicht immer leicht, sich fremder Kompetenz auszuliefern und was an Verhaltensweisen im Flugzeug gefordert wird, ist auch nicht allen Passagieren klar. Hilfe war deshalb in den Anfangszeiten des Fliegens in Form der „flugbegleitenden Krankenschwestern" fest eingeplant (Entwistle 2004: 181).

Es scheint aber nicht nur das Lernen ein wichtiger Punkt zu sein, auch die Wahrnehmung von Technik spielt eine große Rolle:

Während die Technik bei Auto und Lift ausgeblendet wird, nimmt Rita sie beim Flugzeug übersteigert wahr, was dann zur Ablehnung führt. Über den Fahrstuhl oder das Auto denkt Rita inzwischen nicht mehr nach, hier ist das Technische für sie kaum mehr als solches erkennbar. Die „innere Technisierung" (Hengartner 2004: 41) hat dort bereits stattgefunden, das Technische ist veralltäglicht und der Umgang geschieht weitgehend unbemerkt. ‚Gewöhnt-Sein' an ein technisches Artefakt kann also auch bedeuten, es zu nutzen und nicht zu wissen, wie es funktioniert (so ist es bei den meisten anderen Nutzern in dieser Forschung der Fall).

Rita konnte ebenfalls nicht beschreiben, warum ein Flugzeug fliegt und die Reisehöhe schätzte sie auf 1.000 Meter (tatsächlich sind Linienflugzeuge in etwa 10.000 Meter Höhe unterwegs). Diese Unwissenheit löst bei Rita allerdings falsche Deutungen und Ängste aus. Eine Flugangstschulung, die immer auch technische Informationen zum Fliegen beinhaltet und die physikalische Abläufe erklärt, würde ihr deshalb wahrscheinlich tatsächlich weiterhelfen.

Es geht bei Rita also weniger um Flugangst, als um eine noch nicht abgeschlossene (oder eventuell auch bisher missglückte) Aneignung eines technischen Artefaktes. Diese Fallstudie zeigt außerdem, dass eine Gewöhnung an die Flugzeug-Technik bis heute noch nicht überall stattgefunden hat. Gewöhnung / Gewohnt-Sein an technische Dinge ist also keine zwangsläufige Konsequenz, auch wenn diese im Leben der Nutzer schon Jahrzehnte existieren (und sei es auch nur in Form von Zeitungsartikeln oder Filmen).

Fürchten tut sich Rita vor dem (Flug)Reisen vor allem, weil sie sich dann in ungewohnten Verhältnissen orientieren muss. „Partizipation am Tourismus" (Lauterbach 2010: 126) bedeutet eben auch, „sich umzustellen auf das eigene Zurechtfinden in anderen räumlichen, zeitlichen und soziokulturellen Ordnungen" (ebd.). Denn genauso wie das Reisen hat auch das Fliegen mit Trennung vom Bekannten zu tun „und antizipiert den Tod" (Schmidt [1998: 16] nach Vowinckel 2011: 11) – und mit beidem kann Rita nur schwer umgehen.

Von allen Seiten wird Rita jedoch vermittelt, dass sie aufgeschlossen sein muss für neue Länder, dass sie sich wieder ‚flugtüchtig' machen muss, dass sie sonst womöglich nicht attraktiv sei für ihren neuen Lebensgefährten oder sie den Kontakt zu ihren Kindern verlöre.

Deshalb arbeitet Rita hart an sich, sich von ihrer Flugangst zu befreien: Sie kauft Bücher zum Thema, besucht Veranstaltungen, versucht es mit Entspannungsübungen und trifft sich mit mir.

R: „Da kann mir keiner helfen, das muss ich alleine", sagt sie.
Und: „Man muss immer, immer was tun".

Die Vokabeln „Training" oder „arbeiten" lassen darauf schließen, dass das Fliegen von Rita als etwas gesehen wird, das durch eine Optimierung des Selbst durch Eigeneinwirkung erreicht werden kann, was an Michel Foucaults „Technologien des Selbst" (Foucault 1993: 26) erinnert. Foucault beschreibt diese Technologien auch als Techniken,

> *„die es dem Einzelnen ermöglichen, aus eigener Kraft oder mit Hilfe anderer eine Reihe von Operationen an seinem Körper oder seiner Seele, seinem Denken, seinem Verhalten und seiner Existenzweise vorzunehmen, mit dem Ziel, sich so zu verändern, dass er einen gewissen Zustand des Glücks, der Reinheit, der Weisheit, der Vollkommenheit oder der Unsterblichkeit erlangt" (ebd.).*

Selbsttechnologien dienen dazu, „‚innere' Kompetenzen und Dispositionen auf[zu]bauen" (Reckwitz 2003: 286), sich des eigenen Selbst zu versichern und für sich selbst zu sorgen. Dabei geht es nicht nur um den Erwerb von Fertigkeiten, sondern wie bei Rita auch um eine „Aneignung von Einstellungen" (Foucault 1993: 27) wie zum Beispiel „Technologien individueller Beherrschung" und Ziel ist nicht nur das weise und glückliche Selbst, sondern auch die perfektionierte Unterwerfung unter die Normalisierungsgesellschaft, zu der auch die Airworld zählt. In diesem Sinne handelt es sich auch beim Fliegen-Können um eine Selbsttechnologie.

Fliegen jenseits der Ausübung

Dass Vielflieger und Flugbegeisterte sich auch jenseits des aktiven Fliegens mit dem aeromobilen Unterwegssein beschäftigen, mag nicht weiter erstaunen. Aber auch in Ritas Leben ist das Fliegen nach der Verweigerung des aktiven Reisens im Flugzeug präsent und hat offen wie auch unbewusst Einfluss auf ihre Lebensgestaltung: Sie wird gebeten, ihre Kinder zum Flughafen zu fahren, wenn diese in den Urlaub fliegen, sie sieht Filme mit Flugzeug-Thematik im Fernsehen, in den Nachrichten wird täglich über die Luftfahrtindustrie oder Flugzeugabstürze berichtet und auch in der Zeitung wird über neue Flugzeugmodelle genauso wie über die wirtschaftliche Lage der Luftfahrtindustrie informiert.

Rita muss deshalb auf vielen Ebenen Vermeidungsstrategien entwickeln: Sie muss ihre Kinder dazu bringen, statt Flugreisen Schiffsurlaube zu buchen, Urlaube mit ihrer Frauengruppe muss sie absagen, wenn diese sich mal wieder für eine Flugreise entschieden haben, und sie muss sich regelmäßig vor ihren Kindern und Bekannten rechtfertigen, warum sie immer noch nicht wieder fliegt. Rita verfügt also über das Fliegen, ohne es zu praktizieren, das Fliegen schlägt Wurzeln in ihren Alltag und hat Macht und Einfluss auch außerhalb seiner Welt.

Was macht Rita, während andere Flugreisen?

In unseren Zeiten ist Mobilität in der europäischen Gesellschaft sehr positiv konnotiert: Wer mobil ist, wirkt erfolgreich und körperliche Mobilität wird oft mit geistiger Mobilität gleichgesetzt. Der immobile Mensch gilt im Gegensatz dazu als

> *„unkreativ, geistig immobil. Er hat aufgehört, sich die Alternativen zu vergegenwärtigen und zwischen ihnen zu wählen und die getroffenen Entscheidungen zum gegebenen Zeitpunkt zu revidieren" (Tully, Baier 2006: 28).*

Wer reist, gilt als weltoffen, wer zu Hause bleibt, wirkt desinteressiert. Bedeutet Ritas Nichtfliegen also ein Defizit? Und wer bestimmt eigentlich, dass in unserem Zeitalter alle unterwegs sein müssen – am besten auch noch am Himmel und nicht nur am Boden? Betrachten wir nämlich ganz konkret Ritas Leben, erleben wir 2014 große Zufriedenheit. In einer E-Mail vom 11.05.2014 schreibt Rita:

> *„Zusammen mit meinem Partner unternehme ich viel hier in Deutschland. zum Beispiel waren wir letzten Sommer auf der IGS [Internationalen Gartenschau] in [Hamburg-]Wilhelmsburg. Ich wusste gar nicht, wie schön Wilhelmsburg ist. (…) Im Dezember 2012 bin ich Oma geworden. Stina wurde geboren. Ein süßes kleines Mädchen. Sie macht uns allen viel Freude und besucht mich häufig. Die Kinder wohnen hier im Ort. Ich bin auch täglich mit dem Fahrrad unterwegs."*

Rita hat die „‚Normalbiografie' des deutschen Kleinbürgers" (Lindner 2003: 178). „Mobile, ortlose, fragmentierte Muster der Lebensführung" (ebd.), kommen darin nicht vor. Fernweh existiert kaum, Reiseziele, die mit dem Bus oder dem Schiff zu erreichen sind, reichen ihr aus. Ritas Lebenspartner kann ohne Rita in die Sonne fliegen und zu ihren Kindern hat Rita auch außerhalb der gemeinsamen Reisen erfüllenden Kontakt.

Rita leert übrigens auch nicht unbedingt die Briefkästen der Mobilen und gießt nicht deren Blumen, in diesem Fall ermöglicht nicht ihre Immobilität die Mobilität der anderen, wie man es oft in Studien zur Hypermobilität liest (vgl. u.a. Mattuschek, Voß 2008).

Es scheint in Ritas Leben einfach keine ausreichenden Gründe dafür zu geben, aeromobil zu sein. Ihr Leben funktioniert, ohne dass sie fliegt, und es ist nicht leerer, nur weil kein Flugzeug darin vorkommt. Doch vielleicht weil Nicht-Mobilität so negativ besetzt ist, hält Rita den Glauben an ihre Rückkehr in die Flugzeugkabine aufrecht. Obwohl momentan alles dagegenspricht, endet ihre E-Mail mit den Worten:

> *R: „Irgendwann werde ich fliegen."*

Von Rita zu Stefan

Weiter fliegen wir mit einem Passagier, der sich wie Rita unendlich viele Gedanken über das Fliegen macht – auch dann, wenn er gar nicht abfliegt. Es handelt sich um den Künstler Stefan.

4.5 Kunst und Fliegen

Der Künstler Stefan: *„Meine Familie ist die Airbus A-320-Generation."*

Nachdem ich einige Monate an meiner Dissertation über das aeromobile Unterwegssein gearbeitet hatte, lernte ich jemanden kennen, der die Kunst des ‚Alltag-Sehens' genauso beherrscht und liebt wie ich – nur, dass er seine Wahrnehmungen in einem anderen Medium festhält:

Der Künstler Stefan[77] verewigt die Welt des Fliegens anstatt mit Buchstaben mit dem Zeichenstift in skizzenhaften Momentaufnahmen und observiert dafür die Passagiere und ihre Kleidungsstile, ihre Artefakte, ihre Praktiken und Körperhaltungen sowie die dazugehörigen Passagierflugzeuge mit ihren typografischen Informationen.

In Stefans Zeichnungen tauchen künstlerisch verändert, aber doch prototypisch erkennbar, all die Protagonisten auf, die auch mir in meiner Feldforschungszeit begegneten: die Urlauber mit ihren Hüten und Sonnenbrillen, die ängstlichen Rentner, die gestressten Vielflieger, die an Bord melancholisch aus dem Fenster schauenden jungen Männer, die Teenager mit Caps und missmutigem Gesichtsausdruck, das Flugpersonal in seinen Uniformen, die stiernackigen Vorfeldarbeiter und nicht zu vergessen die Flugzeuge unterschiedlichsten Typs, die Stefan ebenfalls als eigenständige Charaktere auffasst und darstellt.

Anders als für den Vielflieger Tim, für den das Unterwegssein im Flugzeug eine lästige Notwendigkeit ist, um seiner Arbeit nachgehen zu können, oder für die Rentnerin Rita, die das Unterwegssein im Flugzeug vermeidet, ist jede Flugreise für Stefan ein Ereignis, oft mehr als der Besuch der Orte, die er mit dem Flugzeug ansteuert.

Biografische Informationen und Kontaktaufnahme

Stefan wurde 1979 geboren und verbrachte seine Jugend in Todenhausen bei Kassel. Seit 2002 lebt und arbeitet er als Künstler in Hamburg, wo er auch sein Typografie-Studium abgeschlossen hat. Seit mehr als zehn Jahren prägt Stefan mit seinen Zeichnungen das Erscheinungsbild des Skater-Labels Cleptomanix sowie das Gesicht des elektronischen Plattenlabels Smallville. Die Übergänge zwischen angewandten und freien Arbeiten sind bei ihm fließend: So stellt Stefan auch in Galerien und Kunstvereinen aus und produziert regelmäßig Künstlerhefte[78]. An der Bauhaus Universität Weimar und an der Hochschule für Gestaltung in Karlsruhe hat Stefan (unter anderem) Lehraufträge. Ausgezeichnet wurde er bereits mit dem Lichtwark- und dem Hamburg-Stipendium.

---

77 Bei Stefan handelt es sich um den Hamburger Künstler Stefan Marx. Ich verwende in Absprache mit ihm seinen Klarnamen, da ich auch seine international bekannten Zeichnungen verwende.

78 Diese sogenannten ‚Zines' kopiert Stefan selbst, er arbeitet aber auch mit den Verlagen Nieves und Rollo Press in der Schweiz und Dashwood Books in New York zusammen.

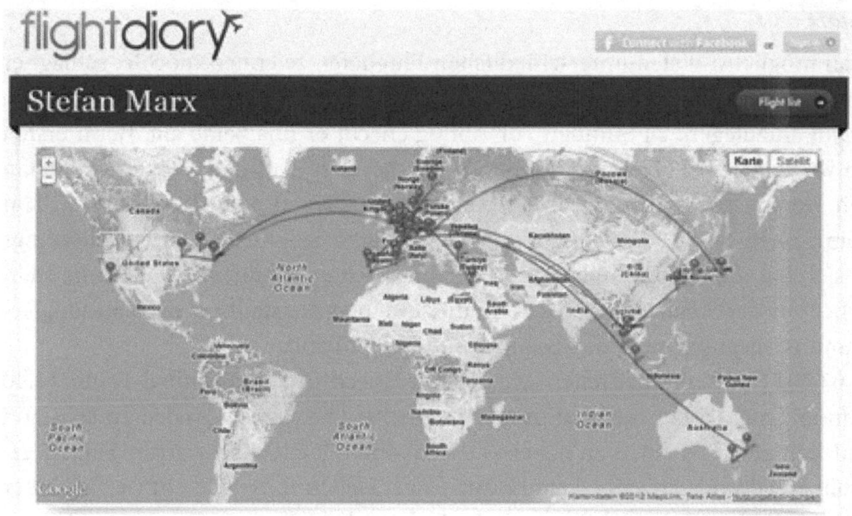

Abbildung 79: Flightdiary von Stefan

Ein wichtiger Aspekt in Stefans Arbeit ist es, Kunst zu machen, die für viele Menschen verfügbar und erschwinglich ist. Als ‚Träger' seiner Kunstwerke nutzt er deshalb T-Shirts, Skateboards oder Plattencover. Mit 16 Jahren gründete er seine eigene Firma namens ‚The Lousy Livin' Company', mit der er bis heute eigene Designs vertreibt.

Stefans Heimatdorf Todenhausen ist ein zentrales Thema in seinen Werken (zum Beispiel in seiner Ausstellung „Todenhausen" im Kunstverein Kassel 2011), gleichzeitig reist er aber auch leidenschaftlich durch die ganze Welt. Sein Flightdiary verrät, dass er in seinem Leben schon weit mehr als 100 Mal geflogen ist.

In einem Interview mit der Hamburger Stadtzeitschrift Prinz erzählte Stefan, dass es ein großer Traum von ihm wäre, eine Flugzeugbemalung für den A-380 zu kreieren (Peschel 2009). Über dieses Interview wurde ich auf Stefans Flugzeugleidenschaft aufmerksam, seine Arbeiten (nicht ihn persönlich) kannte ich allerdings schon vorher.

Ich rief Stefan an, schilderte ihm mein Forschungsvorhaben und wir verabredeten uns für einen Nachmittag am Hamburger Flughafen auf der Terrasse des Terminal 1, denn dort zeichnet Stefan regelmäßig. Zwei Tage später buchten wir einen gemeinsamen Flug von Hamburg nach Zürich, wo Stefan vom 26. März bis 30. April 2011 in der Galerie Francesca Pia in der von Stefan Wagner kuratierten Gruppenausstellung ‚fantastique élastique' mit Zosia Kwasieborska, Olga Prader, Batia Suter und Anne Käthi Wehrli ausstellte.

HAM-AMS-ZUE-AMS-HAM – Gezeichnet und geschrieben

Auf dem gemeinsamen Flug von Hamburg über Amsterdam nach Zürich und zurück entstanden schließlich zwei aeromobile Auseinandersetzungen mit der gleichen Reise – eine grafische und eine ethnografische.

Vor dem Start

Da Stefan an möglichst vielen unterschiedlichen Flughäfen zeichnen möchte, schlägt er mir vor, auf unserem Flug nach Zürich einen 5-stündigen Zwischenstopp in Amsterdam-Schiphol einzulegen. 24 Stunden vor Abflug checkt er uns beide ein. Beim ersten Flug sitzen wir vor dem Flügel und beim zweiten dahinter. Auf dem Flügel will Stefan nicht sitzen, denn *„da kann man nicht runtergucken"*. Genau wie der Vielflieger Tim bucht Stefan seinen Sitzplatz abhängig von vielen verschiedenen Kriterien, allerdings handelt es sich bei ihm um komplett andere: Stefan achtet darauf, wie die Sonne steht (er sitzt lieber auf der Schattenseite), dass er die jeweilige Zielstadt bei der Landung sehen kann und er fliegt gerne in den Sonnenuntergang hinein.

Am 25.03.2011 um 10 Uhr treffen wir uns am Check-in von Terminal 1, um 11.40 Uhr geht unser Flug. Stefan versucht immer möglichst früh am Flughafen zu sein, um ausreichend Zeit zum Zeichnen zu haben. Er trägt einen langen, schwarzen Mantel, einen karierten Schal und schwarze Schuhe zur Jeans. Neben ihm steht ein riesiger, alter Rimova-Alukoffer, der über und über mit Aufklebern beklebt ist – ein eigenes Kunstwerk.[79]

> *„Los, auf die Aussichtsterrasse!"*,

ruft Stefan tatendurstig. Dort trinken wir Kaffee, sitzen in der Sonne und beobachten das Vorfeld.

Flugzeugportraits: Hochtechnisches trifft auf Handgezeichnetes

Gerade ist nicht viel los und da Stefan das Setting seiner Flugzeugzeichnungen nicht fiktiv kreiert, sondern die Flugzeugkonstellationen so abbildet, wie sie sich ihm auf dem Rollfeld darstellen, bedeutet ‚nichts los' eben auch keine Zeichnung. Damit ist Stefan meiner volkskundlichen Art teilnehmende Beobachtung im Feld zu machen, und so lange im Feld ‚herumzuhängen', bis etwas sichtbar geworden ist, sehr ähnlich.

> *S: „Der beste Platz zum Zeichnen ist hier am Airport[80] im T1 ganz hinten, wo man seine Ruhe hat. Da sitzen alle, die ihre Ruhe haben wollen[81], auch die Rentner, die ihren Kaffee trinken. Da wird man dann auch nicht so oft angesprochen. Die Men-*

---

79 Vergleiche zum Thema ‚Koffer' auch Klara Löfflers Aufsatz „Die Mittelmäßigkeit des Reisens" (Löffler 2009), in dem sie den Umgang der Reisenden mit ihrem Gepäck beschreibt, der „Idiosynkrasien ebenso erkennen lässt wie kollektive und kulturelle Muster; das Gepäck ist Medium von Identitätspolitiken, von Geschlechterkonstruktionen, von Distinktionsstrategien" (ebd.: 301).

80 Stefan sagt meist „Airport" statt „Flughafen" und nutzt die IATA-Codes, wenn er über konkrete Flughäfen spricht. Er schreibt also „Greetings from FRA" statt „Greetings from Frankfurt Airport". Außerdem kennt er alle gängigen Kürzel der Fluggesellschaften auswendig.

81 Genau wie der Bahnhof (vgl. Hengartner 1994) ist auch der Flughafen ein Ort mit vielen verschiedenen Funktionen, die weit über das geplante Ankommen und Abfliegen hinausgehen (vgl. Cresswell 2006). Pfandflaschensammler gehen hier ihrer Arbeit nach, Rentner machen Ausflüge mit ihren Enkeln und Flugzeugfaszinierte beobachten die Starts und Landungen.

Abbildung 80: Aussichtsterrasse Terminal 1

schen sprechen einen oft an. Japaner, die fotografieren, lachen, wenn sie sehen, dass ich das zeichne. Aber der beste Platz ist, wenn ich selbst abfliege, weil die Pier tiefer ist als das Observation Desk, das ist von der Perspektive besser."

Stefan fährt nicht nur zum Flughafen, um dort abzufliegen oder Menschen abzuholen, der Flughafen ist für ihn auch ein eigenes Reiseziel – wie für die Familie der Rentnerin Rita früher. Bezüglich seiner Motive hat er klare Präferenzen: Frachtmaschinen zeichnet er zum Beispiel nur selten, denn auch er „denkt den Raum vom Menschen her":

S: „Mich interessieren nicht die Frachtmaschinen. Für mich ist wichtig, dass da Leute drin sind, die irgendwo hinfliegen, dass man damit irgendwo hinkommen kann."

Auch die Flughafenarchitekturen interessieren Stefan wenig:

S: „Die können ja nicht fliegen. (lacht) Die können sich ja nicht bewegen."

Alte Maschinen, im Retro-Stil bemalte Maschinen oder Propellermaschinen gehören ebenfalls nicht zu Stefans Lieblingsmotiven:

S: „Alles vor der 707 war total öde, das kontemporäre Flugzeugdesign finde ich spannend. Meine Familie ist die Airbus A-320-Generation."

Die ist eine schöne sprachliche Doppeldeutigkeit, da es klingt, als würde Stefan von einer leiblichen Familie sprechen und nicht über ‚Flugzeuglinien', die eben auch ‚Familien' genannt werden.

Abbildung 81: Ausstellungsplakat von Stefan Marx für eine gemeinsame Ausstellung mit Daniel Richter und Jonathan Meese 2009 im Kunsthaus Hamburg, auf dem Stefan die teilnehmenden Künstler ebenfalls mit zeitgenössischen Flugzeugmodellen gleichsetzte.

Mit den Flugzeugzeichnungen begann Stefan 2006 / 2007, sein Schlüsselerlebnis war ein Aufenthalt in Wien. In der Wartezeit zwischen zwei Flügen fing Stefan an, die Flugzeuge auf dem Vorfeld zu zeichnen, fand Spaß daran und entdeckte schnell das Potential dieser Zeichnungen.

Stefans Interessen und Routinen am Flughafen erinnern an die der ‚Planespotter', die sich ebenfalls mit dem Beobachten, Registrieren und Fotografieren von landenden und startenden Flugzeugen beschäftigen. Begehrt sind bei den Spottern vor allem Sonderlackierungen und alte oder spezielle Flugzeugtypen, aber auch besonders viele verschiedene Flugzeuge. Im Internet gibt es eigene Spotter-Foren[82], in denen Neuigkeiten ausgetauscht und Fotos gepostet werden. Auch Stefan besucht diese Seiten regelmäßig und informiert sich über die neuesten Flugbewegungen, die im Forum gepostet werden.

Fotos haben sich zur Hauptwährung der modernen Spotter entwickelt, am besten von schräg vorne fotografiert, sind auf einem guten Flugzeugfoto Seriennummer, Fluggesellschaft und Registrierungsnummer zu lesen und der Flugzeugtyp ist deutlich zu erkennen. Das Foto wird dann zusammen mit der Registrierungsnummer archiviert.

82 Für Hamburg und Norddeutschland zum Beispiel Aviation Community Forum Nord.

Auch auf Stefans Zeichnungen sind Flugzeugtyp, Bemalung, Seriennummer, Fluggesellschaft und Registrierungsnummer im besten Fall genau eingezeichnet[83]. Außerdem sind Stefans Zeichnungen detaillierte Momentaufnahmen der Bewegungen und Konstellationen auf dem Vorfeld. Immer wieder überlegt Stefan deshalb halb im Spaß und halb ernst, eine seiner Zeichnungen im Forum unkommentiert in der Kategorie ‚Daily movements Hamburg Airport' zwischen den Fotos der Spotter zu posten und dann die Reaktionen abzuwarten. Auf seine Weise ist auch Stefan ein Planespotter, allerdings mit dem Zeichenstift statt mit der Kamera.

Die kleine Finnair – Stefans Liebling

Stefan und ich sitzen immer noch auf der Aussichtsterrasse und beobachten das fast leere Vorfeld. Das einzige Flugzeug, das dort auf seinen Abflug wartet, ist die kleine Finnair – eine von Stefans Lieblingsflugzeugen. Ob Stefan eine Airline gefällt oder nicht, hängt nicht unbedingt von Preis, Service oder Destinationen ab, sondern vor allem von ihrem Design:

> *S: „Oh geil, guck mal, das ist die Finnair, die fliegt gleich wieder nach Helsinki. Die neue Schrift ist echt so voll future-mäßig. Also die Maschine sieht super aus, die Finnair-Maschine."*

83 Stefan hat im Laufe seiner Flugzeugzeichnungs-Karriere auch die Maschine von Malaysia-Airlines mit dem Kennzeichen 9M-MRO gezeichnet, die später auf dem Flug 370 verschwunden ist. Die Zeichnung ist nun unverhofft (auch Dank Stefans Genauigkeit bezüglich der Registrierungsnummern) ein Stück Flugzeuggeschichte.

Auf diesem Flugzeugportrait ist vieles von dem zu erkennen, was Stefans Flugzeugzeichnungen so interessant für meine Forschung und so einzigartig macht:

Wir sehen die Seitenansicht des parkenden Flugzeuges. Die Gepäckluke ist geöffnet, ein Frachtcontainer wird gerade ausgeladen und weitere Container stehen rund um das Flugzeug verstreut. Auch das Förderband und typische Utensilien wie das Stromkabel, an dem das Flugzeug angedockt ist, die Gangway auf der anderen Seite und ein Generator sind deutlich zu erkennen.

Das Flugzeug ist sehr detailgenau und filigran abgebildet: Von der finnischen Flagge über die eine Tragfläche mit ihrem Winglet bis hin zur Fensterreihe und den beiden Türen sind die einen Flugzeugtyp kennzeichnenden Details erfasst. Alleine die Registrierungsnummer fehlt, was für Stefans Zeichnungen eher untypisch ist und auf einen Zeitmangel beim Zeichnen hindeutet. Auf dem Bauch des Flugzeuges prangt der kantig-futuristische Schriftzug der Airline „Finnair" und auf der Heckflosse thront das umgedrehte F des Logos.

Mit zwei weit aufgerissenen runden Augen schaut das Flugzeug aus dem Bild heraus. Drei andere Gegenstände auf dem Vorfeld haben ebenfalls Augen.

Das Flugzeug wirkt dick und schwer am Boden und nicht wirklich flugfähig, da seine Flügel aufgrund der Perspektive kaum zu sehen sind. Es scheint auf der Erde nicht in seinem Element zu sein, wirkt neugierig-schüchtern – wie ein seltener und scheuer Vogel, der seine Betrachter interessiert zurückbeobachtet.

Die Bildsprache der Zeichnung ist skizzenhaft, der kurze Moment des parkenden Flugzeuges, das gleich wieder starten wird, ist aber für die Ewigkeit und in universell verständlicher, reduzierter und humorvoller Bildsprache festgehalten.

Besonders fallen an dieser Zeichnung die Augen des Flugzeuges auf. Warum verwendet Stefan dieses Stilmittel?

> *S: (überlegend) „Also ich finde, die haben auf jeden Fall, je nach Modell so 'n bestimmten Charakter und deswegen ha'm die Augen. So sind sie mir auf jeden Fall 'n bisschen sympathischer." (lacht)*

Über die Augen verleiht Stefan jedem Flugzeug eine eigene Identität. Diese hängt davon ab, wo die Maschine herkommt, wo sie hinfliegt, was sie für einen Namen trägt, ob sie von Boeing oder Airbus hergestellt wurde und wie Stefan sich gerade fühlt. Stefan anthropomorphisiert und personalisiert die technischen Artefakte, deutet sie mit seinem Stift um und eignet sie sich darüber an.

Obwohl Stefan zugunsten der kreativ-subjektiven Abbildung der Flugzeuge die realistische Darstellung vernachlässigt (die richtige Anzahl der Fenster oder den genauen Winkel der Heckflosse bezeichnet er beispielsweise als zweitrangig), haben die Zeichnungen trotzdem eine große Genauigkeit in der Darstellung des Settings, der Airline-Typografie oder auch Details wie den originalen Registrierungsnummern. Durch diese Mischung aus einerseits genauer Beobachtung und zeichnerischer Fixierung und andererseits freier Interpretation entsteht ein künstlerisches Werk, das Stefans Zeichnungen von einem Foto unterscheidet. Die Artefakte werden von ihm nicht nur abgebildet, sie werden zeichnerisch interpretiert und reflektiert.

Das Faszinierende an Stefans Bildern liegt in dem Aufeinandertreffen der hochtechnischen, industriell und millimetergenau gefertigten Artefakte auf Stefans Stil, ohne Hilfsmittel wie Lineal oder Geodreieck mit der Hand zu zeichnen – also in dem erst einmal schier unglaublichen Unterfangen mit freiem Strich diese technischen, glatten, durchdesignten Gebilde in den Griff zu kriegen. Stefan liefert den Betrachtern seiner Werke keine Abbildungen, sondern „Wahrnehmungsangebote" (Overdick 2006: 285) und eine „interpretierende Auseinandersetzung mit der Wirklichkeit" (ebd.).

In Hamburg zeichnet Stefan immer wieder die gleichen Flugzeugtypen, aber in verschiedenen Situationen und ‚Gemütszuständen' und von verschiedenen Orten ankommend. Man kann Stefans Flugzeugzeichnungen also auch als Portraits begreifen, genauso wie seine Zeichnungen von Menschen. Und wie ein klassischer Porträtist früher bestimmte Personen über die Jahre hinweg malerisch portraitierte, fixiert auch Stefan immer wieder aufs Neue seine Lieblingsflugzeuge.

Fliegende Künstler

Künstlerische Positionen zum Fliegen sind vor allem deshalb so spannend, da Künstler als „vorübergehende Zwischenwesen" (Weiß 2005: 3 zitiert Turner) leben und arbeiten – sie können unsere Welt in ihrer Kunst gleichzeitig verarbeiten, interpretieren und sich kritisch mit ihr auseinandersetzen. So ist es Künstlern möglich (ähnlich wie Menschen, die sich an liminalen Orten aufhalten oder auch Kulturanthropologen wie mich) traditionelle Ordnungen aus einer anderen Perspektive zu sehen / zu erleben und die Airworld wie „ein merkwürdiges Land" (Ehn, Löfgren 2012: 22 über das Warten) zu erforschen.

Abbildung 82: Martha Rosler (1998): „In the Place of the Public"

Auf fast schon soziologische Weise beschäftigt sich beispielsweise die Künstlerin Martha Rosler in ihrer ab 1983 entstandenen Fotografie- und Textstrecke „In the Place of the Public" mit dem Fliegen. Die Fotos der Theoretikerin und Fotografin entstanden über einen Zeitraum von zwanzig Jahren in den USA und Europa an Flughäfen und in Flugzeugen, denn diese räumlichen Gegebenheiten hält Rosler genau wie Augé für den Inbegriff von sozialen Räumen der modernen Gesellschaft. Roslers Ziel war es, die Flugreise so darzustellen, wie sie durch den Reisenden, der in Bewegung ist, gesehen wird:

> *„Als mir klar wurde, dass ich einerseits auf eine Beschreibung von Raum oder einer Serie von Räumen aus war und andererseits einen Standpunkt einnehmen wollte, verstand ich, wonach ich suchte. Ich fotografierte, während ich reiste, besonders in den Terminals, während ich den Gepäckwagen schob; oft war ich müde, verschwitzt, überlastet" (Rosler 1998: 22).*

Dieses Zu-beschäftigt-Sein-um-Wahrzunehmen, ja sogar Anzuhalten und ein gutes Motiv einzurichten und das dadurch ‚visuell Verhuschte' machen Roslers Flugreise-Fotografien aus und unterscheiden sie von den Werbeaufnahmen oder Architekturfotografien, die wir sonst aus der Airworld gewohnt sind.

Roslers Orte der Airworld bleiben namenlos und sind ohne Ausdruckskraft oder Ausdrucksabsicht, die dort herrschende Atmosphäre scheint die Menschen zu entfremden, Individuen gibt es nicht, die Zeit ist knapp:

> *„Als ich so etwas wie eine Vielfliegerin wurde, fühlte ich mich wie eine Vertriebene, die durch eine Welt hetzte oder wanderte, die von jemand anderem für jemand anderen gemacht worden war" (ebd.).*

Ein Gefühl des Unbehagens macht sich beim Betrachten der Bilder breit. Die Fotografien wirken wie eine Visualisierung von Orten der Übermoderne wie Augé sie beschreibt.

Ganz anders dokumentiert das Schweizer Künstlerduo Fischli / Weiss auf seinen Reisen Flugzeuge am Flughafen (Fischli, Weiss 2012): Alle Fotografien der 1988 begonnenen „Airport Series" zeigen Situationen der täglichen Routine auf den Rollfeldern, zum Teil draußen fotografiert, zum Teil aus dem Terminal hinaus durch die Glasscheiben aufgenommen. Zu sehen sind auf den Bildern nicht nur die Flugzeuge (auch wenn sie die Hauptrolle auf den Bildern spielen) mit der je nach Airline unterschiedlichen Corporate Identity bestehend aus Logo, Typografie und Farbigkeit, sondern auch Gepäckwagen, Tankwagen, Baustellenabsperrungen oder Vorfeldarbeiter. Was zunächst banal wirkt, entpuppt sich als sorgsam komponiert: So ist das hier gezeigte Werk stark geprägt durch eine Reihe diagonal verlaufender Linien von links oben nach rechts unten, dargestellt durch Gepäckwagenreihe, Autoreihe, Standorte der Flugzeuge und die dunkelgraue Asphaltlinie auf dem Vorfeld. Alleine ein Mast und ein Mensch in der Bildmitte durchbrechen die synchrone Harmonie senkrecht – der Mast ragt sogar in den blauen Himmel hinein.

Wie es typisch ist für die Arbeitsweise von Fischli und Weiss mutieren auch in der Airport-Serie Dinge des Alltags zum Kunstobjekt. Die Flugzeuge und Flughäfen wirken entgegen ihrer sonst oft mit Hektik und Lärm assoziierten Ausstrahlung bei Fischli und Weiss majestätisch und von großer Schönheit.

Abbildung 83: Peter Fischli, David Weiss „Airport Series"

Die dritte und letzte künstlerische Auseinandersetzung mit dem Fliegen, die ich hier kurz vorstellen und in den Kontext von Stefans Arbeiten stellen möchte, ist „Seat Assignment" der Künstlerin Nina Katchadourian. Im linken Bild bohrt sich Katchadourians Finger durch das Foto eines Cockpits in der Bordzeitschrift und wird zur überlebensgroßen Katastrophe. Im rechten Bild bilden Brotkrumenreste des Bordmenüs Felsbrocken, die als Lawine über eine kurvige Straße – wieder ein Foto aus der Bordzeitschrift – rollen. Es handelt sich also um in der Flugzeugkabine entstandene überraschende Stillleben und Collagen, die durch das Neuarrangieren der rund um den Sitzplatz befindlichen Dinge entstanden sind. Jedes Werk fotografierte Katchadourian anschließend mit ihrem iPhone.

Abbildung 84: „Untitled", from „Seat Assignment" (2010 and ongoing) and „Pretzel Meteor" (2011) from the project „Seat Assignment" (2010 and ongoing), Nina Katchadourian

Katchadourian verwendet nur, was sie im Flieger im Raum zwischen der Rückenlehne des Vordermanns und ihrem eigenen Sitz findet und nutzte als Arbeitsgerät nur ihr Smartphone ohne Apps. Ihre Arbeit spielt mit dem Vorurteil, die Zeit an Bord des Flugzeuges könne kaum produktiv genutzt werden und macht die Begrenzung von Raum, Zeit, Material und dem Vorhandenen gerade zur Qualität:

Diese Einstellung setzt die Künstlerin der Langeweile, die andere Passagiere an Bord so oft empfinden und dem Gefühl, es gäbe kaum Möglichkeiten der Beschäftigung, entgegen. Ihre Fotos zeigen, dass sogar ein Raum wie die Flugzeugkabine diverse Handlungsoptionen und Betätigungsmöglichkeiten offenlässt und jeder Nutzer sich mit ihm kreativ auseinandersetzen kann.

Theoretisch kann man diesen Ansatz mit der Arbeit von Michel De Certeau unterfüttern, der die menschlichen Raumnutzungsweisen als unvorhersehbar, „resistent, listig und hartnäckig" bezeichnet hat (De Certeau 1988 nach Rolshoven 2000: 119). De Certeau sieht in jedem Ort zugleich auch einen Möglichkeitsraum, in dem sich ein „Wechselspiel zwischen Nutzungsvorgabe, Nutzungsspielraum und tatsächlicher ‚subversiver' Nutzung" abspielt (Rolshoven 2000: 120).

Kulturanthropologische Erkenntnisse aus künstlerischen Auseinandersetzungen

Fliegen ist, wie in diesen Beispielen sichtbar wird, auch in einer Gegenwart, in der der Traum vom Fliegen bereits Alltag geworden ist, ein für Künstler relevantes Thema. Um das ‚Traumhafte' geht es den meisten Künstlern allerdings nicht mehr. Roslers bewegte soziologisch-fotografische Auseinandersetzung verarbeitet vielmehr ihre Erfahrungen als Vielfliegerin und stellt Flughäfen und Flugzeuge im Sinne von Augé als austauschbare Orte der Einsamkeit dar. Katchadourian lotet das Potential aus, das in der Einschränkung der Möglichkeiten an Bord steckt. Bei Fischli und Weiss steht die Ästhetik der Airworld im Vordergrund, die Flugzeuge und die sie umgebenden Artefakte sind ausschließlich Motiv, entfalten aber durch die künstlerische Inszenierung eine Kraft über ihre Alltäglichkeit hinaus.

Vor dem Hintergrund und im Umfeld dieser künstlerischen Traditionen agiert Stefan – von Fischli und Weiss' Airportfotografien ist er sogar ein großer Liebhaber, wie sich später zeigen wird.

Der Hinflug

Nachdem wir die Aussichtsterrasse verlassen haben, laufen Stefan und ich durch die Sicherheitskontrolle und dann einmal die Pier entlang bis zur Zollkontrolle. Nachdem wir durch den Finger ins Flugzeug gestiegen sind, schreibt Stefan bis zum Schluss Textnachrichten, fotografiert durch das Fenster auf das Vorfeld und freut sich, als er den Flugmodus an seinem Handy einstellen kann. Der Eintritt in die enge Kabine scheint für ihn eher Befreiung als Einschränkung zu sein. Um 12.06 Uhr erhebt sich unser Flugzeug fast planmäßig in die Luft nach Amsterdam.

Passagierportraits: Zwischen Abbildung und Deutung

Ich schaue mich in der Kabine um, es herrscht eine ruhige und friedliche Atmosphäre. Eine ca. 30 Jahre alte Frau mit weißen Turnschuhen strickt einen grauen Schal mit Lochmuster. Ein junger Mann im blauweiß gestreiften Hemd mit dünner Metallbrille und Kurzhaarfrisur fotografiert immer wieder aus dem Fenster. Irgendwann beginnt Stefan ihn zu zeichnen. Zuerst sehe ich auf dem Papier nur die Ohren und den Hinterkopf des Mannes. Dann kriegt der brave Typ Kopfhörer auf und seine Kamera verschwindet.

Die Zeit vergeht und Stefan portraitiert den Mann mit dem Fotoapparat immer wieder. Auch die Passagiere rechts vor uns, ein älteres Pärchen, zeichnet er auf gelbem Papier. Der ältere Herr zeigt seiner Frau etwas auf der Weltkarte im Bordheft. Dann versucht er die Orangensaftbecher ineinander zu stapeln, was nicht funktioniert, da sie exakt gleich groß sind und Richtung Boden nicht enger zulaufen.

Ein besonders anschauliches Beispiel für Stefans Passagierportraits ist die Zeichnung ‚Lufthansa Business Class'.

Die Zeichnung wurde mit schwarzem Fineliner auf weißem Papier angefertigt. Sie ist Teil des Künstlerheftes ‚The Weekender' (2010) und wurde von Stefan auf seinem Flickr-Account mit folgendem Kommentar gepostet:

> „*I did this shitty drawing on my aisle seat 6d in a Lufthansa Boeing 737, first row economy on my way back to Hamburg. Couldnt get a window because i was very late and the online check in didn't work. Sometimes i enjoy to fly on an aisle seat, its definitly better for doing some drawings then a window seat. This is the back of a True True True flyer i got at the Off Press section at Art Basel from my friend Sam de Groot. Go and see truetruetrue.org.*"

In der Zeichnung ist von schräg hinten (wie meistens bei Stefans Passagierzeichnungen aus dem Flugzeug) im Halbprofil ein Mann in seinem Flugzeugsitz skizziert, der eine Zigarette raucht. Sonst ist von der Flugzeugkabine nichts zu erkennen. ‚Business Class' steht in leicht bogenförmig geschriebenen Versalien über dem Kopf des Mannes. Auf der Rückenlehne des Sitzes, also am unteren Rand der Zeichnung, prangt in der gleichen Typografie, leicht nach unten abfallend, der Schriftzug ‚Lufthansa'.

In den Vordergrund des Bildes hat Stefan die Rückseite des Sitzes gestellt. Von der mittelalten männlichen Person sehen wir nur das Stück Hinterkopf, das über die Sitzlehne hinausragt, und die rechte Schulter mit angedeutetem Arm. Die Haare des Mannes sind mit ein paar Strichen skizziert, zwischen ihnen schaut ein Ohr heraus. Ein Haar steht widerspenstig ab.

Das für Stefans Stil Charakteristische ist die Art, wie das Gesicht gezeichnet ist: Die Augen stehen stieläugig heraus und schauen comicartig nach rechts-vorne. Die Lippen sind ebenfalls auf das Gesicht aufgesetzt und die Nase ist in Richtung des Betrachters gebogen.

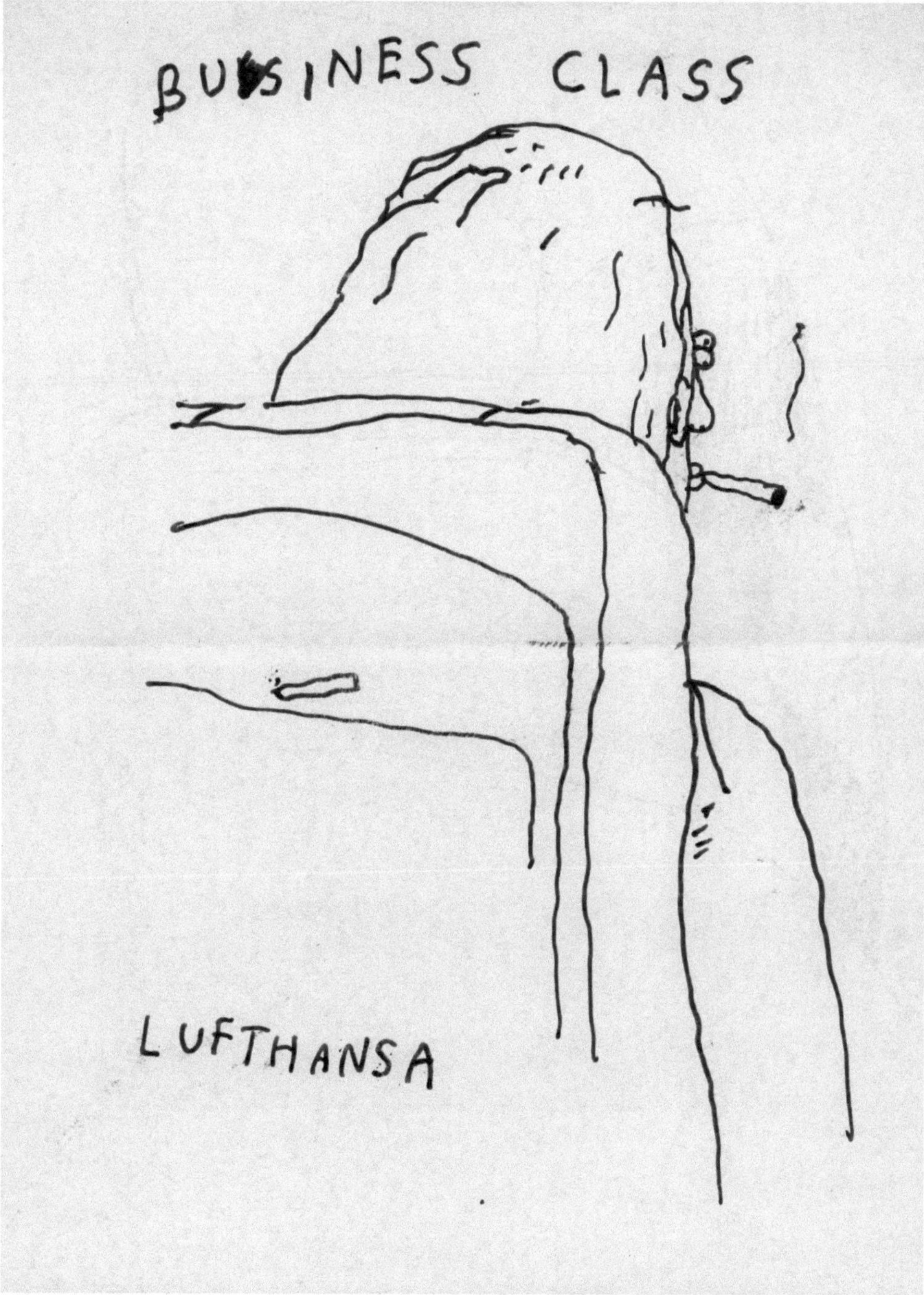
BUSSINESS CLASS
LUFTHANSA

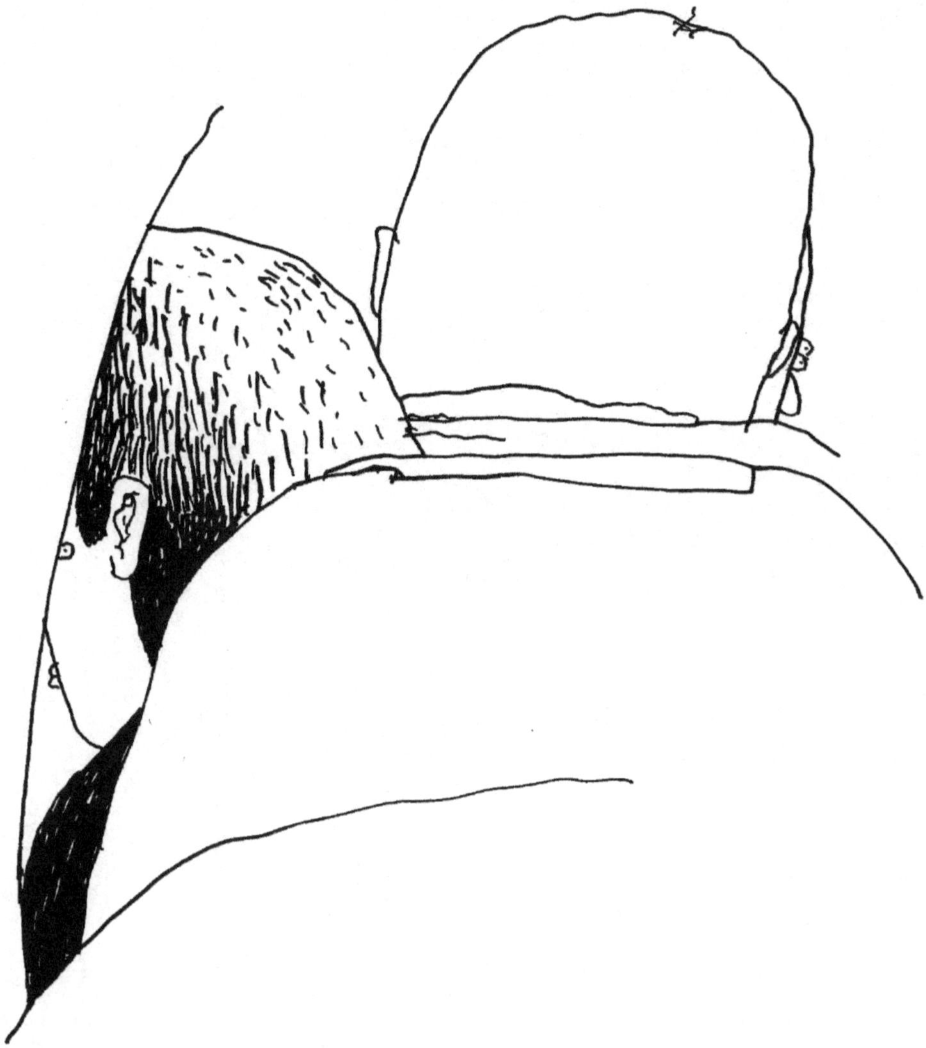

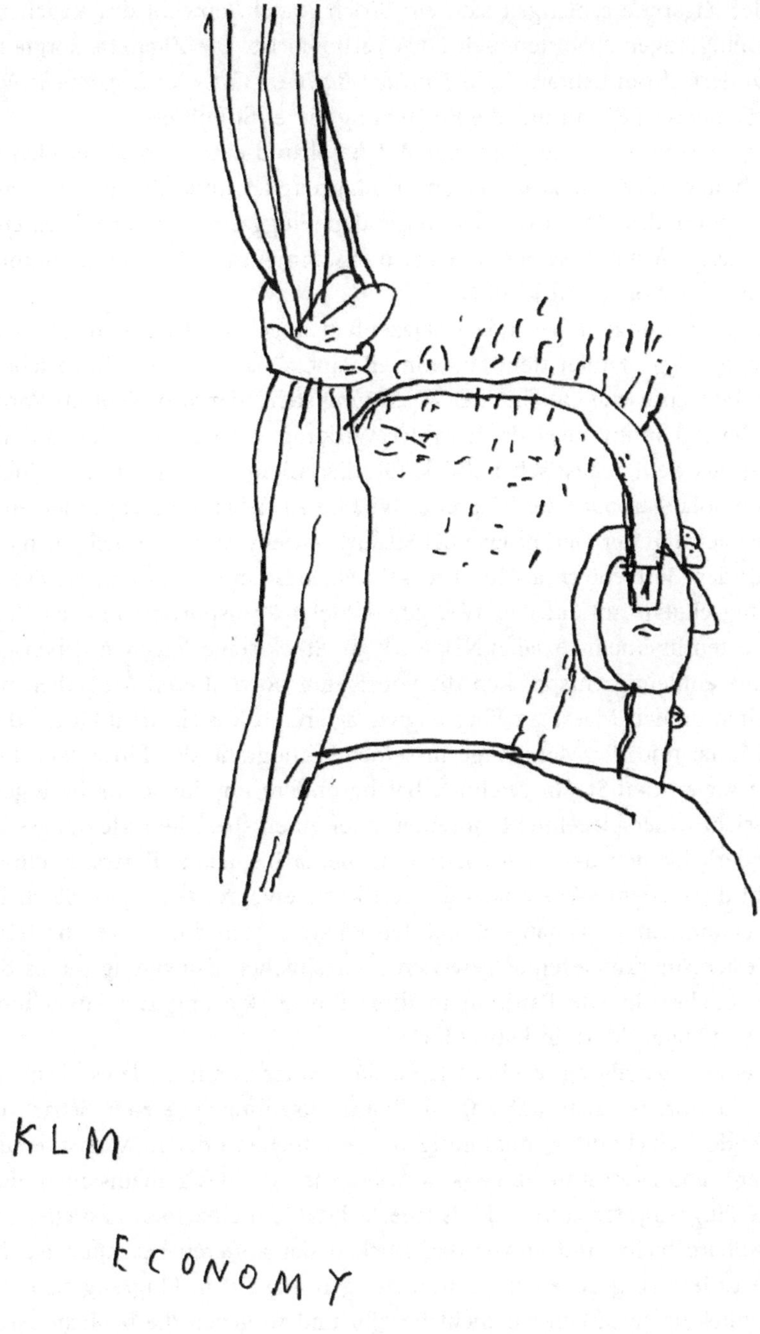
KLM
ECONOMY
CLASS

Aus der Zigarette schlängelt sich ein Strich Rauch, obwohl das Rauchen in europäischen Flugzeugen spätestens seit 2004 verboten ist. Die Zigarette sorgte bei Flickr für verwunderte Kommentare (*„Darf in der Business Class noch geraucht werden!?"*). Im Gespräch erklärt Stefan mir die Entstehung dieses Stilmittels:

Inspiriert von der Party auf der Art Basel und einem von feiernden jungen Menschen handelnden Buch, das Stefan im Flugzeug las und sehr mochte, vermischte sich die Situation des Business Class reisenden Fluggastes mit den Zigaretten aus dem Buch. Stefan bringt in seiner Kunst also zusammen, was für ihn zusammengehört, unabhängig von Logik und Realität.

Die Zeichnung ist besonders skizzenhaft angelegt, deshalb nennt Stefan sie auch *„shitty drawing"*. Hinter dem „u" von „Business" ist sogar ein Buchstabe durchgestrichen. Die technische Qualität der Zeichnung steht hier also nicht im Vordergrund, die Kraft der Zeichnung liegt dafür in der Wirkung des Flüchtig-Momenthaften, der Mischung aus dem realistischen Blick für die Alltagswelt und hinzugefügtem Eigenen wie den Stilaugen oder der Zigarette. Wichtig ist neben dem abgebildeten Moment *auf* dem Papier und der Gefühlslage bei Stefan *vor* dem Papier deshalb auch der Kommentar, der den Betrachtern als Kontext sein eigenes Unterwegssein, die Sitznummer und den Flugzeugtyp mit auf den Weg gibt – Stefan transportiert mit der Zeichnung und dem Posten in einem sozialen Netzwerk ein Stück seines eigenen Lebensgefühls.

Ganz eindeutig entsprechen die von Stefan portraitieren Menschen nicht der einheitlichen grauen Masse an Flugzeugpassagieren, die sich identitätslos durch die Airworld wälzt und die Marc Augé in seiner Ethnografie der Einsamkeit beschreibt. Jeder Passagier, den Stefan zeichnet, hat besondere physiognomische Eigenheiten, sich im Gesicht widerspiegelnde Emotionen oder einen speziellen Kleidungsstil. Gerade die Absonderlichkeiten der Menschen sind Thema in Stefans Portraitzeichnungen. Doch obwohl diese „dem Wesen nach der Karikatur entsprechen – das Hässliche ins Komische verwandeln – ist man sich bei den Portraitierten durch die Übertreibung einzelner Gesichtsmerkmale einer gewissen menschlichen Zuneigung seines Schöpfers bewusst" (Galeristin Ute Parduhn in ihrer Presseerklärung zur Ausstellung ‚Economy Class' von Stefan Marx in Düsseldorf).

In einer Ausstellung wie bei Ute Parduhn oder in einem ‚Travel Zine' ist dann „die ganze Bandbreite einer auf engem Raum zusammengesetzten Schar von lesenden, schlafenden, erschöpften, missmutigen, freundlichen oder in Musik versunkenen Passagieren" (ebd.) versammelt, genauso wie während eines gemeinsamen Fluges.

Die Flugzeugsitze sind so konstruiert, dass dem einzelnen Passagier möglichst viel Privatsphäre bleibt und er vor den Blicken der anderen geschützt ist. Stefan unterwandert diese vorgegebenen Raumnutzungen, macht im Flugzeug also etwas, was die Sitzarchitektur eigentlich gar nicht hergibt und wogegen die bauliche Architektur anarbeitet. Trotz Sichtschutz an den Sitzen und gedimmtem Licht widmet er sich ganz explizit den anderen Passagieren, studiert ihre Physiognomie, ihre Kleidungsstile und ihre Körperstellungen. Er interessiert sich dafür, wer mit ihm gemeinsam im Flugzeug unterwegs ist und hüllt sich nicht in eine „Blase", wie sie der Soziologe Lars Frers beschreibt (Frers 2007: 76-78), um die Enge zwischen vielen fremden Menschen ertragen zu können.

Auch wenn es eine übliche Praktik in der Kunst ist, Alltägliches in den Kunstkontext zu überführen, ist es doch bemerkenswert, dass Stefan die Airworld als zeichenwürdig empfindet. Wie die ersten Landschaftsmaler, die revolutionär die Natur, die vorher nur ‚genutzt' wurde, als ‚schön' darstellten, portraitiert auch Stefan eine ‚Gebrauchswelt'. Hier ergeben sich Parallelen zu der Airport-Serie von Fischli und Weiss, die nach dem gleichen Prinzip funktioniert, auch wenn hier mit Fotos ‚dokumentiert' wird.

Flugzeugkontakte: Susi the Dog

Dadurch, dass Stefan die ganze Zeit zeichnet, wird er oft von seinen direkten Sitznachbarn angesprochen. Auf Flickr erzählt Stefan eine solche Geschichte:

> *„During my flight back from Chicago O'Hare to New York LaGuardia I was drawing some Economy Class United Airlines customers, while my seat-neighbor was bit irritated by my drawings. She was asking me if i need an idea or motive to draw, i was curious what she was thinking of, so she showed me some pics of her dogs on her mobile. So i was drawing Susi, her dog. She was happy to get this drawing as a present."*

Stefan ist zuerst verwundert über die Frage seiner Sitznachbarin, ob er noch neue Motive benötige, denn eine bessere Zeichensituation als in einem vollbesetzten Flugzeug kann es für ihn kaum geben. In der Flugzeugkabine ist ihm niemals langweilig.

> *S (im Gespräch mit KBS): „Und dann fand sie's halt total super* [wie Stefan ihren Hund gezeichnet hat], *dann hab' ich ihr die Zeichnung geschenkt. Drüber geschrieben, ja ‚United to LGA'. Und ich habe 'n Foto gemacht, wie sie die Zeichnung so hält im Flugzeug."*

Abbildung 85:
„Susi the Dog Drawing"
mit stolzer Besitzerin

Wie bei den Flugzeugkontakten von Vielflieger Tim haben wir es auch hier mit einem *„Schnappschuss fürs Leben"* (Zitat Tim) zu tun. Stefan hat nie wieder von seiner Sitznachbarin und Hund Susi etwas gehört, aber er besitzt das Foto als Erinnerung und zur Illustration, wenn er von dem Ereignis erzählt.

Auf unserem Flug von Hamburg nach Amsterdam sitzen nur Stefan und ich in der Dreierreihe und kein anderer Passagier spricht uns an, obwohl Stefan sich die ganze Zeit umschaut und zeichnet. Der Flug verläuft ruhig und schließlich landen wir in Schiphol, steigen aus und beginnen den Flughafen zu erkunden.

Zwischenstopp am Amsterdam Airport Schiphol: Nationale Stereotypen 1

Der Flughafen Schiphol (AMS) ist der internationale Verkehrsflughafen der niederländischen Hauptstadt Amsterdam. Schiphol dient als Drehkreuz für die Fluggesellschaften KLM, Martinair, Arkefly und Transavia. Das Wort Schiphol bedeutet ‚Schiffsloch' und ist darauf zurückzuführen, dass früher am Ort des heutigen Flughafens ein großer See war, in dem öfter Schiffe sanken.

Der Flughafen wirkt hell und trotz seiner Größe übersichtlich. Die Gates sind in einem Halbkreis angeordnet, in der Mitte befindet sich die Airport Plaza mit vielen Geschäften.

Abbildung 86: Die Airport Plaza mit einer Außenstelle des Rijksmuseums

Abbildung 87: Holländische Holzschuhe in einem Airport-Souveniershop

In vielen Geschäften gibt es Tulpenzwiebeln, Käse, Geschirr mit Zwiebelmuster und bunte Holzschuhe zu kaufen. Obwohl wir uns gefühlsmäßig nur zwischen der Schweiz und Deutschland bewegen (da wir im Transitbereich bleiben und die Niederlande offiziell nicht betreten werden), haben uns die holländischen Landes-Stereotypen (nach Albrecht Lehmann überindividuell gültige Vorstellungsbilder und Deutungsmuster, die komplexe Realitäten vereinfachen, vgl. Lehmann 1994: 148f.) voll im Griff. Es handelt sich bei jedem Flughafen um eine „abgeschirmte Innenwelt“ (Nutz, Stumpf 1994 nach Weiß 2005: 58), nur „die Konsumartikel (zum Beispiel Steiff-Tiere, Märklin-Eisenbahnen, Dirndl)“ (ebd.) geben einen Hinweis darauf, wo sich der Reisende gerade befindet.

In einem Zwischengeschoss auf dem ‚Holland Boulevard‘ genannten Platz zwischen E- und F-Pier zeigt sogar eine Außenstelle des Rijkmuseum kostenlos in einer Dauerausstellung holländische Landschaftsmalerei. In diesem Fall tauchen die Stereotype, wie es oft der Fall ist, im Kontext von Tourismus auf. Hier geht es darum, in kürzester Zeit den (zwischen)landenden oder abfliegenden Nutzern des Flughafens eine Vorstellung von Amsterdam zu vermitteln, ihnen landestypische Mitbringsel zu verkaufen und die Niederlande beim nächsten Mal zum eigentlichen Reiseziel und nicht nur zum Zwischenstopp zu machen.

Wir laufen weiter in Richtung Pier und schauen durch die Fenster auf die verschiedenen Rollfelder.

S: „Können wir erstmal gucken, vielleicht steht noch irgendwas gut rum.“

Nach langem Suchen hat Stefan eine an einem Finger angedockte KLM-Maschine entdeckt. Er setzt sich an einen am Boden festgeschraubten Tisch mit wiederum am Tisch festgeschraubten Stühlen, packt sein Papier aus und beginnt zu zeichnen:

Abbildung 88:
Stefan zeichnet eine KLM-Maschine in Schiphol.

KLM

Die Entstehung einer Flugzeugzeichnung

Bei jeder Flugzeugzeichnung beginnt Stefan mit dem Heck und arbeitet sich dann nach vorne vor. Während er zeichnet, flucht er über Zeichenfehler, die er seiner Meinung nach gemacht hat. Meist hat er Schwierigkeiten, die Heckflosse im richtigen Winkel zu zeichnen:

> *S: „Ich mal auch immer die Heckflosse zu dem anderen im falschen Winkel, das nervt mich auch total. Das ist immer zu steil eigentlich, ich glaub jetzt fang' ich gleich nochmal neu an, das ist so oft, dass ich das falsch anfange.*
>
> *KBS: Und fängst du auch immer mit der Heckflosse an?*
>
> *S: Ja ja, genau, ich guck halt immer so, wie viel ich ungefähr Platz brauche und dann … (murmelt) noch viel zu hoch…"*
>
> *(Zeichengeräusche)*
>
> *KBS: „Jetzt fährt der Tankwagen nach vorn."*
>
> *S: „Ja. Das ist aber auch gut, wenn der verschwindet, … (zeichnet) hah, schiet (Pause) … (ungeduldig) Schon wieder verkackt. Das ist natürlich total schwierig."*

Gerade die vermeintlichen ‚Fehler' sind es, die den Reiz von Stefans Zeichnungen ausmachen, da sie etwas ‚Menschliches' in den technischen Maschinen zum Vorschein bringen:

> *S: „So mega-durchdesignte Sachen mit der Hand zu zeichnen, das kann ja nur schiefgehen." (lacht).*

Stefans Ausrüstung für einen Zeichentag am Flughafen ist eine Mischung aus analogen Accessoires, die auch schon Spotter vor Jahrzehnten genutzt haben wie Fernglas, Papier und Stifte sowie neuen, digitalen Dingen wie sein iPhone, um zu fotografieren oder sich auf der Homepage des Flughafens sowie bei Flugzeug-Erkennungs-App Flightradar24 über ankommende Flugzeuge zu informieren und zwischendurch E-Mails zu lesen.

Nachdem Stefan noch eine weitere Zeichnung angefertigt hat, steigen wir schon wieder ins Flugzeug nach Zürich. Auf diesem Flug zeichnet Stefan eine strenge Flugbegleiterin, die ihn schroff beim Einsteigen nach seinem Ticket gefragt hatte.

Sie trägt eine komplizierte Hochsteckfrisur und Stefan erklärt mir, dass Frauenfrisuren schwierig zu zeichnen sind, weil es da so viele Flächen gibt, die man sich schwer merken kann. Die Flugbegleiterin bleibt natürlich auch nicht für Stefan stehen, weil sie nicht merkt, dass sie gezeichnet wird. Erst auf Stefans Zeichnung bemerke ich, dass sie eine Stoffblume im Haar trägt, die anscheinend zur offiziellen Uniform gehört.

Abbildung 89: Flughafen Zürich

Gelandet am Züricher Flughafen: Nationale Stereotypen 2

Der Flughafen Zürich trägt den IATA-Code ZRH und ist der größte Flughafen der Schweiz. Er verfügt über drei Start- und Landebahnen und drei Terminals. Der Flughafen wurde für seine Passagierfreundlichkeit schon häufig ausgezeichnet. 2009 wurde er von über acht Millionen Reisenden in einer Umfrage von Skytrax zum besten Flughafen Europas gewählt, weltweit landete er 2014 auf dem achten Platz (Bartels 2015). ‚The Guide to Sleeping in Airports', eine Internetplattform, auf der Tipps rund um das Übernachten an Flughäfen in aller Welt gesammelt werden, empfiehlt das Mittelgeschoss in Terminal 2 für die Nacht:

> *"There is a good space underneath the coat-hangers: quiet, peaceful, dimly lit but still save, no music. Sometimes there is a guy with his dog crushing there, but he's friendly."*

Der Flughafen liegt nur 13 Kilometer nördlich des Zentrums der Stadt Zürich, was Lärmbelastungen für die Stadtbewohner und Fluglärmdebatten mit sich bringt.

Eine Flughafen-Attraktion ist die Sound- und Videoinstallation auf dem Weg der Luftkissen-Skymetro zu Dock E. Es handelt sich hierbei um eine Reihe von Bildschirmen, die sich durch die Bewegung der Bahn für den Zuschauer zu einer 15-sekündigen Filmsequenz verbindet. Dazu ertönt aus den Lautsprechern im Abteil der dazugehörige Klang.

Auf dem Hinweg zum Flughafen heißt der Film „Mountains", in Zürich angekommen „Heidi". Zu hören sind Glockengebimmel von Kühen, muhende Kühe und Alphörner. Zu sehen sind einmal eine winkende Heidi in einem rotweißen Dirndl und einmal Alphornbläser mit Schweizer Flagge. Die ‚nationalen' Klangchiffren der

Abbildungen 90: Sound- und Videoinstallation Skymetro, Flughafen Zürich.

Schweiz, die sonst Identitäts- oder Gedächtnispolitiken dienen, werden hier – genauso wie die Holzschuhe in Schiphol – zum Touristenhighlight. Flughäfen brauchen solche aufmerksamkeitserregenden Besonderheiten, um im Wettbewerb um Airlines und Passagiere zu bestehen, sie müssen selbst zur Attraktion werden.

Nachdem wir den ‚airside'-Teil des Flughafens verlassen haben, betreten wir ein mehrstöckiges Einkaufszentrum, das an den Flughafen angeschlossen ist. Im Untergeschoss steigen wir in den Zug in Richtung Züricher Innenstadt.

Für Stefan geht es nun zum Aufbau in die Galerie Francesca Pia. Einige der Zeichnungen, die er auf unserem Weg von Hamburg nach Zürich angefertigt hat, werden direkt Teil der Ausstellung.

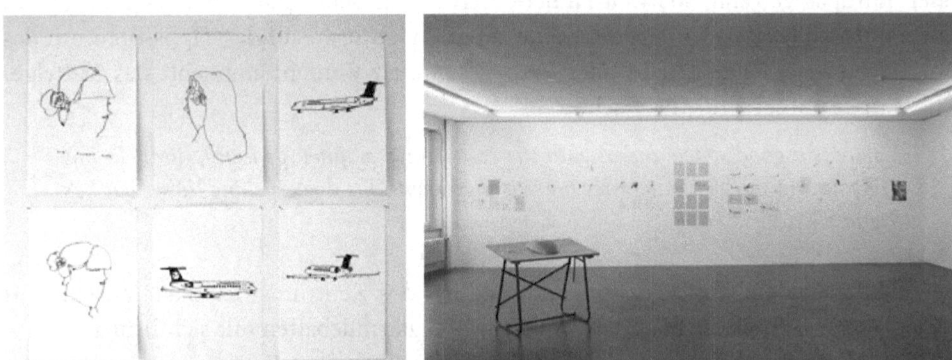

Abbildung 91: Ausstellung Stefan Marx in der Galerie Francesca Pia

Der Rückflug

Eine Stunde vor unserem Rückflug wartet Stefan wie verabredet am Check-in-Desk des Züricher Flughafens auf mich. 24 Stunden vorher hatte er wieder für uns beide auf den seiner Meinung nach besten Sitzplätzen eingecheckt und mir per E-Mail den Boarding Pass geschickt.

Stefan schwelgt noch in Erinnerungen an die Ausstellungseröffnung. Viele Besucher waren gekommen und sogar Fischli und Weiss, die Stefan wegen ihrer Airportfotografien sehr schätzt, waren unter den Gästen. Mit Fischli unterhielt Stefan sich sogar:

> *S: „Er [Fischli] meinte, man kann auf dem Flughafen gar kein schlechtes Foto machen."*
>
> *KBS: „Und eine schlechte Zeichnung?"*
>
> *S: „Das geht, und damit fange ich jetzt mal an." (lacht)*

Wir sitzen mittlerweile im Terminal hinter einer Fensterscheibe mit Blick auf das Rollfeld und Stefan zückt Zettel und Stift, um die KLM-Maschine zu zeichnen, mit der wir gleich zurückfliegen werden. Darin ist er so vertieft, dass wir fast unseren Flug verpassen und durch die Sicherheitskontrolle rennen müssen.

Ein paar Minuten später befinden wir uns auf der anderen Seite der Scheibe, der Zubringerbus fährt uns zum Flugzeug hin – wir fahren praktisch in Stefans eben gezeichnetes Bild hinein.

Nach dem Start in Zürich fliegen wir eine scharfe Kurve. Instinktiv halte ich mich fest, genauso wie die anderen Passagiere. Die Mutter hinter uns imitiert für ihren kleinen Sohn Tiere, um ihn abzulenken. Sie muht und meckert und grunzt.

Als der Punkt kommt, an dem die Maschine in den Sinkflug übergeht, stößt Stefan mich begeistert an. Auch als er aus dem Flugzeug heraus ein anderes Flugzeug am Himmel entdeckt, gibt er mir erfreut Bescheid.

Perspektivenwechsel / der Blick von oben

In seiner Arbeit als Künstler beschäftigt sich Stefan viel mit Perspektiven und auch am Unterwegssein gefällt ihm der besondere Blickwinkel auf die Welt:

> *S: „Ich finde die Perspektive auf den Lebensraum, auf die Erde und auf so andere Leben so geil. Wo ich jetzt hier von New York zurück geflogen bin … wenn man dann so auf einmal bei Irland ist (…) man sieht von oben, wie die Städte erwachen. Und einzelne Autos fahren, man ist oben, so sauruhig in der Luft, und alle Leute schlafen und ich finde immer, das ist so eine extreme, auch sehr e i n s a m e Ansicht auf die Welt. Und das fasziniert mich total, dass man auf Leute im Alltag / auf so normale Sachen schauen kann, dass man einfach so 'ne ganz andere Perspektive hat."*

Auch den Zeichner und Architekten Le Corbusier beeindruckte in den 1930er Jahren der ‚Blick von oben', der ihm durch das Flugzeug erstmals ermöglicht wurde. Er entdeckte aus der Vogelperspektive das ruhige Fließen der Natur und das Chaos der großen Städte. Le Corbusier: *„Vom Flugzeug aus habe ich Schauspiele gesehen, die man als kosmisch bezeichnen könnte"* (Le Corbusier [1929] nach Asendorf 2004: 268). Mit dem Blick von oben im Kopf entwickelte er nun einen neuen Ansatz von Stadtplanung, moderne Städte sollten der Natur (wie sie sich dem Flugreisenden zeigt) nachempfunden sein, d.h. in größerem Maßstab und mit mehr Blickfreiheit gebaut werden (ebd.). Le Corbusier nannte es ‚Das Flugzeug klagt an' (Le Corbusier nach Ingold 1980: 321), wenn Städte dysfunktional und chaotisch gewachsen waren.

Über Professor Charles, den Erfinder des Gasballons, schrieb Burkhard Fuhs wiederum, er hätte „die Distanz von der Welt" (Fuhs 1993: 247) als Glück und als moralische Verbesserung seiner Person empfunden, „da sie zugleich auch eine emotionale Distanz von den Sorgen der Welt bedeutet" (ebd.).

Auch bei Stefan evoziert die Passagierkabine ein Nachdenken über das Leben aus komfortabler Position heraus:

> *S: „Dass man einfach wo war und irgendwo anders ankommt und dass das jetzt nur so 'n Zwischenstep ist. Ich find's so total super, ich weiß auch nicht. Ich bin da immer auch total so persönlich. Ich denk da auch immer wahnsinnig viel über mein Leben nach. Ich bin immer in so 'ner ganz komischen Stimmung, nicht unbedingt 'n Tal oder so aber, so 'ne ganz komische und auch sehr angenehme Stimmung."*

Durch das weder Hier noch Dort Sein und die herausgehobene Position relativiert sich für Stefan vieles.

> *S: „Also man wird sich auch immer wieder klar, dass meine Problemchen nicht so die (lacht) … das ist immer so 'ne komische Selbstreflektion, find' ich extrem angenehm… (…) Die eigene Erfahrung beim Fliegen … oder die Zeit mit sich, find ich total speziell. Das hab' ich nirgendwo anders. Das find' ich echt total super."*

Die Perspektive von oben ruft bei Stefan also bestimmte Emotionen hervor, die wiederum Teil seiner Zeichnungen werden.

Stefans Emotionen können also auch vom Raum her erklärt werden: Raumstrukturen ermöglichen (auch historisch und kulturell bedingt) bestimmte emotionale und soziale Praktiken oder fordern sie sogar ein. In diesem Fall erzeugt der erhöhte Raum nicht nur körperlichen, sondern auch seelischen Abstand von der Welt, der Passagier wird herausgehoben aus der Masse in eine zwar einsame Position (auch wenn er umgeben ist von vielen Menschen), die es ihm aber ermöglicht, eigene Probleme zu relativieren.

Während Stefan mit mehr als 800 km/h durch die Luft rast, kann er sein Leben besser reflektieren als auf der Erde. Die Schnelligkeit wirft ihn auf sich selbst zurück, die Höhe erzeugt den zur Reflektion benötigten Abstand, die Verschiebung der Maßstäbe lässt auch scheinbar große Probleme schrumpfen.

Die Sonne ist inzwischen romantisch untergegangen, wir sehen Hamburg in Modelleisenbahngröße unter uns, gleich wird der Flug enden.

Dann berührt das Flugzeug sanft die Erde. Wir steigen aus und in der Fluggastbrücke begrüßt uns die Bandansage auf Deutsch und Englisch:

„Herzlich Willkommen am Hamburger Flughafen. Welcome at Hamburg Airport“.

„Back in HAM würde ich sagen“, seufzt Stefan.

Angekommen im Dazwischen

Wenn Stefan im Flugzeug sitzt, hat er immer gerade etwas verlassen. Er ist nicht mehr da, wo er vor ein paar Stunden noch war, ist aber auch noch nicht im Neuen angekommen. Diese Zeit nutzt er, um sich zu verabschieden, Altes zurückzulassen und sich neu auszurichten, bevor er wieder irgendwo landet. Seine Zeichnungen können ein Teil dieses Prozesses sein. Das Flugzeug transportiert ihn nicht nur zu einem bestimmten Ort, sondern auch in einen bestimmten Gemütszustand.

Anders als die bisher von mir begleiteten Passagiere liebt Stefan dieses Dazwischen mehr als seine eigentlichen Ziele am Boden, ihn inspirieren all die Räume und Gegebenheiten, Details und Designs, Farben und Formen, von den Airline-Typografien über die Flugzeugpostkarten bis zu den Uniformen der Flugbegleiter. Er ist bereits unterwegs am Ziel.

Allerdings konstruiert sich Stefan das aeromobile Dazwischen ganz nach seinen Bedürfnissen und nimmt es nicht einfach nur hin: Er unterwandert die Anweisungen der Innenarchitektur, macht Bordartefakte zu Bestandteilen seiner Kunst und funktioniert die Örtlichkeiten um, wenn er zum Beispiel während eines Fluges die Flugzeugtoilette als Ausstellungsraum für eine ausgewählte Zeichnung nutzt. Vielleicht ist Stefan auch deshalb am Flughafen und in der Flugzeugkabine niemals gelangweilt oder betäubt (obwohl Fliegen auch für ihn schon lange zur Routine geworden ist), er nimmt seine Umwelt intensiv wahr, nimmt sie mit dem Stift auseinander, setzt sie neu zusammen und speist trotz der Abläufe, die den Passagier vor allem auf den passiv Reisenden reduzieren, seine Werke nach ihrer Vollendung aktiv in den Kreislauf des Fliegens und seine Diskurse ein.

Während die anderen Passagiere sich nach der Landung kaum mehr an die Reise im Flugzeug erinnern, hat Stefan nach der Landung einen ganzen Stapel an Zeichnungen in seiner Zeichenmappe.

Anders als viele andere Flugzeugpassagiere betrachtet er das technische Artefakt Flugzeug genau, er kennt alle Farben, alle Typografien, alle Details der Außenhülle, hat sie mit dem Blick Zentimeter für Zentimeter abgearbeitet und mit dem Stift erkundet. Da jedes gezeichnete Rad und jedes gezeichnete Fenster vorher durch seine Feder geflossen sind – und nicht ‚nur' abgelichtet wurde – kennt Stefan die Welt des aeromobilen Dazwischen besser als jeder Fotograf.

In anderen Kontexten wie in Galerien oder als T-Shirt-Designs werden seine individuellen Erinnerungen dann zu überindividuellen Images und das Massentransportmittel Flugzeug wandelt sich zum ‚Kunstwerk für alle'.

Für Stefan hat der Aufenthalt im Transit eine eigene Bedeutung und einen Wert über den Transport seines Körpers von Hier nach Dort hinaus. Seine Leidenschaft für das aeromobile Unterwegssein geht sogar so weit, dass er unterwegs ist *um des Unterwegsseins willen*: Obwohl er direkt nach Zürich fliegen könnte, nimmt er den Umweg über Amsterdam – was ihn aufgrund der besonderen Logiken der Airworld noch nicht einmal mehr kostet.

Ob Stefan touristisch oder beruflich fliegt, macht für ihn keinen Unterschied. Fliegen ist vielmehr Teil seines Lebensstils. Wichtiger als der kürzeste Weg von A nach B sind für ihn die Airline, mit der er fliegt, der Flugzeugtyp, in dem er flugreist, das Design und der Flughafencode des Zielflughafens. Deshalb beschwert er sich (halb im Spaß, halb ernst) immer, wenn Galeristen aus anderen Städten oder Ländern ohne Rücksprache mit ihm einen ihrer Meinung nach passenden Flug buchen. Was für Stefan bei einer Flugbuchung alles wichtig ist und auf welche Details es ihm ankommt, ahnen die meisten noch nicht einmal.

Während ein Gefühl der Gehetztheit Martha Roslers Fotos kennzeichnet und ein Gefühl der Langeweile die Collagen von Nina Katchadourian ausmacht, zeigen Stefans Zeichnungen, wie sehr sich ein Passagier in der Airworld auch angekommen fühlen kann. Und gleichzeitig passen die schnell hingezeichneten Skizzen zur Flüchtigkeit der menschlichen Begegnungen zwischen Departure und Arrival.

Was kann die Kunst in der Wissenschaft?

Zuerst einmal bildet Kunst Wirklichkeit nicht ab, sie interpretiert sie. Wissenschaftliche Gütekriterien wie Nachvollziehbarkeit oder Reliabilität spielen dabei keine Rolle, der Künstler will mit seinen Zeichnungen nicht repräsentieren, er will neu erschaffen. Sollen künstlerische Werke als Quelle für ethnografische Arbeiten genutzt werden, muss deshalb vorher geklärt werden, in welcher Form dies in jedem Einzelfall möglich ist.

Weil Kunst die Wirklichkeit in ihrem Sinne auslegt, liegt die Besonderheit einer künstlerischen Zeichnung (und der Wert für eine ethnografische Arbeit) in der widersprüchlichen Vielschichtigkeit und dem ganz eigenen Informationsgehalt, der den gewohnten Wirklichkeitsbegriff des Betrachters erweitern kann (so stellt es Thomas Overdick auch für das künstlerische Foto fest, Overdick 2010). Auch Stefan stellt in seinen Zeichnungen das Vertraute der Airworld dar und stört es gleichzeitig durch Verfremdung (wie die rauchenden Passagiere oder die Augen der Flugzeuge). Er überführt die Ästhetik der Räume, Artefakte und Menschen des Fliegens in seinen Stil und erschafft dadurch bildnerisch etwas Neues aus dem Beobachteten, er erweckt ein bestimmtes Bild von Wirklichkeit und provoziert ein „anschauliches Verstehen" (Overdick 2010: 296). Dabei lassen die Zeichnungen Raum für eigene Interpretationen der

Betrachter und ein intuitives Teilhaben an den künstlerischen Erkenntnissen zu (anders als es bei einem wissenschaftlichen Text möglich ist) – auch da die Werke für sich stehen und nicht unbedingt erklärt werden (müssen).

Stefan nimmt in der Airworld winzige reale Details wie kaum ein anderer Nutzer wahr, gleichzeitig erträumt er sich mit dem Zeichenstift eine eigene Welt des Fliegens, in der die Flugzeuge Gesichter und Gefühle haben, in der an Bord geraucht werden darf und in der die Menschen aussehen wie ihre eigenen hochindividuellen Karikaturen. Stefans Zeichnungen erzeugen damit eine Kunstwelt, in der Vergangenheit, Zukunft und Gegenwart sowie seine persönlichen Emotionen und Gedanken gleichzeitig stattfinden.

Obwohl Stefans Zeichnungen also kein belastbares Abbild der Airworld liefern, erzählen sie gerade deshalb enorm viel über das aeromobile Unterwegssein und eine ‚Kultur des Fliegens' und sie können den kulturanthropologischen Forscher bei der „Schärfung und Erweiterung ethnografischer Erkenntnis und kulturellen Verstehens" (Eisch-Angus 2013: 283) unterstützen.

Aber kann künstlerisches Schaffen zusammen mit ethnografischer Arbeit auch „eine Einheit" ergeben, wie es sich Thomas Overdick in Bezug auf die Zusammenarbeit von Fotografen mit Ethnografen erhofft (Overdick 2006)?

Immerhin forderte schon die ‚Writing Culture'-Debatte der 1980er Jahre vielstimmige Repräsentationsformen, um dem Leser die Möglichkeit zu bieten, verschiedene Interpretationsangebote in Beziehung zu setzen.

Dies erscheint ungleich spannender, ist gleichzeitig jedoch auch viel schwieriger, als Kunst ‚nur' als Quelle zu nutzen. Es scheint aber auch deshalb möglich, da Kunst und Ethnografie vom Ansatz her gar nicht so unterschiedlich sind: Als „Gemeinsamkeiten ethnografischer und künstlerischer Forschung" werden von den Kulturanthropologen Ute Holfelder und Christian Ritter[84] beispielsweise „Ergebnisoffenheit", der „Einbezug von Subjektivität", „Einlassung auf Intuition und Uneindeutigkeit" oder eine „interaktive Konstitution des Untersuchungsgegenstandes" genannt (Holfelder, Ritter 2013: 297f.). Auch Katharina Eisch-Angus stellt vor allem Gemeinsamkeiten fest, wenn sie schreibt, dass Kunst und Ethnografie „in der hermeneutischen Spannung zwischen Nähe und reflexiver Distanzierung [arbeiten], erzählend und interpretierend bewegen sie sich zwischen Eigenem und Fremden, Bekanntem und Unbekanntem" (Eisch-Angus 2013: 278) und stellen „aus individuellen Erfahrungen überindividuelle Erzählungen" her (ebd.: 279). Auch Stefans Zeichnungen beginnen in neuen Kontexten (in Galerien oder auf Trägermedien wie Skateboards, T-Shirts oder Plattencovern) ein Eigenleben zu führen und erinnern nun nicht mehr nur Stefan an seine persönlichen Flugreisen, sondern werden zu überindividuellen Images der Airworld.

Doch auch wenn es in den letzten Jahren vermehrt zu konzeptionellen und inhaltlichen Überschneidungen zwischen künstlerischen und kulturwissenschaftlichen Ar-

84 Beide haben gemeinsam mit zwei Künstlerinnen zu Handyfilmen von Jugendlichen geforscht: „Handyfilme – künstlerische und ethnografische Zugänge zu Repräsentationen jugendlicher Alltagswelten" (2012-2014), Institut für populäre Kulturen, Universität Zürich und Institut für Theorie und Institut für Gegenwartskunst IFCAR, Züricher Hochschule der Künste.

beiten kam, wird das ästhetische Werk in den Kulturwissenschaften immer noch als ein Objekt wahrgenommen, das studiert und nicht als eigene kulturwissenschaftliche Praxis behandelt wird und das durch Texte erklärt wird statt dass es eigenständig wirken soll. Auch Experimente zwischen Kulturwissenschaften und zeitgenössischer Kunst sind noch rar und obwohl interdisziplinäre Zusammenarbeit „die Möglichkeit eines besseren Reflexionsniveaus und auch die Möglichkeit unerwarteter Ergebnisse" (Schönberger 2013: 275) verspricht, bleibt es oft nur bei Ankündigungen von künstlerisch-kulturanthropologischen Koproduktionen, kritisiert auch Klaus Schönberger, der sich mehr wünscht als ein „hüsch ‚designtes'" (ebd.: 276) aufeinander Bezugnehmen.

Schönberger hofft auf neue Formen der Zusammenarbeit, die Beschreibung und Analyse von Alltagskultur nicht nur erweitert, sondern dabei auch „neue Formen der Repräsentation des Wissens" generiert (ebd.: 273). Ihn interessieren vor allem die Potentiale, die in „Grenzüberschreitungen, Verwicklungen und Verstrickungen zwischen künstlerischer und ethnografischer Forschung" stecken (ebd.: 274) und das, was wir „anderes oder mehr" erfahren, wenn alles „von der Konzeption bis zur Repräsentation konsequent gemeinsam versucht wird" (ebd.: 276). Benötigt werden für eine solche Zukunft der Zusammenarbeit von Künstlern und Ethnografen allerdings geeignete Forschungsfragen, furchtlose Grenzüberschreitungen, Toleranzen auf beiden Seiten und neue Forschungsdesigns, die ein miteinander Arbeiten auf Augenhöhe genauso wie ein Nicht-Kooperieren zulassen (vgl. ebd.). Das alles braucht jedoch Zeit und Experimentierwillen.

Auch meine Zusammenarbeit mit Stefan scheint nach der Beendigung dieser ethnografischen Vignette gerade erst zu beginnen. Am 30. Dezember 2014 erreicht mich eine Whats App-Nachricht von Stefan mit folgendem Vorschlag:

> *„kerstin, wir müssen mal über eine airport residency initiativ bewerbung in FRA sprechen. aiport artist. eventuell können wir zusammen mal eine woche dort aufkreuzen. writing (du) drawing (me)."*

Von Stefan zu Kay

Die große Attraktivität, die das Fortbewegungsmittel Flugzeug hat, erleben wir auch bei dem Rollstuhlfahrer Kay. Wie Stefan liebt er das Fliegen, das Herausgehobensein aus den alltäglichen Verpflichtungen und die Atmosphäre der Airworld.

Auch für Kay hat das Unterwegssein im Flugzeug über den oft günstigen Preis oder die gesparte Zeit hinaus eine höhere Bedeutung: Es ist ein Zeichen dafür, dass er sein Leben so leben kann wie nicht mobilitätseingeschränkte Menschen auch.

4.6 Im Rollstuhl fliegen

Flugpionier Kay: *„Ich steh' total auf Autonomie, und wenn ich fliege, muss ich sie abgeben"*

In dieser Fallstudie begleite ich den Rollstuhlfahrer Kay[85] auf einem Flug von Berlin nach Köln, um zu untersuchen, was von den Passagieren in der Airworld körperlich erwartet wird – bisher ging es ja vor allem darum, welches Wissen bei den Luftreisenden über das Fliegen vorhanden ist, wie sie dieses in Handlungen übersetzen und welche Emotionen durch das Flugreisen freigesetzt werden. Denn da Kay seine Beine nicht bewegen kann, sind ihm viele Bewegungen, die während des Ablaufs eines Fluges vorausgesetzt werden und die nicht-mobilitätseingeschränkte Menschen problemlos beherrschen, nicht möglich.

Betrachten wir die einzelnen Stationen in der Kette eines jeden Fluges – vom Eintreffen des mobilitätseingeschränkten Passagiers am Flughafen bis zum Verlassen des Flughafens am Zielort – werden bisher unsichtbare Machtstrukturen sichtbar, die die Welt des Fliegens prägen, sie gestalten und verändern.

Mit dem Flugzeug reisende Rollstuhlfahrer sind keine Einzelfälle: 2011 nutzten alleine am Hamburger Flughafen von insgesamt 13,56 Millionen Passagieren über 39.900 Menschen mit eingeschränkter Mobilität den DRK mediservice – dazu gehören Rollstuhlfahrer, gehbehinderte und seh- beziehungsweise hörgeschädigte Menschen.

Biografische Informationen und Kontaktaufnahme

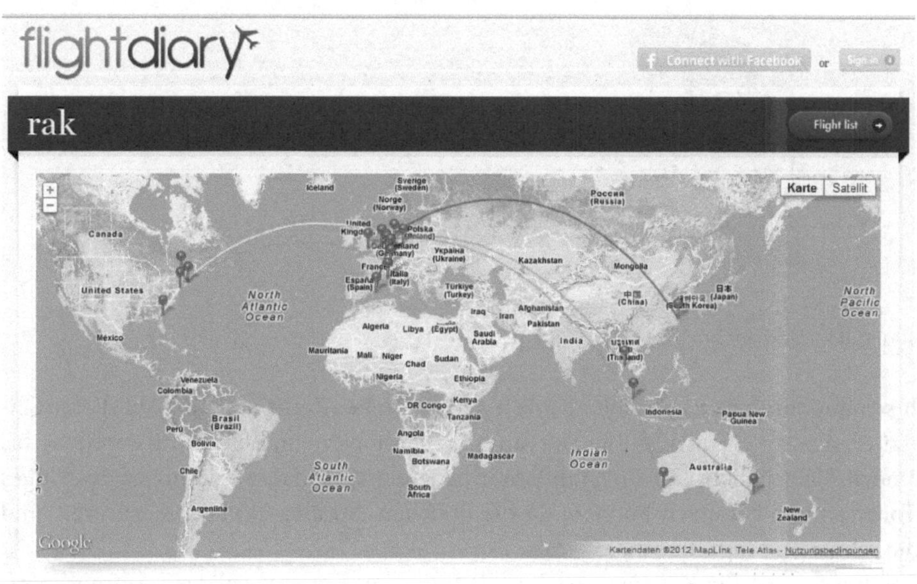

Abbildung 92: Flightdiary von Kay

---

85 Da Kay öffentlich und mit vollem Namen für die Rechte der Rollstuhlfahrer in der Welt des Fliegens kämpft, verwende ich hier ebenfalls den Klarnamen.

Kay kommt ursprünglich aus Schleswig-Holstein und lebte während seines Multimediaproductions-Studiums in Kiel. Danach zog er zu seiner heutigen Frau nach Köln. Seit 2010 ist er Vater von Zwillingen und inzwischen ist er mit der ganzen Familie zurück nach Kiel gezogen.

Kay ist zum Zeitpunkt unseres ersten Treffens 35 Jahre alt und arbeitet als ‚Trainee Neue Medien' bei einem Radiosender in Köln. Er sitzt seit 15 Jahren im Rollstuhl.[86]

Beruflich wie privat ist Kay häufig und gerne mit dem Flugzeug unterwegs. Seine mit Abstand meisten Flüge fanden innerhalb Europas statt, danach folgen Flüge in die USA zu den Verwandten seiner Frau und zu ehemaligen Kommilitonen in Australien und China. Bevorzugt bucht Kay Flüge mit der Lufthansa. Da Kay offiziell als PRM (person with reduced mobility) eingestuft ist, reist innerhalb Deutschlands eine Kay begleitende Person umsonst, auf internationalen Flügen gilt das nicht. Kays Eltern und seine Frau fliegen selten, aber Kays nicht mobilitätseingeschränkter älterer Bruder fliegt ebenfalls häufig.

Abbildung 93: Screenshot von Kays Website

Nach seinem Studium entwickelte Kay die Internetseite ‚Recht auf Klo'. Auf dieser Seite setzt er sich für Bordrollstühle auf Kurzstreckenflügen ein, denn dort waren sie bis 2010 noch nicht üblich. Für Rollstuhlfahrer bedeutet dies, dass sie während des Fluges die Toilette nicht benutzen können, da die üblichen ‚Straßen-Rollstühle' zu breit sind für die schmalen Flugzeuggänge.

Das Internet ist für Kay das perfekte Medium, um seinem Anliegen Aufmerksamkeit zu verschaffen, weil er im Umgang mit dem WorldWideWeb Spezialist ist und sei-

86 Über den Grund dafür, warum er im Rollstuhl sitzt, spricht Kay nicht öffentlich.

ne Mobilitätseinschränkung hier keine Rolle spielt. Neben dem Thema ‚barrierefreies Fliegen' setzt Kay sich deshalb auch für ein barrierefreies Internet[87] ein.

Durch ‚Recht auf Klo' wurde auch ich auf Kay aufmerksam und schrieb ihm eine E-Mail, in der ich ihm mein Forschungsvorhaben schilderte. Kurze Zeit später meldete sich Kay bei mir, wir telefonierten und verabredeten uns für seinen nächsten Flug von Berlin nach Köln. Die Verwaltung von Kays Arbeitgeber buchte zuerst, dann wurden mir seine Flugdaten zugeschickt und ich buchte kurze Zeit später den gleichen Flug.

Eine Reise im modernsten Verkehrsmittel unserer Zeit

Am 23. Februar 2011 treffen Kay und ich uns um 9.00 Uhr in Berlin in der Lobby von Kays Hotel am Alexanderplatz. Um 11.30 Uhr soll der 60-minütige Flug nach Köln planmäßig starten.

Um kurz vor 9 kommt Kay mit seinem Rollstuhl aus dem Fahrstuhl heraus und ich entdecke ihn sofort. Er ist schlank und sportlich, hat kurze, braune Haare, braune Augen und trägt eine lässige Jeans, Pulli, Schal und eine braune Jacke. Er lächelt viel und wirkt sehr charismatisch. Hinten in der Tasche seines Rollstuhls stecken seine Fotokamera und eine Zeitung, auf den Knien transportiert er einen kleinen Koffer im Handgepäckformat.

Der Grund von Kays Aufenthalt in Berlin ist der Relaunch einer Homepage seines Senders über verschiedene Forschungsprojekte. Am Abend war die neue Website gebührend gefeiert worden, weshalb Kay noch etwas müde ist. Er gesteht mir, dass er ohne mich später losgefahren wäre. In den Hinweisen für mobilitätseingeschränkte Menschen auf den Homepages der Airlines und in den verschiedenen Internetforen wird überall ausdrücklich darauf hingewiesen, dass Passagiere mit Rollstuhl mehr Zeit am Flughafen einplanen sollten. Kay hingegen scheint seinen Flug zeitlich so zu kalkulieren, als wäre er ein Passagier ohne Mobilitätseinschränkung.

Allerdings kann Kay seinen Körper auch sehr gut mit den Händen durch die Gegend wuchten und sein Rollstuhl ist handbetrieben und wendig. Ein am ganzen Körper gelähmter Mensch mit elektrischem Nasszellenbatterierollstuhl ist sicher noch einmal mit ganz anderen Zeitverzögerungen und Problemen vor und während eines Fluges konfrontiert.

Nachdem der Taxifahrer Kays Rollstuhl ungeübt in den Kofferraum seines Wagens gehoben hat, fahren wir zum Flughafen Berlin-Tegel.

Mobilitätseingeschränkte Aeromobilität

Auch wenn es der korrekte Ausdruck ist, mutet es seltsam an, Kay ‚mobilitätseingeschränkt' zu nennen, da er ein so mobiles Leben zwischen Köln und Kiel führt und regelmäßig beruflich wie privat reist:

87 Ein barrierefreies WorldWideWeb ist unter anderem auch von sehbehinderten, blinden, gehörlosen oder alten Menschen zu nutzen, weil bestimmte Standards (zum Beispiel skalierbare Schrift, starke Kontraste, Bedienung der Seite auch über die Tastatur) umgesetzt sind.

> *K: Also ich leb' mein Leben, so wie andere ihr Leben leben (…). Also wir [Menschen] fliegen nicht, was per se 'ne Behinderung darstellt, wenn du 'nen Vogel fragst. Und ich lauf' eben nicht. Ich beweg mich irgendwie anders fort.*

Kays erster Flug im Rollstuhl fand vor ungefähr zehn Jahren statt:

> *K: „Da ist es mir zum ersten Mal aufgefallen, dass Flugzeuge nicht besonders barrierefrei sind und auch die gesamte Kette nicht besonders barrierefrei ist. Von der Beantragung bis zum letztendlichen Flug und dem Boarding, und all das, was so zwischendurch ist. Nicht so einfach, man gibt seine Jacke und sein Gepäck ab und danach wird man dann irgendwie durchgeführt, sondern das ist meistens immer mit irgendwelchen Problemen verbunden. Weil man kein wirklicher ‚Otto Normalverbraucher' ist."*

So alltäglich Fliegen mittlerweile für die meisten Menschen in Europa geworden ist, so problembehaftet ist es weiterhin für Menschen mit Mobilitätseinschränkungen:

> *K: „Es fliegen wenige [Rollstuhlfahrer]. Und da ist jetzt die Frage, wer war zuerst da, Ei oder Henne. Also, die Flugzeuge sind so barrierehaft ausgestattet, dass die wenigsten [mobilitätseingeschränkten] Leute wirklich Lust haben, sich dem hinzugeben."*

Viele Rollstuhlfahrer fliegen also nicht, weil die Abläufe nicht auf sie ausgerichtet sind – und weil viele Rollstuhlfahrer nicht fliegen, fehlt dem Personal die nötige Praxis und die Abläufe bleiben weiterhin rollstuhlfahrerausschließend.

> *K: „Es ist der Workflow, der nicht wirklich greift. Das ist so 'ne Gesamtflugservicekette, die ganz viele Haken schlägt. (…) Und dann klappt was nicht oder es ist kein Bordrollstuhl dabei, die Servicekräfte, die dich boarden sollen, kommen zu spät. Und so etwas. Deswegen gibt's 'nen Delay. Hat's vielleicht vorher 'nen Sitzplatzwechsel gegeben, der dann aber auf einen Sitzplatz geführt hat, der nicht die hochklappbaren Armlehnen hat. Das heißt, die müssen intern umorganisieren. Und da die ja sozusagen 'n tighten Schedule haben, das ist dann immer schwierig, (…) die Leute fangen dann an, gestresst zu werden."*

Vor allem die Kettenhaftigkeit der industrialisierten Abläufe ist ein Problem: Verändert sich das eine, gibt es Schwierigkeiten beim nächsten.

> *K: „Nach 15 Jahren im Rollstuhl komme ich mir jedes Mal wieder vor wie ein absoluter Pionier."*

In diesem Fall handelt es sich bei dem ‚Flugpionier' allerdings nicht um einen 100-jährigen älteren Herren, sondern um einen jungen Mann Mitte 30, der aber genauso Pionierarbeit leistet.

„Beförderungsmittel meiner Wahl"

Einerseits macht vor allem das Flugzeug Kay so mobil, andererseits ist es gerade die Airworld mit ihrer Architektur und ihren Bestimmungen, die ihn in seiner Mobilität einschränkt.

Warum nutzt Kay das Flugzeug also so oft und gerne, wenn doch die Rahmenbedingungen für ihn relativ schlecht sind? Weil es schneller ist als die Bahn?

> *K: „Nee, ich fliege, weil es ein modernes Fortbewegungsmittel ist. Und es das Fortbewegungsmittel meiner Wahl ist. Und das sag ich deswegen so, weil letztendlich die Begründung dafür egal ist, weil sie nämlich individueller Natur ist. Und weil es letztendlich einfach 'ne individuelle Entscheidung ist, so etwas zu machen. Und dafür muss es noch nicht mal eine Begründung geben."*

Sprachen meine sonstigen Interviewpartner darüber, welches Verkehrsmittel sie für eine bestimmte Strecke wählen, nannten sie meist Argumente, die für das Auto, die Bahn oder das Flugzeug sprachen, zum Beispiel Preis, Schnelligkeit oder Bequemlichkeit. Bequemlichkeit kann für Kay nicht der Grund für die Wahl des Flugzeuges sein, nach allem, was ein Flug an Schwierigkeiten für ihn mit sich bringt. Auch Kosten und Zeit führt Kay als Gründe für einen Flug nicht an. Kay wählt das Flugzeug als Beförderungsmittel, weil es ein *„modernes Verkehrsmittel"* ist.

Er scheint sich durch meine Frage sogar verletzt zu fühlen und redet sich so sehr in Rage, dass ich das Gefühl habe, mich rechtfertigen zu müssen:

> *KBS: „Ja. Also ich frag halt das nur alle…"*
>
> *K: (fällt ins Wort): „Nee, das meinte nicht dich, sondern so, genau, weil das einfach meine Wahl ist."*
>
> *KBS: „Ja."*
>
> *K: „Weil ich einfach gerne fliege, manchmal passt es, weil es irgendwie schneller ist, und manchmal passt es, weil es angenehmer ist. Und manchmal nehm' ich auch die Bahn. Kommt auch vor, gibt auch Vorzüge der Bahn, die 'n Flug nicht hat."*

Kay liebt es zu fliegen und er möchte sich dafür nicht rechtfertigen müssen. Seiner Meinung nach sollte er als Rollstuhlfahrer dieses Fortbewegungsmittel genauso nutzen können wie alle anderen Menschen auch. Sogar, wenn er einmal keine Begründung dafür hat. Für ihn steht das Flugzeug für Freiheit, und Freiheit bedeutet für ihn oft nur: Das machen können, was die anderen auch machen.

Flughafen Berlin-Tegel – Flughafen der kurzen Wege

Nachdem der Taxifahrer uns nach unserem Gate gefragt hat und unser Taxi die Rampe zum Flughafen hochgefahren ist, erscheint der eckige, graue Betonbau des Flughafens Berlin-Tegel vor uns. Tegel ist ein bequemer Autofahrer-Flughafen, passend zum Leitbild der ‚Autogerechten Stadt' aus den 1960er Jahren (Reichow 1959) – das Taxi kann uns direkt vor unserem Gate absetzen. Die organisatorische Besonderheit von Tegel war es, dass sich jedes Flugzeug quasi in den Flughafen hinein fortsetzte: Zu jedem Flug gab es also einen Check-in, eine Sicherheitskontrolle, ein Gate usw. So wurde in den 1970er Jahren das personalaufwändige und heute veraltete Konzept der kurzen Wege am Flughafen bautechnisch umgesetzt. Für Kay ist dies ein Glücksfall, für den Flughafen bedeutet es weniger Platz für Geschäfte und damit hohe Geldeinbußen im Vergleich zu den modernen „Einkaufszentren mit Landebahn" (Willenbrock 2010: 50) in anderen Städten.

Abbildung 94: Fassade Flughafen Berlin-Tegel

Am Check-in: *„Das ist noch optimierungsbedürftig."*

Die Tensatorbänder[88]

Abbildung 95: Tensatorbänder zur Bändigung des Passagierflusses (hier in Dubai)

Nachdem Kay und ich ausgestiegen sind, laufen wir in Richtung unseres Check-ins und treffen auf die erste barrierehafte Architektur des Flughafens: die Tensatorbänder. Tensatorbänder werden die Absperrbänder genannt, mit denen die Passagiere in Platz sparenden, aber rollstuhlunverträglichen Schwüngen zu den Check-in-Desks oder zur Sicherheitskontrolle geleitet werden. Rollstuhlfahrer dürfen sie umfahren, werden dann aber kritisch von den Wartenden bezüglich ihres vermeintlichen ‚Vordrängelns' beäugt. Auch Kay rollt nicht die abgesteckten Schwünge, sondern fährt durch den schmalen Gang vor dem Tresen direkt auf den Schalter zu. Einige Menschen gucken missmutig zu uns hinüber. Extrabehandlungen wie diese würde Kay gerne vermeiden, er plädiert für eine inklusive Umgebung, die alle Menschen gleichermaßen nutzen können.

Der Tresen

Obwohl die Mitarbeiterin am Check-in erst aufstehen muss, um Kay zu sehen (der Tresen ist brusthoch), bemerkt sie ihn schnell und beginnt sein Ticket zu bearbeiten. Kay fragt die Dame am Schalter, ob sein Rollstuhl am Ende des Fluges auch wirklich oben am Flugzeug-Ausstieg ankommen wird und nicht unten auf dem Gepäckband. Da er sich möglichst selbstständig fortbewegen will, möchte er auf keinen Fall länger als nötig in dem seiner Meinung nach hässlichen, alten Boarding-Rollstuhl des Deut-

88 ‚Tensator' heißt der weltweit größte Hersteller von Personenleitsystemen, der zum Synonym für diese Art von Absperrbändern wurde.

Abbildung 96: Rollstuhlfahrergerechtes Check-in-Desk am Flughafen Stuttgart

schen Roten Kreuzes, der von einer anderen Person geschoben werden muss, sitzen. Schon oft hat Kay erlebt, dass die Beförderung seines Rollstuhls nicht wie versprochen funktioniert hat und er ihn erst wieder am Gepäckband in Empfang nehmen konnte.

K: „Das ist noch optimierungsbedürftig!"

Der ‚sichere' Sitzplatz

Die übliche Frage „Fenster oder Gang?", stellt die Mitarbeiterin am Check-in Kay nicht, da mobilitätseingeschränkte Menschen nicht am Gang sitzen dürfen (auch wenn ein Gangplatz für sie bequemer wäre, da sie sonst bis zum Fenster ‚durchrutschen' müssen). Über diese Regelung wird in den Behindertenforen im Internet viel diskutiert, vor allem, seit der Blogger Jim Fruchterman einen Fall dokumentierte, bei dem ein erblindeter Passagier das Flugzeug verlassen musste, weil er nicht am Fenster sitzen wollte (siehe Christiane Links Blog ‚Behindertenparkplatz'). Hintergrund dieser Maßnahme sind die Evakuierungsvorschriften: Kommt es an Bord zu einem Notfall, hängen die Überlebenschancen aller Passagiere von einer sehr schnellen Evakuierung ab. Die Evakuierung muss innerhalb von 90 Sekunden unter Benutzung von nur der Hälfte der Notausgänge erfolgen, sonst wird ein Verkehrsflugzeug nicht zugelassen. Wenn sich aber alle Passagiere möglichst schnell zum nächsten Ausgang bewegen, kann ein Rollstuhlfahrer (oder auch ein im Hören oder Sehen eingeschränkter Passagier) in diesem Strom nicht mithalten, was zur Folge hat, dass sich der Druck der von hinten nachfließenden Menschenschlange erhöht. Passagiere könnten nun stolpern, die Bewegung geriete ins Stocken, und der Rollstuhlfahrer würde im schlimmsten Fall überrannt werden. Deshalb werden in ihrer Mobilität eingeschränkte Fluggäste am Ende des Passagierstromes zwischen zwei Notausgängen platziert, um sie ganz am Schluss extra zu evakuieren. Auch wenn diese Vorschrift die Überlebenschancen aller Passagiere erhöhen soll, wirkt sie zuerst einmal in Bezug auf den einzelnen behinderten Menschen diskriminierend – unter anderem auch deshalb, weil das Bordpersonal die Bestimmung meist unerklärt lässt.

Informell existiert allerdings ein bestimmter Verhandlungsspielraum: Dem Passagier mit eingeschränkter Mobilität kann von der Crew ein Umsetzen nach dem Start und vor der Landung erlaubt werden, weil zu diesem Zeitpunkt eine Evakuierung unwahrscheinlich ist[89]. Und wenn die gesamte Reihe leer bleibt, darf auch der Rollstuhlfahrer am Gang sitzen bleiben.

Unsicherheiten an der Sicherheitskontrolle

Das Sonden

Wir gehen direkt am Check-in vorbei zu der Sicherheitskontrolle für unseren Flug und legen unser Handgepäck auf das Band der Gepäckprüfanlage. Auch die Sicherheitschecks sind auf einen gesunden und voll funktionsfähigen Körper zugeschnitten: Während ich durch den Metalldetektor laufe, die Arme beim Sonden durch die Mitarbeiter der Sicherheitskontrolle mit dem Metalldetektor hebe, erst den einen und dann den anderen Fuß hochhalte und mich am Ende drehe, damit auch mein Rücken gesondet werden kann, ist Kay das alles (außer dem Heben der Arme) nicht möglich. Es beginnt schon damit, dass es keinen Sinn macht, mit seinem metallenen Rollstuhl durch den Metalldetektor zu fahren. Der Angestellte an der Kontrollstelle ruft Kay deshalb freundlich zu: *„Ich habe schon mal Platz gemacht!“* und Kay fährt an dem Bogen vorbei und wird extra per Hand gesondet. Der Sicherheitsmitarbeiter fragt Kay, ob er sich einmal im Rollstuhl mit den Armen hochstemmen kann, was für Kay kein Problem ist. Dann scannt der Mitarbeiter seinen Rücken und seinen Po ab.

Später flüstert Kay mir zu: *„Ich hätte etwas schmuggeln können.“*

Denn meistens wird nur er, nicht aber das dicke Luftkissen unter ihm gescannt. Dass das Kissen nicht untersucht wird, hat auch etwas mit der Unsicherheit zu tun, die Kay aufgrund seiner Behinderung entgegengebracht wird. Im Namen der Sicherheit wird in der Airworld für den Passagier meist Unbequemes legitimiert, das gilt auch in Bezug auf den behinderten Fluggast. Und doch ist die Unsicherheit hier größer: Wie darf man den mobilitätseingeschränkten Fluggast anfassen? Welche Fragen könnte er als diskriminierend empfinden? Und wie können trotzdem die für alle Passagiere geltenden Sicherheitsbestimmungen umgesetzt und eingehalten werden?

---

89 Vergleiche auch http://www.behindertenparkplatz.de/blinde-sitzen-am-fenster-oder-sie-fliegen-raus/, Kommentar von Golfox in der Diskussion.

„Technomorphe" Körper (Hengartner 2009: 255[90])

Das Problem von Kontroll-Sicherheitslücken bei behinderten Menschen deckt sich mit Interviews, die Michael Nagenborg, wissenschaftlicher Mitarbeiter am Internationalen Zentrum für Ethik in den Wissenschaften (IZEW) der Universität Tübingen im Rahmen der Projekte THEBEN und KRETA geführt hat. Die Wissenschaftler beschäftigten sich mit der ‚Sicherheitstechnologie Körperscanner' am Beispiel von „Menschen mit abweichenden Körperbildern" (darunter fallen Prothesenträger, Transsexuelle, Menschen mit Windeln oder Frauen mit Brustimplantaten). Bei diesen Passagieren sind Körper und Prothese mit dem bloßen Auge und ohne technische Hilfsmittel oft nicht mehr voneinander zu unterscheiden – an und in diesen von Technik geprägten Körpern können aber leichter Waffen oder Sprengstoff transportiert werden.

Seit dem Anschlag unter anderem auf das World Trade Center am 11. September 2001 sind Prothesenträger deshalb von verstärkten Sicherheitschecks betroffen (DiMartino 2002). Da aber manche Beinprothesen nur abgenommen werden können, wenn sich die betroffene Person komplett auszieht und künstliche Hüftgelenke überhaupt nicht zu entfernen sind, sind diese Prozeduren zeitraubend und für die Betroffenen schnell peinlich und frustrierend. Behindertenverbände beklagen, dass ein konsistentes Szenario fehle, auf das sich die Betroffenen einstellen können. Die Sicherheitschecks unterscheiden sich von einem Flughafen zum anderen und sogar von einem Sicherheitsdienstmitarbeiter zum nächsten (ebd.). Allerdings ist dies nicht unbedingt zu kritisieren, denn gerade undurchschaubare Sicherheitschecks gelten als besonders erfolgreich.

Bei den Passagieren mit abweichenden Körperbildern bleibt trotzdem oft ein Gefühl der Unsicherheit zurück, denn sie wissen, dass ihre Behinderung Spielraum für Täuschungen lässt und auch wenn sie selbst diesen nicht nutzen, könnten andere dies tun. Gleichzeitig existiert auch die Befürchtung, dass die Kontrollen noch unangenehmer werden könnten, wenn tatsächlich einmal ein Fall auftreten sollte, bei dem Sprengstoff im Rollstuhl geschmuggelt werden würde.

Kay betont, dass er sich, auch wenn die Kontrollen eine Belastung für ihn darstellen, auf seinen Flügen sicher fühlen möchte. Deshalb stört es ihn, wenn er selbst Sicherheitslücken wie sein Luftkissen entdeckt.

Weil Menschen, die nicht mit Rollstuhlfahrern vertraut sind, Kay meist weniger zutrauen, als er leisten kann, ist es wichtig für ihn, selbst auf seine Autonomie zu achten. Beim Fliegen ist das Problem besonders groß:

> *K: „Ich steh' total auf Autonomie und in dem Moment, wo ich fliege, muss ich sie abgeben. (…) [Das ist wie] wenn man ins Krankenhaus geht oder ins Altersheim, wo man die Struktur seines Tages beim Pförtner hinterlässt. Hier macht man das im Prinzip auch so, sobald man eingecheckt hat. Von da an wirst du halt in irgendeiner Weise eskortiert oder begleitet oder betreut oder gibst dich halt einer Struktur hin, die gegeben ist und an der du nicht viel verändern kannst."*

90 Hengartner zitiert hier Gernot Böhme (1985).

Am Gate angekommen, meldet Kay sich am Schalter und sagt, dass er jetzt da ist. Er kann nicht einfach wie die anderen Passagiere oder wie Marc Augés Pierre Dupont still warten, bis das Boarding beginnt. Für ihn besteht die Reise aus einer ganzen Reihe an komplizierten Sprechakten:

> *K: „Es fängt schon bei der Buchung [im Internet] an: Man kann nirgendwo eintragen, dass man PRM ist. Man kann sein Ticket zwar online erwerben, muss dann aber irgendwo anrufen, damit die Fluggesellschaften Bescheid wissen und Hilfsmittel bereitstellen. In der Praxis bedeutet das: Man muss einen Ansprechpartner suchen, denn der Telefonservice berät meist nicht gut, man wird hin- und her-verbunden, bis man den Zuständigen erreicht hat. Oft klappt die Organisation dann aber vor Ort trotzdem nicht, bei Flugantritt fängt alles noch einmal von vorn an."*

Kein „Recht auf Klo"?

Abbildung 97: Hinweis auf eine mit dem Rollstuhl nutzbare Toilette

Bevor wir geboardet werden, möchte Kay unbedingt noch einmal die Toilette aufsuchen. Der Toilettengang vor dem Flug ist so wichtig für ihn, weil er – wie bereits erwähnt – die Toilette an Bord nicht nutzen kann, wenn kein Onboard-Wheelchair vorhanden ist. Die schmalen Zubringer-Rollstühle des Deutschen Roten Kreuzes, die zum Transport der mobilitätseingeschränkten Passagiere ins Flugzeug hinein genutzt werden, gehören dem Flughafen und müssen dort verbleiben. Da Rollstuhlfahrer aber meist als erste gebordet und als letzte wieder aus dem Flugzeug abgeholt werden, dauert die Zwangspause zwischen zwei Toiletten auch auf Kurzstreckenflügen schnell an die zwei Stunden. Keine Bordrollstühle im Flugzeug mitzuführen, ist rechtlich gesehen legitim, denn nach aktuell geltender EU-Richtlinie müssen sich nur auf Langstreckenflügen Bordrollstühle in der Kabine befinden. Auf Kurzstrecken reicht es, „erforderlichenfalls Hilfe, um zu den Toiletten zu gelangen"[91] zu leisten. Was diese Hilfe beinhaltet, ist nicht festgelegt, die Lufthansa stellt auf ihrer Homepage aber klar, dass ihre Mitarbeiter mobilitätseingeschränkte Passagiere nicht tragen dürfen und auch keine Hilfe in der Toilette geben.

Kay hat allerdings schon oft erlebt, dass auch ein von ihm beantragter Bordrollstuhl auf längeren Flügen vergessen wurde und nicht mehr rechtzeitig bis zum Abflug orga-

91 EU-Verordnung Nr. 1107 am 26.07.2008, zitiert nach www.rechtaufklo.de.

nisiert werden konnte. Muss Kay auf einem Kurzstreckenflug auf den Gang zur Toilette verzichten, ist das für ihn

> *„ein Gefühl sehr starker Ohnmacht. Das arbeitet schon in einem nach. (...) Für mich ist das kein Service, das ist ein Grundrecht." (Kay in Ludwig 2009)*

– ein menschliches Grundrecht, das Kay in der Welt des Fliegens verweigert wird. Besonders schwer zu begreifen war für Kay, dass etwas im Flugzeug fehlt *„wovon man gedacht hat, dass es eigentlich schon da sein müsste" (Kay).*

Hinzu kommt, dass nicht nur Kay unter der Situation leidet, auch seine Frau ist betroffen: Seit einem Urlaubsflug nach Mallorca, bei dem der beantragte Bordrollstuhl wieder einmal vergessen worden war und Kay sich so lange mit der Flugbegleiterin darüber auseinandersetzte, bis diese Kay nicht mehr mitfliegen lassen wollte, setzt sich Kays Frau im Flugzeug lieber ganz nach hinten und nicht mehr neben Kay.

> *K: „Weil sie die Faxen dicke hatte. Also, ja, ist schon 'n bisschen stressig",*

seufzt Kay und zuckt entschuldigend die Schultern.

Auch andere Passagiere fühlen sich von Kays Problemen betroffen und ergreifen für ihn Partei. Oft reagieren sie laut Kay sogar besonnener und freundlicher als die eigentlich verantwortliche Crew.

Der Bordrollstuhl

Eine Lösung für das Problem der barrierehaften Flugzeugkabine ist ein dauerhaft an Bord verbleibender Bordrollstuhl. Bordrollstühle sind 5,5 Kilo schwer und passen zusammengefaltet in eine 40 cm hohe und 40 cm breite Tasche. Es ist die Frage, ob es organisatorisch und finanziell nicht unaufwändiger und ressourcensparender wäre, einen Onboard-Wheelchair dauerhaft in allen Flugzeugen zu installieren, anstatt ihn jedes Mal extra beantragen zu lassen und dann an Bord zu bringen – oder im Falle eines vergessenen Bordrollstuhls Verspätungen in Kauf nehmen zu müssen.

Abbildung 98: Der Bordrollstuhl

Einige Airlines und Flughäfen haben aber bereits auf weitere *„smarte Lösungen“* (Zitat Kay) umgerüstet:

Abbildung 99: Eine Flugzeug-Hebebühne

Für barrierefreies Boarden gibt es den ‚Highlifter‘, der mobilitätseingeschränkte Passagiere wie ein Fahrstuhl zum Flugzeug hochfährt, wenn nicht über den Finger gebordet wird. Kay erzählt, dass es das Prinzip der Hebebühne schon lange gibt. Er hat diese für ihn sehr komfortable Alternative das erste Mal vor ca. 10 Jahren in Italien benutzt – ausgerechnet bei Ryanair, der Airline, die schon mehrmals aufgrund von Diskriminierung Behinderter verurteilt wurde.

Air France ist ein Positivbeispiel in Bezug auf die Toilettenkabinen, dort gibt es bordrollstuhlzugängliche Toiletten, die nicht mehr Platz beanspruchen, da für die Rollstuhlnutzung zwei Kabinen durch eine versenkbare Mittelkonsole einfach miteinander verbunden werden können.

Es gibt also durchaus intelligente Lösungen für eine barrierefreiere Airworld, doch werden sie aufgrund der etablierten (Macht)Strukturen der einzelnen Lobbys und vermeintlich fehlender Wirtschaftlichkeit zu wenig gesucht und entwickelt. Der Anreiz über smarte Lösungen nachzudenken und sie umzusetzen, scheint noch zu fehlen. Das ärgert Kay:

> *K: „Weil der Bedarf nicht hoch genug ist, weil der Schmerz der Leute, die sich dann darüber aufregen, so marginal ist, dass die Leute das hintenüberfallen lassen.“*

Auch die freiwilligen Selbstverpflichtungen, in denen sich die Flughäfen und Airlines zu einer grundsätzlichen Haltung gegenüber mobilitätseingeschränkten Menschen bekennen[92] und sich konkrete Maßnahmen zur Behebung der noch existierenden Probleme verordnen, scheinen noch nicht den erwünschten Effekt zu haben.

---

92 Alle deutschen Flughäfen haben eine „Mission zum Zweck von Qualitätsstandards“ (zum Beispiel in Hamburg im Jahre 2006) erarbeitet. Darin erkennen sie beispielsweise an, „dass jeder Fluggast mit eingeschränkter Mobilität als einzigartiges Individuum mit unterschied-

Erste Erfolge

2010, also kurz vor Kays und meinem gemeinsamen Flug, hat die Lufthansa tatsächlich begonnen, alle Kurzstreckenflieger mit Bordrollstühlen auszustatten, die nun nicht mehr extra beantragt werden müssen[93]. Dieses Engagement geht sogar über die Forderung der europäischen Union hinaus.

Bei Kays Flug mit der Lufthansa von Köln nach Berlin am Tag vor unserem gemeinsamen Rückflug war das erste Mal der gewünschte Onboard-Wheelchair dabei, ohne dass Kay ihn extra buchen musste. Kay konnte auf diesem Kurzstreckenflug ohne Probleme selbst entscheiden, ob er die Toilette benutzen wollte oder nicht – wie jeder andere Passagier auch. Der Flug fühlte sich für ihn gleich ganz anders an als sonst und am Ende des Fluges wurde er das erste Mal von der Crew für sein Verhalten an Bord gelobt. Das war für ihn selbst am überraschendsten:

> *K: „Also, da war es wirklich so, dass ich mir den Umständen entsprechend angenehm begleitet und betreut vorkam und so etwas. Und die den richtigen Punkt gefunden haben, ich mein, die haben sich am Ende auch noch bedankt, was für ein angenehmer Passagier ich war, also das hört man (erfreut), habe ich echt vorher noch nie gehört." (lacht)*

Doch der Kampf für eine barrierefreie Airworld ist für Kay mit diesem Teilerfolg nicht vorbei. Das nächste Teilziel ist die barrierefreie Umgestaltung der Toilettenkabinen. Bis die umgesetzt ist, kann es jedoch noch dauern, denn (und das weiß auch Kay):

> *K: „Man denkt nicht in Tagen, sondern in Monaten und Jahren. Man muss die Zyklen beachten, die ein Flugzeug in der Luft ist."*

Inklusion statt Integration

Für Kay steht das Problem der Toilettennutzung symptomatisch für die komplette nicht barrierefreie Airworld, die ihn diskriminiert und in seiner Autonomie einschränkt. Statt die Airworld so zu gestalten, dass die Rollstuhlfahrer alleine in ihr klarkommen können, wird auch 2014 immer noch *„eskortiert"*, *„begleitet"* oder *„betreut"* (Zitat Kay) und die Umgebung jedes Mal neu durch Hilfeleistungen für ihn nutzbar gemacht. Was sich die Rentnerin Rita so sehr wünscht, ist für Kay ein großes Ärgernis.

„Inklusion statt Integration" lautet auch das Motto der UN-Konvention für Menschen mit Behinderungen. Der Gedanke dahinter: Umgebungen sollen von vorneher-

---

lichen individuellen Bedürfnissen und Präferenzen zu erachten ist. Der Hamburger Flughafen setzt sich dafür ein, PRM auf respekt- und taktvolle Weise maßgeschneiderte Serviceleistungen zu bieten, ohne zu diskriminieren und unter der Prämisse, dass jedem PRM ein Maximum an Unabhängigkeit ermöglicht wird. (…). Reist ein PRM-Fluggast mit seinem eigenen Rollstuhl, so ist ihm der Aufenthalt im Hamburger Flughafen so angenehm wie möglich zu gestalten, indem er / sie soweit möglich seinen eigenen Rollstuhl benutzen kann (bei der Abreise bis zum Pre-Boarding, bei der Ankunft am Ausgang des Luftfahrzeugs)." (Qualitätsrichtlinie (EG) Nr. 1107/2006 Hamburger Flughafen).

93 Website Lufthansa, Service an Bord.

ein so gestaltet sein (und nicht von Fall zu Fall umgerüstet werden), dass sie für jeden Menschen nutzbar sind. Kay stimmt dem ebenfalls zu:

> *K: „Dass sich nicht der Mensch einstellen muss auf die Umgebung, sondern die Umgebung sich auf ihn einstellen muss."*

Dies wäre auch für die Airworld sein Ziel. Denn wo ein Rollstuhlfahrer nicht fahren kann, kommen die Menschen mit ihm nicht in Berührung:

> *K: „Es bleibt ein Die und Wir.", (zitiert nach Ludwig 2009).*

Im Flugzeug: Diskriminierungen an Bord

Nachdem wir eine Weile am Gate gesessen haben, kommen zwei Sanitäter vom DRK in grellorangen Westen zum ‚Preboarding'. Wieder einmal ziehen wir die Aufmerksamkeit der anderen Passagiere auf uns. Auch wenn die Westen Sinn machen (so sind die Helfer gut zu erkennen und müssen sich nicht extra umziehen, wenn sie sich auf dem Vorfeld aufhalten), bringen sie Kay in eine unangenehme Situation:

> *K: „Man ist a n d a u e r n d öffentliche Person. Das ist das mit diesem Präsentierteller. Und wenn die beiden DRK-Leute da ankommen, mit so 'nem Bordrollstuhl und dich dann… Es geht immer um diese Extra-Behandlung, diese Extrawurscht, die einem dann zuteilwird, die man eigentlich gar nicht will, aber weil die Systeme nicht dafür ausgelegt wurden, ursprünglich, sozusagen."*

Sobald Kay die Räume des Fliegens betritt, wird er zur „öffentlichen Person", anders als die Millionen anderen Reisenden, die in der anonymen Masse der Reisenden nicht sichtbar werden – in Kays Augen ein erstrebenswerter Zustand. Hier kriegt Einsamkeit und Ähnlichkeit eine ganz andere Bedeutung als bei Augé.

Menschliche ‚Barrieren'

Wir betreten nun den Finger[94], doch dieser führt sehr steil hinunter zum Flugzeug. Zu Fuß fällt dies kaum auf, mit dem Rollstuhl jedoch ist die Situation nur schwer zu bewältigen. Der eine DRK-Mitarbeiter will Kay deshalb schieben und löst ungefragt die Bremse des Rollstuhls. Kay sagt wütend:

> *K: „Ich fahre selbst bis ins Flugzeug! Ich steige erst im Flugzeug um in den Zubringerrollstuhl!"*

Das kriegt er auch sehr gewandt hin. Später ärgert Kay sich über den Sanitäter:

---

94 Werden die Passagiere nicht über einen Finger geboardet, sondern mit Bussen auf das Vorfeld gefahren, von wo aus sie die Maschine über die Gangway-Treppen betreten, wird Kay auf dem Transportrollstuhl festgeschnallt (*K: „Wie ein Paket der deutschen Bundespost", wie ein Stück Material!*) und von zwei Helfern die Treppe zum Flugzeug hinaufgetragen. Nur selten steht eine Hebebühne zur Verfügung.

> *K: „Der wollte mich schieben! Der hat einfach meine Bremse gelöst, ohne zu fragen. Das ist ein Eingriff in meine Privatsphäre!"*

Als ich einwende, dass der Taxifahrer auch nicht besonders gut im Umgang mit ihm gewesen war, bemerkt Kay jedoch zu Recht:

> *K: „Der DRK-Mitarbeiter und die Stewardess werden geschult, der Taxifahrer nicht. Deshalb empfinde ich das als Mangel!"*

Es ist also nicht nur die bauliche Infrastruktur der Airworld, die noch nicht barrierefrei ist, auch der persönliche Umgang mit den Rollstuhlfahrern ist noch lange nicht inklusiv. Unscheinbar wirkende Handlungen wie das Lösen der Rollstuhlbremse ohne dies vorher zu kommunizieren, können in diesem Fall „in Wirklichkeit von etwas wesentlich Größerem handeln" (Ehn, Löfgren 2012: 268f.) und sich „in Provokationen verwandeln, die sie hervorstechen lassen und Diskussionen darüber auslösen, was angemessen oder normal ist." (ebd.: 269).

Die Ratgeberliteratur für mobilitätseingeschränkte Menschen empfiehlt deshalb, dass die Rollstuhlfahrer selbst bestmöglich über ihre Rechte und mögliche Hilfsangebote informiert sein und erklärend eingreifen sollten. Doch nicht immer hat Kay die Kraft (und die Lust) seine Betreuung selbst zum Erfolg zu machen.

> *K (aufgeregt): „Manchmal ist man dann halt auch w i r k l i c h aufgrund der Gesamtsituation s o g e n e r v t, eigentlich weiß man, dass es so kommen wird. Ich weiß auch, dass es keine Bordrollstühle gibt, aber das ist 'ne unglaublich stressige Situation, und manchmal hab' ich dann einfach keinen Bock darauf, dass es in dem Moment dann genauso ist."*

Kay bemüht sich in solchen Situationen darum, sachlich zu bleiben und die Probleme nicht persönlich zu nehmen, doch das erfordert viel Selbstbewusstsein und Beherrschtheit, die er nicht in jeder Situation hat (und die auch jeder nicht mobilitätseingeschränkte Mensch nicht immer haben würde).

Als er im Inneren des Flugzeuges angekommen ist, steigt Kay schließlich in den schmalen Zubringer-Rollstuhl um, in dem der DRK-Mitarbeiter ihn zu seinem Sitzplatz schiebt. Das Umsetzen vom Rollstuhl auf den Flugzeugsitz bewältigt Kay selbstständig und problemlos. Er stemmt sich hinüber auf den Sitz und hebt seine Beine mit der Hand nach. Die Flugbegleiterin kommentiert dies mit den Worten:

> *„Ach, das ging ja super. Sind ja nicht alle so schlank und sportlich."*

Ich setze mich auf die andere Seite des Ganges, obwohl ich eigentlich neben Kay gebucht bin, und hoffe, dass der Platz, auf dem ich fälschlicherweise sitze, nicht vergeben ist. Sonst hätte Kay sich mit den Händen weiter in Richtung Fenster rutschen müssen. Das Besondere an der Rollstuhl-Reihe ist nur, dass die Armlehnen hier hochklappbar sind. Mehr Beinfreiheit oder andere Annehmlichkeiten wie zum Beispiel Griffe an der Decke, um sich über die Sitze zum Fenster zu ziehen, gibt es hier nicht. Eine innovativere Sitzreihe für Rollstuhlfahrer, die das Zum-Fenster-Rutschen einfacher machen würde, ist bis jetzt nicht in die Innengestaltung eingeflossen.

Nun fragt Kay die Flugbegleiterin routinemäßig, ob ein Bordrollstuhl an Bord sei. Als diese bejaht, bittet Kay sie, ihn uns vorzuführen. Nun stöhnt die Flugbegleiterin jedoch dramatisch: *„Bis ich den aufgebaut hab', dauert das eh' zwanzig Minuten und dann sind wir wieder gelandet. Das ist wie bei IKEA, da kriegt man ja auch alles nicht zusammengebaut!"*

Tatsächlich müssten nur drei Module auseinandergefaltet werden – die Flugbegleiterin wurde einfach nicht richtig eingewiesen oder sie ist noch ungeübt im Umgang mit dem Stuhl. Anschließend fragt sie Kay in betont freundlichem Tonfall, ob er denn auf die Toilette werde gehen müssen während des Fluges: *„Dann würden 50 Leute nämlich nichts zu trinken bekommen."*

Sie lächelt weiter ihr professionelles Stewardessenlächeln. Kay bleibt betont ruhig und antwortet höflich, dass er gerade eben auf der Toilette war und in dieser Hinsicht nichts zu befürchten sei.

Das Flugzeug rollt los und die Flugbegleiter beginnen die Sicherheitsvorführung. Kay jedoch schaut gar nicht richtig hin:

> *K: „Wenn hier was passiert, komme ich höchstwahrscheinlich eh nicht raus",*

sagt er mit einem schiefen Grinsen. Dieses Gefühl ist nicht aus heiterem Himmel entstanden, es hat viel damit zu tun, wie Kay sich in der Airworld behandelt fühlt und wieviel Wert seiner Anwesenheit beigemessen wird.

Abbildung 100: Die Bordtoilette – mit den Bordrollstühlen nicht nutzbar

Abbildung 101: Haltebügel, die den Rollstuhlfahrern das Umsetzen auf die Toilette erleichtern (noch nicht standardmäßig mit an Bord).

Im Flugmodus

Während wir über die Startbahn rollen, wechseln Kays Gefühle jedoch abrupt: „*Das ist der schönste Moment!*", ruft er, als wir abheben. Er wirkt sehr zufrieden, lehnt sich zum Fenster hinüber und schaut hinaus. Das Abheben ist einer der Momente, die er am Fliegen besonders liebt und für den sich die Strapazen seiner Meinung nach lohnen.

> *K: „Ich finde immer dieses Abheben, da kann man ja auch runter gucken, besonders an Tagen wie diesen, wo ganz tolle Sicht ist und blauer Himmel und so, das ist einfach schön, wie die Sicht auf die Dinge sich verändert, je höher du steigst, und so etwas ... das fand ich schon immer schön."*

Später fotografiert Kay mehrmals mit seinem Telefon aus dem Fenster. Wenn ihm die Bilder gefallen, zeigt er sie auf seiner Facebook-Seite.

> *K: „Dann [während eines Fluges] ist man irgendwie in so 'nem andern Modus. Auf dem Flug gestern war ich zum Beispiel eher romantisch unterwegs (lacht). Weil ich mich so gedanklich auf die Feierlichkeiten [vorbereitet habe] und so. Obwohl's beruflich war, war's trotzdem was sehr Besonderes."*

Kays emotionale Gestimmtheit in der Luft ist eine andere als am Boden und seine augenblicklichen Emotionen stehen in starkem Gegensatz zu allem, was ihm vorher in der Airworld passiert ist.

Eine Stunde nichts machen zu können, ohne E-Mails und W-Lan, und dass man dadurch „*auf sich selber zurückgeworfen wird und die Dinge mal aus einer anderen Perspektive betrachtet*" empfindet Kay wie der Künstler Stefan als besonders schön am Fliegen. Die Möglichkeit an Bord zu telefonieren oder im Internet zu surfen, ist deshalb für ihn keine reizvolle Weiterentwicklung:

> *K: „Dann hast du auch nicht mehr diesen ‚Rückzugsraum Flug' (lacht), sondern dann geht das halt irgendwie in den Alltag über, wie alles andere auch, dann [ist das] im Prinzip ... noch ein erweiterter Raum, wo sonst auch alles möglich ist."*

Das Reizvolle an dem Raum ‚Flugzeug' ist für Kay also, dass gerade *nicht* alles hier möglich ist, gerade die *Beschränkung* bedeutet für ihn Freiheit. Und obwohl das Internet ansonsten sein wirksamstes Werkzeug im Kampf für eine inklusive Welt ist, will er es hier drin nicht haben oder nutzen.

Die Flugbegleiterin serviert nun Müsliriegel und Getränke. Sie fragt auch Kay, ob er etwas trinken möchte und der lässt sich die Chance auf eine Retourkutsche nicht entgehen:

> *K: „Ich hätte gerne einen Orangensaft – h a l b e G r ö ß e."*

Vielleicht wird der Flugbegleiterin erst jetzt die Tragweite ihres Satzes vorhin bewusst, auf jeden Fall antwortet sie erschrocken:

> *„Oh Gott, nein, Sie können die Toilette natürlich benutzen!"*

Kay antwortet nichts.

Gelandet am Flughafen Köln/Bonn – ‚Virus Coloniensis'

Abbildung 102: Auch von außen Tegel sehr ähnlich: Flughafen Köln/Bonn

Der 1938 eröffnete Flughafen Köln/Bonn liegt 15 Kilometer südöstlich vom Kölner Stadtzentrum und 16 Kilometer vom Bonner Zentrum entfernt. 1994 wurde er nach Konrad Adenauer benannt. Der Flughafen hat zwei Terminals und 2013 wurden mehr als 9 Millionen Passagiere hier abgefertigt. Anders als an vielen anderen deutschen Flughäfen existiert kein Nachtflugverbot, da der Flughafen lange Regierungsflughafen war und Teile der Luftwaffe bis heute hier stationiert sind. Die Nachtflugerlaubnis wurde trotz großer Proteste bis 2030 verlängert.

Kays und meine Reise vom Flughafen Berlin-Tegel zum Flughafen Köln/Bonn verbindet nicht nur die beiden Städte, sondern auch das gleiche Flughafenmodell aus den 1960er Jahren: In Köln wurde der dezentral abfertigende „‚Drive-in'-Flughafen" (Mohnen 1968: 8) mit verkürzten Abfertigungszeiten in Deutschland das erste Mal umgesetzt und unter dem Titel „Virus Coloniensis" diente die Idee als Wegbereiter für spätere Bauten wie Hannover-Langenhagen oder eben Berlin-Tegel. Da die Brücken für die Großraumjets jedoch zu klein waren, die vielen Passagiere in den Warteräumen keinen Platz fanden und die Gepäckausgabebänder nicht groß genug waren, wurde das Konzept bald durch andere Flughafentypen ersetzt.

Nachdem die Türen geöffnet sind, steigen alle Passagiere aus, nur Kay und ich bleiben sitzen, bis ein Zivildienstleistender vom DRK kommt, um uns abzuholen. Der junge Mann hat keinerlei Berührungsängste und erzählt uns, während er Kay aus der Kabine rollt, lebhaft von seiner Arbeit am Flughafen und von den vielen türkischen Rollstuhlfahrern, die sich von hier auf den Weg in den Türkeiurlaub machen. Die Stimmung ist sehr gut, auch aufgrund der angenehmen Art des Zivildienstleistenden. Es ist erstaunlich, wie viel positiver menschlicher Kontakt an einer ansonsten nicht auf Rollstuhlfahrer ausgerichteten Umwelt verbessern kann.

Abbildung 103: Viel Beton und flache Decken abseits der Eingangshalle: Köln Bonn Airport

Denn auch der Köln-Bonner Flughafen ist keineswegs barrierefrei: Auf unserem extra für mobilitätseingeschränkte Menschen vorgesehenen (Um)Weg gibt es einen Fahrstuhl, den wir ohne Flughafenausweis nicht bedienen können, einen extrem hohen Kantstein ohne Rampe (den Kay mit Skateboardergeschick springend bewältigt) und der ganze Weg ist nicht ausgeschildert, weshalb wir nicht alleine gehen können. Triviale Baulichkeiten wie der Kantstein oder leicht zu behebende Informationsdefizite wie die fehlenden Ausschilderungen, also aus „unerwarteten Winkeln“ (Ehn, Löfgren 2012: 269) auftauchende Kleinigkeiten, werden zu einer in ihren Anspielungen unglaublich mächtigen Mikropolitik (ebd.): „In Situationen, die scheinbar nichts mit Schicht, Hierarchie oder Marginalisierung zu tun haben“ kommt es „auf die Details an“, denn auch über sie „werden Abgrenzungen vorgenommen“ (ebd.):

„Mobility and control over mobility, both reflects and reinforces power“ (Massey [1998] nach Vonderau 2003: 10).

Da wir kein Gepäck haben, laufen wir gleich hindurch zur Ankunft. Kay geht noch einmal auf die Toilette, dann trinken wir einen Abschlusskaffee. Kay freut sich bereits auf den nächsten anstehenden Flug mit seiner Frau und seinen kleinen Zwillingen. Pro betreuendem Erwachsenen darf nämlich ein Kleinkind im Flugzeug mitfliegen.

K: „Und ich zähle auch als ein Erwachsener!“

Kay wirkt fast verblüfft, dass er in diesem Fall doch einmal als vollwertiger Bewohner der Airworld anerkannt wird.

Der ‚vergessene' Passagierkörper

In vielen Airworld-Details wirkt Kay wie ein vergessener Nutzer, denn als die Welt des Fliegens erschaffen wurde, herrschten noch andere Vorstellungen darüber, wie mobil Mobilitätseingeschränkte sein sollten und auch das Selbstbewusstsein der Rollstuhlfahrer war früher ein anderes. Diese überkommenen Vorstellungen sind bis heute in Architektur und Abläufe eingeschrieben.

Organisation und Gebautes sind deshalb ganz offensichtlich auf eine bestimmte Durchschnitts-Klientel an Fluggästen ausgerichtet. Hat ein Verbraucher individuelle Bedürfnisse, zum Beispiel, weil er wie Kay im Rollstuhl sitzt, wird er zwar durch ein Kürzel codiert, das diese Bedürfnisse möglichst genau kommunizieren soll, aber er bringt – bis heute – die Airworld aus dem Takt und die fragilen und kettenartig ineinandergreifenden Abläufe durcheinander.

Dadurch, dass wir es in dieser Fallstudie mit einem Körper zu tun haben, der nicht voll funktionsfähig ist, wird deutlich, auf was für ein Verständnis von Körper die Airworld eigentlich ausgerichtet ist: Der einzelne Passagier mag zwar das Gefühl haben, dass er in den Räumen des Fliegens vor allem passiv bewegt wird (von den Rolltreppen, von den Fahrbändern, von den Transferbussen und schließlich von den Flugzeugen), doch elementare Voraussetzung, damit diese ‚Fortbeweger' wirken können, ist ein Körper, der sich selbstständig in das Flugzeug hinein, im Flugzeug hin- und her und aus dem Flugzeug hinausbewegen kann und dessen Sinne wie Hören und Sehen voll ausgebildet sind, denn auf diesen Voraussetzungen beruht das Konzept der Evakuierung der Passagiere.

Ein Körper, der ein an ihn gebundenes eigenes Verkehrsmittel mitbringt, stellt das alles auf den Kopf. So wird Kay selbst auf einem Direktflug zum Viel-Umsteiger: Er steigt aus seinem Rollstuhl um in den DRK-Rollstuhl, dann in den Flugzeugsitz, dann in den Bordrollstuhl und letztendlich wieder in seinen privaten Rollstuhl.

Dass für Kay das Flugreisen jahrelang nicht vereinfacht wurde, ist besonders problematisch, da Mobilität und Motilität „zu den grundsätzlichen Alltagsanforderungen in der Gegenwart" (Rolshoven 2011: 52) gehören und „Ungleichheiten" ebenso fundieren „wie sie Möglichkeitsräume eröffnen" (ebd.). „Soziale Ungleichheit entfaltet sich" deshalb vor allem „an den Demarkationslinien der alltagsmobilen Dispositionen" (Rolshoven 2009: 95). Mobilität ist damit keine Privatsache des Einzelnen (auch wenn Kays Kampf gegen die Fluggesellschaften durchaus mit privaten Ressourcen geführt wird), sondern auch abhängig von den Möglichkeiten, die den Menschen zur Verfügung gestellt werden – also immer eine Frage von Macht.

Kay *ist* demnach nicht mobilitätseingeschränkt, er *wird* mobilitätseingeschränkt.

Die antiquierte Airworld und ihre neuen Nutzer

Spätestens mit der Einführung der Low-cost-Carrier in den 1990er Jahren beruht das ‚System Fliegen' auf standardisierter Massenabfertigung mit hochspezialisierten Arbeitsabläufen und hochökonomisierten technischen Artefakten. Nur so kann die große Anzahl an Passagieren in dieser hohen Frequenz zu diesen Ticketpreisen durch die ganze Welt transportiert werden. Mobilitätseingeschränkte Menschen wurden in diesem System allerdings (fast bis heute) nicht mitgedacht: Geht es um barrierefreie Toiletten oder behindertengerechte Flugzeugzugänge und Zukunftsvision für diese Problemstellungen, wirken die ansonsten fast futuristischen Räume des Fliegens auf einmal ziemlich antiquiert. In S- und U-Bahn ist Barrierefreiheit vielerorts schon fast selbstverständlich, das modernste aller Verkehrsmittel hinkt jedoch hinterher. Die vielbeschworene ‚grenzenlose Freiheit' des Unterwegsseins im Flugzeug endet sehr schnell, wenn man wie Kay im Rollstuhl unterwegs ist, denn Mobilität braucht Voraussetzungen, die kreiert und gepflegt werden müssen.

Auch in Öffentlichen Verkehrsmitteln, Kneipen und Geschäften sowie generell im Städtebau mussten diese Voraussetzungen erst einmal erstritten werden und sie müssen laufend an die aktuellen Bedürfnisse angepasst werden. All das beginnt in den Räumen des Fliegens gerade erst.

Das Ziel des „Übereinkommens über die Rechte von Menschen mit Behinderungen" der Generalversammlung der Vereinten Nationen, das 2008 in Kraft trat (Bundesgesetzblatt 2008), ist klar formuliert: Menschen mit Mobilitätseinschränkung soll die gleichberechtigte Teilhabe an der Gesellschaft gewährt werden – und das gilt auch für das Fliegen.

Kulturanthropologisch interessant ist an dieser Vignette, dass dadurch, dass bei mobilitätseingeschränkten Menschen die Abläufe nicht mehr so funktionieren wie bei den nicht mobilitätseingeschränkten Fluggästen, ein ganzes Konglomerat an bisher so nicht sichtbaren Sicherheits- und Machtstrukturen hervorgetreten ist: Die Toilette, der Kantstein, die Sitzlehne, die Rolltreppe, der Metalldetektor, die Website, die EU-Norm, die Flugbegleiterin, Flugzeugbauer, Airlines, Flughäfen – sie alle haben nach diesem Flug für mich eine neue Bedeutung bekommen.

Sehr wahrscheinlich ist eine deutlich barrierefreiere Airworld in der Zukunft aber schon allein deshalb, da eine neue Zielgruppe verstärkt ins Flugzeug hineinströmt: die Alten.

Dass so viele ältere Menschen fliegen, spiegelt den demografischen Wandel wieder, zeigt aber auch, dass viel mobiler gealtert wird als früher. Die gestiegene Mobilität im Alter hängt außerdem mit der Mobilität der Jungen zusammen: Wenn die erwachsenen Kinder in der ganzen Welt leben, arbeiten und Familien haben, müssen eben auch ihre Eltern mobil werden, wenn sie den persönlichen Kontakt von ihrer Seite aus halten wollen.

Darüber hinaus existiert nun eine größere Gruppe von wohlhabenderen Alten, die sich mehrere Urlaubsreisen im Jahr oder weit entfernte Urlaubsziele leisten können – ‚alt' ist nicht mehr gleichzusetzen mit ‚arm' und manche Rentner oder Pensionäre verbringen ihren Lebensabend gleich ganz in einem anderen Land. Dass sich die Gesellschaft diversifiziert, ist also auch in den Räumen des Fliegens zu erkennen.

Diese neuen Zielgruppen brechen die eingefahrenen Strukturen der Airworld auf und geben einen großen Anreiz dafür, die Architektur neu aufzubauen und einzurichten. Dabei sind die alten Menschen in ihren Ansprüchen den Mobilitätseingeschränkten sehr ähnlich: Auch ältere Damen und Herren, die schlecht zu Fuß sind, brauchen einen Bordrollstuhl oder einen Transportwagen zum Gate. Die Artefakte der Behinderten werden somit zu den Artefakten der Alten und die Mobilitätseingeschränkten profitieren wiederum von der Masse der älteren Reisenden:

> *K: „Ich glaube, diese Bewegung kann für uns mobilitätseingeschränkte Menschen 'ne Chance sein, weil der Markt jetzt da ist. Und ich finde der Markt ist 'ne Hauptantriebsfeder, die auch für Nachhaltigkeit sorgt. Also die ist dringend von diesem sozialen Aspekt, Dinge aus Fürsorglichkeit oder soetwas zu machen [Satz ist unvollendet], sondern einfach, weil der Markt danach fragt. Das ist viel schöner. Finde ich."*

5. ABSCHIEDE UND WIEDERSEHEN

Abschiede

Nachdem Kay noch einmal die Toilette aufgesucht und mit mir den Abschiedskaffee in einem der vielen Flughafencafés getrunken hat, umarmt er mich, hebt grüßend die Hand und bewegt sich mit seinem Rollstuhl in Richtung Ausgang. Ich hingegen laufe mit meinem Aufnahmegerät und dem Feldforschungstagebuch zum Check-in, um ein paar Stunden später meinen Rückflug nach Hamburg anzutreten – allein.

Kay meldete sich erstmal nicht mehr bei mir und auch der Künstler Stefan, mit dem ich einen so inspirierenden Flug nach Zürich verbracht hatte, sagte am dortigen Hauptbahnhof einfach nur „Tschüss", drehte sich um und verschwand in der Straßenbahn. Ich hörte bis zu unserem Rückflug ein paar Tage später (abgesehen von einer E-Mail voller Links zu Spotterforen) nichts mehr von ihm. Dass ich von dem Vielflieger Tim nach unserem gemeinsamen Flug nichts mehr hörte, erstaunte mich nicht weiter – doch auch zu den sechs Urlaubern hatte ich nach den gemeinsamen Flügen keinen Kontakt mehr, obwohl ich vor allem an die Gespräche mit Andrea und Christian noch oft denken musste.

Da das gemeinsame Unterwegssein jedes Mal so intensiv und auf verschiedene Weise auch sehr persönlich gewesen war, voller sinnlicher Eindrücke, voller Erzählungen, Gemeinsamkeiten und Unterschiede, fühlte es sich für mich so an, als müssten die persönlichen Kontakte irgendwie weitergehen. Doch nichts passierte.

Denn während mich aufgrund meiner Forschung jeder gemeinsame Flug noch monatelang bis ins kleinste Detail beschäftigte, war ich für meine Wahrnehmungsflieger lediglich eine Flugzeugbekanntschaft, ein weiterer „Schnappschuss fürs Leben", um noch einmal den Vielflieger Tim zu zitieren. Ich kann mir gut vorstellen, wie sie am Abendbrottisch, auf einer Party oder während eines Telefonates mit einem Freund erzählen: *„Weißt du, wer auf meinem Flug nach X neben mir saß? Eine Flugzeugforscherin!"* und gleichzeitig beinhaltet das außer dieser Anekdote für sie keinerlei weitere Konsequenzen.

Nur Rita schrieb mir regelmäßig kurze E-Mails, in denen sie von ihren anstehenden Urlauben und ihrem Enkelkind erzählte – aber ausgerechnet mit Rita war ich ja am Boden geblieben.

Hat Augé am Ende also doch Recht behalten?

Nicht ganz: Mehr als ein Jahr später lud Kay mich zu einem Konzert seiner Band in Hamburg ein, wo ich seine Freunde und seine Schwiegermutter kennen lernte. Mit Stefan werde ich im September 2015 wieder zusammen in ein Flugzeug steigen, denn unsere Bewerbung für eine ‚Airport Residency' am Frankfurter Flughafen ist tatsächlich angenommen worden. Tim wiederum unterstützt mich (auf meine Anfrage hin) bei dem Vorhaben, aus meiner Dissertation einen Dokumentarfilm zu machen. Die Kolumbianerin Andrea rufe ich vielleicht einfach mal an, denn ich möchte doch wissen, ob sie ihren Deutschtest bestanden hat.

Nur die Urlauber Arjona, Christian und Manuela habe ich aus den Augen verloren, von ihnen habe ich auch keine Kontaktdaten, und ob die Mallorcabewohner Gitta und Ronny sich noch einmal melden werden, bleibt abzuwarten. Bisher haben sie auf meine E-Mails nicht geantwortet.

(Wieder)Sehen?

Rein theoretisch könnten Kay, Stefan, Rita, Tim, Andrea, Arjona, Gitta, Ronny, Manuela, Christian und ich irgendwann zufällig alle gemeinsam in einem Flugzeug unterwegs sein und dort vielleicht sogar in einer Reihe nebeneinandersitzen – doch rein praktisch wird dies niemals passieren, das hat diese Forschung deutlich gemacht: Denn der Vielflieger Tim fliegt, wenn es irgendwie möglich ist, ausschließlich Lufthansa und zwar vor dem Vorhang in der Business Class. Der Rollstuhlfahrer Kay fliegt ebenfalls bevorzugt Lufthansa, aber hinter dem Vorhang in der Economy Class und dort in der Rollstuhlreihe. Der Künstler Stefan bevorzugt Airlines aus dem Star Alliance-Verbund, um möglichst viele Meilen zu sammeln und fliegt aufwändige indirekte Routen, die für Tim und Kay niemals in Frage kämen. Stefan sitzt überall im Flugzeug, nur nicht auf dem Flügel, weil er dort nicht auf die Erde hinabschauen kann. Die Urlauber sind ausschließlich in Low-cost- oder Charterfliegern unterwegs (und wahrscheinlich niemals in einem Lufthansa-Flieger) und die Rentnerin Rita wird vielleicht nie wieder in einem Flugzeug anzutreffen sein.

Selbst die räumlich so beengte Flugzeugkabine ist also extrem segregiert und alle von mir begleiteten Passagiere haben eine auf ihre Bedürfnisse zugeschnittene Nische in ihr und der Airworld gefunden bzw. zugeteilt bekommen.

Von den Passagieren zur Landung

Nachdem das aeromobile Unterwegssein der zehn Wahrnehmungsflieger nun mikrokosmisch und mit dem Fokus auf dem einzelnen Menschen mit seinem Körper, seinen Praktiken, seinem Wissen und seinen Emotionen untersucht worden ist, gilt es nun, von diesen Einzelfällen auf übergeordnete Themen und den größeren Kontext zu schließen. Dies möchte ich im letzten Kapitel tun.

6. VOLKSKUNDLICH-KULTURANTHROPOLOGISCHE LANDUNG

Abbildung 104: Partenze und Arrivi am Flughafen Mailand

Was konnte ich als empirisch arbeitende Kulturanthropologin über das aeromobile Unterwegssein herausfinden? In diesem Kapitel schließe ich den am Anfang der Arbeit begonnenen Bogen zu Augé und seinen Orten der Übermoderne, beschäftige mich mit dem emotionalen Zustand der Passagiere während einer Flugreise, entwickele aus meinem Material heraus erste Bestandteile eines kulturanthropologischen Verständnisses einer Kulturtechnik und zeige, was passiert, wenn ein Sinnbild einer Epoche (wie das Fliegen) zur alltagskulturellen Selbstverständlichkeit wird.

6.1 Die Räume des Fliegens als Orte der Übermoderne

Es mag durchaus sein, dass die Räume des Fliegens Nicht-Orte sind (tatsächlich spielen Einsamkeit und Anonymität, das Kommunizieren von Verhaltensanweisungen über juristische Personen, ein aus dem Raum und aus der Zeit geworfen Sein der Nutzer usw. hier eine entscheidende Rolle) – aber sie sind es nicht ausschließlich in dem Sinne, wie Augé es beschreibt.

Denn seine These des Verlustes von anthropologischen Bezugssystemen in der Übermoderne, seine Zuschreibungen von Bindungslosigkeit, Isolation und dem Nicht-verflochten-Sein der Individuen, die sich an Nicht-Orten aufhalten, ist nicht haltbar, was ich am Beispiel des Unterwegsseins im Flugzeug aufzeigen konnte. Selbst der Vielflieger Tim, der dem Ideal der Augé-Metapher Pierre Dupont noch am nächsten kommt, ist sozial auch während der Flugreise auf verschiedensten Ebenen eingebunden. Weder sind also die Orte des Fliegens Solitäre, noch sind es ihre Bewohner.

Statt Bezugslosigkeit

Vielmehr begegnen die von mir begleiteten Flugzeugpassagiere den laut Augé angeblich aufbrechenden Zeit- und Raumhorizonten und den „auseinanderbrechenden Deutungsgemeinschaften und Sinnteilungseinheiten" (wie Thomas Hengartner es nennt, Hengartner 2002: 36) durch ein Weiterspinnen des ‚Bedeutungsgewebes Kultur' und bewältigen darüber die veränderten Lebenssituationen. Entstanden sind so in den letzten zwanzig Jahren vielfältige Antworten, die die Menschen in Reflektion der Übermoderne leben und diese sind nicht ausschließlich hyperlokal wie bei Pierre Dupont, sie sind vielmehr *bi*-lokal, *tri*-lokal, *multi*-lokal oder sogar auch mal ausschließlich *lokal*. Diese nebeneinander und gleichzeitig (sogar in einem einzigen Leben) existierende Vielfalt an empirisch fassbaren Lebensmodellen, die nicht unbedingt von Ortlosigkeit und Einsamkeit geprägt sein müssen, findet in Augés Konzept der Übermoderne nicht ausreichend Beachtung.

Statt Uniformität

Auch die laut Augé in der Welt des Fliegens vorherrschende Uniformität entpuppte sich während meiner empirischen Arbeit nur als eine scheinbare, sowohl architektonisch als auch menschlich. Die Passagiere, die die Nicht-Orte bevölkern, wirken nur dann anonym, wenn man sie wie Augé als vorbeiströmende Masse betrachtet – wechselt man die Perspektive, nimmt ihre Geschwindigkeit auf und schaut mikrokosmisch auf einzelne Individuen, verspielt sich die zuvor angenommene Ähnlichkeit sehr schnell. Auch die Räume des Fliegens haben ganz bestimmte Ausformungen und Verfasstheiten, sie ändern sich im Laufe der Zeit und mit ihnen Akteure und Qualitäten. Setzt man sich mit den einzelnen Flughäfen und den hinter ihnen stehenden Organisationskonzepten sowie ihrer baulichen und symbolischen Veränderung im Laufe der Jahre auseinander, wirken sie keinesfalls uniform.

Die forschenden Landungen in LBC, PDM, HAM, FRA, TXL, CGN, AMS und ZRH haben außerdem gezeigt, dass jeder Flughafen (schon alleine aus Marketinggründen) eine Inszenierung des Landes ist, in dem er verortet ist. Schiphol erkennt man deshalb nicht nur an der hohen Präsenz der KLM-Flieger, sondern auch an dem Verkauf von holländischen Holzschuhen; den Flughafen Zürich nicht nur an den Swiss-Maschinen, sondern auch an dem allgegenwärtigen Verkauf von Schweizer Schokolade; den Flughafen Wien an seinen Mozartkugel- und Manner Schnitten-Ständen und am Copenhagen Airport wird überall der Bezug zu skandinavischem Design geschaffen. Und trotz aller Vereinheitlichungsbestrebungen heißt (neben der englischen Bezeichnung) in Kopenhagen auch 2015 ‚Arrival' noch ‚Ankomst', in Mailand ‚Arrivi' und in Reykjavik ‚Koma'.

Selbst die Flugzeuge unterscheiden sich in ihrem Innenleben voneinander, je nachdem, zu welcher Fluggesellschaft sie gehören (siehe Kapitel 2.1 zu Absatz ‚Innen') und in welchem Jahrzehnt man in sie hineinschaut. Auch die beiden prägenden Flug-Äras ‚Jetset' und ‚Easyjetset' (und das, was in ihnen an Optiken, Service und Verhaltensweisen existiert hat) sind einander letztendlich so unähnlich wie nur möglich, obwohl sie laut Augé beide in der Übermoderne lokalisiert sind.

Statt Einsamkeit und Ähnlichkeit

Zu guter Letzt ist auch das, was sich an Bord abspielt, inzwischen viel ausdifferenzierter als die schablonenhafte Situation, die Augé beschreibt. Laut Augé ist Pierre Duponts Flug nach Singapur vor allem geprägt durch Einsamkeit und Ähnlichkeit. An Bord der Linien-, Charter- und Billigflieger herrscht 2015 – wie ich zeigen konnte – aber neben Einsamkeit und Ähnlichkeit genauso eine Atmosphäre von Gemeinsamkeit, (Un)Achtsamkeit, Aufmerksamkeit, Beredsamkeit, Schweigsamkeit, Empfindsamkeit, Betriebsamkeit, Schläfrigkeit, Bedeutsamkeit, Duldsamkeit, Behutsamkeit, Furchtsamkeit, (Un)Gehorsamkeit, Langsamkeit, Wachsamkeit, Sparsamkeit und vielem mehr.

An Bord wird wahrgenommen, arrangiert, kooperiert, ignoriert, ausgewichen und in manchen Momenten das eigene Selbst in eine schützende Blase aus Abweisung gehüllt (vgl. Frers 2007). Somit sind die Orte des Fliegens neben ihrer Existenz als Nicht-Orte auch Orte des Kampfes und der Herrschaft; Orte des Widerstands; Orte, an denen Menschen träumen; Orte, an denen sie die gewohnten oder vorgegebenen Ordnungen auf den Kopf stellen und Orte, an denen sie Routinen verteidigen oder in Frage stellen (vgl. Ehn, Löfgren 2012: 269). Eine Forschung, die sich Orten der Übermoderne widmet, sollte auch dies im Blick haben.

Statt also wie Augé auf das zu schauen, was Orten und Epochen zu *fehlen* scheint (Soziales, Geschichte, Verwurzelung, Individualität oder Identität), lohnt es vielmehr, den Blick auf das zu richten, was diese Orte *haben*, was in sie eingelagert ist und was sie ausmachen, denn das sind – genauso wie an anthropologischen Orten – aufregende Wissensbestände, Normen, Materialitäten, Atmosphären, persönliche Einstellungen, gesellschaftliche Diskurse, symbolische Zuschreibungen, Ideen, Träume und Visionen. Die Räume des Fliegens sind also weit mehr, als Augé es ihnen als reine ‚Orte der Übermoderne' zugesteht.

Doch wie fühlt es sich für die Passagiere an, sich zum Teil über viele Stunden hinweg in diesen Räumen des aeromobilen Unterwegsseins aufzuhalten und was für Funktionen kann eine Flugreise erfüllen?

6.2 Vom vielfachen Schweben

Die Flugreise als Übergangsritual der modernen Gesellschaft?

Weil sich die Flugzeugpassagiere während des Fluges in einem physischen und psychischen ‚Schwebezustand' zu befinden scheinen, bezeichnet der britische Kulturanthropologe Julian Pitt-Rivers die Flugreise (angelehnt an den französischen Ethnologen Arnold van Gennep) auch als ‚rite de passage', also als Übergangsritual der modernen Gesellschaft[95] (Pitt-Rivers 1991).

---

95 Allerdings beschreibt auch Pitt-Rivers genau wie Augé die Flugreise der Business Class-Reisenden mit Champagner und einem heißen Tuch für die Passagier-Gesichter und nicht den Alltag in der zahlenmäßig viel stärker genutzten ‚Holzklasse'.

Und tatsächlich scheint die klassische Dreiteilung einer ‚rite de passage' in *Ablösungsphase, Zwischenphase / Schwellenzustand* und am Ende *Integrationsphase (van Gennep 1986: 21)* eine jede Flugreise auszumachen: Nach dem Check-in am Flughafen verlassen viele Passagiere die sie begleitenden Familien oder Freunde, Trennungsrituale wie Umarmungen oder die Übergabe von Abschiedsgeschenken werden ausgeführt, wie am Bahnhof wird auch am Flughafen geweint, es werden Plakate hochgehalten und es wird gewunken.[96]

Dann machen sich die Passagiere auf den Weg durch die Sicherheitskontrolle (diese Ablösephase wiederholt sich noch ein zweites Mal am Gate und ein drittes Mal beim Vorzeigen der Bordkarte beim Betreten der Flugzeugkabine) – solche bewusst inszenierten Zeitverluste gelten ebenfalls als typisch für Rituale (Pitt-Rivers 1991: 121).

An Bord des Flugzeuges wird das Ritual eingeleitet durch die erst individuelle Begrüßung der Passagiere am Eingang und dann durch die kollektive Begrüßung über die Sprechanlage, es werden zur Vermeidung des Ohrendruckes kostenlose Bonbons der Fluggesellschaften verteilt, es gibt weitere rituale Verrichtungen wie die Sicherheitsvorführung, die die Nervosität der Passagiere ansteigen lässt und sie gleichzeitig beruhigt (ebd.), und die Flugbegleiter (die zu den ‚dramatis personae' gehören und deren Uniformen ebenfalls symbolische Funktionen erfüllen, ebd.), kümmern sich um die Neubekehrten des Initiationsritus (ebd.: 123).

Das Hauptritual beginnt mit der gemeinsamen Mahlzeit der Passagiere, danach sind die Flugreisenden für den Rest des Fluges auf sich alleine gestellt, auf einem Langstreckenflug abgelenkt durch das Entertainmentprogramm und informiert durch die Durchsagen der Piloten. Die gegen Ende des Fluges beginnende Integrationsphase beinhaltet zum Beispiel das Ausfüllen eines durch die Flugbegleiter verteilten Visums, das Umstellen der Uhr auf die Zeit im Ankunftsland oder den Kauf einer Fahrkarte für den Flughafenbus, die vor allem bei den Low-cost-Carriern bereits an Bord verkauft wird.

Nach der Landung werden die Passagiere verabschiedet, diesmal erst kollektiv über die Sprechanlage und im nächsten Schritt individuell am Ausgang durch die Flugbegleiter, die ihnen manchmal noch ein kleines Präsent in Form von Bonbons oder Schokolade auf den Weg mitgeben. Diese Praktik erinnert an das Überreichen eines kleinen Geschenkes durch die Angestellten des Kaufhauses Harrods in London an die Kunden nach erfolgreicher Bewältigung der ersten Rolltreppen (Mihm 2005: 188). Auch damals handelte es sich vordergründig zwar um eine „Geste des Dankes und der Verbundenheit gegenüber den Kunden", aber nicht zuletzt sind solche Praktiken nach Andrea Mihm als „handfeste Strategien der Gewöhnung und Heranführung an das technische Gerät zu werten" (ebd.).

Nach dem Durchschreiten des Fingers oder dem Hinabschreiten der Gangway werden die Flugreisenden dann wieder mit der Welt am Boden vereinigt. Manche Flugreisende werden von Freunden, der Familie oder Geschäftspartnern abgeholt und die

96 Die großen Abschiedsdramen sucht man am Bahnhof inzwischen vergebens (Hengartner 1994: 195) – sie haben sich anscheinend vom Bahnhof zum Flughafen verschoben.

Flaggen des Landes, in dem sie gelandet sind, wehen vor dem Flughafengebäude im Wind (Pitt-Rivers 1991: 125).

Dass die Flugreise Elemente eines Übergangsrituals beinhaltet, hätte laut Pitt-Rivers nicht zwingend der Fall sein müssen, denn man hätte das Fliegen analog zum Bahnfahren auch anders organisieren und die ‚rituellen Passagiere' als ‚einfache Passagiere' (ebd.: 127) auf die Reise schicken können. Auch ohne die geschenkten Bonbons, die Bordmahlzeiten, die Flugbegleiteruniformen, die ikonischen Flughafengebäude, das Duty Free-Shopping oder die Sicherheitsvorführungen würden sie an ihr Ziel kommen (ebd.).

Betrachtet man die aktuellen Entwicklungen der Passagierluftfahrt, entwickelt sich die Flugreise aber genau in diese Richtung und vieles Rituelle, Symbolische und Nationalstaatliche verschwindet zusehends. Die von einer Flugreise ausgehende Gefahr, die zu Beginn der Passagierluftfahrt anscheinend noch rituell gedämpft werden musste (wir erinnern uns daran, dass der Luftraum als göttlich galt und die ersten fliegenden Menschen Angst hatten, in ihn einzudringen), scheint heute größtenteils überwunden zu sein.

Dies mag auch daran liegen, dass eine Flugreise heutzutage nicht mehr durch das Passagenhafte gekennzeichnet ist, das sie früher einmal gehabt haben mag. Es gibt kaum noch ein klares Vorher, Währenddessen und Nachher ohne Zurück (das war schon zu Augés Zeiten nicht mehr zutreffend), die Passagiere wechseln nur noch selten zwischen ‚vertraut' und ‚fremd', selbst wenn sie Ländergrenzen überqueren; und das aeromobile Unterwegssein verbindet nicht mehr Lebensstadien und soziale Zustände, sondern bloß Alltagsstadien. Das naheliegende Bild des Überganges funktioniert nicht mehr, seit wir durchgehend mobil sind und das Unterwegssein für Viele zu etwas genauso Permanentem geworden ist wie das Vorortsein. Inzwischen muss das Ankommen in B nach dem Abflug in A noch nicht einmal mehr wichtiger Bestandteil des Fliegens sein, genauso gut kann es wie bei dem Künstler Stefan oder den vielzitierten ‚digitalen Nomaden' auch um das reine Unterwegssein ohne Anzukommen gehen – oder das Reiseziel hat sich komplett vergleichgültigt wie bei der Rentnerin Rita.

Das Konzept der ‚rite de passage' geht jedoch von einer starren Ordnung aus, nach einem Stadium folgt hier das nächste, getragen von einer übergeordneten Struktur. In den Räumen des Fliegens mischen sich heutzutage aber – oder laufen zumindest parallel – viele verschiedene Ordnungen (hierzu zählen Zeitmanagement, Sicherheitsbestimmungen, Normenordnungen, physikalische und ökonomische Ordnungen, die Gesetzesordnung und so weiter) und es existieren gleichzeitig viele unterschiedliche Räume an Bord – geografischer, symbolischer, imaginärer, virtueller, transnationaler, nationaler, globaler und lokaler Natur (so beschreibt Vonderau es auch generell für den gesellschaftlichen Raum, Vonderau 2003: 13).

Ganz abgesehen davon machen die Passagiere die Erfahrung des Überganges nicht als rituelle Gruppe – wie beispielsweise bei der Konfirmation oder sonstigen Coming-of-Age-Riten – sondern meist jeder für sich allein oder in Kleinstgruppen.

Das Flugzeug als liminaler Raum und Heterotopie?

Eine Weiterentwicklung der ‚rite de passage' stellt das in Kapitel 4.1 Absatz ‚Der Ethnologe und der Vielflieger' bereits vorgestellte Konzept der Liminalität von Victor Turner dar. Zur Erinnerung: Laut Turner sind liminale Räume in der Gesellschaft verankert und gleichzeitig „eine Art Gegenentwurf" also „Experimentier- oder Spielfeld für neue kulturelle und soziale Formen" (Bormann 2001: 300). In liminalen Phasen ist das Klassifikationssystem der (alltäglichen) Sozialstruktur aufgehoben und die Individuen besitzen weder Eigenschaften ihres vorherigen Zustandes noch welche des zukünftigen, sind also „betwixt and between" (Turner 1964: 46). Turners Konzept geht deshalb davon aus, dass sich in Schwellenräumen zwischen „Struktur und Antistruktur" (Turner 2000) das Eigentliche einer Gesellschaft offenbaren kann.

In diese Richtung zielt auch das ebenfalls in Kapitel 4.1 Absatz ‚Der Ethnologe und der Vielflieger' erwähnte Konzept der Heterotopie von Michel Foucault. Heterotopien „benutzen Gegenräume, indem sie Illusionen schaffen, die der Wirklichkeit etwas entgegensetzen, sie entwerten, und eventuell radikal in Frage stellen" (Ruoff 1991: 174). Die alltäglichen Funktionen des menschlichen Lebensraumes können hier laut Foucault außer Kraft gesetzt werden (Foucault 1990: 43ff.) und die Zeit kann gebrochen sein (zum Beispiel im Theater, auf dem Friedhof, in der Bibliothek - oder auch in einem Flugzeug, das sich durch verschiedene Zeitzonen hindurchbewegt). Eine Heterotopie ist außerdem an ein System von Öffnungen und Schließungen gebunden (die Heterotopie muss aber nicht freiwillig betreten werden), der Zugang zu ihr ist also beschränkt (ebd.).

So gelesen wäre auch das Flugzeug eine Heterotopie: Der Passagier kann es nur mit seinem Ticket und seinem Ausweis betreten, er kommt nur hinein, wenn Pass und Ticket übereinstimmen (und - wenn er international fliegt - er keine Straftat begangen hat, aufgrund derer er das Land nicht verlassen darf). Teilweise wird er auch gezwungen, das Flugzeug zu betreten (zum Beispiel bei einem Abschiebeflug). Außerdem verweist der Ort ‚Flugzeug' auf andere Welten außerhalb, sei es über die Karte der Flugstrecke auf dem Monitor oder die Bilderstrecken mit lachenden Menschen an sonnigen Flugdestinationen im Bordmagazin.

Doch sowohl das Konzept der liminalen Räume als auch das der Heterotopien scheinen in Bezug auf das Fliegen nicht ganz stimmig zu sein:[97] Es war zwar tatsächlich einmal eine Utopie, sich durch die Luft fortzubewegen, aber so wie dies in Form der kommerziellen Passagierluftfahrt realisiert worden ist, hat es fast alles Utopische verloren.

Das Flugzeug ist auch kein Ort außerhalb aller Orte (mehr?), keine Gegenplatzierung und kein Gegenentwurf zur Gesellschaft. Im Flugzeug herrschen nicht nur die gleichen Gesetze wie außerhalb (sogar in verschärfter Form), sondern auch die ökonomischen und sozialen Regeln und rechtliche Beziehungen (es gilt sogar der vom Leben auf dem Erdboden wohlbekannte Verhaltens-Knigge, siehe Schnitzler 2014!). Eine Loslösung von der herrschenden Sozialordnung ist in der Flugzeugkabine ebenfalls nicht

---

97 Laut Thomas Hengartner hat sich das Konzept der Heterotopie mittlerweile sowieso „als zu wenig trennscharf herausgestellt" (Hengartner 2012: 134).

zu erwarten. Wenn man irgendwo also *nicht* außerhalb ist, dann ganz eindeutig im Flugzeug. Dieser Raum ist vielmehr von Macht- und Ordnungsstrukturen geprägt, die von außen in ihn hineinwirken. Der Zustand der Passagiere ist deshalb auch keineswegs undefiniert, sondern ganz klar festgelegt – Platz für Experimente und eine Verkehrung der Ordnung bleibt nur in den Köpfen der Passagiere.

Die Räume des Fliegens als Übergangs- und Zwischenräume

Die moderne Flugreise hat sich zur alltäglichen Erfahrung entwickelt (auch wenn sie in manchen Lebensläufen nur selten auftritt)[98] und als solche muss sie deshalb meiner Meinung nach abseits von ideologischen Konzepten untersucht werden. Um Fragen nach dem Zustand, in den die Passagiere während der Flugreise übergehen, zu klären und um fragen zu können, was die Angleichung aneinander, die Nivellierung und die Konditionierung mit den Passagieren macht, schlägt Johanna Rolshoven in Abgrenzung zur Ritualtheorie das zu Beginn dieser Arbeit erwähnte Konzept der Übergangs- und Zwischenräume vor (Rolshoven 2000). Diese Art von Räumen beschreibt Rolshoven eben als *dazwischen* und nicht als *außerhalb* und es sind für sie *Übergänge* und nicht *Gegenorte*. Ähnlich der ‚rite de passage' oder heterotopischen Räumen haben Übergänge und Zwischenräume aber ebenfalls „eine Reihe von bedeutenden Funktionen psycho-sozialer Natur, indem sie Vorbereitungs-, Besinnungs- und Umstellungszeit gewähren" (ebd.: 111). Sie beherbergen „Nischen des Unbemerkten" (ebd.: 112) und lassen sich zu Freiräumen umnutzen.

Da die Passagiere in den Zwischen- und Übergangsräumen des Fliegens nicht nur doppelt schweben (in der Luft und zwischen den Orten), sondern gleich vielfach (nämlich zwischen Himmel und Erde, zwischen Verlassen und Ankommen, zwischen den Zielen, zwischen den Ländern, zwischen den Sprachen, zwischen den Kulturen, zwischen den Anforderungen, zwischen den Rollen, zwischen den Menschen, zwischen den Aufgaben, zwischen den Alltagen und vieles mehr) helfen die Zwischen- und Übergangsräume des Fliegens als wichtige Konstanten, das aeromobile Unterwegssein bewältigbar zu machen.

Jedoch führt auch Rolshoven mit dem Dazwischen lediglich einen dritten Ort neben dem Hier und Dort ein und erweitert die Dichotomie um ein Drittes, anstatt es zum Teil eines Ganzen zu machen. Verstehen wir die Flug(Reise) aber – wie ja auch von Rolshoven intendiert – als *Verbindung von Alltagsstadien* und haben wir Interesse daran, wie der sinnlich wahrnehmende und handelnde Mensch Praxen der Raum- und Sozialbezüge auch in dieser Zeit fortführt, erscheint es sinnvoller, den Moment dieser Verbindung als ‚*Kulturtechnik Fliegen*' zu beschreiben – wenn diese vieldimensional verstanden wird, wie ich es im Folgenden ausführen möchte.

98 Was aber nicht besagt, dass es nicht trotzdem jedes Mal eine besondere Erfahrung sein kann, sich in der Luft aufzuhalten, dort, wo man sich ohne technische Hilfe sonst nicht bewegen könnte.

6.3 *Kulturtechnik* Fliegen? Ein vager Begriff und sein kulturanthropologisches Potential

Auch scheinbar Selbstverständliches wie das Unterwegssein im Passagierflugzeug ist, wie jede andere Handlung auch, in einem bestimmten Kontext entstanden, darin gesellschaftlich eingebettet und von diesem Kontext geprägt, mit kulturellen Bedeutungen aufgeladen und muss erlernt bzw. sich angeeignet werden. Aus diesen Gründen plädiere ich dafür, auch das Fliegen zu den sogenannten *Kulturtechniken* zu zählen, von denen – egal ob in Kunstgeschichte, Soziologie oder den Kulturwissenschaften – so oft die Rede ist (vgl. u.a. Lévi-Strauss 1976, Krämer / Bredekamp 2003, Holtorf 2007, Kreissl 2013, Weith 2014). Doch was ist unter Kulturtechniken zu verstehen, wenn der meist nicht genau definierte Begriff in der kulturanthropologischen Arbeit tatsächlich nutzbar sein soll?

Um zu klären, was ‚Kulturtechniken' ausmacht und was der Begriff in der Kulturanthropologie zu leisten vermag, stelle ich drei aus meiner Empirie zum Fliegen abgeleitete Dimensionen vor, die Kulturtechniken besonders zu prägen scheinen: die praktische, die sinnlich-symbolische und die dispositive Dimension.

Dies mögen nicht die einzigen Dimensionen sein, die in Bezug auf die Definition des Begriffs von Bedeutung sind, aber auf dem langen Weg der kulturanthropologischen Annäherung an dieses vielgenutzte Schlagwort stellen sie zumindest drei wichtige Wegpunkte dar.

Praktische Dimension

Anders als die Mitglieder des Berliner ‚Hermann von Helmholtz-Zentrums für Kulturtechnik', die sich in Bezug auf Kulturtechniken mehr mit „Bild, Schrift, Zahl" (Krämer 2003) befassen anstatt mit dem *Wahrnehmen*, dem *Schreiben* oder dem *Rechnen*, sollte in einem kulturanthropologischen Verständnis von Kulturtechniken vor allem der handelnde Mensch im Vordergrund stehen und damit gleichzeitig die Vernetzung von Handlungen mit Kultur in den Netzwerken von Praxis, Wissen und Technik.

Der Blick auf ‚das Fliegen' vermag zu zeigen, was die praktische Dimension als Teil einer Kulturtechnik ausmachen kann: Zuerst einmal gehört zum Fliegen das hier ganz praktisch verstandene *aeromobile Unterwegssein* – ein ganzes Bündel aus Handlungen, Strategien und Kompetenzen der Fliegenden. Hierzu zähle ich zum Beispiel das Einchecken, das Gelangen zum Gate, das Besteigen des Flugzeuges, das Hinsetzen, das Warten und das Aussteigen. Die empirische Arbeit hat gezeigt, dass dies genauso routinisiert ausgeführt wie neu interpretiert sein kann, misslungen, gelungen, eigensinnig oder konflikthaft sowie gespickt mit Konventionen, Handlungs- oder Denkinnovationen.[99]

---

99 Der Soziologe und Kulturwissenschaftler Andreas Reckwitz bezeichnet in seiner Praxistheorie das, was ich als ‚praktische Dimension' und zum Teil auch ‚diskursive Dimension" von Kulturtechniken verstehe, als „soziale Praktik" (Reckwitz 2003). Miteinander verflochtene Praktiken ergeben bei ihm die soziale Welt (ebd.: 289).

Es fällt auf, dass beim Ausüben des aeromobilen Unterwegsseins immer auch der Passagierkörper auf bestimmte, mehr oder weniger gekonnte Weise bewegt wird: beim Schließen des Sicherheitsgurtes, beim Durchblättern des Bordheftes, beim unauffälligen Beäugen des unbekannten Sitznachbarn, bei den verschiedenen Varianten des Sitzens (sich zusammenkauern, schlafend zur Seite fallen, die Beine übereinander schlagen oder auf den Sitz ziehen...), beim Nahrung-Aufnehmen, beim Toilette-Benutzen, beim Den-anderen-Körpern-Ausweichen, beim Mit-den-übrigen-Passagieren-vor-dem-Aussteigen-im-Gang-Stehen und beim Sich-kunstvoll-aneinander-Vorbeidrängen. Unsichtbare Körperaktivitäten wie Fühlen oder Denken (wie das Lauschen auf die Flugzeuggeräusche, das Heimweh-Haben oder das Frieren in der klimatisierten Kabine) schließe ich hier explizit mit ein.

Hat sich der Flugzeugpassagier die körperlichen Fähigkeiten rund um das Fliegen einmal angeeignet und zu seinen Routinen gemacht, werden sie zu Reflexen, die dann kaum noch bewusst wahrgenommen werden und schwer zu studieren sind (vgl. Löfgren 2009: 48).

Neben dem *Körper* ist außerdem der *Geist* der Fliegenden aeromobil unterwegs: Teil der praktischen Dimension des Fliegens (nicht zeitlich vorausgehend, sondern als tatsächlicher Bestandteil) ist nämlich auch *Wissen* – in Form von *Wissen aus Erfahrungen* (angeeignet zum Beispiel durch bereits vollbrachte Flüge), *theoretischem Wissen* (gesammelt unter anderem durch das Anschauen von Fernsehsendungen zum Thema Fliegen, durch das Lesen von Zeitungsartikeln oder durch Gespräche), ein *Können* im Sinne von ‚zu wissen, wie' (also dem Wissen darüber, wie das Fliegen in seinen Einzelschritten zu absolvieren ist) und ein *praktisches Verstehen* (zum Beispiel der technischen Abläufe, die hinter dem Fliegen stehen) (vgl. Reckwitz 2003: 292). Wissen ist damit eine wichtige Voraussetzung dafür, dass bestimmte Handlungen ausgeführt werden können.

Zu guter Letzt sind mit dem praktischen aeromobilen Unterwegssein auch noch *Artefakte* verbunden – dazu gehören natürlich die Flugzeuge, aber auch Sitz und Sicherheitsgurt, Toilette und Check-in-Schalter, Gepäckfach und Bordkarte usw. Diese technischen Flug-Artefakte sind weder nur als Hilfsmittel noch als handlungsdeterminierend zu verstehen, sondern sind genauso wie das Flug-Wissen *Teilelemente* der ‚Kulturtechnik Fliegen'. Neu aufgekommene Artefakte wie Flugzeuge sind vor allem deshalb so interessant, weil es in Bezug auf sie noch keine bestehenden und bewährten Praktiken gab und diese erst neu entwickelt werden müssen.

Es geht bei der praktischen Dimension einer Kulturtechnik also vor allem um ein körperliches Erlernen und Üben, um Routinen und Gewohnt-Sein sowie um praktisches Wissen, aus dem ein Können werden kann. Da das ‚Etwas-Ausführen-Können'

Reckwitz' Praxistheorie wendet sich ab von einer „theoretischen Rationalisierung und Intellektualisierung des Sozialen und des Handelns" (ebd.: 297) und versteht das Soziale als materialisiert, informatisiert und routinisiert. Die von mir im nächsten Kapitel vorgestellte sinnlich-symbolische Dimension fehlt diesem Ansatz jedoch (neben den von Reckwitz selbst bereits thematisierten Kritikpunkten und / oder Ungeklärtheiten in Bezug auf Repetitivität und Innovation sozialer Praktiken, der Stellung der Artefakte und der Frage nach dem Verhältnis zwischen Diskursen und Praktiken, ebd.).

ebenfalls ein ‚Sich-Führen-Können' beinhaltet (Menke 2003: 286), ist eine Kulturtechnik immer auch als Form der Machtausübung und Selbstführung zu sehen.

Sinnlich-symbolische Dimension

Fliegen muss jedoch mehr sein als das reine ‚Fliegen-Ausführen-Können', denn Emotionen und Symbolisches sind ganz wesentlicher Teil einer Flugreise. Die Passagiere können gar nicht anders, als Fliegen als „ergreifend, tragisch, schön, lustig, beständig, wirr, bequem, lästig, langweilig, (…) tröstlich, prächtig, angsteinflößend" (Cassirer 2007: 125)[100] oder als vieles andere wahrzunehmen und zu empfinden.

Das liegt auch daran, dass der Mensch nur über universell gültige Symbole die Welt zu verstehen vermag (vergl. hierzu: der Mensch als ‚Animal Symbolicum' nach Ernst Cassirer 1923/2002). Denn anders als das Tier, das instinktiv auf Reize reagiert, muss der Mensch Situationen erst verstehen, bevor er angemessen handeln kann. Sein Bewusstsein nimmt die Sinneseindrücke deshalb nicht einzeln auf, sondern es verknüpft sie immer mit dem Kontext entsprechender Bedeutung. Die Form der Wahrnehmung spielt sich in unterschiedlichen „Materialien oder Medien" (Recki 2009: 61) ab, zum Beispiel „in artikuliertem Laut, in Bildern, materiellen Dingen, Ritualen, Zeremonien und Techniken" (ebd.).

Mit diesem Ansatz eines individuell erzeugten Verständnisses von Wirklichkeit bei dem der menschliche Körper zum Werkzeug der menschlichen Weltaneignung wird, betrat der Philosoph Ernst Cassirer bereits im Jahr 1923 in der Philosophie neues Terrain. Cassirer verstand die Wirklichkeit als von Individuen über Symbolisierung selbst hervorgebracht – *Kultur* und ihr *Sinn* sind also ihre *Funktion* (die darin liegt, dass der Mensch über Kultur die Welt zu einer verstehbaren Wirklichkeit umformen kann).

Die Idee von Cassirers symbolischen Formen ist für die Kulturwissenschaften vor allem deshalb so interessant, da mit ihrer Hilfe der Entstehung von kultureller Bedeutung nachgespürt werden kann.

Auch die Welt des Fliegens wird immer nur in der Vermittlung durch die Systeme der Zeichen- und Bedeutungsbildung – also der symbolischen Formen – erlebt und verstanden, weshalb sie ebenfalls sinnlich-symbolisch konnotiert sein muss. Beim Fliegen ist das Symbolhafte sogar besonders bedeutungsvoll: Das Artefakt Flugzeug steht nicht nur für Aufbruch, Fortschritt oder eine ganze Nation, die Fortbewegung durch die Luft wurde früher auch als gottgleich angesehen und die Abläufe des Fliegens, Verhaltensanweisungen oder Verbote sind über Symbole dargestellt, damit sie überindividuell verstanden werden. Die Beziehung zwischen Zeichen und Bezeichnetem kann dabei symbolisch sein (wie der Lufthansa-Kranich, der auf die Airline verweist), sprachlich-referentiell wie bei ‚Flug-zeug' oder ‚Schwimm-Weste' oder frei wie bei den Streifen auf den Uniformärmeln, die die berufliche Position des Trägers anzeigen (vgl. Paetzold 1993: 49).

---

100 Hier zitiert Cassirer den US-amerikanischen Philosophen und Pädagogen John Dewey, allerdings bezieht er sich nicht (nur) auf das Fliegen, sondern auf die gesamte Wahrnehmung der Welt.

Stand beim aeromobilen Unterwegssein als praktischer Dimension der ‚Kulturtechnik Fliegen' noch der *handelnde Mensch* im Mittelpunkt, betont diese Perspektive den *sinnlich wahrnehmenden, sinnstiftenden und emotionalen Menschen.*

Wenn aber die Wahrnehmung der Welt durch die Emotionen der Menschen gefärbt ist und der einzelne Mensch folglich „nicht objektive, sondern physiognomische Merkmale" (Cassirer 2007: 124) von ihr wahrnimmt (auch beim Fliegen), dann ergibt sich daraus, dass Kultur als ein „Projekt der menschlichen Selbstbestimmung", gar eine „Form der Freiheit" (Recki 2002) sein muss. Außerdem kann es sich dann nicht nur um *eine* ‚Kulturtechnik des Fliegens' handeln, sondern es müssen vielmehr so viele ‚Kulturtechnik*en* des Fliegens' existieren, wie Passagiere unterwegs sind.

Dispositive Dimension

Die dritte, dispositive Dimension, die ich Kulturtechniken zuschreibe, hat viel zu tun mit der Frage, wie vorgegeben unsere Welt durch das über das Individuum hinausgehende ‚Drumherum' ist und wie konstruktiv das einzelne Individuum trotzdem noch auf das Vorhandene einwirken kann.

In Bezug auf das Fliegen betrifft das ‚Drumherum' das Geflecht aus Institutionen, Diskursen und Gesetzen, die das Fliegen genauso prägen wie das individuelle Erleben es tut. Diese überindividuelle Dimension kam in dieser Arbeit (abgesehen vom Akteur-Netzwerk-Kapitel 2) aufgrund meiner Spezialisierung auf individuelle Fallstudien deutlich weniger vor, sie ist aber ebenso wichtig, da sie sowohl auf die praktische als auch die sinnlich-sinnstiftende Dimension der Kulturtechniken des Fliegens großen Einfluss hat.

Zu dem ‚Drumherum' der Airworld gehören ‚Flug-Institutionen' wie Luftfahrtbundesamt, Airlines, Flughafenbetreiber oder die Gewerkschaften der Angestellten, dazu zählen die ‚Flugarchitekturen' wie Flughäfen oder Flugzeuge, das Fliegen prägende Entscheidungen wie die über das Gewicht des zulässigen Handgepäckes oder die Evakuierungsvorgaben, Gesetze wie die Luftverkehrsordnung, das Schengener Abkommen, die Ausweispflicht bei Aus- und Einreise, administrative Maßnahmen wie das Ticketing, wissenschaftliche Aussagen (beispielsweise über die Strahlenbelastung an Bord), philosophische, moralische oder philanthropische Lehrsätze (über die von oben betrachtete Welt, das ‚richtige' Verhalten an Bord oder Tipps zum entspannten Verleben einer Flugreise). „Kurz: Gesagtes ebensowohl wie Ungesagtes" (Foucault 1978: 119/120) – nach Foucault alles Elemente eines Dispositivs.[101]

Die Elemente des Dispositivs können ihre Position wechseln und ihre Funktion verändern, je nachdem, welcher Diskurs gerade dazu genutzt wird, diese oder jene Praktik zu rechtfertigen oder zu reinterpretieren. Der Sicherheitsdiskurs kann also zum Beispiel dazu dienen, Sicherheitsvorschriften zu ändern (wie nach den mit Flug-

101 Das Dispositiv selbst ist wiederum „das Netz, das zwischen diesen Elementen geknüpft werden kann" (Foucault 1978: 120), also die Verbindung zwischen den Elementen; es stützt Typen von Wissen und wird „von diesen gestützt" (ebd.: 123).

zeugen ausgeübten Terroranschlägen vom 11. September 2001 in den USA) und hat dann Einfluss auf Gesetze, Institutionen oder Abläufe – er kann aber auch zugunsten anderer Diskurse an Macht verlieren. Vielleicht ist dies der Grund dafür, warum die Sicherheitsvorführung immer noch an Bord praktiziert wird und nicht, wie bei der Bahn, nur über Bild-Text-Hinweise kommuniziert wird: Sie ist Teil des Sicherheitsdiskurses, der von verschiedenen Seiten gestärkt und unterstützt wird und der momentan so stark ist, dass keine Bestandteile von ihm aufgegeben werden müssen.

Die oben genannten Beispiele zeigen, dass Dispositive oft vorschreiben und festlegen – ein grundlegender Aspekt der dispositiven Dimension muss also das Thema Macht sein (Foucault ebd.: 123). Beim Fliegen geht es in Bezug darauf vor allem um Akte von Unterwerfung beziehungsweise Überwachung und Kontrolle durch Anleitende und Angeleitete: Am Boden leitet das Sicherheitspersonal die Passagiere an, in der Luft sind es die Flugbegleiter. Es finden sich in den Räumen des Fliegens aber auch Techniken der „Selbstprüfung" (ebd.) durch die Passagiere (die angeleitet über die Hinweisvideos an der Sicherheitskontrolle unter anderem selbst nachschauen, dass sich kein Bargeld mehr in ihren Hosentaschen befindet). Es gibt sichtbare Kontrollen (durch das Sicherheitspersonal, das in Uniform Patrouille läuft) genauso wie die unsichtbare Überwachung über Kameras und Datenspeicherung. Menschen überwachen genauso wie Maschinen (zum Beispiel durch Röntgenbögen, Körperscanner, Gepäckdurchleuchter, IT-Systeme und Sprengstoffdetektoren oder Kameras).

Es kommt in den Räumen des Fliegens außerdem zu „Ausgrenzungen" (ebd.), zum Beispiel, wenn Passagiere zur Befragung bei der Einreise in einen anderen Raum geführt werden. Es gibt eine „Klassifizierung" (ebd.) der Passagiere in Economy Class, Business Class, First Class und viele unsichtbare Untertarife mit einem bestimmten „System von Privilegierungen" (ebd.) (dazu gehören zum Beispiel die Nutzungserlaubnis für die ‚Fast Lane', mehr Beinfreiheit, ein bevorzugtes Betreten des Flugzeuges oder ein im Flugpreis inbegriffener Snack) und es gibt einen militärisch anmutenden Drill (zum Beispiel beim Aufstellen in vorgegebenen Schlangenformen oder beim Betreten des Flugzeuges nach Nummern).

Ziel dieser Strategien der Macht sind disziplinierte, dressierte Körper, die sich systemkonform verhalten (Foucault 1994) – Körper, die „geformt, umgeformt, verbessert" (Foucault 2002: 762) werden und aus denen ein Maximum an Zeit herausgeholt werden soll („Die Lebenszeit des Menschen sollte Arbeitszeit werden", ebd.). Genau diese Körpertechnologien werden auch beim Fliegen angewendet.

Bedeutet dies, dass das fliegende Subjekt – oder auch, nun wieder genereller gedacht – das Subjekt in unserer Gesellschaft auf vielerlei Arten von außenstehenden Mächten unterdrückt wird und Macht vor allem einschränkend und repressiv gedacht werden muss?

Im Laufe seines Schaffens kommt Foucault zu dem Ergebnis, dass dies nicht der Fall sein kann (vergl. hierzu „Warum wird die Macht so regelmäßig in rein negativen Begriffen des gesetzlichen Verbotes gelesen?", Foucault 2008: 106):

> *„Es stimmt nicht, dass es in einer Gesellschaft Leute gibt, die die Macht haben, und unterhalb davon Leute, die überhaupt keine Macht haben. Die Macht ist in der Form von komplexen und beweglichen strategischen Relationen zu analysieren, in denen niemand dieselbe Position einnimmt und nicht immer dieselbe behält." (Foucault 2005: 805/806).*

Macht muss vielmehr über die alltäglichen Praktiken der Subjekte immer neu hervorgebracht und bestimmt werden, sie muss das Produkt eines Wechselverhältnisses zwischen Herrschafts- und Selbsttechniken sein und damit muss sie auch produktiv effizient, strategisch reich und positiv wirken.

Macht ist also nicht Institution, Überbau oder Mächtigkeit einiger Mächtiger, die die einzelnen Individuen unterdrückt, sondern Situation einer Gesellschaft, in der über Praktiken eine Selbstkonstitution der Individuen zu Subjekten stattfindet. Das Subjekt ist also immer ein handelndes (auch wenn der Raum durch Machtstrukturen vorgeprägt ist und die Regierungsmechanismen auf das Individuum einwirken), das an den Prozessen seiner Selbstkonstitution beteiligt ist. Das ‚Dispositiv Fliegen' konstruiert folglich nur zusammen mit dem fliegenden Subjekt den modernen Passagier.

Kulturtechniken – der „Humus einer Kultur" (Krämer / Bredekamp 2003: 16)

Mit Blick auf die in diesem Kapitel aufgeführten Dimensionen des Fliegens kann eine Kulturtechnik nicht nur Praktik, symbolische Form, Körpertechnologie und / oder Dispositiv sein (sie ist allerdings auch nicht immer und nicht unbedingt davon abzugrenzen), sie ist durch mehr bestimmt als allein durch gesellschaftliche Konventionen – wie es Claude Lévi-Strauss postuliert – sie hat mit mehr zu tun als mit der Technologie des Fliegens und dem technischen Artefakt Flugzeug – wie es Friedrich Kittler beschreibt – und das „Fliegen-Machen" sollte mehr im Zentrum stehen, als der Fokus der Mitglieder des Hermann von Helmholtz-Zentrum für Kulturtechnik es bisher im Blick hat.

Ein handhabbares Konzept von *Kulturtechniken* muss, wie oben hergeleitet, vielmehr die praktischen, dispositiven, sinnlich-symbolischen, sinnstiftenden Dimensionen, die Handlungsbezogenheit und ihre emotionalen Aufgeladenheiten beinhalten, das Verhandeln von Kulturtechniken sollte genauso ernst genommen werden wie das Machen, und Erfahrungen und (Körper)Praxen müssen als genauso relevant betrachtet werden wie das Wissen.[102]

Da jedes Individuum die Welt auf seine Weise wahrnimmt, müssen auch einzelne Kulturtechniken außerdem immer im Plural gedacht werden – und es kann niemals nur um die einzelnen Ebenen einer Kulturtechnik gehen, da auch und vor allem das Verhältnis *zwischen* ihnen, also zwischen Technik[103], menschlichen Sinnen, Emoti-

---

102 Weil das Fliegen abseits von Raumüberbrückung und dem kulturhistorisch Traumhaften allerdings mit Zuschreibungen gepflastert ist, die mehr bewusst als erlebt sind, stehen Wissensbestände hier weniger im Vordergrund.

103 Technik wird von mir im Sinne der kulturwissenschaftlichen Technikforschung erweitert verstanden „als ‚Gesamtheit der Beziehungen zwischen Menschen, Werkzeugen und Um-

onen und Körperlichkeit von Bedeutung ist, auch dort, wo ‚Technik' nicht im Vordergrund steht – wie man von einem Begriff erwarten könnte, der das Wort ‚Technik' im Titel trägt (vgl. Föcking [2006] nach Hengartner 2012: 120).

Nur wenn diese Voraussetzungen erfüllt sind, haben wir es mit einem Konzept von Kulturtechniken zu tun, das auch für die Kulturanthropologie von Nutzen sein kann.

Den Begriff der Kulturtechnik für unser Fach (das immerhin die Menschen in ihrem Verhältnis zur Kultur untersucht) aufzugeben und sich nicht weiter an ihm abzuarbeiten, erscheint mir hingegen eine wenig verlockende Option, da Kulturtechniken den „Humus einer Kultur" (Krämer, Bredekamp 2003: 16) darstellen – und „die Physiognomie einer Kultur zu untersuchen, heißt ihre kulturtechnisch gestützten Praxen zu beschreiben." (ebd.).

6.4 Vom Leitbild der Moderne zur alltäglichen Selbstverständlichkeit

So wie die Verkehrsmittel Eisenbahn und Automobil für verschiedene Phasen der Industrialisierung stehen, ist das Flugzeug metaphorisches Sinnbild und Inbegriff der Moderne. Wie aus diesem Leitbild eine Kulturtechnik wurde und wie diese in Reflektion der Moderne weitergeschrieben, transformiert und weitergelebt wird, wie die dazugehörigen Diskurse sich im Alltag manifestieren und zu Praktiken, Vorstellungen, Träumen und allem möglichen geworden sind, das habe ich in dieser Arbeit versucht aufzuzeigen.

Auf meiner Reise von Departure zu Arrival ist im Laufe der Forschung ein textliches und bildliches Geflecht aus ethnografischen Airworld-Ausschnitten, mikroanalytischen Beschreibungen und exemplarischen Studien mit dem fliegenden Individuum im Fokus entstanden – erhoben durch ein „tastendes Verfahren als Forschungsprozess" (Lauser 2004: 42), gepaart mit strukturellen und methodischen Überlegungen, gestützt durch Fachinformationen und gelenkt durch material- und theoriegeleitete Thesen.

Da die theoretischen Großkonzepte zu Globalisierung und Mobilisierung zwar anregend sind, aber sehr abstrakt und eher menschenunabhängig konstruiert, waren Fallbeispiele das Mittel der Wahl, um aufzuzeigen, wie aeromobiles Unterwegssein tatsächlich Tag für Tag gelebt wird. Denn obwohl die Phänomene Globalisierung, Flexibilisierung und Mobilisierung kaum jemand in Abrede stellt, stand es noch aus, sich konkret anzuschauen, wie sie mit Unterstützung durch das Flugzeug praktiziert werden.

Nachdem dies alles nun zu einem linearen Text zusammengeführt ist, kann ich feststellen:

Es mag zwar seine Richtigkeit haben, dass der Passagier nicht zu ergründen ist (wie es der Mitarbeiter der Airport-Information Kuddel nach zwanzig Jahren Arbeit am Hamburger Flughafen resigniert konstatierte, siehe Kapitel 1.8 zum Absatz „Ein Tag an der Information des Hamburg Airport") – aber die kulturanthropologische Forschung

welt, die Konsumtions- und Produktionsprozesse mit sich bringen'" (Hengartner, Rolshoven 1998: 44, zitieren Latouche 1990).

mit ihrem Methodenmix ermöglicht es zumindest, sein aeromobiles Unterwegssein erkenntnisbringend zu befragen und komplex zu beschreiben.

Von Profis und Ungeübteren

Vor allem ist deutlich geworden, dass ‚Fliegen' etwas ist, das längst nicht von allen Passagieren ‚wie nebenbei' und ohne spezielle Aufmerksamkeit ausgeübt wird. Für viele der von mir interviewten Passagiere gehörte das Besteigen eines Flugzeuges eher zu den besonderen Ereignissen, die ein bis höchstens drei Mal im Jahr stattfinden und dementsprechend agieren diese Passagiere auch weniger professionell als beispielsweise beim Bus oder Bahn fahren. Die Erzählungen dieser weniger Geübten waren vor allem geprägt durch Ängste (ganz explizit *nicht* im Hinblick auf einen möglichen Absturz des Flugzeuges) und Orientierungslosigkeiten.

Die ungeübten Passagiere verringern ihre Desorientierung vor allem über den Faktor ‚Zeit'. Sie planen also sehr viel mehr Zeit am Flughafen ein, um Fehler machen und Fragen stellen zu können. Es haben es aus diesem Grund auch nicht alle Passagiere eilig, wie mein Feldforschungstag an der Hamburger Information vermuten ließ, es gibt genauso viele Menschen, die rechtzeitig da sind, die sogar am Flughafen geschlafen haben und die noch Zeit haben einzukaufen und Kaffee zu trinken. Außerdem gilt die allgegenwärtige Eile nur für bestimmte Flughäfen: An Regionalflughäfen wie Bremen, Lübeck oder Friedrichshafen war es während meiner Feldforschung die meiste Zeit ruhig, weil dort die zurückzulegenden Wege kurz sind, weil die Busse mit den autolosen Passagieren sehr rechtzeitig ankommen und weil die Flughäfen gut überschaubar sind. Tatsächlich scheinen die kleinen Regionalflughäfen bevorzugt von den Seltenfliegern angesteuert zu werden (wenn sie die Wahl haben), auch Rita erzählte mir, dass sie lieber von Bremen abgeflogen wäre als von Hamburg.

Im Gegensatz zu den Seltenfliegern professionalisieren die Vielflieger ganz im Sinne von De Certeaus ‚Kunst des Handelns' parallel ihr Fliegen weiter: Sie entwickeln neue Fertigkeiten wie das Zeitunglesen im Stehen und Gehen während des Boardings (bisher kannte ich dies höchstens stehend aus der U-Bahn); sie lernen, sich optimal auf dem Sitz zusammenzufalten, so dass die Blutzirkulation möglichst wenig eingeschränkt ist und sich auch nach längerem Sitzen keine Körperteile taub anfühlen; sie entwickeln eine perfekt an die klimatischen Bedingungen angepasste textile Ausstattung; Tücher und Schals sind auch bei vielen anderen Vielfliegern gängige Accessoires; sie packen nicht nur minimal und auf die Reise abgestimmt, sondern sortieren die Sachen, die sie während des Fluges brauchen werden, auch noch ganz oben ins Handgepäck, so dass sie im Gang nicht lange danach suchen müssen; und sie merken sich schon während sie im Finger auf das Betreten der Kabine warten ihren Sitzplatz, so dass sie nach dem Einsteigen nicht lange suchen müssen, sondern sich schnell setzen können und so die Einstiegszeit für alle verkürzen (vergl. Hermanns 2010: 40).

Damit unterscheiden sich die Vielflieger immer stärker von den Seltenfliegern und die Bandbreite an Verhaltensweisen / Bedürfnissen, die sich zwischen Spezialisten und Anfängern aufspannt, wird immer vielfältiger.

Zwischen Vorgegebenem und eigener Interpretation

Fliegen unterscheidet sich in der für den einzelnen Passagier auslebbaren Individualität ganz eindeutig von Individualverkehren wie dem Auto- oder dem Rad fahren. Beim Fliegen können weder die genaue Route, noch das Tempo, noch die Bewegung, noch die konkreten Ziele selbstständig gewählt und gesteuert werden. Der Passagier kann vielmehr nur das in Anspruch nehmen, was die Airline anbietet; er kann höchstens verschiedene Routen miteinander kombinieren. Auch basiert das ‚Verkehrssystem Fliegen' auf Strukturen von außen, auf die die Passagiere wenig Einfluss haben, und auch die Flugzeugkabine ist kein neutraler Raum, sondern tritt dem Passagier immer „als gelebter, gestalteter, sprich immer schon gedeuteter Raum" entgegen (Gyr 2013: 1)[104]. Auch in Bezug auf bestimmte Verhaltensweisen gibt es an Bord in Vielem keinen Spielraum: So wird es zum Beispiel in keinem Fall zugelassen, Gepäck in den Gang zu stellen, während Start und Landung zu Stehen statt zu Sitzen oder mit körperlichen oder geistigen Einschränkungen einen Platz an den Notausgängen zu besetzen. Die Vorgaben des Fliegens schreiben sich außerdem richtiggehend in die Körper der Passagiere ein, wenn am Tag eines anstehenden Fluges keine Gürtel angezogen und auf die Kontaktlinsen zugunsten der Brille verzichtet wird.

Das in dieser Studie erhobene empirische Material sagt jedoch abseits von diesen Grundvoraussetzungen sehr deutlich aus, dass in den Räumen des Fliegens die individuellen Spielräume keineswegs so limitiert und die Handlungen so exakt vorgegeben sind, wie oft vermutet wird (zum Beispiel bei Hengartner, Rolshoven 1998: 9).

Auch wenn auf den ersten Blick das meiste genormt und reguliert scheint und Einschreibungen kaum möglich sind, gibt es ein vielfältiges Wechselspiel aus Vorgegebenem und Interpretation. Die Fliegenden haben im Umgang mit den Anforderungen und Möglichkeiten des aeromobilen Unterwegsseins eigene Strategien entwickelt, um damit fertig zu werden, und mit widerspenstigen Listen der Kunst des Handelns biegen sie Zwänge um und schreiben sich in die Abläufe ein.

In der Kabine angekommen, arbeitet der Passagier dann mit dem Vorgegebenen, individualisiert seinen persönlichen Raum und macht ihn sich möglichst maßgeschneidert. Dazu gehört die ‚Einrichtung / Umrüstung' des Platzes mit Kissen, Nackenstütze, Decke, Mobiltelefon, Buch, Zeitschriften, Arbeitsunterlagen, Essen, Stiften, Tablet PC, die Einstellung der Lüftung, das Zurückstellen des Sitzes, das Anschalten des Leselichtes und das Bereitlegen eines Stapels mit sonstigen Privatsachen auf dem Klapptischchen. So schaffen sich die Flugreisenden Architekturen und „Momente der Privatheit" (Hengartner 1994: 201 über den Bahnhof) an einem ansonsten durchstrukturierten und (halb)öffentlichen Raum.

104 Da Räume Produkte sozialer Beziehungen sind, werden sie „von Menschen, Gruppen, Segmenten und Gesellschaften […] ständig neu konstituiert, wobei die Konstituenten neue Prägungsfaktoren erkennen lassen: Globalisierung, Entgrenzung, Medialisierung, Imagination und anderes mehr verhelfen vielen Räumen zu neuem Profil in der Moderne" (Gyr 2013: 1).

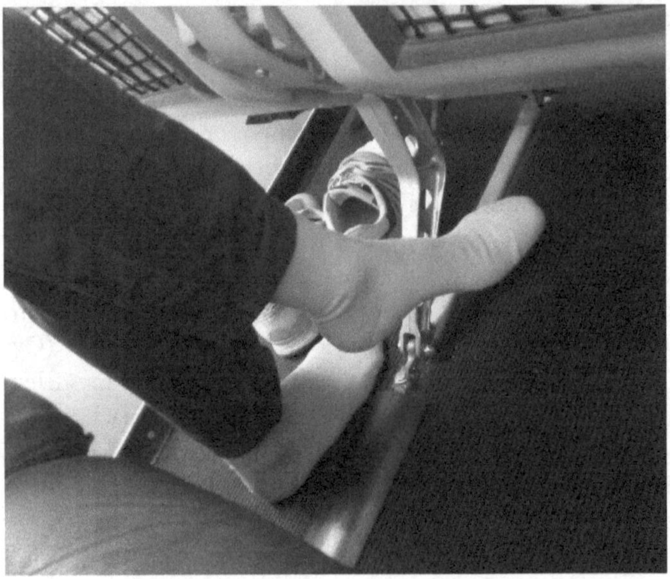

Abbildung 105:
Passagier auf Socken

Widerspenstigkeiten

Es ist jedoch nicht nur möglich, *mit* dem Vorgegebenen zu arbeiten, auch Widerspenstigkeiten in Bezug auf Flugpersonal / Gesetze / Verhaltensvorgaben / die Flugzeug-Einrichtung sind in der Flugzeugkabine (zum Leidwesen der Flugbegleiter) an der Tagesordnung:

Die Passagiere tun so, als hätten sie die Anweisungen nicht gehört oder gelesen und schieben auch schweres Handgepäck in die oberen Gepäckfächer.[105] Nachdem die Türen geschlossen sind, versuchen die Passagiere (entgegen dem auf ihrem Boardingpass zugewiesenen Sitzplatz) sich umzusetzen auf frei gebliebene Reihen. Dieses ist problematisch, da das bereits getrimmte Flugzeug so wieder aus der Balance gebracht werden kann. Die Flugreisenden halten sich außerdem im Gang länger auf als nötig, sie lassen ihr Handy entgegen der Vorschrift den ganzen Flug über an oder schalten es schon wieder ein, bevor das Flugzeug die endgültige Parkposition erreicht hat. Sie schnallen sich ab, auch wenn dies noch nicht erlaubt ist oder schnallen sich nicht an, wenn das ‚Pling' und das Hinweisschild über ihrem Sitz es verlangen. Sie stehen schon auf und öffnen die Gepäckfächer, obwohl das Flugzeug noch nicht zum Stehen gekommen ist. Wenn sie zu zweit reisen, buchen sie in einer Reihe Fenster- und Gangplatz, in der Hoffnung, der Mittelplatz würde dann frei bleiben (denn im Flugzeug ist es nicht üblich, wie im Bus oder in der Bahn seinen Rucksack auf den freien Platz neben sich zu legen, um andere Passagiere davon abzuhalten, sich dazuzusetzen). Sie versuchen zu großes Handgepäck mit an Bord zu nehmen, sie rauchen unerlaubt auf der Toilette, sie schmuggeln Taschenmesser, Rasierklingen und andere verbotene Gegenstände mit an Bord (nicht, um damit einen terroristischen Akt auszuführen, sondern um sich als

105 Dies dient dazu, mehr Beinfreiheit zu gewinnen, denn schweres Gepäck muss eigentlich unter den vorderen Sitz geschoben werden.

Handgepäcksreisende am Ankunftsort keinen neuen Rasierer etc. kaufen zu müssen oder weil sie eben einfach immer ein Taschenmesser in der Handtasche dabeihaben. Oder sie verschaffen sich auf Kosten der neben ihnen sitzenden Passagiere mehr Platz als für sie vorgesehen ist, indem sie die Beine über ihren Sitzplatz hinaus breit öffnen und ihre Arme auf beide Sitzlehnen legen.

Die Möglichkeiten sich im Flugzeug individuell oder widerspenstig zu verhalten, sind dabei von Charter- zu Linienflieger unterschiedlich groß und das, was (meist inoffiziell) toleriert wird, ist ebenfalls sehr verschieden.

Allen zum Teil massiven Widerspenstigkeiten zum Trotz habe ich im Flugzeug aber so gut wie keinen Vandalismus entdecken können. In der Flugzeugkabine gibt es kein Abschnitzen der weichen Ummantelung von harten Teilen wie in Bus und S/U-Bahn, kein Einritzen von Namen, Nachrichten und Symbolen in weiches Plastik und keine mit Edding oder Kuli geschriebenen Nachrichten – dabei sind viele der Plätze im Flugzeug trotz der regelmäßig patrouillierenden Flugbegleiter genauso wenig einsehbar und es gibt keine Videoüberwachung der Kabine während des Fluges wie in Bus und Bahn. Hier scheint die Angst vor Konsequenzen oder die Einschüchterung durch das Fortbewegungsmittel und den gehoben ausgestatteten Raum einfach (noch?) zu groß zu sein.

Dafür lassen die Passagiere ihren Müll in der Kabine zurück, obwohl regelmäßig Flugbegleiter mit Mülltüten durch die Kabine laufen[106], um diesen einzusammeln, sie stecken nicht aufgegessene Sandwiches ohne Verpackung in die Sitztaschen, sie schreiben Notizen ins Bordmagazin und lassen dieses dann zurück, sie reißen Seiten mit Reisetipps aus dem Bordmagazin heraus und sie nehmen die Sicherheitskarten als Erinnerung an den Flug mit nach Hause (auch wenn dieses strengstens verboten ist).[107] Auch das sind natürlich Möglichkeiten, im Flugzeug seine Spuren zu hinterlassen.

Rhythmen

Die Räume des Fliegens sind gekennzeichnet durch ein permanentes Aufeinanderprallen unterschiedlicher Tempi und Rhythmen, von Menschen und Maschinen, individuell und kollektiv, vorgegeben oder aus sich selbst heraus entstanden:

Einige Rhythmen des Fliegens beginnen schon vor dem Abflug: Der Zeitpunkt des Buchens wird getaktet durch Werbung, die besonders günstige Flugpreise ankündigt; durch Sonderangebote, die die Airlines ausschreiben, und die Algorithmen der IT-Systeme, die die Flugpreise meist bis zum Abflug stetig erhöhen und so einen besonders frühen Buchungszeitpunkt nahelegen.

Am Flughafen prallen dann verschiedenste weitere Rhythmen aufeinander: Bewegungsrhythmen, Einzelrhythmen, Maschinenrhythmen, Arbeitsrhythmen, Wochenrhythmen, Jahreszeitenrhythmen (zum Beispiel hat die Glasschiebetür am Hamburger Flughafen eine Sommer- und eine Winterstellung), die Rhythmen der Vielflieger unterscheiden sich von denen der Seltenflieger, der Rhythmus der Abholer von dem

---

106 Die Schriftstellerin Renata Adler nannte die Boeing 747 deshalb auch treffend „Slum der Lüfte" (Adler 2014).

107 Dieses konnte ich vor allem während meiner Nacht mit der Kabinen-Putzkolonne am Hamburg Airport feststellen.

der Abfliegenden, und die Besucher sind noch einmal ganz anders getaktet. Gelangweilte Körper prallen zwischen Departure und Arrival auf zum Warten verurteilte Körper, zum Gate eilende Körper oder aufgeregt hin- und hertänzelnde Abholerkörper. Initiiert werden diese Rhythmen durch Flugzeiten; Verspätungen; Apps, die die Wartezeiten an der Sicherheitsschleuse durchgeben; Mitarbeiter, die Durchgänge in Tensatorabsperrungen öffnen und schließen; die Geschwindigkeiten der Koffer-Förderbänder und Durchleuchtungsmaschinen; und auch die Durchsagen zum Boarding oder zu Gateänderungen lenken die Passagiermenge. Beschleunigt werden die Passagiere durch Laufbänder und Rolltreppen, Fahrstühle und Elektroautos – gebremst werden sie durch Konsumangebote, im Weg stehende Gepäckstücke, sperrige und schwer zu bewegende Gepäckwägen, ungeübte Reisende, Nadelöhre wie den Finger zum Flugzeug oder die Zugangsschleuse am Gate.

Während des Fluges werden dann alle Passagiere äußerlich auf eine viel schnellere Geschwindigkeit gebracht und auch sonst wird der Flug von den Durchführenden getaktet (zum Beispiel durch Durchsagen, die Sicherheitsvorführung sowie das Bringen und Abholen der Tabletts). An diesen Rhythmen nehmen die Passagiere relativ homogen teil, nur die Unterschiede der einzelnen Klassen sind subtil wahrnehmbar. Die Passagiere werden auf diese ‚Rahmen-Rhythmen' konditioniert, sie warten förmlich auf das Essen oder die Sicherheitsvorführung.

Doch auch in der Passagierkabine sind eigene Rhythmen möglich: Der Rhythmus des Verlassens des Sitzes (um zur Toilette zu gehen oder sich die Beine zu vertreten) und des Wiederkehrens, Leserhythmen, Rhythmen der Nutzung des Unterhaltungsangebotes, der Rhythmus des Medienwechsels. Manchen Passagieren fällt es schwer, den verlangsamten Rhythmus der Ereignisse in der Kabine anzunehmen, sie laufen auf Langstreckenflügen durch die Gänge, bis sie am Vorhang zur nächsthöheren Klasse gestoppt werden.

Nach dem Flug spuckt das Flugzeug die Passagiere wieder aus und außerhalb des Flughafens finden sie zu eigenen Rhythmen oder anderen Rhythmussystemen zurück: Schon die Begrüßungen zwischen Ankommenden und Abholenden haben ihr eigenes Tempo und die Wege zu Auto, Bus oder Bahn ebenso.

Kommunikation und Interaktionen

Eine Frage, die bei Augé sehr präsent ist, ist in dieser Arbeit noch offengeblieben: Entstehen durch das Unterwegssein im Flugzeug – durch das Kreuzen der Reisewege von Menschen aus aller Welt – neue Formen der kulturellen Verständigung? Entwickelt oder verändert sich dadurch etwas – kommt also in Istanbul etwas Anderes aus dem Flugzeug heraus, als in Frankfurt am Main eingestiegen ist? Und wie sieht es mit der vielbeschriebenen Gleichgültigkeit unter den Passagieren aus?

Tatsächlich kommt es an Bord zu wenig verbalem Austausch, auch aufgrund der existierenden Sprachbarrieren und der Unsicherheit darüber, welche Sprache der Sitznachbar wohl sprechen mag.

Darüber hinaus minimieren Benimmregeln und institutionelle Hinweise verbale und nonverbale Kommunikation und Interaktionen (Hengartner, Rolshoven 1998: 9).

Am Beispiel ‚Kommunikation in der Flugzeugkabine' wird auch der Unterschied zu dem Passagierverhalten in dem von mir untersuchten Linienbus sehr deutlich: Im Bus wurde das Beobachten der Mitfahrenden und das den fremden Gesprächen Lauschen von vielen Fahrgästen als Haupttätigkeit (und Freude) während der Fahrt beschrieben. Einerseits waren die Fahrgäste neugierig auf ihre Mitfahrer, andererseits diente die Aufmerksamkeit auch dem rechtzeitigen Erkennen kritischer Situationen. Im Zweifel setzten sich die Fahrgäste dann um oder stiegen sogar an der nächsten Haltestelle aus (Schaefer 2012: 63-69). Im Flugzeug ist eine solche Reaktion auf Krisen nicht möglich, hier kann nur auf dem zugewiesenen Platz ausgeharrt werden oder es müssen die Flugbegleiter um Hilfe gebeten werden. Es ist deshalb im Flugzeug risikoreicher, sich auf Gespräche einzulassen als im Bus oder in der Bahn, und das Ignorieren der anderen Passagiere erscheint mir als eine Strategie, um in möglichst wenige kritische Situationen verwickelt zu werden. Die scheinbare Gleichgültigkeit ist also, wie es auch Lars Frers beschreibt, eine ‚schützende Blase', um mit dieser besonderen Situation fertig zu werden.[108]

Diese ‚Blase' kann aber auch jederzeit aufplatzen (und das ist keine Seltenheit) und dann können Interaktionen entstehen. Das gilt besonders, wenn Passagiere die Reise schon als Teil ihres Urlaubs wahrnehmen und deshalb offen und touristisch gestimmt sind. Dies gilt auch, wenn etwas die Routine unterbricht (zum Beispiel, wenn ein Passagier nicht erschienen ist und Gepäck ausgeladen werden muss, was einen verspäteten Start mit sich bringt), und es gilt, wenn Passagiere aus der gleichen sozialen Gruppe stammen, also beispielsweise Eltern mit kleinen Kindern sind.

Nach dem Flug hat dann ein Geschäftsmann mit einem anderen Passagier Visitenkarten ausgetauscht, hat ein Künstler einer Mitfliegenden ein Bild gezeichnet und geschenkt, hat ein Passagier Partei ergriffen für einen Rollstuhlfahrer, dessen Bordrollstuhl vergessen wurde, hat ein Mann sich über ein schreiendes Baby aufgeregt und eine Frau der Mutter verständnisvolle Blicke zugeworfen, hat eine Rentnerin einer jungen Frau neben ihr ihre ‚Brigitte' zum Lesen geliehen, hat ein beruflich Fliegender in der Business Class dem neben ihm sitzendem Passagier den heruntergefallenen Schokoriegel aufgehoben, hat ein Passagier dem Passagier vor sich das aus der Tasche gefallene Handy über den Sitz nach vorne durchgereicht, haben sich zwei Passagiere über die Einstellung der Rückenlehne gestritten, hat ein am Fenster sitzender älterer Herr sich immer wieder bei seinem Nachbarn entschuldigt, weil er so oft aufstehen und die Toilette nutzen musste, hat ein Mallorca-Kenner dem Passagier neben sich einen Tipp für eine Tapas Bar in Palma gegeben und hat ein Mann zu der Frau vor sich gesagt, dass sie ihm schon in der Bahn nach Kopenhagen aufgefallen wäre, woraufhin sich ein langes Gespräch zwischen beiden entspinnt (Feldforschungsnotizen 2010ff.)

---

108 Darüber hinaus werden Unterhaltungen im Flugzeug von den anderen Passagieren, ähnlich wie in der Eisenbahn, als störend wahrgenommen, da viele Reisende versuchen zu schlafen oder anders zur Ruhe kommen wollen.

Diese Interaktionen mögen nicht tiefgreifend sein, sie sind aber deutlich mehr und in ihrer Art unterschiedlicher, als Augé es beschreibt. Und natürlich verändern auch kleinste Begebenheiten etwas im Leben der an ihnen beteiligten Menschen.

Nach der oben aufgeführten Aufzählung an beobachteten Interaktionen ist nun auch klar, dass die Passagiere ihre Identität eben nicht am Check-in mit ihrem Gepäck abgeben, wie Augé es vermutet. Ihre Anziehsachen, ihre Accessoires, ihr Handgepäck, ihre Haarschnitte und ihre Sprache sagen immer noch genug über sie aus, um Kontakte möglich zu machen (alleine die Sprache ist manchmal unklar, wenn sie sich nicht über Gespräche mit Mitreisenden, Bücher oder Zeitungen äußert).

Jeder Passagier hat in einem gewissen Rahmen allerdings die Chance, seiner Identität eine neue Facette hinzuzufügen – wenn ich alleine unterwegs im Flugzeug reise, antworte ich auch durchaus manchmal auf Englisch und tue so, als wäre ich nicht aus Deutschland, wenn mich ein eigentlich Deutsch sprechender Passagier auf Englisch anspricht, und ebenso tun es auch einige der Passagiere, mit denen ich über diese kleinen Täuschungen des aeromobilen Unterwegsseins sprach. Auch in der Flugzeugkabine bleibt also Raum für einen spielerischen Umgang mit der eigenen Identität erhalten.

Brüche und Wendungen

Dadurch, dass in jedes Flugzeug der Traum vom Fliegen quasi eingebaut ist, und Passagiermaschinen schon immer mehr waren, als nur Gefäße, in denen Passagiere beschleunigt werden, hat ein abstürzendes Flugzeug für die Menschen eine hohe symbolische Bedeutung und sie reagieren besonders empfindlich auf alles, was mit dem Fliegen und seinen Katastrophen zu tun hat.[109] Und weil das Flugzeug relativ leicht zur tödlichen Waffe umfunktioniert werden kann (und bereits vielfach umfunktioniert wurde), geht von ihm eine ganz spezielle Bedrohung aus.

Auch während der Arbeit an dieser Forschung kam es immer wieder zu ‚Brüchen' in der Airworld, die das Gefühl vermittelten, das ganze System würde auf den Prüfstand gestellt. Nach dem Germanwings-Absturz 4U-9525 war dies der Fall: Die Menschen reagierten nicht nur mit Beileidsbekundungen im WorldWideWeb, einem Umsteigen auf die Bahn oder flogen gar nicht mehr los, sie sprachen mich auch an:

> *Vielflieger Tim: „Musst du deine Arbeit jetzt nicht neu schreiben? Ist dadurch nicht alles anders geworden?"*

Aus kulturwissenschaftlicher Sicht ist jedoch zu sagen, dass es sich bei solchen Reaktionen immer nur um Phasen handelt. Das aeromobile Unterwegssein geht nach einer Verschnaufpause weiter (das lässt sich auch aus dem ANT-Kapitel 2 ‚Was fliegt mit, wenn ein Flugzeug in der Luft ist' in dieser Arbeit schließen), vielleicht mit geänderten

---

109 2014 kamen weltweit ‚nur' 990 Menschen bei Flugzeugkatastrophen ums Leben und zumindest bezogen auf zurückgelegte Reisekilometer sind Flugzeuge damit tatsächlich die sichersten Verkehrsmittel. Auch eine Studie des Statistischen Bundesamts kam zu dem Ergebnis, dass je eine Milliarde Kilometer (im Durchschnitt der Jahre 2005 bis 2009) in Personenkraftwagen 406 Insassen verunglücken, bei der Luftfahrt jedoch nur 32 Menschen (Volmer 2015).

Abbildung 106: Schwarz-weißes Germanwings-Logo auf Facebook und offizieller Hashtag ‚Indeepsorrow'

Gesetzen (in Falle des Absturzes der Germanwings-Maschine in Bezug auf das Vier-Augen-Prinzip im Cockpit, einem anderen Umgang mit psychischen Problemen beim Luftfahrtpersonal oder einer verändert konstruierten Cockpittür) - aber nicht mit einem veränderten Mobilitätsverhalten der Menschen.

Der Absturz der Germanwings-Maschine war übrigens der erste Flugzeugunfall, dessen Betrauern sich auch ganz massiv in den sozialen Netzwerken fortführte. Es wurde sogar von der Lufthansagruppe ein eigener offizieller Hashtag (‚indeepsorrow') initiiert und eine Website eingerichtet, auf der alle Beileidsbekundungen mit diesem Hashtag automatisch verlinkt werden.[110] Die Entwicklung dieser Verknüpfung zwischen aeromobilem und virtuellem Unterwegssein (das sich auch in den eingangs beschriebenen Instagram-Posts gezeigt hat) ist aus kulturanthropologischer Perspektive äußerst interessant, auch wenn es in dieser Arbeit nicht mehr weiter berücksichtigt werden konnte.

‚On the ground - up in the air'

Nach mehr als 90 Jahren Passagierluftfahrt ist es inzwischen sehr vielen Menschen möglich, durch die Luft schneller, weiter und oft sogar günstiger zu reisen als über die Erde. Dadurch sind neue Möglichkeiten entstanden, Arbeitsverhältnisse zu gestalten, soziale Beziehungen zu führen, Arbeit und Freizeit zu kombinieren oder das Familienleben zu gestalten. Auch Urlaub machen, berufliche Termine wahrnehmen oder internationale Konferenzen besuchen, scheint ohne das Flugzeug kaum noch vorstellbar, genauso wie das Aufrechterhalten des Kontaktes zu Familie und Freunden (vgl. Schlaack 2011: 190). Das Unterwegssein im Flugzeug ist im Laufe der Zeit zum Statussymbol, zur Sehnsuchtstätigkeit, zur sozialen Tatsache, zum Vakuum, zur Norm, zu einem Möglichkeitsmoment, zur bedeutsamen subjektiven Erfahrung, zum belastenden Alltag, zur Selbstwertgefühl hebenden Kompetenz und zu vielem mehr geworden (vgl. Schmidt-Lauber 2009: 246 über Mobilität).

---

110 Kondolenzwebsite zum Germanwings-Absturz ‚In deep Sorrow'.

Es veränderten sich mit dem Flugzeug aber nicht nur Lebensweisen, auch die Weltkarten in den Köpfen der Menschen haben sich gewandelt und Fixpunkte haben sich verschoben: Städtetouristisch relevante Städte wie Berlin und New York sind aufgrund der stark verkürzten Reisezeit mit dem Flugzeug enger zusammengerückt und nicht an das Flugzeugstreckennetz angebundene Orte wurden gefühlt auseinandergezogen: Inzwischen beträgt die Reisezeit zwischen New York und Zürich im Direktflug nur noch acht Stunden und ist damit in etwa genauso lang wie die Bahn von Zürich nach Uelzen unterwegs ist. Städte mit Flughäfen prosperieren, während Städte ohne Flughafen in der Peripherie verschwinden.

„Bewegung und Lokalisierung, Mobilität und Sesshaftigkeit" stellen sich aber selbst an den klassischen, ‚künstlich geschaffenen', hierarchischen Nicht-Orten des Fliegens nicht unbedingt als Gegensätze dar – wie diese Arbeit gezeigt hat – sie gehen vielmehr, wie überall anders auch, „miteinander einher und sind in ihren Verknüpfungen zu befragen" (Schmidt-Lauber 2006: 246).

Der Aufenthalt in den Räumen des Fliegens ist, ganz im Sinne der „Gleichzeitigkeit des Ungleichzeitigen" (Hengartner 2002: 35[111]), gekennzeichnet durch „widersprüchliche Erfahrungen", „konkurrierende Erfahrungs- und Handlungsformen" und „unterschiedliche Bewertungsmuster" (ebd.), die

> *„gerade in der In-Bezug-Setzung zu Raum und Zeit eine besonders wichtige Rolle spielen. Sei dies im Widerspruch zwischen dem Globalen und dem Lokalen als ‚Raum der totalen sinnlichen Erfahrung' [Hannerz 1995: 78], sei dies die Aushandlung und Ausgestaltung von Sozialbezügen im lokalen wie überlokalen Kontext, sei dies die Koexistenz unterschiedlicher Lebensentwürfe, Raumvorstellungen und Zeiten-Plurale" (Hengartner 2002: 35).*

In den nächsten Jahren werden die Passagiere nun weitere aeromobile Fähigkeiten und Fertigkeiten hervorbringen (gefordert oder als widerspenstige Antwort auf neue Gegebenheiten und Anforderungen), sie werden sich zu noch krasseren Spezialisten entwickeln und gleichzeitig wird es noch mehr Abgehängte geben, denen eine Reise im Flugzeug kaum noch möglich sein wird. Die Zahl der flugreisenden Passagiere wird weiter steigen (nicht nur, weil gleichzeitig auch die Weltbevölkerung steigt), denn immer weniger Menschen werden am Boden bleiben (können)[112]. Auch der Kampf um alles, was mit an Bord gehen darf, von Artefakten über Diskurse bis hin zu Emotionen, ist ein stetiger Aushandlungsprozess und deshalb wird sich diese vielfältige ‚Flugzeugbesatzung' laufend weiter verändern. Natürlich werden sich auch Flugzeuge weiter entwickeln, sie werden größer, kleiner, komfortabler, schneller, umweltschonender und überhaupt anders werden – und das wird wiederum Einfluss auf den Umgang der Passagiere mit ihnen haben. Dies alles passiert rasend schnell, schon jetzt ist die Airworld eine andere als 2010, dem Jahr, in dem ich diese Forschung begann. Das Thema

---

111 Das Konzept der ‚Gleichzeitigkeit des Ungleichzeitigen' stammt von dem Philosophen Ernst Bloch (1935).

112 Die IATA erwartet, dass 2035 7,2 Milliarden Passagiere luftreisen werden, 2016 waren es noch 3,8 Milliarden Passagiere (IATA 18.10.2016).

Aeromobilität wird also auch in den nächsten Jahren aus kulturwissenschaftlicher Sicht nicht an Relevanz verlieren und es wird weiter in Bewegung bleiben, weshalb diese ‚Ethnografie des aeromobilen Unterwegsseins' nur eine empirische Momentaufnahme darstellen kann.

Da in der Flugzeugkabine die Dichte der Ereignisse besonders hoch ist und das Flugzeug deshalb quasi als Konzentrator / Brennglas von Prozessen in Bezug auf Fragen unserer Zeit funktioniert, können wir aber, wann immer wir etwas über unsere Gesellschaft und ihre nahe Zukunft erfahren wollen, nicht nur auf den Boden schauen – wir sollten auch einen Blick in das Flugzeug hineinwagen:

Was für Menschen mit welchen Fähigkeiten sitzen hier (und wer sitzt hier nicht)? Wann und wo müssen die Flugreisenden ankommen und was sind ihre Reisegründe? Wer reist mit ihnen? Welche Sprachen werden von ihnen in welchen Zusammenhängen gesprochen? Wie hängt das Warum ihres Fliegens mit dem Wie zusammen? Womit beschäftigen sich die Passagiere und was beschäftigt sie? Und was sagt das alles über Arbeit, Familie, Liebe, Gesundheit, Migration, Krieg, Alter, Nation oder Urbanität aus? Wir erfahren es im Linienflieger von Zürich nach New York, im Billigflieger nach Mallorca oder im ethnischen Charterflieger nach Simferopol.

6.5 Arrival

Abbildung 107: Anflug auf New York bei Nacht

„Eine gefühlte Ewigkeit kreist die Boeing 747 in der Dunkelheit über der Lichtinsel New York. Auch unser Stellvertreter, das kleine stilisierte Flugzeug auf den Monitoren, entfernt sich in gleichmäßigen Bögen immer wieder von der Stadt.

‚Aufgrund des schlechten Wetters können wir momentan nicht landen', teilt einer der Piloten durch die Sprechanlage mit.

Nach einer endlosen halben Stunde sackt das Flugzeug dann doch ab, wird mit Macht zur Seite geweht und wehrt sich schüttelnd gegen die Winde. Schließlich berühren die Räder den Boden, es knallt, die Schwerkraft drückt meine Reisebegleitung und mich in die Sitze, dann kommt die Maschine langsam zum Stehen.

Das Aussteigen dauert ewig, und bei der Passkontrolle stehen die Passagiere des halben Flugzeuges in verschiedene Schlangen sortiert vor uns. Eine Frau schnauft und kollabiert, Umstehende richten sie wieder auf und führen sie weg. Der orthodoxe Jude, der seinen Hut mit der Airline-Zahnbürste gebürstet hatte, hält nun einen Schweizer Pass und einen in Folie eingeschweißten Myrtenzweig für das jetzt beginnende Laubhüttenfest in der Hand.

Ein junger Mann vor uns wird von den Grenzbeamten in ein Extrabüro geführt. Irgendwann kommt er wieder zurück, auf den fragenden Blick seiner Freundin antwortet er kopfschüttelnd: ‚Keine Fragen, nix.'

Nach der Passkontrolle greifen wir müde das Gepäck vom Gepäckband voller schwarzer Rollkoffer, dann fahren wir mit dem ‚Airtrain' zur Jamaica Station der Subway. Die erste unklimatisierte Luft seit 14 Stunden umströmt uns, sie ist feucht und warm. Ich spreche jetzt eine andere Sprache, rieche fremde Gerüche, sehe mir unbekannte Stationsnamen. Sich plötzlich alleine zurechtfinden zu müssen, ohne Airport-Information und Flugpersonal ist ein kleiner Schock. Mein Telefon zeigt 0.30 Uhr in der Nacht an, zu Hause ist es jetzt 6.30 Uhr morgens, ich befinde mich gefühlt irgendwo dazwischen.

Die Bahn hält mit quietschenden Reifen im Gleisbett. Noch 35 Minuten bis zum Hotel. Dann werden wir tatsächlich angekommen sein – bis zum nächsten Abflug." (Nach dem Feldforschungstagebuch vom 27.09.2010.)

7. LITERATUR

Alle Internetquellen wurden am 1. März 2017 überprüft.

Adamowsky, Natascha (2010): Das Wunder in der Moderne: eine andere Kulturgeschichte des Fliegens. München.

Ahrens, Daniela (2001): Grenzen der Enträumlichung: Weltstädte, Cyberspace und transnationale Räume in der globalisierten Moderne. Opladen.

Akrich, Madeleine (2006): Die De-Skription technischer Objekte. In: Andréa Belliger, David J. Krieger (Hg.): ANThology. Ein einführendes Handbuch zur Akteur-Netzwerk-Theorie. Bielefeld, S. 407-428.

Allert, Tilman (2008): Das Flugzeug als Kommunikationsraum. Handlungsformen, Vergemeinschaftungstypen und Berufsprofile an Bord. In: sozialersinn, Heft 1/2008, 9. Jg., S. 57–72.

Appadurai, Arjun (2000): Modernity at large. Minneapolis.

Asendorf, Christoph (2004): Leitbild Luftfahrt – Entwicklungen in Kunst, Design und Architektur seit den Dreißiger Jahren. In: Alexander von Vegesack, Jochen Eisenbrand (Hg.): Airworld. Design und Architektur für die Flugreise. Weil am Rhein, S. 264-288.

Augé, Marc (1994): Orte und Nicht-Orte. Vorüberlegungen zu einer Ethnologie der Einsamkeit. Frankfurt a. M.

Augé, Marc (1988): Ein Ethnologe in der Metro. Frankfurt a. M.

Bachmann-Medick, Doris (2006): Cultural Turns: Neuorientierungen in den Kulturwissenschaften. Hamburg.

Bausinger, Hermann (1981): Technik im Alltag. Etappen der Aneignung. In: Zeitschrift für Volkskunde 77. Stuttgart u.a., S. 227-242.

Bausinger, Hermann (1961): Volkskultur in der technischen Welt. Stuttgart.

Beck, Ulrich (1997): Was ist Globalisierung? Irrtümer des Globalismus – Antworten auf Globalisierung. Frankfurt a. M.

Belliger, Andréa, Krieger, David J. (2006): Einführung in die Akteur-Netzwerk-Theorie. In: Andréa Belliger, David J. Krieger (Hg.): ANThology. Ein einführendes Handbuch zur Akteur-Netzwerk-Theorie. Bielefeld, S. 13-50.

Bendix, Regina & Löfgren, Orvar (2007) (Hg.): Double Homes, Double Lives? In: Ethnologia Europaea. Journal of European Ethnology 37. Kopenhagen, S. 7-15.

Benjamin, Walter (1991): Das Passagen-Werk. In: Rolf Tiedemann (Hg.): Gesammelte Schriften. Band 5.1, Frankfurt a. M.

Bloch, Ernst (1935): Erbschaft dieser Zeit. Zürich.

Bormann, Regina (2001): Raum – Zeit – Identität. Sozialtheoretische Verortungen kultureller Prozesse. Opladen.

Bozdag-Yaksan, Songül (2008): Vom Staatsunternehmen zum Global Player. Die Unternehmensentwicklung der Deutschen Lufthansa AG. Köln.

Bude, Heinz (2003): Die Kunst der Interpretation. In: Uwe Flick, Ernst von Kardoff, Ines Steinke (Hg.): Qualitative Forschung. Ein Handbuch. Reinbek bei Hamburg, S. 569-578.

Callon, Michel (2006): Techno-ökonomische Netzwerke und Irreversibilität. In: Andréa Belliger, David J. Krieger (Hg.): ANThology. Ein einführendes Handbuch zur Akteur-Netzwerk-Theorie. Bielefeld, S. 309-342.

Callon, Michel (2006): Einige Elemente einer Soziologie der Übersetzung: Die Domestikation der Kammmuscheln und der Fischer der St. Brieuc-Bucht. In: Andréa Belliger & David J. Krieger (Hg.): ANThology. Ein einführendes Handbuch zur Akteur-Netzwerk-Theorie. Bielefeld, S. 135-174.

Callon, Michel (2006): Die Soziologie eines Akteur-Netzwerkes: Der Fall des Elektrofahrzeugs. In: Andréa Belliger & David J. Krieger (Hg.): ANThology. Ein einführendes Handbuch zur Akteur-Netzwerk-Theorie. Bielefeld, S. 175-194.

Cassirer, Ernst (2001/2001, Erstausgabe 1923-1929): Gesammelte Werke, Bd. 11-13, Hamburg.

Cassirer, Ernst (1956): Wesen und Wirkung des Symbolbegriffs. Darmstadt.

Clifford, James (1992): Traveling Cultures. In: Lawrence Grossberg, Cary Nelson & Paula A. Treichler (Hg.): Cultural Studies. New York / London. http://criticalstew.org/?p=98#sthash.TY5sGjKu.dpuf, S. 96-116.

Cresswell, Tim (2006): On the move. Mobility in the modern western world. New York.

Cwerner, Saulo, Kesselring, Sven, Urry, John (2009): Aeromobilities. London, New York.

de Certeau, Michel (1988): Kunst des Handelns. Berlin.

Deleuze, Gilles, Guattari, Felix (1992): 1000 Plateaus. Kapitalismus und Schizophrenie. Berlin.

Ehn, Billy, Löfgren, Orvar (2012): Nichtstun. Eine Kulturanalyse des Ereignislosen und Flüchtigen. Hamburg.

Eisch-Angus, Katharina (2013): Kultur-Konzepte zwischen künstlerischer und ethnografischer Forschung. In: Reinhard Johler, Christian Marchetti, Bernhard Tschofen, Carmen Weith (Hg.): Kultur_Kultur. Denken. Forschen. Darstellen. Münster u.a., S. 278-283.

Eisch-Angus, Katharina (2009): Sicher forschen? Methodische Überlegungen zum Ethnografieren von Sicherheit und Alltag. In: Sonja Windmüller, Beate Binder, Thomas Hengartner: Kultur-Forschung: zu einer volkskundlichen Kulturwissenschaft. Münster, S. 69-90.

Eisenbrand, Jochen (2004): Fluggesellschaften und Corporate Design. In: Alexander von Vegesack, Jochen Eisenbrand (Hg.): Airworld. Design und Architektur für die Flugreise. Weil am Rhein, S. 144-174.

Eisenbrand, Jochen (2004): Essen an Bord, S. 212-228.

Entwistle, Joanne (2004): Mode auf dem Höhenflug – die Flugbegleiterin und ihre Uniform. In: Alexander von Vegesack, Jochen Eisenbrand (Hg.): Airworld: Design und Architektur für die Flugreise. Weil am Rhein, S. 176-210.

Färber, Alexa, Vetter, Andrea (2011): Low-Cost Urbanism: ein Forschungsprogramm zur Untersuchung des Städtischen unter dem Eindruck von intensiver Mobilität in der EU. In: Reinhard Johler, Max Matter, Sabine Zinn-Thomas (Hg.): Mobilitäten. Europa in Bewegung als Herausforderung kulturanalytischer Forschung. Münster u.a., S. 209-216.

Fitton Hauß, Barbara (2004): Eine Zeitreise in der Flugzeugkabine. In: Alexander von Vegesack, Jochen Eisenbrand (Hg.): Airworld. Design und Architektur für die Flugreise. Weil am Rhein, S. 82-122.

Flade, Antje (2013): Der rastlose Mensch. Konzepte und Erkenntnisse der Mobilitätspsychologie. Wiesbaden.

Foucault, Michel (2008): Der Wille zum Wissen. In: Sexualität und Wahrheit, Bd. 1. Frankfurt a. M.

Foucault, Michel (2005): Schriften / Dits et écrits. Daniel Defert (Hg.). Bd. 4: 1980–1988. Frankfurt a. M.

Foucault, Michel (2002): Schriften / Dits et écrits. Daniel Defert (Hg.). Bd. 2: 1970–1975. Frankfurt a. M.

Foucault, Michel (1994): Überwachen und Strafen: die Geburt des Gefängnisses. Frankfurt a. M.

Foucault, Michel (1993): Technologien des Selbst. In: Luther H. Martin, Huck Gutman, Patrick H. Hutton (Hg.): Technologien des Selbst. Frankfurt a. M., S. 24-62.

Foucault, Michel (1990): Andere Räume. In: Karlheinz Barck: Aisthesis: Wahrnehmung heute oder Perspektiven einer anderen Ästhetik, Essais. Leipzig, S. 34-45.

Foucault, Michel (1978): Ein Spiel um die Psychoanalyse. Gespräch mit Angehörigen des Département de Psychoanalyse der Universität Paris VIII in Vincennes. In: Ders.: Über Sexualität, Wissen und Wahrheit. Berlin, S. 118-175.

Frers, Lars (2007): Einhüllende Materialitäten. Eine Phänomenologie des Wahrnehmens und Handelns an Bahnhöfen und Fährterminals. Bielefeld.

Fuhs, Burkhard (2000): Dröhnende Motoren, fliegende Kisten, coole Drinks. Die Anfänge des Passagierfluges. Marburg.

Fuhs, Burkhard (1993): Bilder aus der Luft: Anmerkungen zur Konstruktion einer Perspektive. In: Zeitschrift für Volkskunde 89. Göttingen, S. 233-250.

Geertz, Clifford (1983): Dichte Beschreibung. Bemerkungen zu einer deutenden Theorie von Kultur. In: Clifford Geertz (Hg.): Dichte Beschreibung. Beiträge zum Verstehen kultureller Systeme. Frankfurt a. M., S. 7-43.

Gennep, Arnold van (1986): Übergangsriten (Les rites de passage). Frankfurt a. M. u.a.

Gerling, Vera Elisabeth (2007): Rezension Doris Bachmann-Medick: Cultural Turns. Neuorientierungen in den Kulturwissenschaften. In: Paul Gevaudan, Hiltrud Lautenbach, Peter Schneck, Dietrich Scholler (Hg.): PhiN, Philologie im Netz, Ausgabe 41, S. 62-68. http://web.fu-berlin.de/phin/phin41/p41t4.htm

Glaser, Barney G., Strauss, Anselm (2010, Erstausgabe 1967): Grounded Theory. Strategien qualitativer Forschung. Bern.

Göttsch-Elten, Silke (2011): Mobilitäten – Alltagspraktiken, Deutungshorizonte und Forschungsperspektiven. In: Reinhard Johler, Max Matter, Sabine Zinn-Thomas (Hg.): Mobilitäten. Europa in Bewegung als Herausforderung kulturanalytischer Forschung. Münster u.a., S. 15-29.

Goffman, Erving (2009, engl. Erstausgabe 1963): Interaktion im öffentlichen Raum. Frankfurt a.M.

Goffman, Erving (2003, engl. Erstausgabe 1959): Wir alle spielen Theater. Die Selbstdarstellung im Alltag. München.

Grasskamp, Walter (2008): Erscheinen und Verschwinden. In: Ingold Universal Enterprises. Köln, S. 39-46.

Gyr, Ueli (2013): Zur Einführung: Raumkultur und Raumforschung. In: Schweizerisches Archiv für Volkskunde 109(1), Basel, S. 1-3.

Gyr, Ueli (2010): Reisekultur und Urlaubsanalyse. Standorte und Forschungstrends in neueren Untersuchungen. In: Burkhart Lauterbach (Hg.): Auf den Spuren der Touristen. Perspektiven auf ein bedeutsames Handlungsfeld. Würzburg, S. 13-31.

Gyr, Ueli (1991): Kneipen als städtische Soziotope. Zur Bedeutung und Erforschung von Kneipenkulturen. In: Österreichische Zeitschrift für Volkskunde, Bd. 94, 2. Wien, S. 97-116.

Hannerz, Ulf (1997): Flows, Boundaries and Hybrids: Keywords in transitional Anthropology. In: "Fluxos, fronteiras, híbridos: palavras-chave da antropologia transnacional", Mana (Rio de Janeiro), 3(1), S. 7-39.

Hannerz, Ulf (1996): Transnational connections: culture, people, places. London, New York.

Hengartner, Thomas (2012): Technik – Kultur – Alltag. Technikforschung als Alltagskulturforschung. In: Schweizerisches Archiv für Volkskunde 108. Basel, S. 117-139.

Hengartner, Thomas (2009): Von Schreib-, Sprech- und Denkmaschinen. Zum Verhältnis von Mensch, Kultur und Technik. In: Jörg Dierken, Andreas Stuhlmann (Hg.) Geisteswissenschaften in der Offensive. Hamburger Standortbestimmungen. Hamburg, S. 255-276.

Hengartner, Thomas (2004): Zur Kultürlichkeit von Technik. Ansätze kulturwissenschaftlicher Technikforschung. In: Technikforschung: Zwischen Reflexion und Dokumentation: Tagung der Schweizerischen Akademie der Geistes- und Sozialwissenschaften vom 12. und 13. November 2003 in Bern. Bern, S. 39-57.

Hengartner, Thomas (2002): Zur Ordnung von Raum und Zeit. In: Schweizerisches Archiv für Volkskunde, 98. Basel, S. 27-39.

Hengartner, Thomas (1994): Der Bahnhof als Fokus städtischen Lebens? Volkskundliche Überlegungen zu einem urbanen Phänomen par exellence. In: Schweizerisches Archiv für Volkskunde 90. Basel, S. 187-206.

Hengartner, Thomas, Moser, Johannes (2006): Vorwort der Herausgeber. In: ebd.: Grenzen und Differenzen. Zur Macht sozialer und kultureller Grenzziehungen. Leipzig, S. 13-15.

Hengartner, Thomas, Rolshoven, Johanna (1998): Technik - Kultur - Alltag. In: Thomas Hengartner, Johanna Rolshoven: Technik - Kultur. Formen der Veralltäglichung von Technik - Technisches als Alltag. Zürich, S. 17-49.

Herlyn, Gerrit (2008): Computer im Alltag - Computer als Alltag. Erzählstrategien und biographische Deutungen im Veralltäglichungsprozess von Technik. Hamburg. http://www.sub.uni-hamburg.de/opus/volltexte/2010/4574/

Herlyn, Gerrit, Zurawski, Nils (Hg.) (2015): Achtung Sicherheitskontrollen! Flughäfen, Kultur, Un/Sicherheiten. Münster u.a.

Hilti, Nicola (2013): Lebenswelten multilokal Wohnender: Eine Betrachtung des Spannungsfeldes von Bewegung und Verankerung. Wiesbaden.

Hilti, Nicola (2009): Multilokales Wohnen. Bewegungen und Verortungen. Informationen zur Raumentwicklung. Heft 1.2/2009. Bonn, S. 77-86.

Hilti, Nicola (2007): Nicht daheim und doch zuhause? - Über das Phänomen der Multilokalität. Schweizerisches Archiv für Volkskunde 103. Basel, S. 181-199.

Holfelder, Ute, Ritter, Christian (2013): Handyfilme - künstlerische und ethnografische Zugänge zu Repräsentationen jugendlicher Alltagswelten. Ein transdisziplinäres Experiment. In: Reinhard Johler, Christian Marchetti, Bernhard Tschofen, Carmen Weith (Hg.): Kultur_Kultur. Denken. Forschen. Darstellen. Münster u.a., S. 292-301.

Hörning, Karl H. (2001): Experten des Alltags: die Wiederentdeckung des praktischen Wissens. Weilerswist.

Hörning, Karl H. (1988): Technik im Alltag und die Widersprüche des Alltäglichen. In: Bernward Joerges (Hg.): Technik im Alltag. Frankfurt a. M., S. 51-94.

Ingold, Felix Philipp (1980): Literatur und Aviatik. Europäische Flugdichtung 1909-1927. Frankfurt.

Kaschuba, Wolfgang (1999): Einführung in die Europäische Ethnologie. München.

Kittler, Friedrich A. (2003/ Erstausgabe 1985): Aufschreibesysteme 1800–1900. München.

Kloppenburg, Sanneke (2013): Tracing mobilities regimes: The regulation of drug smuggling and labourmigration at two airports in the Netherlands and Indonesia. Amsterdam.

Knecht, Michi (2011): Einleitung zum Panel: Konsequenzen der Mobilität. In: Reinhard Johler, Max Matter, Sabine Zinn-Thomas (Hg.): Mobilitäten. Europa in Bewegung als Herausforderung kulturanalytischer Forschung. Münster u.a., S. 217-225.

Knecht, Michi (2010): „Vor Ort' im Feld"? Zur Kritik und Reakzentuierung des Lokalen als europäisch-ethnologischer Schlüsselkategorie. In: Österreichische Zeitschrift für Volkskunde. Band 113. Wien, S. 23-49.

Koenen, Elmar (2003): Öffentliche Zwischenräume. Zur Zivilisierung räumlicher Distanzen. In: Thomas Krämer-Badoni, Klaus Kuhn (Hg.): Die Gesellschaft und ihr Raum. Opladen, S. 155-172.

Krämer, Sybille, Bredekamp, Horst (2003): Kultur, Technik, Kulturtechnik: Wider die Diskursivierung der Kultur. In: dies. (Hg.): Bild, Schrift, Zahl. München, S. 11-22.

Lang, Barbara (1994): Unter Grund. Ethnografische Erkundungen in der Berliner U-Bahn. Tübingen.

Lauser, Andrea (2005): Translokale Ethnographie. Forum Qualitative Sozialforschung 6, Art. 7, Berlin. http://nbn-resolving.de/urn:nbn:de:0114-fqs050374

Lauser, Andrea (2004): „Ein guter Mann ist harte Arbeit." Eine ethnographische Studie zu philippinischen Heiratsmigrantinnen. Bielefeld.

Latour, Bruno (2007): Eine neue Soziologie für eine neue Gesellschaft. Einführung in die Akteur-Netzwerk-Theorie. Frankfurt a. M.

Latour, Bruno (2006): Über technische Vermittlung: Philosophie, Soziologie und Genealogie. In: Andréa Belliger, David J. Krieger (Hg.): ANThology. Ein einführendes Handbuch zur Akteur-Netzwerk-Theorie. Bielefeld, S. 483-528.

Latour, Bruno (1996): Der Berliner Schlüssel. In: Der Berliner Schlüssel. Erkundungen eines Liebhabers der Wissenschaften. Berlin, S. 37-51.

Latour, Bruno (1995): Das Parlament der Dinge. Frankfurt a. M.

Latour, Bruno (1993): Ethnography of a ‚High-Tech' Case. About Aramis. In: Pierre Lemonnier: Technological Choices. Transformation in Material cultures since the Neolithic. London, New York, S. 372-398.

Lauterbach, Burkhart (2010): ‚Wachmann der Queen greift Touristen an'. Anmerkungen zum kulturwissenschaftlichen Interesse an einer Erkundung der touristisch bereisten Einheimischen. In: Burkhart Lauterbach (Hg.): Auf den Spuren der Touristen. Perspektiven auf ein bedeutsames Handlungsfeld. Würzburg, S. 109-134.

Law, John (2011): Akteur-Netzwerk-Theorie und materiale Semiotik. In: Tobias Conradi, Heike Derwanz, Florian Muhle (Hg.): Strukturentstehung durch Verflechtung. Akteur-Netzwerk-Theorie(n) und Automatismen. München, S. 21-48.

Lefebvre, Henri (1986): La production de l'espace. Paris.

Lehmann, Albrecht (1994): Über zeitgeschichtliche Mentalitätsforschung in der Volkskunde. In: Silke Göttsch, Nils Hansen, Outi Tuomi-Nikula, Harm-Peer Zimmermann (Hg.): Volkskundliche Streifzüge. Kiel, S.139-150.

Lenhard, Peter T. (2005): On the road: Prolegomena zu einer Ethnografie der Transiträume. In: Beate Binder, Silke Göttsch, Wolfgang Kaschuba, Konrad Vanja (Hg.): Ort. Arbeit. Körper. Ethnografie Europäischer Modernen. Münster, S. 161-166.

Lenz, Ramona (2011): Von der Metaphorisierung der Mobilität zum „Mobility Turn". Working Paper. International Platform for Transdisciplinary Studies on Mobilities. Frankfurt a. M., S. 1-31.

Lenz, Ramona (2010): Mobilitäten in Europa: Migration und Tourismus auf Kreta und Zypern im Kontext des europäischen Grenzregimes. Wiesbaden.

Levi-Strauss, Claude (1976): Mythologica III. Der Ursprung der Tischsitten. Frankfurt a. M.

Lindner, Rolf (2012): Serendipity und andere Merkwürdigkeiten. In: vokus, 22 (1). Hamburg, S. 6-11.

Lindner, Rolf (2003): Vom Wesen der Kulturanalyse. In: Zeitschrift für Volkskunde. Münster u.a., S. 177-188.

Lindner, Rolf (1994): Die U-Bahn als paradigmatischer Ort. In: Kuckuck, 9 (1). Graz, S. 20-22.

Löffler, Klara (2009): Die Mittelmäßigkeit des Reisens. Ein Plädoyer zur Erforschung der materiellen Kulturen des Tourismus. In: Johannes Moser, Daniella Seidl (Hg.): Dinge auf Reisen. Materielle Kultur und Tourismus. Münster, S. 299-311.

Löfgren, Orvar (2014): Touristen und Pendler: Wie man sich bewegt, so ist man gestimmt. In: Johanna Rolshoven, Hasso Spode, Dunja Sporrer, Johanna Stadlbauer (Hg.). Mobilitäten! Voyage. Jahrbuch für Reise- und Tourismusforschung. Berlin, S. 25-44.

Löfgren, Orvar (2009): Reise-Fieber. Die Materialität von Bewegung und Emotion. In: Johannes Moser, Daniella Seidl (Hg.): Dinge auf Reisen. Materielle Kultur und Tourismus. Münster, S. 25–51.

Löfgren, Orvar (2008): Motion and Emotion: Learning to be a Railway Traveller. In: Mobilities, Volume 3, Issue 3. London, S. 331-351.

Löfgren, Orvar (1995): Leben im Transit? Identitäten und Territorialitäten in historischer Perspektive. In: Rolf Lindner, Norbert Schindler: Historische Anthropologie. 3. Jahrgang 1995, Heft 3. Köln, u.a., S. 349-363.

Lucius-Hoene, Gabriele, Deppermann, Arnulf (2002): Rekonstruktion narrativer Identität. Ein Arbeitsbuch zur Analyse narrativer Interviews. Opladen.

Luck-Huyse, Karin (1997): Der Traum vom Fliegen in der Antike. Stuttgart.

Lynch, Kevin (1965): Das Bild der Stadt. Berlin.

Mann, Bettina (2006): „Im Fluge angstfrei", „Seminare für entspanntes Fliegen" – ein wirksames Angebot zur Verminderung von Flugangst? Zu Konzeption, Durchführung und Weiterentwicklung. Augsburg.

Marcus, George (1995): Ethnography in / of the World System. In: Annual Review of Anthropology 24. Palo Alto, S. 95-117.

Matuschek, Ingo, Voss, Günter (2008): Multiple Entgrenzung der Arbeit des Flugpersonals im kommerziellen Luftverkehr. In: Ingo Matuschek (Hg.): Luft-Schichten. Arbeit, Organisation und Technik im Luftverkehr. Berlin.

Meggle-Freund, Margarete (2009): Deutsche Spanienreisen ausgestellt. In: Johannes Moser, Daniella Seidl: Dinge auf Reisen. Münster, S. 281-297.

Menke, Christoph (2003): Zweierlei Übung. Zum Verhältnis von sozialer Disziplinierung und ästhetischer Existenz. In: Axel Honneth, Martin Saar (Hg.): Michel Foucault. Zwischenbilanz einer Rezeption. Frankfurter Foucault-Konferenz 2001. Frankfurt, S. 283-299.

Mihm, Andrea (2005): Die Rolltreppe. Kulturwissenschaftliche Studien zu einem mechanisch erschlossenen Zwischenraum. Marburg.

Muri Koller, Gabriela (2013): Raum und Gesellschaft: Zu einer kultur-, zeit- und praxistheoretischen Fundierung des Raumbegriffes. Schweizerisches Archiv für Volkskunde 109. Basel, S. 17-31.

Obrecht, Sibylle (1998): Protokoll einer Inselexpedition oder: Wie ortlos ist eine Autobahnraststätte. In: Thomas Hengartner, Johanna Rolshoven (Hg.): Technik – Kultur. Formen der Veralltäglichung der Technik – Technisches als Alltag. Zürich, S. 82-103.

Overdick, Thomas (2010): Photographing Culture. Anschauung und Anschaulichkeit in der Ethnographie. Zürich.

Overdick, Thomas (2004): Feldversuche. Ethnografie zwischen Kunst und Kulturwissenschaft. In: Thomas Hengartner, Johannes Moser: Grenzen und Differenzen. Zur Macht sozialer und kultureller Grenzziehungen. Leipzig, S. 281-293.

Paetzold, Heinz (1993): Ernst Cassirer zur Einführung. Hamburg.

Peters, Peter, Kloppenburg, Sanneke, Wyatt, Sally (2010): Co-ordinating Passages: Understanding the Resources Needed for Everyday Mobility. Mobilities, 5 (3). London, S. 349-368.

Pitt-Rivers, Julian (1991): Un Rite de passage de la Societé Moderne. In: Les Rites de Passage aujourd'hui. Actes du colloque de Neuchâtel, S. 115–130.

Poppitz, Angela (2008): „Komm Mädel, mach Dich locker!" Gefühlsarbeit im Flugbegleiterdienst. In: Ingo Matuschek (Hg.): Luft-Schichten. Arbeit, Organisation und Technik im Luftverkehr. Berlin, S. 141-159.

Recki, Birgit (2009): Kultur und Freiheit. Ernst Cassirer in Hamburg 1919-1933 und die Hamburger Ausgabe. In: Jörg Dierken (Hg.): Geisteswissenschaften in der Offensive. Hamburger Standortbestimmungen. Hamburg, S. 49-66.

Recki, Birgit (2002): Ernst Cassirer, Goethe, Hamburg – und was wir an einer „Hamburger Ausgabe" haben. Rede anlässlich der Veröffentlichung der Hamburger Gesamtausgabe 2002.

Reckwitz, Andreas (2003): Grundelemente einer Theorie sozialer Praktiken. Zeitschrift für Soziologie, 32 (4). Stuttgart, S. 282-301.

Rees, Anke (2016): Das Gebäude als Akteur. Architekturen und ihre Atmosphären. Zürich.

Rees, Anke (2013a): Widerspenstige Gebäude. Eine Atmosphären-Netzwerk-Theorie. In: Johanna Rolshoven, Manfred Omahna (Hg.): Reziproke Räume. Texte zu Kulturanthropologie und Architektur. Marburg, S. 65-81.

Rees, Anke (2013b): (Un)heimliche Akteure. Kultur als Netzwerk. Sonderdruck aus Bayrisches Jahrbuch für Volkskunde. München, S. 45-57.

Reichow, Hans Bernhard (1959): Die autogerechte Stadt: ein Weg aus dem Verkehrs-Chaos. Ravensburg.

Remmele, Mathias (2004): Einladung zum Fliegen – Plakatkunst im Dienst der zivilen Luftfahrt. In: Alexander von Vegesack, Jochen Eisenbrand (Hg.): Airworld. Design und Architektur für die Flugreise. Weil am Rhein, S. 230-262.

Richter, Jana (2011): Low-Cost-Urbanism. Die räumlichen Auswirkungen des „Low-Cost-Tourism" auf die Berliner Innenstadt. In: Reinhard Johler, Max Matter, Sabine Zinn-Thomas (Hg.): Mobilitäten. Europa in Bewegung als Herausforderung kulturanalytischer Forschung. Münster u.a., S. 199-208.

Rifkin, Jeremy (2000): Access – das Verschwinden des Eigentums: warum wir weniger besitzen und mehr ausgeben werden. Frankfurt a. M.

Rolshoven, Johanna (2014): Mobilitäten. Für einen Paradigmenwechsel in der Tourismusforschung. In: Johanna Rolshoven, Hasso Spode, Dunja Sporrer, Johanna Stadlbauer (Hg.): Mobilitäten! Voyage. Jahrbuch für Reise- und Tourismusforschung. Berlin, S. 11-24.

Rolshoven, Johanna (2011): Mobilitätskulturen im Parkour. Überlegungen zu einer kulturwissenschaftlichen Mobilitätsforschung. In: Reinhard Johler, Max Matter, Sabine Zinn-Thomas (Hg.): Mobilitäten. Europa in Bewegung als Herausforderung kulturanalytischer Forschung. Münster u.a., S. 52-60.

Rolshoven, Johanna (2009): Mobile Culture Studies – Kulturwissenschaftliche Mobilitätsforschung als Beitrag zu einer bewegungsorientierten Ethnographie der Gegenwart. In: Sonja Windmüller, Beate Binder, Thomas Hengartner (Hg.): Kultur-Forschung. Zum Profil einer volkskundlichen Kulturwissenschaft. Münster, S. 91-101.

Rolshoven, Johanna (2007): Multilokalität als Lebensweise in der Spätmoderne. Schweizerisches Archiv für Volkskunde 103. Basel, S. 157-179.

Rolshoven, Johanna (2006): Woanders daheim. Kulturwissenschaftliche Ansätze zur multilokalen Lebensweise in der Spätmoderne. In: Zeitschrift für Volkskunde. Band 102. Münster, S. 179-194.

Rolshoven, Johanna (2003): Der Rand des Raumes, In: Dies. (Hg.): Hexen, Wiedergänger, Sans-Papiers … Kulturtheoretische Reflexionen zu den Rändern des sozialen Raumes. Marburg, S. 7-17.

Rolshoven, Johanna (2000): Übergänge und Zwischenräume, Eine Phänomenologie von Stadtraum und „sozialer Bewegung". In: Thomas Hengartner, Waltraud Kokot, Kathrin Wildner (Hg.): Kulturwissenschaftliche Stadtforschung. Berlin, Hamburg, S. 107-122.

Rolshoven, Johanna (1998): Die Straßenbahn als technischer und sozialer Raum. Eine Skizze am Beispiel der Basler „Trambevölkerung" in: Thomas Hengartner, Johanna Rolshoven (Hg.): Technik – Kultur. Formen der Veralltäglichung von Technik – Technisches als Alltag. Zürich, S. 217-241.

Rolshoven, Johanna, Winkler, Justin (2009): Multilokalität und Mobilität. In: Gabriele Sturm, Christine Weiske (Hg.): Informationen zur Raumentwicklung 2: Multilokales Wohnen. Bonn, S. 99-106.

Rosenfeld, Uta (1998): Auto, Leben und mehr… In: Thomas Hengartner, Johanna Rolshoven: Technik – Kultur. Formen der Veralltäglichung von Technik – Technisches als Alltag. Zürich, S. 143-181.

Rudolph, Jürgen (1992): Was ist „dichte Beschreibung"? In: kea, Zeitschrift für Kulturwissenschaften, Ausgabe 4. Köln, S. 39-62.

Ruffing, Reiner (2009): Bruno Latour. Paderborn.

Ruoff, Michael (2009): Foucault-Lexikon: Entwicklung, Kernbegriffe, Zusammenhänge. Paderborn.

Schaefer, Kerstin (2012): Die Wilde 13. Durch Raum und Zeit in Hamburg-Wilhelmsburg. Hamburg.

Schlaack, Johanna (2011): Easy City? (Sub)Urbanes Wachstum im Flughafenumfeld. In: Reinhard Johler, Max Matter, Sabine Zinn-Thomas (Hg.): Mobilitäten. Europa in Bewegung als Herausforderung kulturanalytischer Forschung. Münster u.a., S. 189-198.

Schmidt-Lauber, Brigitta (2009): Orte von Dauer. Der Feldforschungsbegriff der Europäischen Ethnologie in der Kritik. In: Beate Binder, Thomas Hengartner, Sonja Windmüller (Hg.): Kultur – Forschung. Zum Profil einer volkskundlichen Kulturwissenschaft. Berlin, S. 237-259.

Schmidt-Lauber, Brigitta (2001): Das Interview – oder die Kunst des Reden-Lassens; In: Silke Göttsch, Albrecht Lehmann (Hg.): Methoden der Volkskunde. Positionen, Quellen, Arbeitsweisen der Europäischen Ethnologie. Berlin, Hamburg, S. 165-186.

Schönberger, Klaus (2013): Ich sehe was, was Du nicht siehst? Ethnographische und künstlerische Forschung im Prozess der Entgrenzung von Wissensformaten. In: Reinhard Johler, Christian Marchetti, Bernhard Tschofen, Carmen Weith (Hg.): Kultur_Kultur. Denken. Forschen. Darstellen. Münster u.a., S. 272-277.

Schröder, Hans Joachim (2007): Technik als biografische Erfahrung 1930–2000. Dokumentation und Analyse lebensgeschichtlicher Interviews. Zürich.

Schröder, Hans Joachim (2005): „Topoi des autobiografischen Erzählens" in: Thomas Hengartner, Brigitta Schmidt-Lauber (Hg.): Leben – Erzählen. Beiträge zur Erzähl- und Biographieforschung. Festschrift für Albrecht Lehmann. Berlin, S. 17-42.

Seidl, Daniella (2009a): „Wir machen hier unser Italien …": Multilokalität deutscher Ferienhausbesitzer. Münster.

Seidl, Daniella (2009b): Das ‚Dazwischen': Methodologische Anmerkungen zu einer lebensweltlichen Ethnographie von Multilokalität. In: Sonja Windmüller, Beate Binder, Thomas Hengartner (Hg.): Kultur-Forschung. Zum Profil einer volkskundlichen Kulturwissenschaft. Münster, S. 102-110.

Seidl, Daniella (2009c): Ein Ort und eine Zeit für die Familie. Bürgerlicher Familienurlaub von der ‚Sommerfrische' zum Ferienhaus. In: Wiebke Kolbe u.a. (Hg.): Tourismusgeschichte(n). Voyage, Jahrbuch für Reise- und Tourismusforschung Bd. 8. Berlin, S. 46-57.

Seidl, Daniella, Moser, Johannes (2009): Dinge auf Reisen. Kulturwissenschaftliche Perspektiven auf die materielle Kultur in der Tourismusforschung. In: Daniella Seidl, Johannes Moser (Hg.): Dinge auf Reisen. Materielle Kultur und Tourismus. Münster, S. 11-24.

Sennett, Richard (1998): Der flexible Mensch. Berlin.

Simmel, Georg (1908, verwendete Auflage: Nachdruck von 1968): Der Raum und die räumlichen Ordnungen der Gesellschaft. In: Soziologie. Untersuchungen über die Formen der Vergesellschaftung. Berlin, S. 460-526.

Sparenberg, Bernd (2005): Lexikon der zivilen Luftfahrt. München.

Spode, Hasso (2004): „Nichts wie weg hier!" – Luftfahrt und Tourismus in historischer Perspektive. In: Alexander von Vegesack, Jochen Eisenbrand (Hg.): Airworld. Design und Architektur für die Flugreise. Weil am Rhein, S. 12-34.

Steenbeck, Alexander (2002): LBC – Lübeck-Blankensee. Von der Fliegerstation zum Regionalflughafen. Die Geschichte des Lübecker Airports seit 1916. Lübeck.

Sterzenbach, Rüdiger, Conrady, Roland, Fichert, Frank (2009): Luftverkehr – Betriebswirtschaftliches Lehr- und Handbuch. Oldenbourg.

Tschofen, Bernhard (2013): Vom Gehen. Kulturwissenschaftliche Perspektiven auf eine elementare Raumpraxis. In: Schweizerisches Archiv für Volkskunde, 109 (1), Basel, S. 58-79.

Tschofen, Bernhard (1994): Marc Augé: Orte und Nicht-Orte. Vorüberlegungen zu einer Ethnologie der Einsamkeit. In: Österreichische Zeitschrift für Volkskunde 3. Wien, S. 308-3011.

Tully, Claus J., Baier, Dirk (2006): Mobiler Alltag. Mobilität zwischen Option und Zwang – vom Zusammenspiel biografischer Motive und sozialer Vorgaben. Wiesbaden.

Turner, Victor (2000): Das Ritual – Struktur und Anti-Struktur. Frankfurt a. M.

Turner, Victor (1964): „Betwixt and Between: The Liminal Period in Rites de Passage", S. 46-55. Reprinted from: The Proceedings of the American Ethnological Society. Symposium on New Approaches to the Study of Religion. S. 4-20. http://www2.fiu.edu/~ereserve/010010095-1.pdf

Urry, John (2012): Mobilities. Cambridge.

Urry, John (2006): Globale Komplexitäten. In: Helmuth Berking (Hg.): Die Macht des Lokalen in einer Welt ohne Grenzen. Frankfurt a. M., S. 87-102.

Voigt, Wolfgang (1999): Vom Flugbahnhof zum Terminal: Flughafen Hamburg 1929-1999. Hamburg.

Vonderau, Asta (2003): Geographie sozialer Beziehungen: Ortserfahrungen in der mobilen Welt. Münster.

von Vegesack, Alexander, Eisenbrand, Jochen (2004): Vorwort. In: ebd.: Airworld. Design und Architektur für die Flugreise. Weil am Rhein, S. 6-11.

Vowinckel, Annette (2011): Flugzeugentführungen. Eine Kulturgeschichte. Göttingen.

Warneken, Bernd Jürgen, Wittel, Andreas (1997): Die neue Angst vor dem Feld. Ethnographisches Research up am Beispiel der Unternehmensforschung. In: Zeitschrift für Volkskunde 93. Göttingen, S. 1-16.

Weiß, Stephanie (2005): Orte und Nicht-Orte. Kulturanthropologische Anmerkungen zu Marc Augé. Mainzer kleine Schriften zur Volkskultur, 14. Mainz.

Welz, Gisela (2009): „Sighting / Siting globalization“. Gegenstandskonstruktion und Feldbegriff einer ethnografischen Globalisierungsforschung. In: Sonja Windmüller, Beate Binder, Thomas Hengartner (Hg.): Kultur-Forschung. Zum Profil einer volkskundlichen Kulturwissenschaft. Berlin, S. 195-210.

Welz, Gisela (1998): Moving Targets. Feldforschung unter Mobilitätsdruck. In: Zeitschrift für Volkskunde 94. Göttingen, S. 177-194.

Windmüller, Sonja (2009): Kultur-Forschung polyphon. Eine Hinleitung. In: Sonja Windmüller, Beate Binder, Thomas Hengartner (Hg.): Kultur – Forschung. Zum Profil einer volkskundlichen Kulturwissenschaft, Bd. 6. Münster, S. 11-31.

Zinn-Thomas, Sabine (2011): Multilokalität? Deutsche Elitemigranten in Shanghai und Sao Paulo. In: Reinhard Johler, Max Matter, Sabine Zinn-Thomas (Hg.): Mobilitäten. Europa in Bewegung als Herausforderung kulturanalytischer Forschung. München, S. 376-383.

8. QUELLENVERZEICHNIS

Romane, Zeitungs- und Zeitschriftenartikel

Adler, Renata (2014, Originalausgabe 1976): Rennboot. Berlin.

Bundesverband der Deutschen Luftverkehrswirtschaft (bdl): Verbraucherreport 2013.

Flottau, Jens (2014): Die Autopiloten. In: Süddeutsche Zeitung. 03.04.2014, S. 17.

Hermanns, Thomas (2010): Das Tomatensaft-Mysterium. Fliegen in der Comedy Class. München.

Kirn, Walter (2001): Up in the Air. New York. Deutsche Ausgabe: Walter Kirn (2004): Mr. Bingham sammelt Meilen. München.

Lauter, Rolf (1998) (Hg.): Martha Rosler: in the place of the public; observations of a frequent flyer. Ostfildern, Cantz. Sowie: Hatje Cantz Verlag über Martha Rosler: http://www.hatjecantz.de/martha-rosler-3611-0.html.

Marx, Stefan (2013): Economy Class. New York.

Marx, Stefan (2016): One Sky Star World Team Alliance. New York.

Mohnen, Heinz (1968): Warum erhält Köln einen der modernsten Flughäfen? Flughafenausgabe „Startbahn". Köln, S. 4-8.

Rapp, Tobias (2009): Lost and Sound: Berlin, Techno und der Easyjetset. Frankfurt.

Tiedtke, Jürgen (2014): Woher kommen die Geräusche, die man beim Flug hört? Jürgen Tiedtke, Chefpilot der Germanwings, beantwortet häufig gestellte Fragen. In: Germanwings Bordmagazin, Mai 2014, S. 109.

Willenbrock, Harald (2010): Die Maschine. Schwerpunkt Logistik. In: brand eins 03/2010. S. 46-51.

Audiovisuelle und Audio-Quellen

Deboarding-Musik Austrian Airlines: https://www.youtube.com/watch?v=asC-mqE25-M.

Ryanair-Fanfare: https://www.youtube.com/watch?v=k23slUchH9o.

Internetquellen

Airbus: Dimensions & Key Data A-320: http://www.airbus.com/aircraftfamilies/passengeraircraft/a320family/a320/specifications/.

Airbus, Infos A-320: http://www.airbus.com/aircraftfamilies/passengeraircraft/a320family/a320/.

Airbus, Infos A-380: http://www.airbus.com/aircraftfamilies/passengeraircraft/a380family/.

Airbus, News: Applying innovation to improve the airline luggage experience, 20. Juni 2013, http://www.airbus.com/newsevents/news-events-single/detail/applying-innovation-to-improve-the-airline-luggage-experience/.

Airlinemeals.net: http://www.airlinemeals.net/photos/airline-meals/thai-airways-international/fco-to-bkk-aug-2014/907d.

Airreview.com, Independent reviews of the world's leading airlines: http://www.airreview.com/SouthAfrican/.

Allensbacher Bericht Nr. 16 (2003): Wieder mehr Flugreisen. Aber jede fünfte Frau leidet unter Flugangst. Institut für Demoskopie Allensbach. http://www.ifd-allensbach.de/uploads/tx_reportsndocs/prd_0316.pdf. Anzahl der Befragten: 1662 Bevölkerung ab 16 Jahre. Zeitraum der Befragung: 29. Mai bis 10. Juni 2003.

Aviation Community: http://www.aviation-community.de/forum-nord/.

Aviation Safety Network: Schlussbericht Accident Airbus A320-111, 20. Januar 1992: http://aviation-safety.net/database/record.php?id=19920120-0&lang=de.

Bartels, Till (2016): Airport Ranking 2016, Die zehn besten Flughäfen der Welt: http://www.stern.de/reise/fernreisen/skytrax-airport-umfrage-2016--die-zehn-besten-flughaefen-der-welt-6749756.html, 16. März 2016.

Bundesgesetzblatt Teil II Nr. 35, ausgegeben zu Bonn am 31. Dezember 2008: Gesetz zu dem Übereinkommen der Vereinten Nationen vom 13. Dezember 2006 über die Rechte von Menschen mit Behinderungen sowie zu dem Fakultativprotokoll vom 13. Dezember 2006 zum Übereinkommen der Vereinten Nationen über die Rechte von Menschen mit Behinderungen. http://www.un.org/depts/german/uebereinkommen/ar61106-dbgbl.pdf.

Bundeszentrale für politische Bildung, Zahlen und Fakten Globalisierung, Luftfracht: http://www.bpb.de/nachschlagen/zahlen-und-fakten/globalisierung/52528/luft fracht, 30. Juni 2010.

Car Maxx: www.c-maxx.de.

Cosmobilities Network: http://www.cosmobilities.net/.

Deutsche Gesellschaft für Volkskunde: Tagung – Mobilitäten. Für einen Paradigmenwechsel in der Tourismusforschung: http://www.d-g-v.org/kommissionen/tourismusforschung/nachrichten/tagung-mobilitaeten-fuer-einen-paradigmenwechsel-der.

Dimartino, Christina (2002): Improved Airport Security. More Problems for people with protheses. In: inMotion, Volume 12. http://www.amputee-coalition.org/inmotion/mar_apr_02/airprt.html.

Deutsche Presse-Agentur (dpa), bearbeitet durch Spiegel Online: Ryanair wegen Rollstuhl-Gebühr verurteilt: http://www.spiegel.de/reise/aktuell/diskriminierung-ryan air-wegen-rollstuhl-gebuehr-verurteilt-a-284248.html, 30. Januar 2004.

Dornier Museum: http://www.dorniermuseum.de/.

EASA, European Aviation Safety Agency: https://www.easa.europa.eu/.

Eberle, Mathias (2004): Der Albtraum vom Fliegen. Wie die Billig-Fluglinien einen Berufsstand in eine Art kollektive Depression stürzen. In: Handelsblatt, http://www.handelsblatt.com/unternehmen/handel-dienstleister/wenn-piloten-sich-wie-bus fahrer-fuehlen-der-albtraum-vom-fliegen/2297996.html, 13. Januar 2004.

Europäisches Parlament: Amtsblatt der Europäischen Union: VERORDNUNG (EG) Nr. 1107/2006 über die Rechte von behinderten Flugreisenden und Flugreisenden mit eingeschränkter Mobilität, http://eur-lex.europa.eu/legal-content/DE/TXT/PDF/?uri=uriserv:OJ.L_.2006.204.01.0001.01.DEU, 05.07.2006.

Facebook: www.facebook.com.

Fairliners.com: Sitzabstand und Sitzbreite bekannter Airlines, http://www.fairliners.com/sitzabstand.html. Wird betrieben von: STERN TOURS GmbH, Berlin.

Fedler, Franz: Deutscher Airbus außer Kontrolle. Die Beinahe-Katastrophe in Moskau. Aero: http://www.interflug.biz/downloads/IF-Airbus_Incident_SVO_110291.pdf.

Flightdiary: www.flightdiary.net.

Flughafen Köln Bonn: http://www.koeln-bonn-airport.de/unternehmen/daten-fakten.html

Glaser, Hannah (1989): Bordkino: Möglichst ohne Rambo. In: ZEIT Online: http://www.zeit.de/1989/03/bordkino-moeglichst-ohne-rambo, 13. Januar 1989.

Graduiertenkolleg Kunst und Technik: http://www.tuhh.de/kunstundtechnik/home.html.

Gronau, Volkmar (2011): Notlandung im Hudson River, In: Spiegel online, http://www.spiegel.de/einestages/notlandung-im-hudson-river-a-946973.html, 14. Januar 2011.

Hamburg Airport, Zahlen, Daten, Fakten: http://www.hamburg-airport.de/de/zahlen_daten_fakten.php.

Harrison, Michael (1997): Airbus shies away from flying wing giant. The Independent. http://www.independent.co.uk/news/business/airbus-shies-away-from-flying-wing-giant-1285024.html, 25. Januar 1997.

Hellstern, Rainer (2014): Auswandern Handbuch: http://www.auswandern-handbuch.de/als-rentner-nach-mallorca, 1. Januar 2014.

Hütter, Andrea (2013): Verkehr auf einen Blick. Statistisches Bundesamt. Wiesbaden. S. 1-16. https://www.destatis.de/DE/Publikationen/Thematisch/TransportVerkehr/Querschnitt/BroschuereVerkehrBlick0080006139004.pdf?__blob=publicationFile.

IATA (International Air Transport Association): http://www.iata.org.

‚In deep sorrow', Kondolenzseite zum Germanwings-Absturz: http://www.indeepsorrow.com/.

Instagram: www.instagram.com sowie http://instagram.com/press/, Rubrik: stats.

Internet Movie Database IMDb zu Up in the Air: http://www.imdb.com/title/tt1193138/.

Kaiser, Arvid (2014): Die Wiederkehr des Zombie-Flughafens. In: Manager Magazin, 11. Juli 2014, http://www.manager-magazin.de/unternehmen/artikel/wiederkehr-des-zombie-flughafens-luebeck-a-980536.html.

Katchadourian, Nina: http://www.ninakatchadourian.com/photography/seatassignment.php.

Koenen, Jens (2014): Wann fliegt das erste Verkehrsflugzeug ohne Pilot? In: Handelsblatt.de, 14. April 2014, http://www.handelsblatt.com/technologie/das-technologie-update/frage-der-woche/luftfahrt-wann-fliegt-das-erste-verkehrsflugzeug-ohne-pilot/9753992.html.

Köllen, Jennifer/dpa (2014): Statt Lübeck: Ryanair fliegt künftig ab Hamburg. In: Spiegel Online, 15. Juli 2014, http://www.spiegel.de/reise/aktuell/ryanair-fliegt-ab-hamburg-und-nicht-mehr-ab-luebeck-a-981149.html.

Kunzelmann, Daniel, Hill, Emma, Müller, Seraina: Panel-Organisatoren „Networked Urban Mobilities"-Conference in Copenhagen (5.-7. November 2014), CfP: „Doing ethnogr@phy in hyper_mobile fields: Methodological challenges", zitiert nach: Transformations: http://transformations-blog.com/cfp-doing-ethnogrphy-in-hyper_mobile-fields-methodological-challenges/, 23. Mai 2014.

Link, Christiane: http://www.behindertenparkplatz.de/blinde-sitzen-am-fenster-oder-sie-fliegen-raus/ und Kommentar von Golfox in der Diskussion.

Lübeck Airport: http://www.flughafen-luebeck.de/.

Ludwig, Kristina (2009): Die Grenzen über den Wolken. Kampf für behindertengerechte Flüge. In: taz, 9. Januar 2009, http://www.taz.de/!5169876/.

Luftfahrt Bundesamt, Statistiken: http://www.lba.de/DE/Presse/Statistiken/Statistiken.html

Lufthansa Group, neue Sitze: http://www.lufthansagroup.com/de/themen/nek.html.

Lufthansa, Service an Bord: http://www.lufthansa.com/de/de/Fluggaeste-mit-Rollstuhl.

MacQuarrie, Kay: www.rechtaufklo.de sowie: EU-Verordnung Nr. 1107 am 26.07.2008, zitiert nach www.rechtaufklo.de, http://www.rechtaufklo.de/offene-anfragen/bundesbeauftragte/.

Mester, Volker (2014a): 16 Millionen Farben in der Kabine der neuen Airbus-Maschine. In: Hamburger Abendblatt, 8. April 2014, http://www.abendblatt.de/hamburg/article126687035/16-Millionen-Farben-in-der-Kabine-der-neuen-Airbus-Maschine.html.

Mester, Volker (2014b): Dieser Koffer kann auf Flugreisen nicht mehr verloren gehen. In: Hamburger Abendblatt, 9. Oktober 2014, http://www.abendblatt.de/hamburg/article133076373/Dieser-Koffer-kann-auf-Flugreisen-nicht-mehr-verloren-gehen.html.

Miles & More Media Portal der Lufthansa: http://www.miles-and-more.com/mediapool/pdf/78/media_716678.

Mors, Susanne (2014): Streit über Sitz eskaliert. US-Flieger muss wegen pöbelnder Passagiere notlanden. Focus.de: http://www.focus.de/reisen/flug/streit-ueber-sitz-eskaliert-notlandung-wegen-poebelnder-passagiere-auf-us-flug_id_4085096.html, 26. August 2014.

Ostrower, Jon (2010): Flight International, zitiert nach: Flightglobal, http://www.flightglobal.com/news/articles/cseries-aims-to-be-first-with-live-39black-box39-346880/, 2. September 2010.

Paris, Natalie (2014): Ryanair: should it drop its 'on-time' jingle? In: The Telegraph, 19. Mai 2014, http://www.telegraph.co.uk/travel/travelnews/10840581/Ryanair-should-it-drop-its-on-time-jingle.html.

Palma de Mallorca Airport: http://www.aena.es/en/palma-mallorca-airport/introduction.html

Park and fly in Hamburg: http://vopi-parken.de/index.php/flughafen-hh.

Peschel, Henna (2009): Magazin Prinz über Stefan Marx, http://prinz.de/frankfurt/artikel/78857-folge-1-stefan-marx/.

Petersen, Tamara: Petition auf change.org: Wir wollen, dass der Flughafen Lübeck weiterhin besteht! Helfen Sie mit, den Flughafen Lübeck zu retten!: https://www.change.org/de/Petitionen/an-ministerpr%C3%A4sidenten-schleswig-holsteins-hr-torsten-albig-den-erhalt-des-l%C3%BCbeck-airport-lbc-tatkr%C3%A4ftig-zu-unterst%C3%BCtzen-wir-wollen-dass-der-flughafen-l%C3%BCbeck-weiterhin-besteht-helfen-sie-mit-den-flughafen-l%C3%BCbeck-zu-retten#share.

Qualitätsrichtlinie Hamburger Flughafen: Qualitätsstandards Verordnung (EG) Nr. 1107/2006 über die Rechte von behinderten Flugreisenden und Flugreisenden mit eingeschränkter Mobilität. Oktober 2008. https://www.hamburg-airport.de/media/PRM_Qualitaetsstandard_Hamburg_Airport_Dez_2014.pdf.

Raumlabor: http://raumlabor.net/aus-flug-hafen-sicht/.

Schnitzler, Katja: Flugzeug-Knigge. Von A wie Armlehne bis U wie Unterhaltung. In: Süddeutsche.de, 28. Januar 2014, Auszug aus: „Die wunderbare Welt des Fliegens.", http://www.sueddeutsche.de/reise/flugzeug-knigge-von-a-wie-armlehne-bis-u-wie-unterhaltung-1.1661674.

Statistica, Portal der Statistica GmbH: http://de.statista.com/statistik/daten/studie/171448/umfrage/zum-erreichen-des-urlaubsziels-benutzte-verkehrsmittel/.

SIRA: Sicherheit als Phänomen sozio-kultureller Konstruktionen zwischen Datenschutz und Informationsbedürfnis von Institutionen – am Beispiel von Datenerhebungen im Umfeld von Flugsicherheit. http://www.sira-security.de/forschungsschwerpunkte/tp6-kulturanthropologie/.

Sleeping in Airports: www.sleeinginairports.net.

Tensator: http://www.tensatorgroup.com/.

Thelen, Peter: Kein Steuergeld für unrentable Airports. In: Handelsblatt.de, 29. Oktober 2009, http://www.handelsblatt.com/politik/deutschland/flughaefen-kein-steuergeld-fuer-unrentable-airports/3290586.html.

Travelpro: www.travelpro.com.

Twitter-Account Schinken oder Käse: www.twitter.com/schinkenkaese.

Twitter: www.twitter.com.

United, Special meals: http://www.united.com/web/en-US/content/travel/inflight/dining/special/default.aspx.

Universität Tübingen, Internationales Zentrum für Ethik in den Wissenschaften: http://www.uni-tuebingen.de/einrichtungen/zentrale-einrichtungen/internationales-zentrum-fuer-ethik-in-den-wissenschaften/archiv/projekte/fruehere-projekte-sicherheitsethik/abgeschlossene-projekte/kreta.html.

Volmer, Hubertus (2015): Hunderte Tote jährlich. Wie sicher sind Flugzeuge? In: ntv, 24.03.2015, http://www.n-tv.de/panorama/Wie-sicher-sind-Flugzeuge-article14765381.html.

von Zastrow, Josephine, Tönnemann, Curd (2016): Euroimmun-Chef Stöcker kauft Flughafen Lübeck-Blankensee. Lübecker Nachrichten, 13. Juni 2016.

Wagner, Monika (2011): Soziale Oberflächen. Hotelfoyers, Flughäfen und andere Warteräume. Seminarankündigung der Kunst Universität Linz, http://www.ifk.ac.at/index.php/events-detail/events/71.

Warnholtz, Anna (2011): Was Sie schon immer über das Fliegen wissen wollten. In: welt.de, 14. November 2011, http://www.welt.de/reise/article13712830/Was-Sie-schon-immer-ueber-das-Fliegen-wissen-wollten.html.

Wikipedia: „Flugbegleiter". Bearbeitungsstand: 5. März 2015, 13:37 UTC. URL: http://de.wikipedia.org/w/index.php?title=Flugbegleiter&oldid=139480098 (Abgerufen: 2. April 2015, 08:44 UTC).

Wikipedia: „Flora Fauna Habitat" [in Bezug auf den Flughafen Lübeck]: „Richtlinie 92/43/EWG (Fauna-Flora-Habitat-Richtlinie)". Bearbeitungsstand: 3. März 2015, 14:48 UTC. URL: http://de.wikipedia.org/w/index.php?title=Richtlinie_92/43/EWG_(Fauna-Flora-Habitat-Richtlinie)&oldid=139409839 (Abgerufen: 2. April 2015, 12:36 UTC).

Wikipedia: „Up Where We Belong". Bearbeitungsstand: 15. Februar 2015, 01:27 UTC. URL: http://de.wikipedia.org/w/index.php?title=Up_Where_We_Belong& oldid=138852066 (Abgerufen: 2. April 2015, 08:46 UTC).

Wikipedia: „Very Efficient Large Aircraft". Bearbeitungs-stand: 11. Februar 2015, 18:10 UTC. URL: http://de.wikipedia.org/w/index.php?title=Very_Efficient_Large_Aircraft&oldid=138732212 (Abgerufen: 2. April 2015, 11:10 UTC).

Wieselberg, Lukas für Science.ORF.AT: Migration führt zu „hybrider Gesellschaft". Interview mit Homi Bhabha: http://sciencev1.orf.at/news/149988.html.

Wizzair: www.wizzair.com.

Zeppelin-Museum: http://www.zeppelin-museum.de/.

9. ABBILDUNGSVERZEICHNIS

Die Freigaben zur Veröffentlichung der Abbildungen wurden von mir bei allen Rechteinhabern eingeholt. Sollte es trotzdem Fragen zu einem bestimmten Bild geben, kontaktieren Sie mich bitte unter kerstinb_schaefer@gmx.de.

10. INSTAGRAM FOTOSTRECKE

tildat85 Above the clouds #TB #chistmasflight #sweden #heaven #home #flight #fluffy

Lilhowser On the third & final flight... #newzealand #auckland #flight #uktonz #londontowellington #traveller #travellifestyle #knackered #planes #sunrises #sunrise #plane #travels #airnewzealand

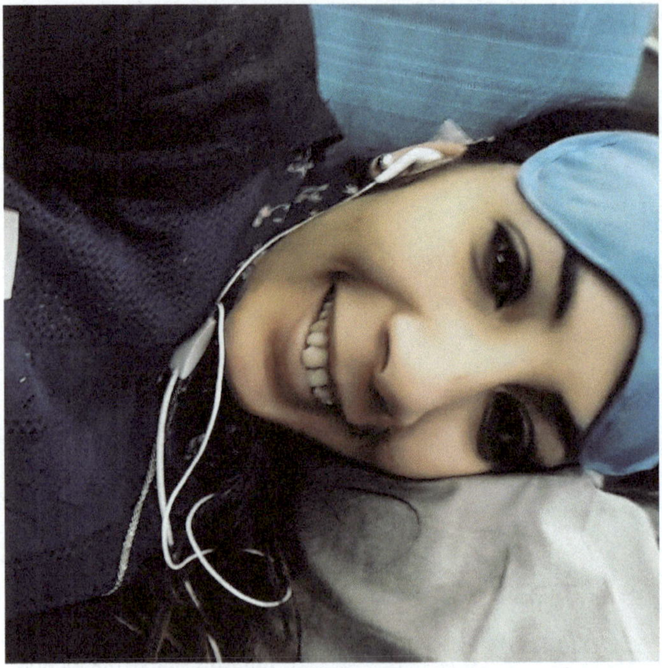

snita18 #ready #sleep #plane #trip #morocco #tired #happy #pillow #music #selfie #flight #love #newyearnewme #peace ✌ #love #2017

lars_vater #dark #night #sunset #climb #alps #italy #verona #beech #kingair #sun #snow #winter #cold #germany #memmingen #flight #fl240

sty_york Penny's first flight with @fioreee to @papa_john1703 was a success #nyc to #Florida #usa #flight #firstflight #jetblue #travel #puppy #dog #pennylane #shorkietzu

paulina.cywinska #travel#flight #plane#clouds# mountains #beautifull#besttime ✈️🙋🇪🇸👑

calvi1995 Cheers on my Mom's birthday! 🥂✈️🧡 Happy birthday to my special Mommy! Xx Hope your day was very special! Waking up on the plane to your birthday! Cheers to you! 🖤🍾🖤 #mom#birthday#happyBirthday#special #mommy#son#family#celebrations #smiles#flight#AirFrance#Paris #travel#holiday#2017#memories #special#fun#blonds#champagne #cheers#pop#fizz #clink#jhb #southAfrica #BackHome

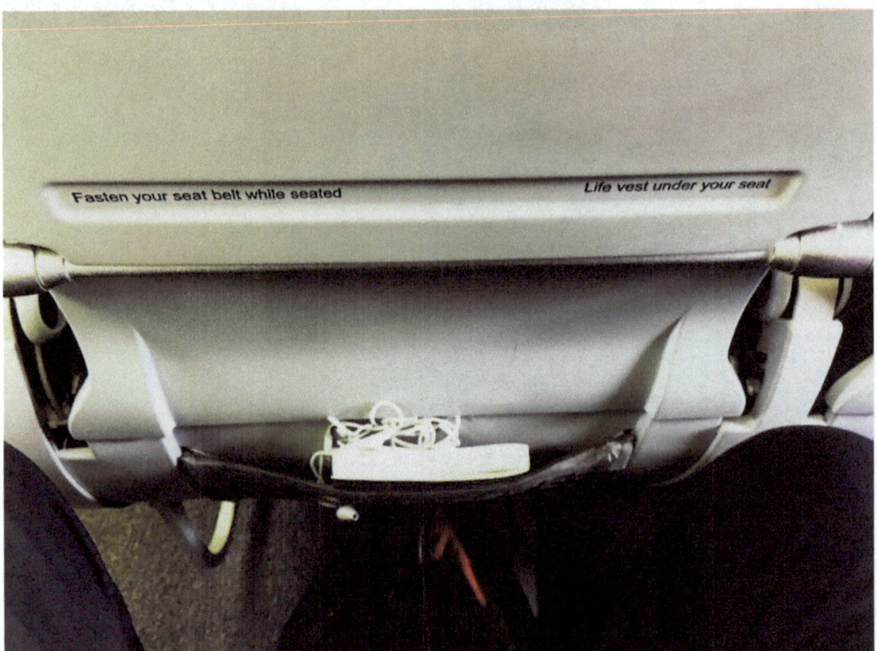

Josueyahshua I almost missed my #flight #✈️. Shoutout to #Vahid, the #Uber driver who kept his #cool and got me here on #time. The #405 is nothing but #traffic. #fastenyourseatbeltwhileseated #lifevestunderyourseat #friendlyskies #united #readingmaterial #thevoiceofknowledge #18 #day18 #18of365 #365photochallenge

matthieu33v7 Just another day at Gatwick Airport!!
#gatwick #lgw #cabincrew #crewlife #airport #apron #easyjet #britishairways #bridge #flight #terminal

lakshan_croos
Met#this#buddy
#in#flight#school#mates#

yk_intj Returned from Minsk yesterday. Have some clouds. #flight #airport #airplane #clouds #cloud #sky #cloudysky #minsk

Paulaaviation On board #airfrance at #charlesdegaulle #airport 😎 #aviation #aviary #aviationlovers #avgeek #aviationgeek #aviationphotography #instaaviation #instagramaviation #piloteyes #pilotlife #airbus #airbuslovers #airbus320 #a320 #polishgirl #wing #flight #paris

yanchik_rol Let's out trip begin! Less than one day is left. 🇺🇦 #flight #brave #girl #toy #love #airport #tourist #travel #Ukraine #wait #happy #1day

Simonaliau Waiting is killing #airport #tallinn #airport ✈️ #waiting #impatient #wanttogohome #people #watching #tired #flight

pauline_mada
#madagascar#airmad
#flight #plane
#travelgram #travelling
#airport

Goldamuster All journeys come to an end... 🌎✈️🇨🇦 (Will ja nicht angeben, aber ich hatte meine eigene Reihe... 😊) YVR -> LHR #journey #travel #flight #happy #girl #home #goinghome #winter #book #read #instadaily #yvr #vancouver #canada #london #cozy #plane #britishairways #airport

Abeeibz On the way to Prague with my mate Tom. Good times ahead. And also family. #travel #europe #flight #prague #london #everydayisagreatday #dj #producer #djlife #ontour #czechrepublic #abee #tomvagabondo

galactic.quasar Getting high while flying over the Atlantic #delhi #delhibound #alcohol #beverage #food #airplane #sky #flight #travel #potd #photooftheday #picoftheday #photography #food #foodporn #bbctravel #natgeotravel #explore #igers #juice #orange #vodka #cocktails

Anil Agarwal / bbinnuu
Aeroplane ✈️ or Space Shuttle 🚀
When u give a photographer last seat in a plane - he turns the plane into a space ship.

Kptstoertebeker Off to Hamburg ⚓ Germany 🇩🇪✈️#A380 #rückflug #byebye #flight #flugzeug #bisbald #airbus #selfie #memyselfandi

kai.sou #dresden #bynight #simplysaxony #germanytourism #flight #travel #work #dresdenvonoben #istjafastwienewyork

lisa_bohnwagner On my way to Massachusetts to celebrate my birthday with my mom! So happy & grateful!

pamelamaffezzoli Si riparte ✌✌🛫🛫🇪🇸 #flyaway #airport #flight to #sevilla #plane #ryanair #boeing #tourist# aircraft #readytogo #readyforboarding #newtrip #travel #traveling #traveller #wanderlust #tasteintravel #discover #explore #newplaces #newpeople #spain #weekend #birthdayweekend #together #adventure

mavi.yildirim Let's Fly ✈️ #flight #today #me #happiness #happy

hanly003 Bye Vancouver - See you tonight!!

home_by_helena
Då bär de av hemmåt... 1a klass oxå.. Ba en sån sak... #firstclass #Flight #bromma #sthlm #stockholm #homesweethome #happy #work #flysafe #fuckcancer

kaja_hanka Back in the city 👍🛬 #flight #back #home #city #hochiminh #holiday #is #over #tetcelebration #togo #fun #newyear #celebration

heldvomzelt
The End: Das wars dann mit traum Stränden, Temperatur jenseits der 30'C und faulenzen aber zuhause ists doch immer am schönsten ✌ #flight.

kaz_daniels I've finally joined the mile high club haha 😆🎼✌🏼 #logicprox #housemusic #techhouse #techno #deephouse #acidhouse #music #flight #dj #producer

bmenrose 22 hours in Berlin.. and off again- #flying #flight #flug #airberlin #berlin #travelgram #instatravel #travelphotography #traveler #travel

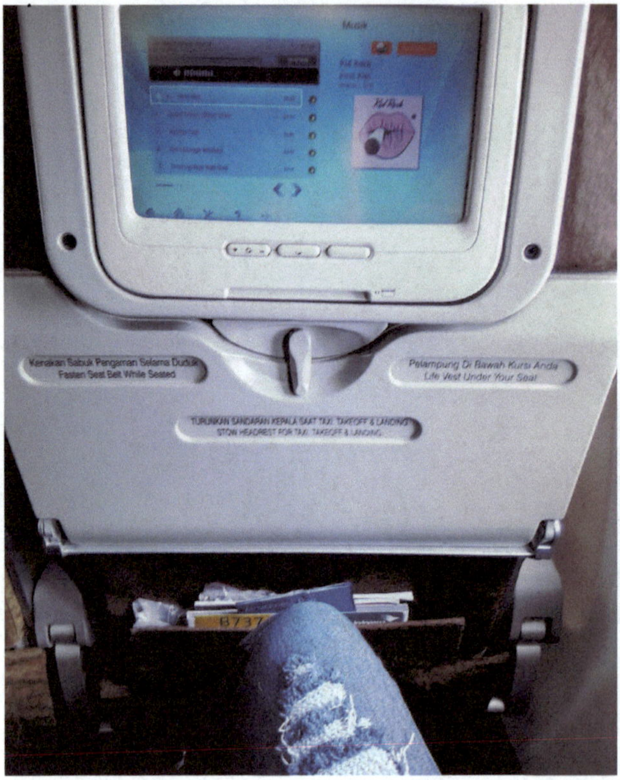

itsivabella Dengerinnya dong Kid Rock 🤘 like an Idol like fans 😅😁😂

Chrissheldon #next #flight #here #we #go #swiss #airlines #switzerland #next #stop #shanghai

11. DANK

Ich danke ganz besonders:

meinen First-Class-Dissertationsbetreuern Prof. Dr. Thomas Hengartner und Prof. Dr. Bernhard Tschofen,

all meinen geduldigen und interessierten Wahrnehmungsfliegern,

Ina von Hein und Mathias Quaritsch für die Organisation meines Aufenthaltes am Hamburg Airport und den vielen Abteilungen, die mich dort so herzlich aufgenommen haben,

der mittlerweile insolventen Fluggesellschaft InterSky, deren Crews ich begleiten durfte,

Dr. Anke Rees, Leif Gütschow, Dr. Gerrit Herlyn und Chris Elster (M.A.) sowie Prof. Dr. Ueli Gyr für das ausdauernde gedankliche Mitfliegen,

allen Professoren und Stipendiaten des DFG-Graduiertenkollegs „Kunst und Technik", besonders Prof. Dr. Karl Schulte und Prof. Dr. Viktor Sigrist,

Dana Hennes und Annika Buhrmann für die Transkriptionen sowie Katharina Held für das Korrekturlesen,

den Fotografen, Künstlern, Museen, Institutionen, Unternehmen usw., die mir ihre Bilder für diese Veröffentlichung so freundlich und unkompliziert zur Verfügung gestellt haben,

der Filmförderung Hamburg Schleswig-Holstein und der ZEIT-Stiftung Ebelin und Gerd Bucerius, die die Entwicklung dieses Themas zum Dokumentarfilm fördern,

Stefan Marx für all die inspirierenden Gespräche, Zines, Briefe, Flüge und unsere phänomenale Airport-Residency in FRA und diesen fantastischen Buchtitel

sowie marl – meinem liebsten Sitznachbarn, egal ob im Flugzeug, im Bus, im Büro oder am Küchentisch.